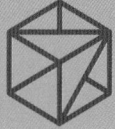

1인 앱 개발,
커서AI와 함께 배우기

1인 앱 개발, 커서AI와 함께 배우기

초판 1쇄 인쇄 2025년 9월 5일
초판 1쇄 발행 2025년 9월 15일

지은이 이석현
펴낸이 한준희
펴낸곳 ㈜아이콕스

책임편집 한준희
디자인 홍정현
영업 김남권, 조용훈, 문성빈
경영지원 김효선, 이정민

주소	(14556) 경기도 부천시 조마루로 385번길 122 삼보테크노타워 2002호
홈페이지	www.icoxpublish.com
쇼핑몰	www.baek2.kr (백두도서쇼핑몰)
이메일	icoxpub@naver.com
전화	032-674-5685
팩스	032-676-5685
등록	2015년 7월 9일 제 386-251002015000034호
ISBN	979-11-6426-272-4 (13000)

※ 정가는 뒤표지에 있습니다.
※ 잘못된 책은 구입하신 서점에서 교환해 드립니다.

이 책은 저작권법에 따라 보호받는 저작물이므로 무단전재 및 복제를 금하며, 책의 내용을 이용하려면 반드시 저작권자와 ㈜아이콕스의 서면동의를 받아야 합니다. 내용에 대한 의견이 있는 경우 홈페이지에 내용을 기재해 주시면 감사하겠습니다.

이석현 지음

AI와 함께하는 1인 개발: 왜 지금인가?

'나 혼자 앱 하나 만들 수 있을까?' 막막했던 경험, 다들 한 번쯤 있으실 겁니다. 하지만 이젠 AI, 특히 커서 AI(Cursor AI)와 함께라면 그 부담감을 확 덜 수 있습니다. 이 책은 여러분이 커서 AI라는 혁신적인 도구를 활용해서 강력한 크로스 플랫폼 앱 개발 도구인 플러터(Flutter)로 자신만의 앱을 직접 기획하고, 만들고, 출시하는 모든 과정을 경험하도록 안내합니다. 더 이상 코딩 전문가가 아니더라도, 아이디어만 있다면 1인 개발이 가능한 시대가 열린 것입니다.

이 책은 무엇을 다루나요?

바로 여러분의 아이디어를 실제 작동하는 앱으로 만드는 전 과정을 다룹니다. '뽀모도로 타이머' 앱을 핵심 프로젝트로 삼아, 커서 AI와 함께 플러터로 직접 개발하며 기능을 하나하나 확장해 나갈 겁니다. 아이디어 구상 단계에서는 챗GPT와 같은 생성형 AI와 대화하며 참신한 기능을 구상하고, 이를 바탕으로 개발 요구사항을 정리합니다. 그리고 이 모든 준비물을 들고 커서 AI로 넘어가, 플러터와 다트(Dart) 언어를 사용해 실제 코딩을 시작합니다.

이 책은 커서 AI를 활용한 플러터 앱 개발에 필요한 모든 핵심 개념과 사용법을 상세히 다루며, 안드로이드 스튜디오(Android Studio)를 활용한 개발 환경 설정부터 구글 플레이 스토어(Play Store)등록 및 출시, 그리고 인앱 광고를 통한 수익 창출까지, 앱 개발의 A부터 Z까지 함께합니다.

이 책을 읽으면 무엇을 할 수 있나요?

첫째, 플러터로 여러분만의 앱을 직접 만들 수 있는 자신감과 실질적인 능력을 갖게 됩니다.

둘째, 단순히 코드를 따라 치는 것을 넘어서 커서 AI와 챗GPT 같은 생성형 AI와 협력하며 문제를 해결하는 능력을 키울 수 있습니다. 코딩 문법을 완벽히 몰라도 AI에게 적절히 질문하고 그 답을 활용하여 원하는 기능을 구현하며, "바이브 코딩"의 세계를 경험하게 될 것입니다. 커서 AI는 24시간 옆에 있는 개인 과외 선생님과 같습니다.

커서 AI, 왜 중요할까요?

커서 AI는 단순한 코드 자동 완성 도구가 아닙니다. 실시간으로 코드를 분석하고, 더 나은 코드를 제안하며, 막히는 부분을 질문하면 즉시 해결책을 제시하는 "AI 페어 프로그래머"입니다. 프로젝트 설정부터 복잡한 로직 구현, 디버깅까지 개발 전반에 걸쳐 도움을 받을 수 있습니다. 이는 코딩 경험이 부족한 분들에게는 엄청난 시간 절약과 학습 효과를 가져다주며, 1인 개발의 생산성을 극대화합니다.

플러터, 왜 중요할까요?

플러터는 단 하나의 코드 베이스로 안드로이드와 iOS 앱을 동시에 만들 수 있는 강력한 크로스 플랫폼 프레임워크입니다. 이는 1인 개발자나 소규모 팀에게 시간과 비용을 획기적으로 줄여주는 엄청난 이점입니다. 또한, 아름다운 UI를 쉽고 빠르게 구성할 수 있으며, 뛰어난 성능을 자랑합니다. 플러터를 사용하면 최소한의 노력으로 더 많은 사용자에게 여러분의 앱을 선보일 수 있습니다.

물론 AI가 모든 것을 해결해 주지는 않습니다. 때로는 엉뚱한 답을 내놓기도 하고, 최종 판단은 결국 여러분의 몫입니다. 중요한 것은 AI를 맹신하는 것이 아니라, AI를 똑똑하게 활용하여 나의 아이디어를 실현하는 능력입니다.

AI는 이제 선택이 아닌 필수인 시대입니다. 이 책과 커서 AI, 그리고 플러터라는 강력한 도구들을 활용하여 여러분의 머릿속 아이디어를 현실로 만들어보세요.

> **그 흥미진진한 여정,
> 지금 바로 시작할 준비가 되셨나요?**

- 프롤로그 　　　　　　　　004
- 목차 　　　　　　　　　　006

AI 기반 1인 개발 시대의 서막

CHAPTER 01　꿈을 현실로, 커서 AI와 함께 1인 개발 시작하기

01	'1인 인디 개발'의 현실과 기회	014
02	AI 이전 vs. AI 이후, 개발 패러다임 변화	015
03	바이브 코딩(Vibe Coding), 코딩 없이 대화로 코딩합시다	016
04	플러터(Flutter)? 그게 뭔데?	018

첫걸음 떼기
개발 환경 준비와 AI 파트너 맞이하기

CHAPTER 02　개발 환경 구축하기

01	개발 환경의 중요성: 첫 단추 잘 끼우기	024
02	플러터 SDK 설치(Windows)	025
03	안드로이드 스튜디오 설치 및 기본 설정	028
04	플러터 & 다트 플러그인 설치(IDE 연동)	032

CHAPTER 03　나의 첫 플러터 앱, '카운터 앱' 실행과 프로젝트 구조 엿보기

01	첫 플러터 프로젝트 생성하기 (안드로이드 스튜디오 활용)	035
02	기본 카운터 앱 실행: "내 코드가 살아 움직인다!" (에뮬레이터/실제 디바이스)	038
03	프로젝트 폴더 해부: lib, pubspec.yaml, android 디렉토리의 역할	042
04	플러터 UI의 첫인상: 위젯(Widget)이란 무엇인가? (기본 위젯 소개)	044

CHAPTER 04　AI 코드 동료 맞이하기, 커서 AI 설정과 효과적인 협업 원칙

01	커서 AI란?	049
02	커서 AI 회원 가입	051
03	커서 AI 다운로드	055
04	커서 AI 실행 및 초기화면 설정	056
05	커서 AI 프로젝트 만들기	058
06	코드의 일관성을 지키기 위한 룰 설정하기	066
07	커서 AI 기본 사용법 시연: 코드 생성, 설명 요청, 질문하기	068
08	커서 AI 효과적인 프롬프트 엔지니어링: AI와의 소통 기술	072
09	프로젝트 규칙(.mdc) 설정으로 AI 길들이기	077

PART 03　빌딩 블록 쌓기
토이 앱 만들면서 플러터 기본 다지기
feat. AI 어시스턴트

CHAPTER 05　플러터 프로그래밍 준비하기

| 01 | 플러터 프로젝트의 구조 이해하기 | 084 |
| 02 | 1인 개발자를 위한 효율적인 버전 관리 및 협업 (깃 활용) | 087 |

목차

CHAPTER 06 미니 앱 만들면서 기본기 익히기

01	플러터 UI 첫걸음 : 위젯과 레이아웃으로 '디지털 명함' 만들기	092
02	UI에 생명 불어넣기 : StatefulWidget과 이벤트 처리로 만드는 '멀티 탭 카운터'	100
03	내비게이션과 데이터 전달 : '두 화면 정보 앱' 만들기	106
04	사용자 말 듣기 - 폼과 텍스트 입력 처리 : '간단한 인사말 앱' 만들기	113
05	데이터 기억하기 - 로컬 저장과 비동기 처리 기초 : 앱을 껐다 켜도 유지되는 '설정 토글 앱' 만들기	119
06	AI와 함께하는 인터랙티브 UI - 터치 이벤트와 상태 관리 마스터하기 : 오늘 기분 어때	128
07	Material 3 UI 디자인 경험하기 : Material 3 컴포넌트 쇼케이스 만들기	133
08	난수 생성과 애니메이션 처리 : '주사위 굴리기' 만들기	140
09	격자와 다수의 버튼 이벤트 처리 : '간단 계산기' 만들기	148
10	동적으로 사용자 입력 목록 관리 : '결정 룰렛' 만들기	156

PART 04 실전! 뽀모도로 타이머 앱 개발
(기획부터 구현까지)

CHAPTER 07 챗GPT로 아이디어 구체화하기 : 뽀모도로 앱 기능 정의 및 설계

01	MVP(Minimum Viable Product) 개념과 뽀모도로 타이머 핵심 기능 정의	166
02	우리 앱에 딱 맞는 기술 고르기 : 챗GPT와 함께 기술 스택 점검하기	177
03	앱에 색깔 입히기 : 챗GPT와 함께 디자인 시스템 기초 다지기	184
04	화면 스케치하기 : 챗GPT와 함께 주요 화면 와이어프레임 구상하기	188
05	사용자 흐름(User Flows) 작성	192
06	앱 정체성 정의하기 : 챗GPT와 함께 앱 개요 및 특징 정리하기	199

CHAPTER 08 핵심 기능 구현: 타이머 로직과 기본 UI 완성 (AI 개발 지원)

- **01** Focuslet 앱 개발: 플러터 프로젝트 세팅, 상태관리 구조 설계, 타이머 UI 레이아웃, 앱 흐름 설계 — 204
- **02** Focuslet 앱 개발: 메인 타이머 UI 및 핵심 로직 구현 — 216
- **03** Focuslet 앱 기능 확장: 태그 입력 및 배경 음악 구현 — 224
- **04** 회고 기능 구현, 데이터 저장/조회, UI 마감, 버그 수정 및 QA — 235

CHAPTER 09 앱 가치 더하기: 설정, 알림, 통계 기능 구현

- **01** 설정 화면 구현 — 244
- **02** 백그라운드 작동 기능 추가 — 253
- **03** 간단 통계 기능 구현 — 258

CHAPTER 10 품질 높이기: 테스트, 디버깅, 리팩토링 (AI 코드 개선 지원)

- **01** 기본 디버깅 도구 활용법(중단점, 로그 출력) — 266
- **02** 수동 테스트 및 버그 찾기 — 274
- **03** 코드 가독성 높이기: 리팩토링의 중요성 — 282
- **04** AI 코드 리뷰 및 개선 제안 요청 — 290

PART 05
세상에 내 앱 선보이기 - 앱 스토어 출시

CHAPTER 11 출시 준비 완료하기: 에셋 제작하기

- **01** 필수 에셋 준비: 앱 아이콘, 스크린샷 — 298

CHAPTER 12 　세상에 내보내기: 앱 빌드 및 스토어 출시 과정

01	릴리스 빌드 개념 이해	306
02	안드로이드 릴리스 빌드(.aab) 및 앱 서명	312
03	구글 플레이 스토어 등록 절차	321
04	인앱 광고 포함하여 앱 최종 빌드 및 제출하기	327
05	세상과 소통하기: 내 앱 홍보 시작하기	337

부 록 A 　AI 개발 도구 활용 꿀팁

01	프로젝트 준비 및 설정	344
02	AI와의 효과적인 소통 (프롬프트 엔지니어링)	346
03	코드 작성 및 관리	348
04	AI 기능 활용 극대화	349
05	지속적인 학습 및 개선	351

부 록 B 　인디 개발자로서의 다음 단계

| 01 | 책 너머의 세상: 지속적인 플러터 학습 자료 및 커뮤니티 소개 | 352 |
| 02 | 다음 학습 로드맵 제안(고급 상태 관리, 네트워킹, Supabase 등) | 358 |

● 에필로그　364
● 인덱스　366

학습 자료
다운로드 안내

예제 소스 다운로드
이 책의 실습을 위하여 필요한 예제 코드와 완성된 결과 파일, 그리고 산출물과 스케치 이미지 파일은 노션 템플릿 페이지에서 확인할 수 있습니다.

추가 자료 (프로젝트/프롬프트)
이 책에 수록된 주요 프로젝트 소스 코드 및 프롬프트 원문 전체는 다음 사이트에서 제공됩니다. 실습에 직접 활용하거나 학습 시 참고하기 바랍니다

https://bit.ly/4fH8uaP

AI 기반 1인 개발 시대의 서막

Chapter 1　꿈을 현실로, 커서 AI와 함께 1인 개발 시작하기

PART 1

세상에 없던 무대가 열렸습니다. 거대한 조직과 예산이 없어도, 한 사람의 아이디어가 세상을 움직이는 시대입니다. AI는 더 이상 남의 이야기가 아닙니다. 코드라는 복잡한 장벽은 사라졌고, 실행이라는 거리도 한층 가까워졌습니다. 머릿속에만 있던 기발한 생각, 이제 세상에 꺼내놓을 차례입니다. 여러분의 첫 대화가 누군가에게 꼭 필요한 앱이 될 수 있다는 사실을 명심하고 개발을 시작해볼까요?

꿈을 현실로, 커서 AI와 함께 1인 개발 시작하기

 **'1인 인디 개발'의 현실과 기회**

'나 혼자 앱 만들 수 있을까?' 하는 막막함, 다들 느껴보셨죠? 하지만 요즘엔 AI 덕분에 혼자서도 멋진 앱을 만드는 1인 인디 개발자가 늘어나고 있습니다. **거창한 자본이나 팀 없이도, 아이디어와 AI만 있다면 충분합니다.** 오히려 혼자라서 좋은 점이 더 많습니다. 복잡한 의사결정 없이 내 아이디어를 바로 실행하고 빠르게 출시할 수 있는 속도와 유연성이 큰 무기죠. 물론 쉽진 않지만, 작은 규모가 민첩성을 만드는 겁니다.

예를 들어 '오늘 뭐 입을까?'라는 아주 사소한 고민을 해결하는 앱을 만든다고 해봅시다. 코딩을 잘 모르는 초보자라도 AI에게 "옷장을 찍었어. 뭘 입을지 코디해 주는 앱을 만들어 줘"라고 물어보며 부딪치다 보면, 신기하게 길이 생깁니다. AI가 거의 과외 선생처럼 도와주니까요.

중요한 건 나만의 독창적인 아이디어입니다. 식상한 앱 말고, 사소하지만 개인의 문제를 해결하는 거죠. 『나만의 식물일기』 앱처럼요. 물 준 날 잊어먹고 상태가 어떤지 검색하기 바빴던 개발자가, AI 챗봇을 붙여 사진만 찍으면 식물의 건강을 진단해 주는 앱을 만들었다고 합니다. "식물 잎 사진으로 상태를 판별하는 코드 짜줘", 이런 컨셉으로 AI와 협력하며 앱을 완성한 거죠. 자신의 문제를 어떻게 해결할 것인지, 그 경험이 앱의 바탕이 되었습니다.

1인 개발, 특별한 사람만 하는 게 아닙니다. 망설여진다면 AI라는 든든한 조력자를 기억하세요. 거창할 필요 없습니다. **작은 문제 해결부터 시작해 보세요.** AI에게 "이거 어떻게 만들어?" 하고 묻는 그 순간이 바로 시작이니까요.

 ## AI 이전 vs. AI 이후, 개발 패러다임 변화

'코딩'이라고 하면 여전히 '복잡한 UX/UI'부터 떠오르지 않나요? 얼마 전까진 그게 맞았습니다. 프로그래밍은 소수 똑똑한 개발자들의 전유물이었고, 간단한 기능 하나에도 최신 기술과 수많은 요구사항들과 씨름해야 했죠. 하지만 이젠 상황이 완전히 바뀌었죠. AI 덕분에 코딩 문외한도 개발에 뛰어들 수 있는 시대, 프로그래밍의 판 자체가 바뀐 겁니다.

예전엔 어땠나요? HTML/CSS 좀 기웃거리다 온갖 프레임워크(React, Vue 등), 백엔드(Firebase 등), 인증(OAuth), 서버리스, 크로스플랫폼(Flutter), 디자인(Tailwind)…. 이 높은 기술의 벽 앞에서 좌절하기 일쑤였죠. 기술 배우다 아이디어는 낡아버리고, 결국 지쳐 포기하는 경우가 태반이었습니다. 아이디어에서 구현까지는 너무 멀고 험했으니까요.

하지만 커서 AI, 챗GPT, 클로드, 제미나이 같은 AI 도구들이 등장하면서 게임의 판이 완전히 바뀌었습니다. 가장 큰 변화는 **더 이상 혼자 복잡한 기술과 싸울 필요가 없어졌다는 것.** 이제 중요한 건 기술 그 자체가 아니라, 내 아이디어를 얼마나 빨리 현실로 만들고, AI와 얼마나 잘 협력하여 독창적인 가치를 만들어 내느냐입니다.

회사원 A 씨는 **'책 페이지 분위기에 맞는 음악 추천 앱'**을 떠올렸습니다. 예전 같으면 OCR, 텍스트 분석, 추천 알고리즘까지…. 엄두도 못 냈겠죠. 하지만 A 씨는 커서 AI에게 바로 물었습니다. "사진 속 글자 인식해서 감성 분석하고, 어울리는 음악 추천 서비스를 개발해 줘." 커서 AI는 필요한 코드를 제공하고 오류까지 잡아주며, A 씨가 기술이 아닌 아이디어 자체에 집중하도록 도왔습니다.

코딩이 더 이상 개발자만의 영역이 아니라는 점은 더 흥미롭습니다. 평범한 회사원 B 씨는 **'이모티콘 대화의 감정을 분석해 음악을 재생하는 서비스'**를 상상했습니다. 과거엔 불가능했을 일이죠. B 씨는 커서 AI에게 "이모티콘에서 감정을 뽑아서 음악 추천하는 코드를 작성해 줘"라고 물었고, 완벽하지 않은 첫 결과물에서 시작해 AI와 질문을 주고받으며 어설프지만 문제를 해결했습니다. 커서 AI가 옆에 있으니, 부딪히고 실패하는 과정조차 부담이 없었죠. 며칠 만에 B 씨는 작지만 특별한 웹사이트를 완성해 주변을 놀라게 했습니다.

이것이 AI 시대 개발의 본질입니다. 코딩 장벽이 무너져버린 겁니다. 누구나 아이디어만 있으면 그 아이디어를 현실로 만들 수 있게 된 것. 이제 기술 배우느라 아이디어를 포기할 필요가 없습니다. **아이디어를 빠르게 검증하고 개선하는 실행력이 훨씬 중요**해졌으니까요. 프로그래밍은 이제 소수의 전유물이 아닌, 누구나 참여 가능한 '창의적인 놀이'에 가까워졌습니다. 당신의 작은 아이디어도 AI 파트너와 함께라면 얼마든지 빠르고 재미있는 현실이 될 수 있습니다.

 **바이브 코딩** Vibe Coding**, 코딩 없이 대화로 코딩합시다**

개발자 하면 떠오르던 복잡한 코드 화면과 씨름하는 모습. Java, Python, React…. 그 수많은 언어의 벽 앞에서 '러닝 커브'라는 말 뒤에 숨겨진 좌절을 겪던 시절이 있었습니다. 하지만 깨달았죠. 우리가 진짜 원했던 건 언어 자체가 아니라, 머릿속 아이디어가 현실이 되는 '결과'였다는 것을요.

이제 AI가 그 지루한 언어 학습의 고통은 덜어주고, 아이디어 실현의 '즐거움'만 남겨주기 시작했습니다. 심지어 언어 없이도 프로그래밍하는 시대, 바로 **'바이브 코딩** Vibe Coding**'의 시대**가 열린 겁니다.

'바이브 코딩'은 말 그대로 '느낌'으로 개발하는 방식입니다. 복잡한 문법과 알고리즘을 몰라도 되죠. 대신, "어이 AI!, 이런 거 좀 만들어 줘" 하고 자연어로 말하면 AI가 코드를 **딸깍** 만들어주는 겁니다. 개발자는 아이디어를 어떻게 구체화할지 집중하면 되니, 훨씬 직관적이고 창의적인 작업이 가능해집니다. 마치 셰프에게 '오늘 기분에 맞는 요리'를 주문하듯 말이죠.

이런 흐름의 중심에는 커서 AI, 챗GPT, 클로드, 제미나이 같은 AI 도구들이 있습니다. 각자 장점이 다른데, 챗GPT는 개념 설명에 능하고, 클로드와 제미나이는 문서 작업과 복잡한 코드 생성에 강점을 보입니다. 커서 AI는 이 둘을 통합해, "할 일 앱 만들어줘" 같은 간단한 요청만으로도 실행 가능한 프로그램을 한 번에 만들어 줍니다.

여기까지 들으면 마치 AI가 모든 것을 해결해 줄 것 같죠? 실제로 AI는 아이디어를 빠르게 서비스로 구축해주며, 이전에는 상상하기 어려웠던 수준의 생산성을 가능하게 합니다. 하지만, 이 지점에서 우리는 중요한 질문을 던져야 합니다.

바이브 코딩, 정말 대단한 개념임에는 틀림없습니다. 그렇다고 개발자가 팔짱만 끼고 AI가 차려주는 밥상에 숟가락만 얹어서는 안 되겠죠. 오히려 AI를 코드 뽑아내는 기계로 활용할 것이 아니라, 인간과 함께 성장하고 때로는 **나를 이끌어 줄 파트너이자 학습 동반자**로 여겨야 한다는 사실입니다. AI의 코드를 그냥 가져다 쓰는 게 아니라, "어떻게 이런 코드가 나왔지?", "이것보다 더 괜찮은 방법은 없을까?", "이 코드의 근본 원리가 뭘까?" 하고 끊임없이 물음표를 던지며 파고드는 자세가 중요합니다.

커서 AI 같은 도구들이 바로 이럴 때 훌륭한 길잡이가 되어줄 수 있습니다. 궁금한 점을 물어보면 그 원리를 쉽게 설명해 주고, "이렇게 해보는 건 어때?" 하며 다른 길도 보여주며, "여긴 좀 위험할 수 있겠는데?" 하고 잠재적인 문제점까지 짚어주거든요. 이건 마치 **숙련된 개발자와 페어 프로그래밍하는 것과 비슷**해요. 이런 과정을 통해 개발자는 기술의 깊이를 더하고, 어떤 문제든 해결할 수 있는 단단한 실력을 키울 수 있습니다.

물론 어떤 분들은 "AI가 다 해주는데, 뭐 하러 골치 아프게 내부까지 이해해야 해?" 라고 생각할 수도 있습니다. 하지만 정말로 창의적이면서도 가치 있는 결과물을 만들고 싶다면, AI가 주는 편리함에만 안주해서는 곤란합니다. 기술의 본질을 꿰뚫어 보고, AI가 내놓은 결과물을 내 기준으로 꼼꼼히 따져보며, 한 걸음 더 나아가 AI에게 "이렇게 바꿔봐!" 하고 더 정교한 지시를 내릴 수 있는 능력, 바로 이것이 AI 시대를 살아가는 개발자에게 꼭 필요한 핵심 역량입니다.

프로그래밍 세계는 지금 흥미로운 변화의 중심에 있습니다. 개발자와 비개발자의 경계가 흐려지고, 누구나 아이디어를 현실로 만들 수 있는 프로그래밍의 대중화가 시작된 것은 분명합니다. 월 3만 원 정도의 커서 AI 구독료만 지불하면, 전문가의 도움 없이도 내 아이디어를 앱이나 웹으로 구현해 볼 수 있는 시대입니다. 그러나 이 창작의 대중화 속에서 **진정으로 빛나는 개발자**는, AI를 단순한 도구로 사용하는 것을 넘어 **AI와 함께 배우고 성장하며 자신만의 기술적 통찰력을 길러나가는 사람**일 것입니다.

 플러터 Flutter? 그게 뭔데?

앱 하나를 출시하려면 안드로이드 따로, 아이폰 버전을 별도로 만들어야 했습니다. 그런데 구글에서 만든 **플러터**Flutter라는 플랫폼 덕분에 이제 그런 걱정은 좀 덜어도 됩니다. 플러터의 가장 큰 매력인 하나의 코드로 안드로이드와 iOS, 윈도우즈 그리고 웹까지 만들어낸다는 점 때문이죠. **Dart**라는 언어만 익히면 되니, 개발 시간도 줄고 비용도 아낄 수 있습니다.

"그럼 네이티브 보다는 성능이 떨어지는 거 아니야?"라고 생각할 수도 있어요. 과거의 몇몇 크로스 플랫폼 도구들이 그랬거든요. 하지만 플러터는 자체적으로 화면을 그려내서, 네이티브 앱 못지않게 빠릿하게 돌아가요. 게다가 안드로이드에서는 Material Design, iOS에서는 깔끔한 Cupertino 디자인을 알아서 적용해 준답니다. 사용자 입장에서는 어떤 환경에서든 익숙하고 예쁜 앱을 만나게 되는 거죠.

개발자들이 플러터를 써보고 "와~!" 하는 순간이 또 있는데, 바로 **핫 리로드**Hot Reload 기능 때문입니다. 코드를 고치고 저장하면, 앱을 재시작할 필요 없이 바로 화면에 바뀐 모습이 나타납니다.

 요즘 IT 회사들, 왜 플러터에 반했을까?

요즘 IT 업계에서 플러터 개발자 찾는다는 소리가 자주 들립니다. 네이버, 카카오, 토스 같은 큰 회사들도 플러터를 쓰고 있고, 특히 "빨리 만들고, 시장 반응 보고, 또 빨리 개선하자!" 하는 스타트업에서는 플러터가 더 인기죠. 플러터를 할 줄 알면 갈 수 있는 길도 다양해집니다. 모바일 앱 개발자를 넘어, 여러 플랫폼을 아우르는 전문가, UI/UX에 특화된 개발자, 심지어 서버까지 다루는 풀스택 개발자로도 성장할 수 있습니다.

혹시 스스로 앱을 만들어보고 싶으신가요? 그렇다면 플러터는 정말 좋은 선택입니다. 코드 하나로 거의 모든 플랫폼에서 작동이 되는 앱을 다 만들 수 있으니까요.

🔶 플러터, 덤비기 전에 알아두면 좋은 기본기

플러터를 제대로 배우려면, 몇 가지 기본적인 프로그래밍 개념 정도는 알고 시작하는 게 좋아요. 운동하기 전에 스트레칭하는 것처럼요. 이게 탄탄하면 플러터 배우는 길이 훨씬 수월해질 겁니다.

😊 객체지향 프로그래밍? 어렵지 않아요!

요즘 프로그래밍은 대부분 이 **객체지향**이라는 방식으로 돌아가요. **클래스**는 붕어빵 틀 같은 거예요. **속성**(예 붕어빵의 팥앙금, 슈크림)과 **기능**(예 붕어빵을 굽는다)을 정의해두죠.

'사람' 클래스라면 이름, 나이 같은 속성과 '자기소개 하기' 같은 기능을 가질 수 있어요. **상속**은 이 붕어빵 틀을 물려받아 새로운 틀을 만드는 거예요. '학생' 클래스가 '사람' 클래스를 상속받으면, 사람의 특징은 그대로 쓰면서 '학교'라는 자기만의 특징을 더 가질 수 있죠. 코드를 재활용하고 관리하기 편해지는 마법이랍니다.

😊 플러터의 단짝, Dart 언어 맛보기

플러터는 **Dart**라는 언어로 만들어요. 구글이 만든 건데, 자바스크립트나 자바를 써보셨다면 금방 익숙해질 만큼 배우기 쉽고 현대적인 언어랍니다. **함수**는 특정 일을 하는 코드 묶음이에요. 예를 들어 "두 숫자 더하기" 함수처럼요. Dart에서는 데이터를 깔끔하게 정리하기 위해 **List**(순서대로 쭉~ 늘어놓은 데이터, 예 장바구니 목록)와 **Map**(이름표를 붙여 정리한 데이터, 예 전화번호부)이라는 자료 구조를 자주 써요.

🔶 플러터의 모든 것, 바로 '위젯' 시스템!

플러터 세상에서는 눈에 보이는 모든 것이 **위젯**으로 이루어져 있다고 생각하면 편해요. 글자, 버튼, 그림은 물론이고, 화면 전체의 배치나 빈 공간까지도 전부 위젯이랍니다. 마치 레고 블록처럼요! 이 위젯에는 크게 두 종류가 있어요. ❶한번 만들어지면 모습이 잘 안 바뀌는 **StatelessWidget(정적인 위젯)** 과, ❷사용자 행동이나 데이터 변화에 따라 모습이 바뀌는 **StatefulWidget(동적인 위젯)** 이 있죠.

앱이 살아 움직이게 하려면 **상태 관리**의 개념을 잘 이해해야 해요. 간단한 앱에서는 setState로 위젯의 상태를 바꿀 수 있지만, 앱이 좀 더 복잡해지면 Provider나 Riverpod 같은 전문적인 상태 관리 도구의 도움을 받는 게 좋답니다.

그리고 앱은 인터넷에서 데이터를 받아오는 일이 잦습니다. 이런 작업들은 시간이 다소 걸리죠. 그렇다고 도중에 앱이 멈춰버리면 안되겠죠? 그럴 때 **비동기 프로그래밍**이라는 개념을 씁니다. Dart에서는 Future나 async/await로 "이 작업은 시간이 다소 소요되니까, 너는 다른 작업을 먼저 하고 있어!" 하고 컴퓨터에게 다른 일을 시킬 수 있답니다.

플러터, 어떻게 배워야 잘 배울까? (학습 로드맵)

플러터를 제대로 배우려면, 차근차근 단계를 밟아가는 게 중요해요.

1. **첫째, Dart 언어와 친해지세요.** 변수, 함수, 클래스 같은 기본 문법을 익히고, 간단한 프로그램들을 직접 만들어보면서 손에 익히는 거죠. 보통 한두 달 정도면 감이 올 거예요.

2. **둘째, 플러터의 기본 개념을 익히세요.** 플러터를 설치하고 개발 환경을 세팅한 다음, 기본적인 위젯들로 간단한 앱을 만들어보는 거예요. "Hello World"부터 시작해서 조금씩 복잡한 화면을 만들어보면서 플러터와 익숙해지는 거죠. 이 단계는 두세 달 정도 걸릴 수 있어요.

3. **셋째, 진짜 앱을 만들면서 실력을 키우세요.** API를 써서 실제 데이터를 가져오고, 데이터베이스에 정보를 저장하고 관리하는 앱을 만들어보는 거예요. 상태 관리 방법도 적용해 보면서 더 깔끔한 앱 구조를 만드는 연습도 하고요. 이 과정에서 만든 앱들은 나중에 여러분의 멋진 포트폴리오가 될 수 있답니다. 보통 서너 달 정도 집중하면 좋아요.

4. **마지막으로, 취업 준비를 하세요.** 지금까지 만든 프로젝트들을 잘 정리해서 포트폴리오를 만들고, 기술 면접도 준비해야죠. 실제 회사에서 쓰는 도구나 일하는 방식에 대해서도 미리 알아두면 실무에 적응하기 훨씬 쉬울 거예요.

취업 성공, 이런 전략은 어때요?

개발자에게 포트폴리오는 정말 중요해요. 어중간한 프로젝트 여러 개보다, **정말 잘 만든 앱 3~5개를 GitHub에 소스코드와 함께 올려두는 게 훨씬 효과적**이랍니다. 여유가 된다면 앱스토어나 플레이스토어에 직접 앱을 올려보는 경험도 해보세요. "이 사람, 진짜 할 줄 아네!" 라는 확실한 증거가 되거든요.

플러터는 계속 발전하는 기술이라 꾸준히 공부해야 해요. 플러터 공식 문서도 자주 보고, 개발자 커뮤니티에 참여해서 새로운 소식도 얻고 다른 개발자들과 이야기도 나눠보세요. 때로는 좋은 멘토를 만나 조언을 구하는 것도 큰 도움이 된답니다.

 자, 이제 플러터의 세계로 떠나볼까요?

플러터는 모바일 앱 개발의 미래를 이끌어갈 기술 중 하나예요. 시간과 노력을 투자한다면 분명 여러분도 플러터 전문가가 될 수 있습니다. 중요한 건 이론만 파고드는 게 아니라, **직접 코드를 짜보고 앱을 만들어보면서 부딪히고 해결해나가는 경험**이에요. 그 경험들이 쌓여 진짜 실력이 되는 거니까요.

플러터가 비교적 새로운 기술이라는 점은 지금 시작하는 여러분에게 오히려 기회가 될 수 있다는 뜻이기도 해요. 꾸준히 노력하며 포기하지 않고 나아간다면, 이 분야의 선두 주자가 될 수 있을지도 모르죠. 지금부터 플러터와 함께 멋진 개발자 커리어를 시작해 봅시다.

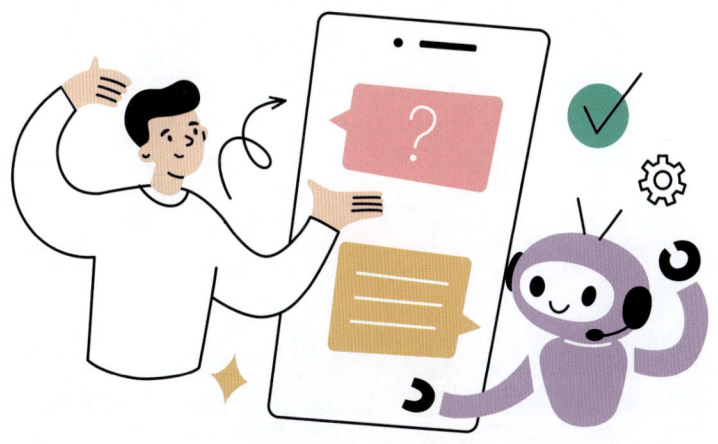

첫걸음 떼기

개발 환경 준비와 AI 파트너 맞이하기

Chapter 2 개발 환경 구축하기
Chapter 3 나의 첫 플러터 앱, '카운터 앱' 실행과 프로젝트 구조 엿보기
Chapter 4 AI 코드 동료 맞이하기, 커서 AI 설정과 효과적인 협업 원칙

PART 2

아이디어를 현실로 만드는 첫걸음은 '환경을 갖추는 일'에서 시작됩니다. 튼튼한 기반이 있어야 AI도 제 힘을 발휘하고, 불필요한 장애물도 피할 수 있습니다. 여기에서는 여러분의 작업실을 완벽하게 세팅하고 AI 파트너를 맞이하는 과정을 안내합니다. 설정을 마친 뒤에는 첫 플러터 프로젝트를 생성하고 기본 앱을 실행해보며, 내 코드가 앱으로 만들어지는 순간을 경험하게 될 겁니다.

개발 환경 구축하기

 **개발 환경의 중요성: 첫 단추 잘 끼우기**

앱 아이디어가 떠오르면 당장 코딩하고 싶은 마음에 조급해집니다. 하지만 코딩이라는 본 게임에 앞서, 다소 지루해 보이는 **개발 환경 설정 단계**를 건너뛰어서는 안 됩니다. 이 첫 단추를 잘 끼워야 하는 이유는 다음과 같습니다.

- 개발 환경은 코딩을 위한 **작업실**과 같음
- 연장(SDK, IDE, 커서 AI, 안드로이드 에뮬레이터)이 잘 갖춰져야 불필요한 문제 해결에 시간 낭비를 하지 않고 기능 구현에 집중할 수 있음
- 환경 설정은 **설계도**처럼 모두가 동일한 기준을 따르게 해 "내 컴퓨터에서는 잘 됐는데…" 등과 같은 문제를 막아줌
- 특히 커서 AI는 탄탄한 기반에서 여러분이 요구하는 대로 성능을 발휘함

결국, 개발 환경 설정은 건물의 기초 공사처럼 여러분이 앞으로 개발하게 될 과정을 순탄하게 이끌게 될 아주 중요한 단계인 것입니다. 이 과정을 잘 마치면, AI와의 즐거운 코딩의 세계가 펼쳐지는 거죠. 자, 이제 플러터 SDK를 설치하며 개발을 시작해 볼까요?

플러터 SDK 설치 (Windows)

개발 환경의 중요성에 대해 간략하게 살펴보았으니 지금부터 모바일 개발의 핵심인 **플러터 SDK를 설치**하겠습니다. 플러터 SDK의 용량은 약 1.4GByte 정도 됩니다. 커서 AI에게 "플러터 SDK를 설치해 줘" 라고 요청하면 자동으로 Zip 파일을 내려받고 설치까지 가능하지만 다운로드 시간이 너무 오래 걸려서 추천하지 않습니다. 따라서 **직접 홈페이지에서 다운받고, 설정 작업은 나중에 커서 AI에서 진행**하겠습니다.

플러터 SDK 검색

01 구글 검색창에서 ❶ "**플러터 SDK**"를 입력해서 검색합니다.

02 검색 결과에서 ❷ [Choose your development platform to get started]를 클릭합니다.

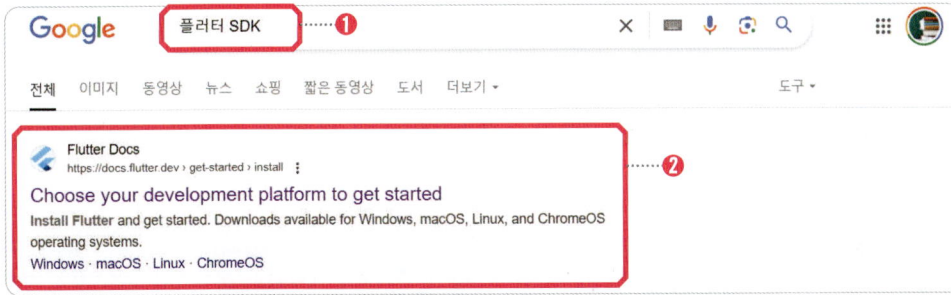

03 개발 플랫폼 선택: ❶ [**Windows**] 플랫폼을 선택하고 앱 선택에서 ❷ [**Android**]를 선택합니다.

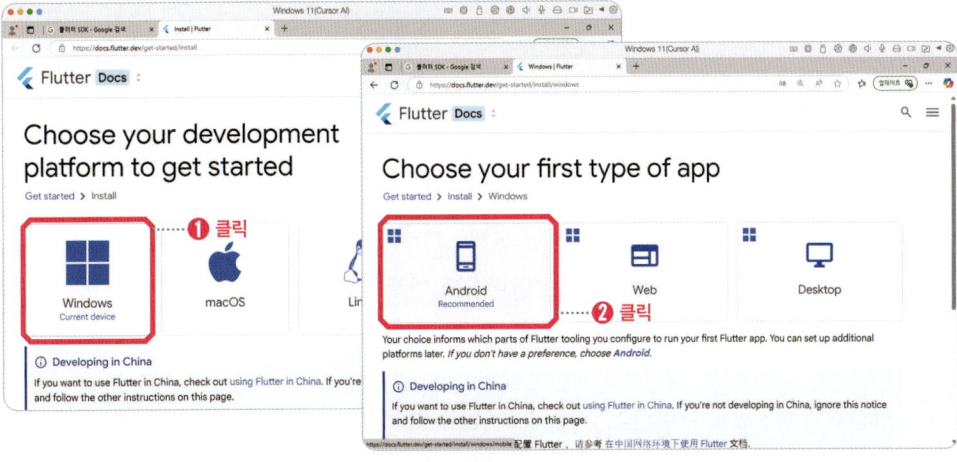

📦 Windows에서 Flutter Android 앱 개발 시작하기

01 현재 페이지에서 아래쪽으로 스크롤해서 내려갑니다. "Install the Flutter SDK"를 찾고 아래쪽에서 ❶[Download and install] 버튼을 클릭합니다.

02 ❷[flutter_windows_3.29.2-stable.zip] 아이콘을 클릭해서 적당한 폴더에 다운로드합니다.

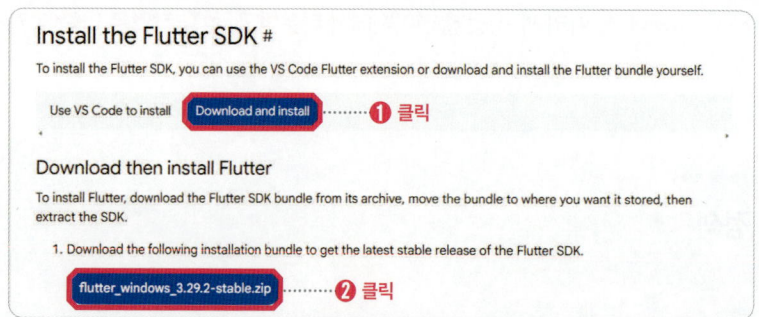

03 다운로드한 설치파일 flutter_windows_3.29.2-stable.zip 파일의 압축을 풀어주세요. 저는 [C:₩] 폴더에 압축을 풀었습니다. [C:₩] 드라이브 하위에 [flutter] 폴더가 자동으로 생성되었습니다(파일명은 버전이 업그레이드되면 달라질 수 있어요. 최신 버전으로 다운로드하면 됩니다).

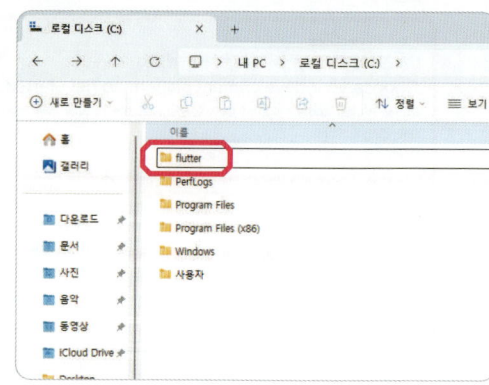

📦 플러터 SDK : 환경 변수 설정

01 윈도우 검색창에 ❶ "환경 변수"라고 입력하고 검색 결과에서 ❷[시스템 환경 변수 편집]을 실행합니다.

02 [시스템 속성] 창이 나타나면 하단의 ❸[환경 변수(N)...] 버튼을 클릭합니다.

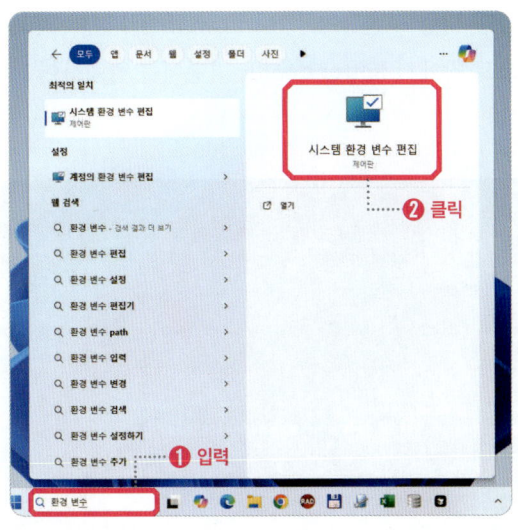
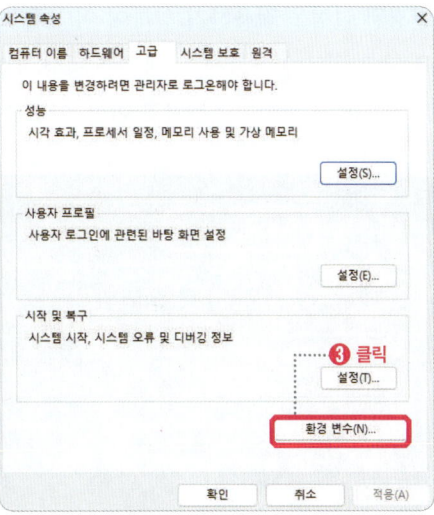

03 [환경 변수] 창에서 모든 사용자에게 적용하기 위해 [시스템 변수(S)] 섹션에서 **Path**를 찾습니다. ❶ **Path 변수**를 선택한 후 ❷ [편집(I)...] 버튼을 클릭합니다.

04 [환경 변수 편집] 창이 나타나면 우측 상단의 ❸ [새로 만들기(N)] 버튼을 클릭합니다. 새로운 입력란이 생기면 ❹ **Flutter SDK의 bin 폴더 경로**를 입력합니다. ⋯» 예 **C:\flutter\bin**

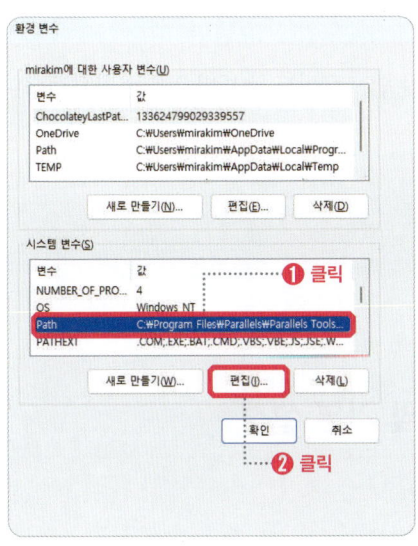
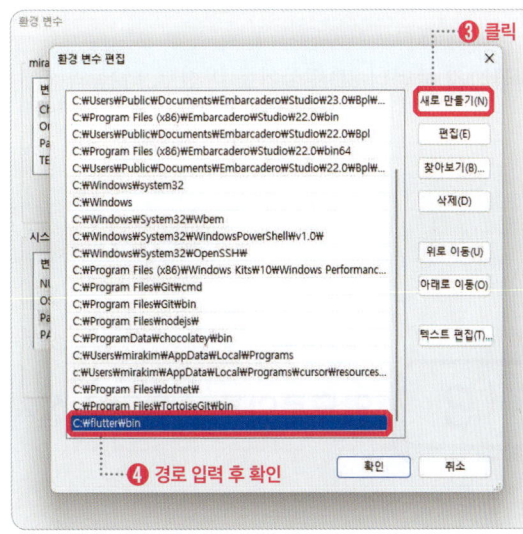

05 Flutter SDK의 bin 폴더 경로(C:\flutter\bin)를 확인한 후 [확인] 버튼을 클릭하여 [환경 변수 편집] 창을 닫습니다.

06 [환경 변수] 창에서도 [확인] 버튼을 클릭합니다. 마지막으로 [시스템 속성] 창에서도 [확인] 버튼을 클릭합니다. 이제 환경 변수 등록이 완료되었습니다.

변경된 설정을 적용하기 위하여 이미 열려 있던 명령 프롬프트^{CMD}나 PowerShell 창이 있다면 모두 닫고 새로 열어주세요. 새로운 명령 프롬프트 창에서 **flutter doctor** 명령어를 입력하여 Flutter가 올바르게 설치되었는지 확인할 수 있습니다.

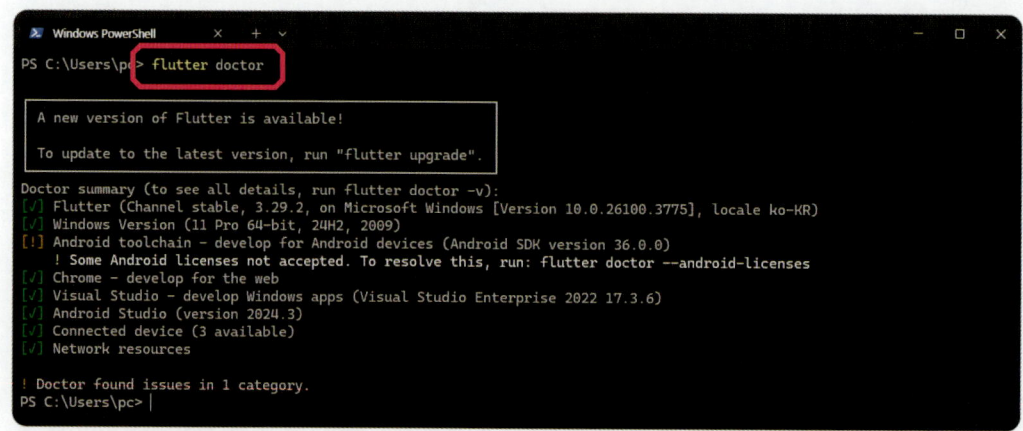

"flutter 명령어를 인식할 수 없다"는 메시지가 나타나지 않고, Flutter의 상태를 점검하는 내용이 출력된다면 성공적으로 환경 변수가 등록된 것입니다.

지금까지 플러터 SDK 설치를 마쳤고, 다음 과정에서는 안드로이드 스튜디오를 설치하겠습니다.

 ## 안드로이드 스튜디오 설치 및 기본 설정

안드로이드 앱을 빌드(개발) 하려면 반드시 **안드로이드 스튜디오**와 **안드로이드 SDK**를 설치해야 합니다. 커서 AI와 채팅을 하면서도 설치가 가능하지만, 윈도우즈 기반의 운영체제에서는 Chocolatey과 같은 별도의 패키지를 설치해야 하고 윈도우즈의 PowerShell 호환성 문제도 있어서, **직접 설치하는 방법**으로 알아보겠습니다.

안드로이드 스튜디오 설치

구글 검색창에서 ❶ "안드로이드 스튜디오"를 검색하여 안드로이드 스튜디오 ❷ 다운로드 페이지로 이동한 후 ❸ [Android 스튜디오 Meerkat 다운로드] 버튼을 클릭합니다(안드로이드 스튜디오도 버전이 바뀔 수 있어요. 최신버전으로 다운로드해주세요).

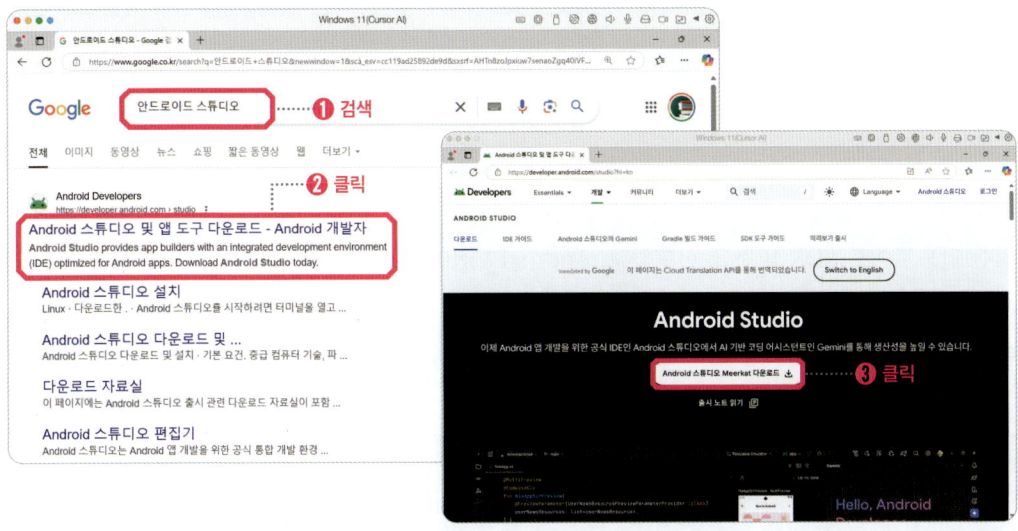

이후 다운로드 및 설치 작업은 다른 일반적인 프로그램의 설치 과정과 크게 다르지 않으므로 자세한 단계별 설명은 생략하겠습니다. 다만 설치 작업 중간에 꼭 필요한 설정에 대해서만 소개할 테니, 먼저 다음 내용을 읽고 설치를 진행해 주세요.

- 설치 옵션에서 [Android Virtual Device]를 반드시 선택합니다. 에뮬레이터로 디버그할 때 필요한 도구입니다.
- 설치 경로는 C:\Program Files\Android\Android Studio를 그대로 사용합니다.
- 설치가 끝나면 마지막 화면에서 [Start Android Studio]를 선택하고 [Finish] 버튼을 클릭합니다.

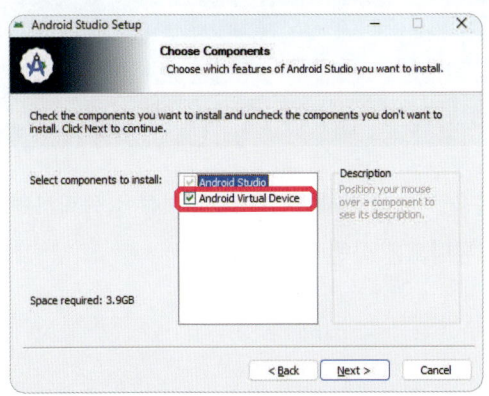 

안드로이드 스튜디오 환경 설정

안드로이드 스튜디오 설정은 두 가지 옵션을 선택할 수 있습니다. 여기서는 **[Standard]를 선택하고 [Next] 버튼을 클릭**해 주세요.

- **[Standard]** : 일반적인 사용자에게 추천하는 기본 설치 방식입니다. 자주 쓰는 설정과 옵션으로 간편하게 설치됩니다.
- **[Custom]** : 고급 사용자를 위한 옵션으로, 설치 경로, 구성 요소 등 세부 설정을 사용자가 직접 지정할 수 있습니다.

최신 안드로이드 SDK 버전을 선택하고, Android Virtual Device 옵션도 체크해 주세요. 그리고 **Android SDK 설치 경로에 한글 이름이 존재하면 안 됩니다.** 만약 한글이 포함된 경로로 표시된다면 아래 화면처럼 다른 폴더를 선택하고 [Next] 버튼을 클릭해 주세요.

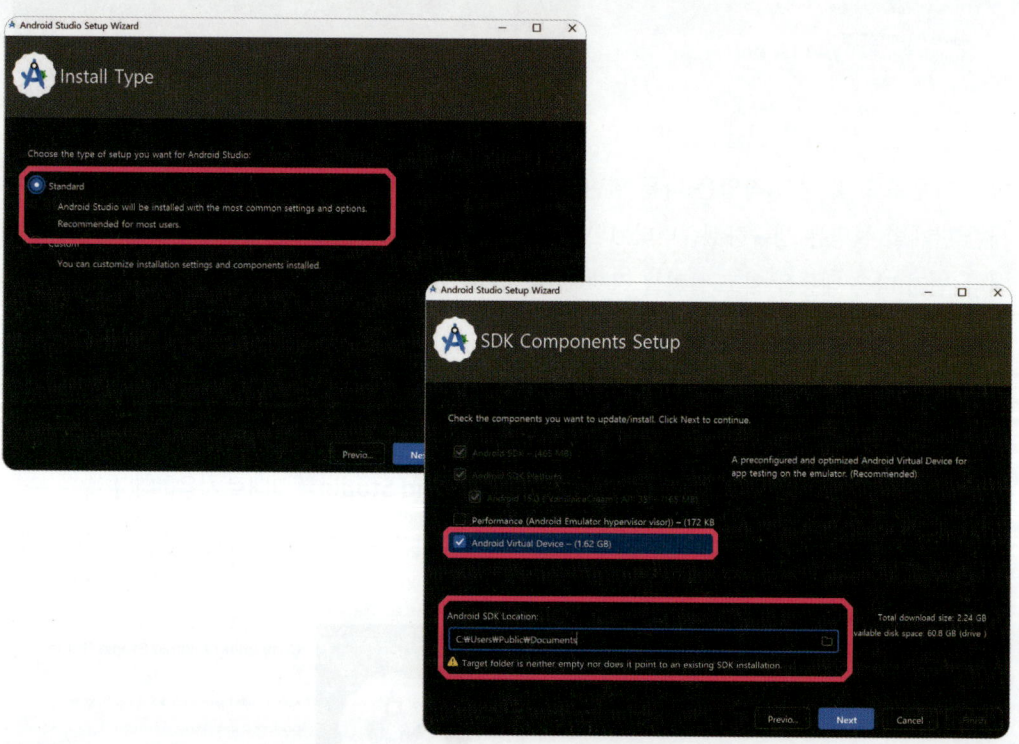

마지막으로 라이선스 동의를 위해 **[Accept]** 항목을 체크해 주세요. **[Finish]** 버튼을 클릭하면 설치를 시작합니다. 설치가 완료되면 안드로이드 스튜디오를 실행해 주세요.

안드로이드 SDK 추가 설치

안드로이드 프로젝트 초기 화면에서 가운데 글자인 ❶ [More Actions]를 클릭하고 목록에서 ❷ [SDK Manager]를 선택합니다.

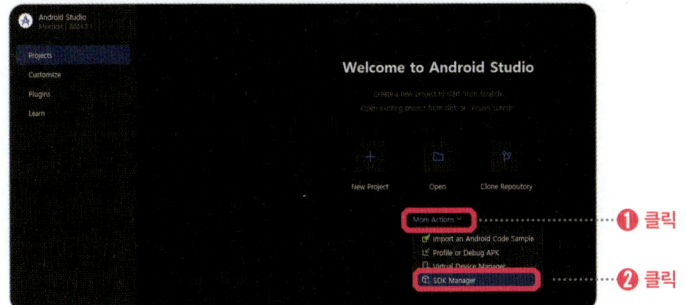

[SDK Platforms] 탭에서 [Android 16.0 ("Baklava")]을 선택하고, [SDK Tools] 탭에서는 [Android SDK Command-line Tools (latest)]를 선택합니다. 선택이 끝났으면 오른쪽 밑의 [Apply] 버튼을 클릭합니다.

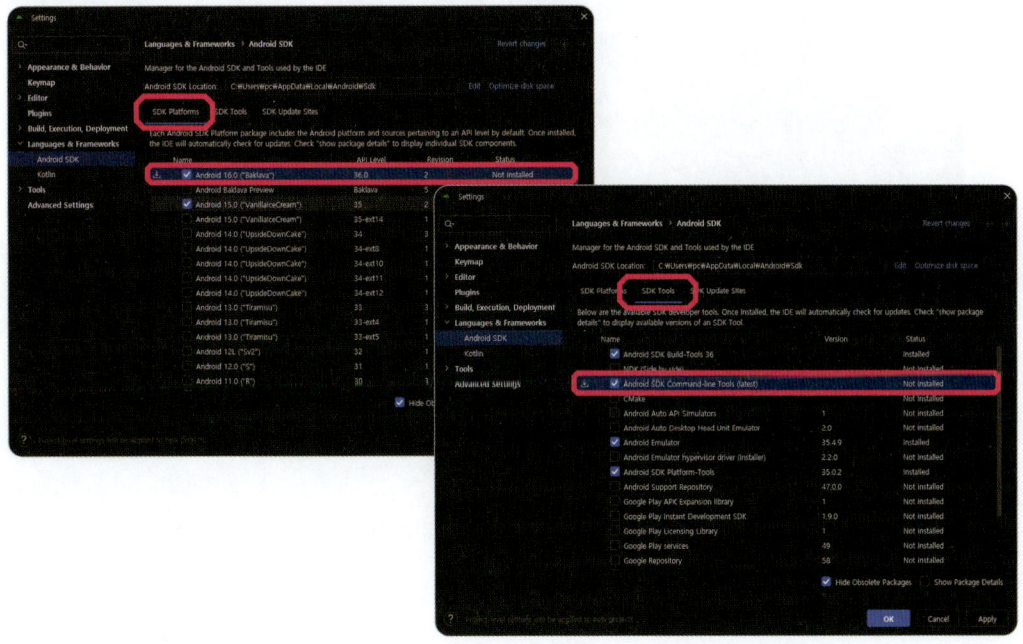

최종적으로 설치 옵션을 확인한 후 [OK] 버튼을 클릭하면 추가 라이브러리가 설치됩니다. 설치가 끝났으면 [Finish] 버튼을 클릭합니다.

지금까지 안드로이드 개발에 필요한 기본적인 환경을 설정했습니다. 다음 과정에서는 안드로이드 스튜디오에서 플러터와 다트를 사용할 수 있도록 플러그인을 설치하겠습니다.

 **플러터 & 다트 플러그인 설치 (IDE 연동)**

이제 안드로이드 스튜디오에서 **플러터와 다트 언어 플러그인**을 설치하겠습니다. 플러터와 다트 언어 플러그인은 플러터 프로젝트를 만들고, 다트 언어를 인식하게 해줍니다. 어떻게 설치하는지 살펴보겠습니다.

플러그인 메뉴 열기

01 먼저 안드로이드 스튜디오를 실행해 주세요.

02 Android Studio 초기 화면 왼쪽 아래에서 ⚙ **Options Menu > Settings**를 선택합니다. 또는 상단 메뉴에서 **File > Settings**를 선택해도 됩니다.

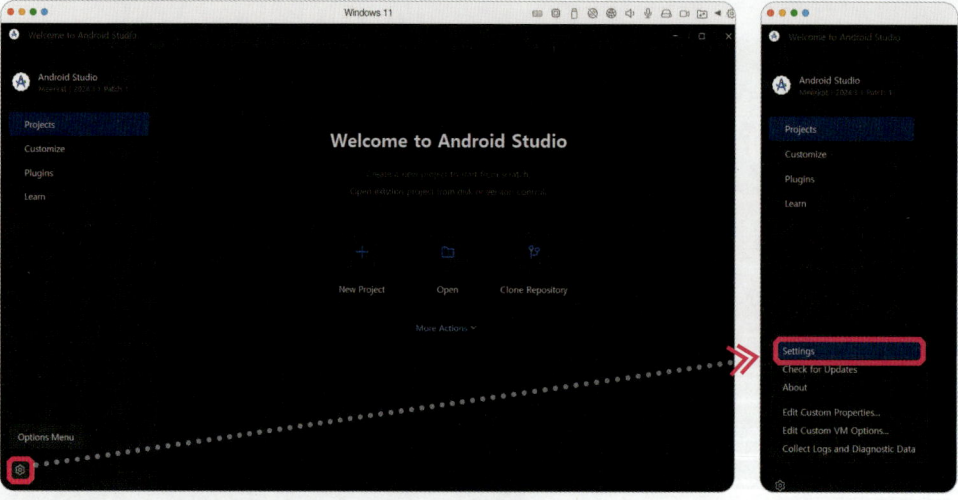

03 설정 창이 열리면 왼쪽 목록에서 **Plugins** 항목을 클릭하세요.

플러터 및 다트 언어 플러그인 설치

01 Plugins 화면에서 **Marketplace 탭**을 선택합니다.

02 상단 검색창에 **"Flutter"** 라고 입력하여 검색하세요.

03 공식 플러터 플러그인을 찾아 [Install] 버튼을 누릅니다. 설치 중 다트 플러그인도 함께 설치할지 묻는 창이 나타날 수 있습니다. [Yes] 또는 [Install]을 선택하면 편리합니다. **만약 묻지 않는다면, 플러터 설치 후에 "Dart"를 검색해서 별도로 설치해 주세요.**

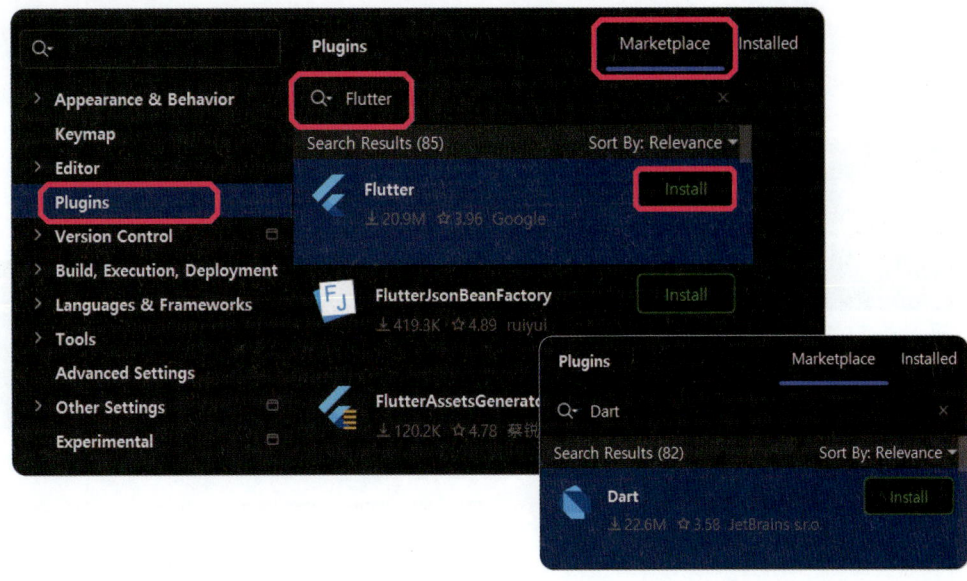

IDE 재시작

플러그인 설치가 완료되면 IDE 재시작 안내가 나올 겁니다. [Restart IDE] 버튼을 꼭 눌러 주세요. 변경 사항 적용을 위해 반드시 필요한 과정입니다.

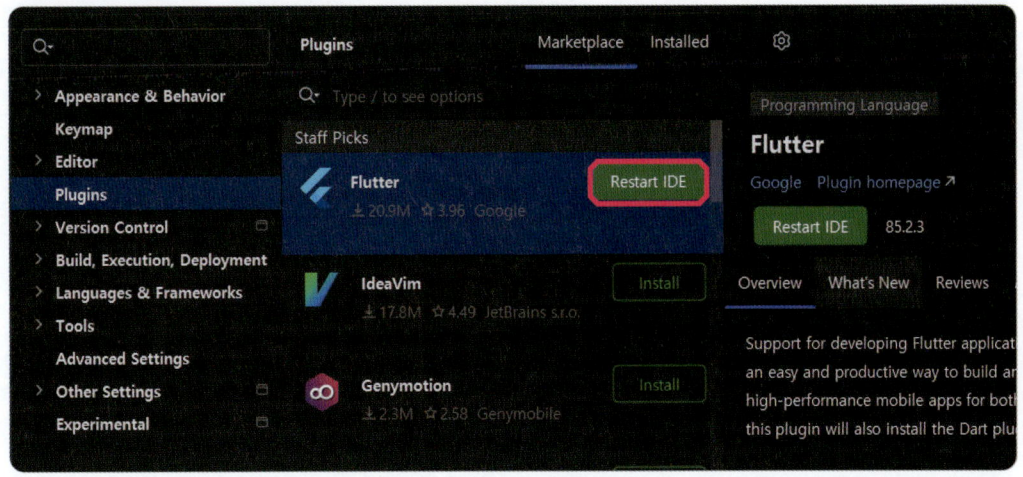

설치 확인

안드로이드 스튜디오가 다시 시작되면 설치가 잘 되었는지 확인해 볼 수 있습니다. File > New 메뉴 아래에 **[New Flutter Project...]** 항목이 보이거나, 안드로이드 스튜디오 초기화면에서 **[New Flutter Project]** 항목이 보인다면 설치가 성공적으로 된 겁니다.

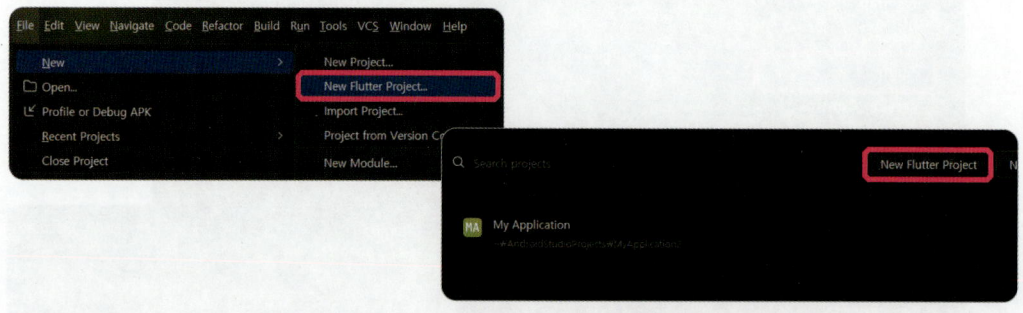

이제 **여러분의 안드로이드 스튜디오는 플러터와 다트 개발을 위한 준비를 마쳤습니다.** 설치된 플러그인 덕분에 코드 자동 완성, 오류 표시, 디버깅 같은 유용한 기능들을 사용할 수 있게 되었습니다.

혹시 설치 중에 오류가 발생하면 오류 화면을 캡쳐해서 챗GPT에게 물어보세요. 예를 들어, "**[오류 메시지] 오류가 발생했어, 해결하는 방법을 알려줘.**" 라고 질문하면 도움을 받을 수 있을 겁니다.

나의 첫 플러터 앱, '카운터 앱' 실행과 프로젝트 구조 엿보기

01 첫 플러터 프로젝트 생성하기 (안드로이드 스튜디오 활용)

자, 여러분은 개발 환경 설정의 중요한 부분들을 잘 마무리하였습니다. 안드로이드 스튜디오에 플러터와 다트 플러그인까지 설치했으니, 이제 안드로이드 스튜디오에서 첫 플러터 프로젝트를 생성하겠습니다.

 새 프로젝트 시작

안드로이드 스튜디오를 실행합니다. 시작 화면에서 [New Flutter Project] 버튼을 클릭하거나, 만약 다른 프로젝트가 열려 있다면 상단 메뉴 File > New > New Flutter Project를 선택하세요. 이전 단계에서 플러그인을 잘 설치했다면 이 메뉴가 보일 겁니다.

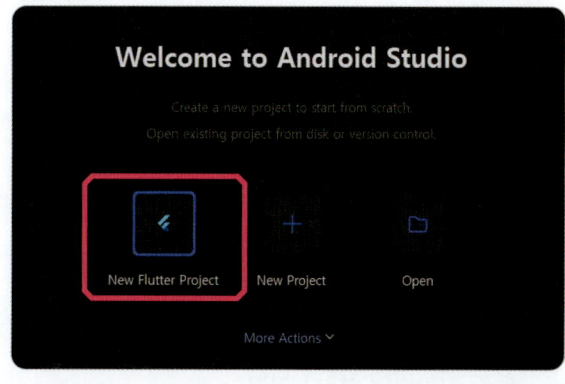

New Flutter Project

[New Project] 창이 나타나면 왼쪽 메뉴에서 ❶ [Flutter]를 선택합니다. 앞서 설치했던 ❷ 플러터 SDK의 경로(예 C:₩flutter)를 지정해야 합니다. 안드로이드 스튜디오가 자동으로 설정해주지만, 만약 비어 있다면 설치한 폴더 경로를 찾아 설정해 주세요. 설정이 완료됐다면 [Next] 버튼을 클릭합니다.

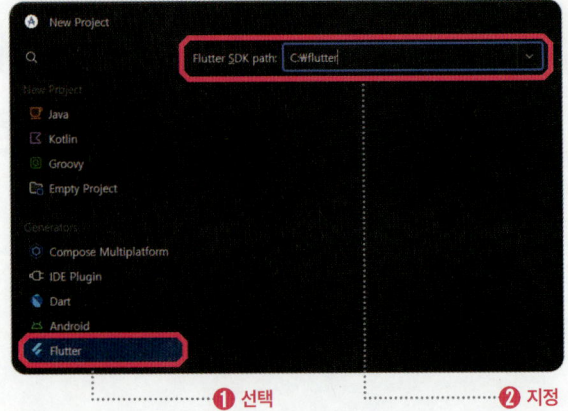

❶ 선택　　❷ 지정

프로젝트 정보 입력하기

계속해서 새로운 플러터 프로젝트에 관련된 여러 가지 정보를 입력합니다. 다음 설명을 참고하여 **필요한 정보를 모두 입력**하고 [Create] 버튼을 클릭합니다.

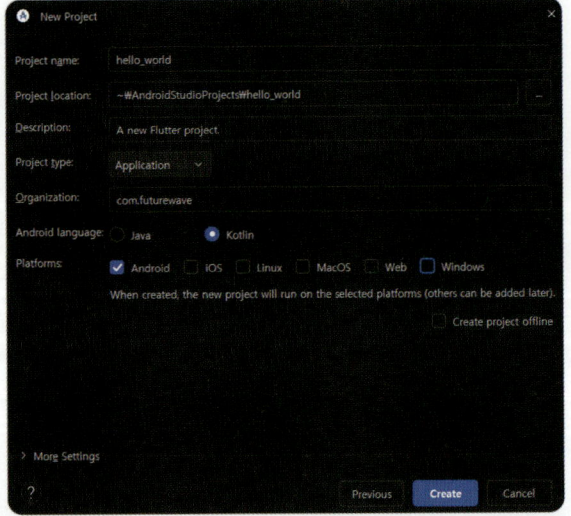

01 Project name : 프로젝트 이름을 입력합니다. "hello_world"라고 입력하겠습니다. 프로젝트 이름은 소문자와 언더스코어('_') 문자로만 구성해야 합니다.

02 Project location : 프로젝트 파일들이 저장될 **폴더를 선택**합니다. 찾기 쉬운 곳에 별도의 폴더를 만들어 관리하는 것이 좋습니다.

03 Description : 프로젝트에 대한 간단한 설명을 추가하세요. 지금은 비워두거나 간단한 내용으로 적절하게 입력합니다.

04 **Project type** : [Application]이 선택되어 있는지 확인합니다.

05 **Organization** : 'com.example' 같은 형식으로 앱의 고유한 식별자로 사용됩니다. 개인 프로젝트라면 'com.yourname' 등과 같이 바꾸거나 일단 기본값을 사용해도 무방합니다. 나중에 앱을 출시할 때 중요하게 사용됩니다.

06 **Android language** : [Kotlin]을 일단 선택하겠습니다. 우리는 플러터의 다트 언어로 개발할 예정이기 때문에 큰 의미는 없습니다.

07 **Platforms** : 이 프로젝트가 어떤 플랫폼(Android, iOS, Web 등)으로 빌드할지 선택하는 부분입니다. 기본적으로 모두 선택된 상태로 두어도 좋습니다만, 여기서는 **[Android]를 제외한 나머지 부분을 해제**하겠습니다.

프로젝트 생성 완료 기다리기

이제 안드로이드 스튜디오가 플러터 프로젝트 기본 구조와 파일들을 생성하기 시작합니다. 컴퓨터 사양에 따라 약간의 시간이 소요될 수 있으니 잠시 기다려 주세요. 모든 과정이 끝나면, 드디어 여러분의 첫 **Flutter 프로젝트(hello_world)가 화면에 열릴 겁니다.** 왼쪽에 여러 폴더와 파일들이 보일 텐데요. 이것이 바로 우리 앱의 기본 구조입니다.

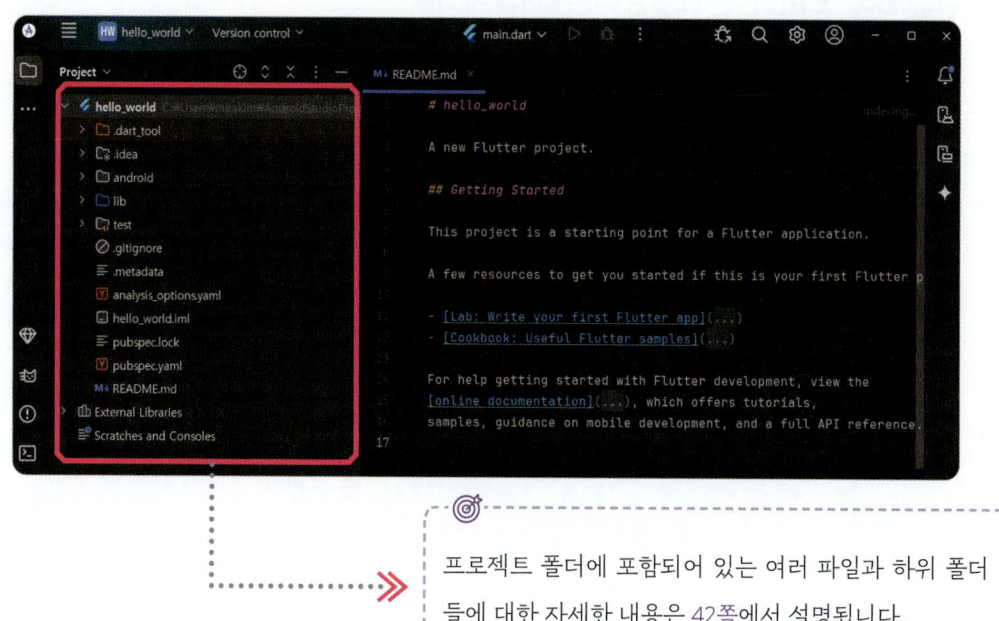

프로젝트 폴더에 포함되어 있는 여러 파일과 하위 폴더들에 대한 자세한 내용은 42쪽에서 설명됩니다.

자, 이렇게 첫 플러터 프로젝트 생성이 완료되었습니다. 안드로이드 스튜디오는 프로젝트를 생성하고 관리하는 데 유용하지만, 앞으로 본격적인 코딩에 들어서게 되면 커서 AI 편집기를 주로 사용하게 될 겁니다. 지금 생성한 hello_world 프로젝트 폴더를 커서 AI에서 열어서 작업을 이어가는 것은 이후에 다시 설명하겠습니다. 다음 과정에서는 플러터 앱을 실행해보겠습니다.

기본 카운터 앱 실행: "내 코드가 살아 움직인다!"
(에뮬레이터/실제 디바이스)

앞에서 플러터 프로젝트를 성공적으로 생성했습니다. 여러분의 hello_world 프로젝트 폴더에는 플러터가 기본적으로 제공하는 간단한 예제 앱, 카운터 앱 코드가 들어있습니다. 이 코드가 실제로 동작하는 모습을 확인하겠습니다.

플러터 앱은 가상의 스마트폰 환경인 에뮬레이터 Android Emulator나 시뮬레이터 iOS Simulator, 또는 여러분이 직접 보유한 스마트폰 디바이스에서 실행할 수 있습니다.

 실행 대상 준비하기: 에뮬레이터/시뮬레이터

안드로이드 스튜디오에는 가상 디바이스를 만들고 실행하는 기능 AVD Manager 이 내장되어 있습니다. 이 기능을 이용해서 가상의 안드로이드폰을 생성하겠습니다.

01 안드로이드 스튜디오 메뉴에서 **Tools > Device Manager**를 선택합니다.

02 Device Manager 창에서 ❶ ➕**[Add a new device]** 아이콘을 클릭하고 ❷ **[Create Virtual Device]**를 선택합니다.

03 **[Add Device]** 목록에서 ❸ **[Pixel 9]**을 선택하고 ❹ **[Next]** 버튼을 클릭합니다.

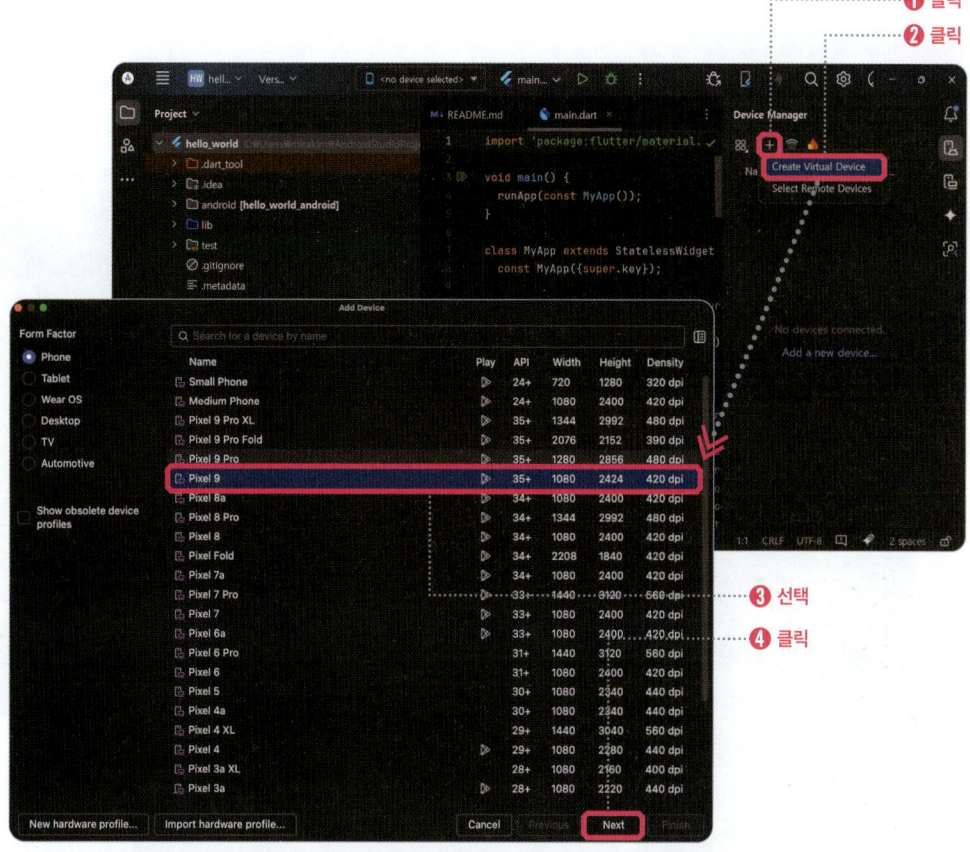

04 최신 API 버전을 선택하고 [Finish] 버튼을 클릭합니다. 다운로드 확인 창이 표시되면 [Yes] 버튼을 클릭해 다운로드를 진행합니다.

05 필요한 라이브러리를 설치합니다. 설치가 종료되면 [Finish] 버튼을 클릭해 주세요.

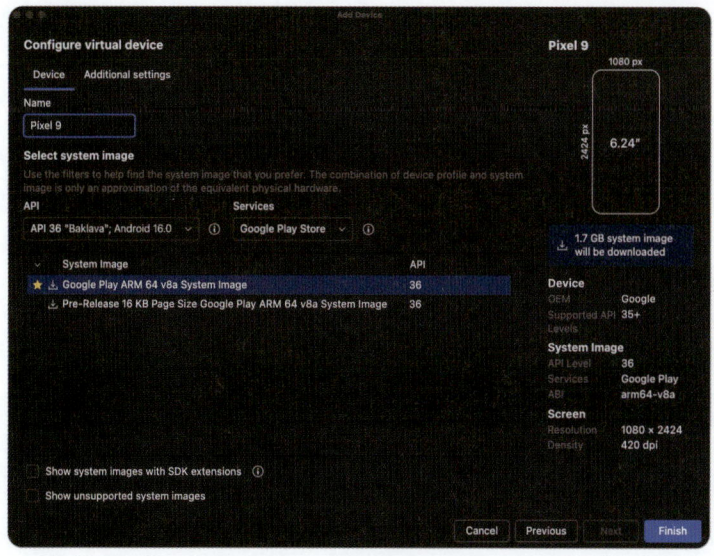

06 [Device Manager] 목록에 새로운 가상 디바이스 Pixel 9가 추가되었습니다.

07 이제, 오른쪽의 ▶[Start] 아이콘을 클릭해서 가상 에뮬레이터를 실행해 주세요. 잠시 기다리면 에뮬레이터에 접속을 시도하고 가상 에뮬레이터를 실행합니다.

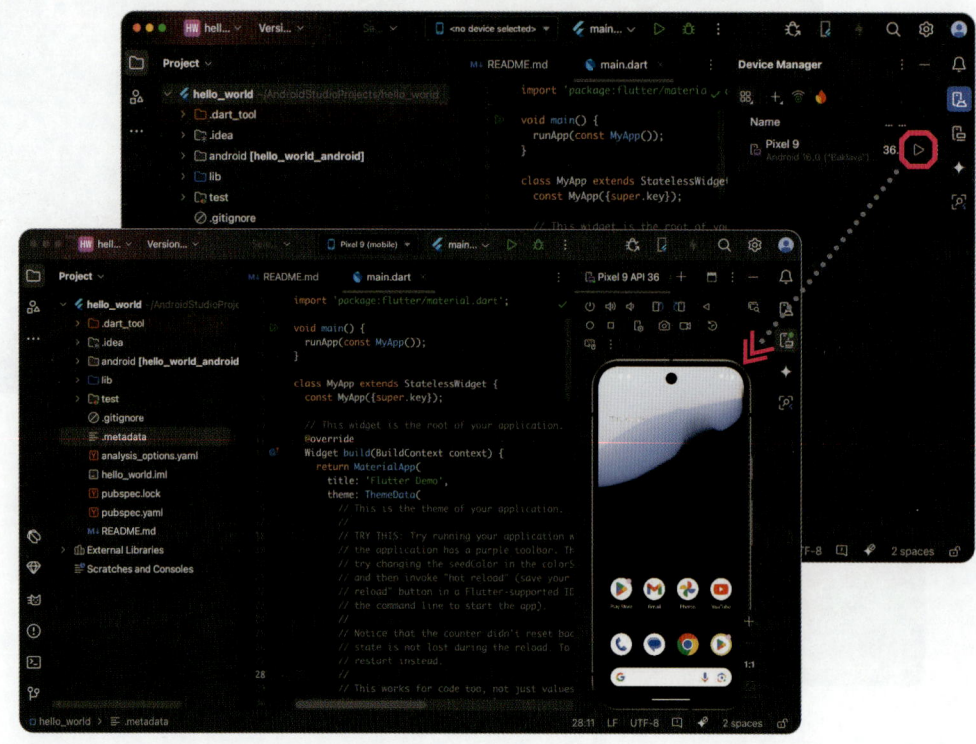

만약 실제 기기에서 플러터 앱을 실행하고 싶다면 사용하는 안드로이드폰을 USB-C 케이블로 컴퓨터에 연결합니다. 기기에서 개발자 옵션과 USB 디버깅을 활성화해 주세요.

실행 대상 선택하기

안드로이드 스튜디오 창 상단의 툴바를 보면, 현재 연결되거나 실행 중인 기기 목록을 보여주는 드롭다운 메뉴가 있습니다. 툴바에서 **Pixel 9 (mobile)**이 보일 겁니다.

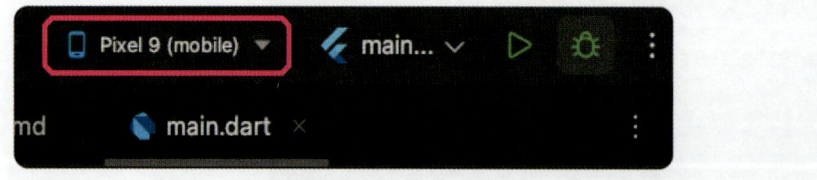

방금 생성한 에뮬레이터나 연결된 실제 기기의 이름이 툴바 목록에 나타나는지 확인하고, 앱을 실행할 대상을 선택해 주세요. 목록에 아무것도 나타나지 않는다면 기기 연결이나 에뮬레이터 실행 상태를 다시 한번 점검해야 합니다.

앱 실행 명령 내리기

실행할 기기를 선택했다면, 이제 앱을 실행하겠습니다. 툴바에서 녹색 [재생 Run] 버튼 (보통 삼각형 모양 아이콘 ▶)을 찾아 클릭하거나 옆의 '벌레' 모양의 아이콘(🐞)을 클릭합니다. 또는 [Run] 메뉴에서 [Run 'main.dart']를 선택해도 동일하게 작동합니다.

첫 실행 기다리기 그리고 확인

처음 앱을 실행할 때는 필요한 요소들을 빌드하게 됩니다. 다소 시간이 걸릴 수 있으니 기다려 주세요. 잠시 기다리면 실행한 에뮬레이터 또는 기기 화면에 플러터 앱이 나타날 겁니다.

앱이 실행되면 파란색 상단 바 AppBar 가 있고, 화면 중앙에는 숫자 0과 함께 "You have pushed the button this many times:" 라는 텍스트가 보일 겁니다. 오른쪽 아래에는 '+' 모양의 동그란 버튼 FloatingActionButton이 있습니다. '+' 버튼을 누를 때마다 화면 중앙의 숫자가 1씩 증가하는 것을 확인해 보세요. 아주 간단하지만, 버튼 클릭에 반응하여 화면 내용이 바뀌는, 완벽하게 동작하는 앱입니다.

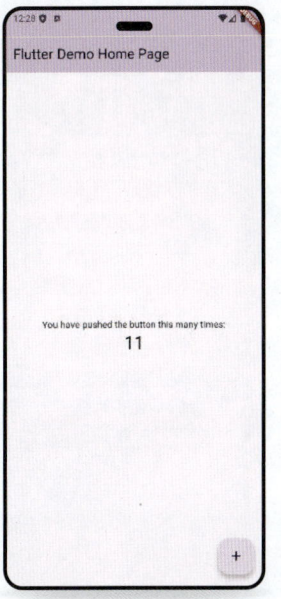

바로 이것이 여러분이 처음으로 만들고 실행해 본 플러터 앱입니다. 물론, 실행 과정에서 예상치 못한 오류가 발생할 수도 있습니다. 빌드가 실패하거나, 기기 연결에 문제가 생기거나, 앱이 제대로 실행되지 않는 경우들이 종종 발생합니다.

이럴 때는 당황하지 말고, 안드로이드 스튜디오의 [Run] 또는 [Debug] 콘솔 창에 나타나는 **오류 메시지**를 주의 깊게 살펴보세요. 그리고 그 메시지를 복사하여 챗GPT나 커서 AI에게 **"플러터 앱 실행 중 이런 오류가 발생했어: [오류 메시지]를 해결해 줘"** 라고 도움을 받으면 됩니다.

이제 기본 앱이 동작하는 것을 확인했으니, 다음 과정에서는 이 기본 코드를 조금씩 수정하며 플러터와 다트 언어의 기본적인 개념들을 익혀나가겠습니다.

프로젝트 폴더 해부:
lib, pubspec.yaml, android 디렉토리의 역할

이전 과정에서는 첫 플러터 프로젝트를 안드로이드 스튜디오에서 생성하고 실행까지 해봤습니다. 프로젝트 폴더를 열어보면 여러 파일과 하위 폴더들이 나타납니다. 여기서는 자주 사용하고 꼭 알아두어야 할 핵심적인 폴더와 파일이 어떤 역할을 하는지 알아보겠습니다.

lib 폴더: 작업 공간

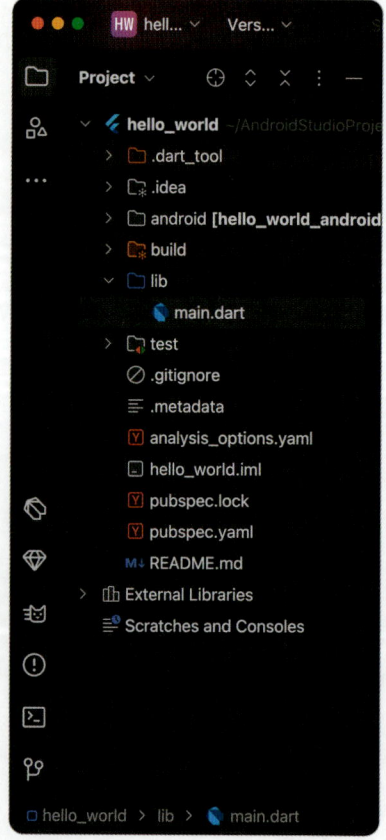

프로젝트 폴더 안에서 가장 먼저 주목해야 할 곳은 바로 **lib 폴더**입니다. 앞으로 여러분이 작성할 거의 모든 다트 코드의 로직과 화면을 구성하는 코드들이 lib 폴더 안에 저장됩니다.

처음 프로젝트를 만들면 lib 폴더 안에는 **main.dart** 라는 파일 하나가 들어있습니다. 이 파일은 플러터 앱이 시작되는 진입점 entry point 역할을 합니다. 우리가 이전 단계에서 실행했던 카운터 앱의 코드가 이 파일 안에 들어있습니다. **여러분과 커서 AI가 함께 앱 기능을 만들어 나갈 때, 가장 많은 시간을 보내게 될 핵심적인 공간이 바로 이 lib 폴더입니다.**

pubspec.yaml 파일 : 프로젝트의 신분증

프로젝트 폴더 최상단에 위치한 pubspec.yaml 파일도 매우 중요합니다. 이 파일은 두 가지 핵심 역할을 수행합니다. 첫째, 프로젝트의 이름, 설명, 버전 같은 ① **기본적인 정보**를 담고 있습니다. 둘째, pubspec.yaml 파일은 프로젝트가 의존하는 ② **외부 라이브러리와 패키지의 의존성을 관리**합니다. 또한, 앱에서 사용할 ③ **이미지나 폰트 파일 등을 등록**합니다. 커서 AI에게 특정 패키지를 사용하는 코드를 요청하기 전에, 보통 이 pubspec.yaml 파일에 해당 패키지가 먼저 등록되어 있어야 합니다.

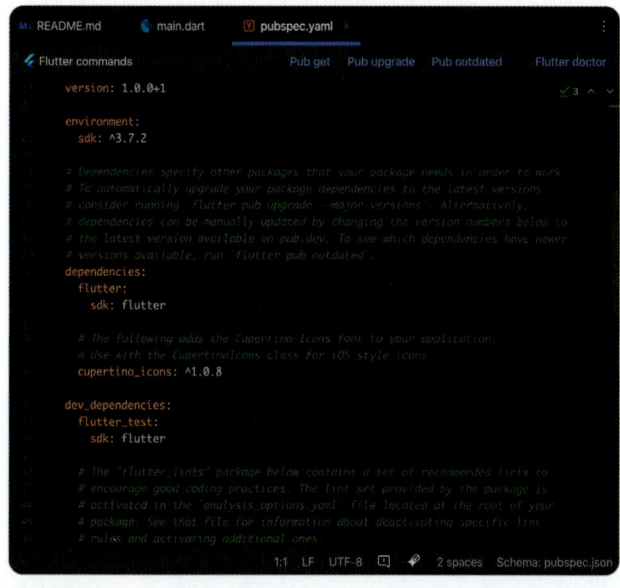

android 폴더 : 플랫폼의 네이티브 영역

프로젝트 폴더에는 android 폴더만 보입니다. (만약 웹이나 데스크톱 지원도 선택했다면 web, windows, linux, macos 폴더도 보일 겁니다.) 이 폴더들은 플러터 앱이 각 운영체제(안드로이드, iOS 등) 위에서 실제로 동작하기 위해 필요한 네이티브 설정 파일들을 담고 있습니다.

예를 들어 앱 아이콘을 변경하거나, 특정 권한(카메라 접근, 위치 정보 등)을 설정하는 등의 작업은 이 폴더 안의 파일들을 수정해야 합니다. 하지만 플러터 개발의 큰 장점 중 하나는, **대부분의 앱 로직과 UI를 lib 폴더 안의 다트 코드로 작성한다는 점**입니다. 따라서 초급 단계에서는 이 android나 ios 폴더를 직접 수정할 일이 그리 많지는 않을 겁니다.

이 외에도 test 폴더(코드 테스트용), build 폴더(앱 빌드 결과물 저장용) 등 여러 폴더들이 있지만, 지금 단계에서는 **lib 폴더와 pubspec.yaml 파일이 가장 중요하다는 점만 기억**해 두시면 좋겠습니다.

프로젝트 구조에 대해 더 궁금한 점이 있거나, 특정 파일의 역할이 궁금하거나, "이 폴더는 언제 사용하게 되나요?" 와 같은 질문이 있다면 언제든지 챗GPT나 커서 AI에게 물어보세요. 예를 들어, **"현재 프로젝트의 'pubspec.yaml' 파일에 대해 설명해 줘"**라고 요청하면 각 항목의 의미를 자세히 알려줄 겁니다. 구조를 이해하는 것은 앞으로의 개발 과정을 더욱 명확하게 만들어 줄 테니까, 궁금한 사항이 있다면 꼭 물어보시기를 추천합니다.

이제 프로젝트의 기본 구조를 파악했으니, 다음 과정에서는 lib 폴더 안의 main.dart 파일을 열어 실제 코드를 수정해 보면서 플러터와 다트 언어의 세계를 좀 더 깊이 탐험해 보겠습니다.

 플러터 UI의 첫인상: 위젯Widget이란 무엇인가?
(기본 위젯 소개)

지난 과정에서는 lib, pubspec.yaml, android 디렉토리를 살펴봤습니다. 이번 과정에서는 플러터의 기본 위젯들(Container, Text, Icon, Image)과 화면 구조를 잡는 레이아웃 위젯들(Row, Column, Stack, Padding, Center, Expanded)을 살펴보겠습니다. 또한, 화면 내용이 변경되지 않는 StatelessWidget과 내용이 변경될 수 있는 StatefulWidget의 기본적인 차이를 소개하겠습니다.

여러분은 플러터 프로젝트의 구조도 살펴보았고, lib 폴더가 주 작업 공간이라는 사실도 알게 되었습니다. 그 안의 **main.dart** 파일을 열어보면, 아마 생소한 코드들이 눈앞에 펼쳐졌을 겁니다. 여기서 만나는 **위젯Widget은 플러터에서 가장 핵심적인 개념 중 하나**입니다.

플러터 화면에 보이는 모든 것은 **위젯**입니다. 텍스트 한 줄, 버튼 하나, 이미지 뿐만 아니라, 눈에 보이지 않더라도 화면 요소들의 배치(가운데 정렬, 여백 주기 등)를 담당하는 요소들까지도 모두 위젯으로 구성되어 있습니다. 플러터 앱의 UI는 이 위젯들을 레고 조각처럼 조립해서 만들어 나가는 방식입니다.

플러터에는 다양한 종류의 위젯이 미리 준비되어 있습니다. 몇 가지 기본적인 위젯들을 살펴볼까요?

기본적인 화면 위젯들

앱 화면을 다채롭게 만드는 기본적인 위젯들입니다. **Container**는 사각형 영역을 정의합니다. 색상, 크기, 여백, 테두리 등 다양한 시각적 속성을 설정할 수 있는 다용도 위젯입니다. **Text**는 화면에 텍스트를 표시합니다. 글꼴, 크기, 색상, 정렬 등을 지정할 수 있지요.

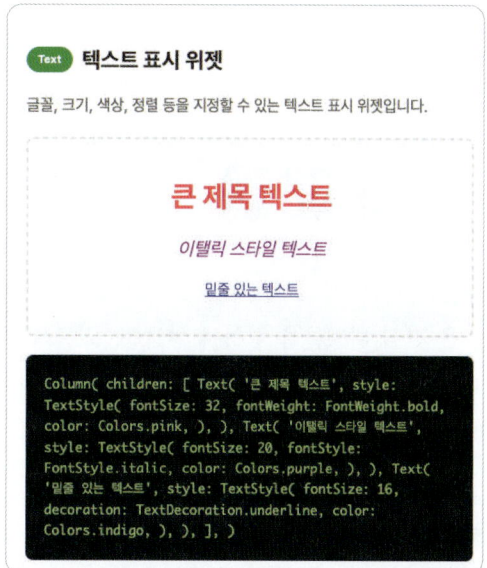

Icon은 미리 정의된 아이콘을 보여줍니다. 머티리얼 디자인 아이콘 세트 등을 쉽게 가져와 사용할 수 있습니다. **Image**는 앱 내부의 이미지 파일이나 네트워크 상의 이미지를 불러와 화면에 표시합니다.

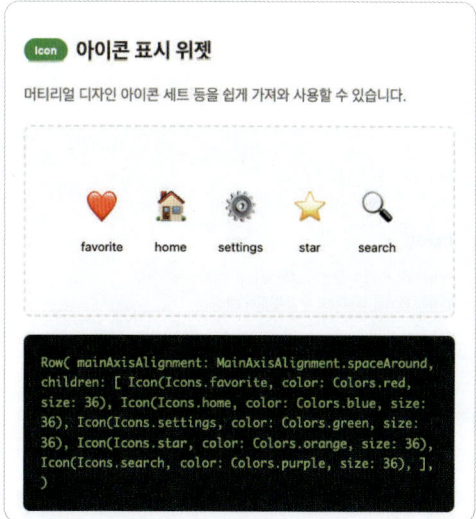
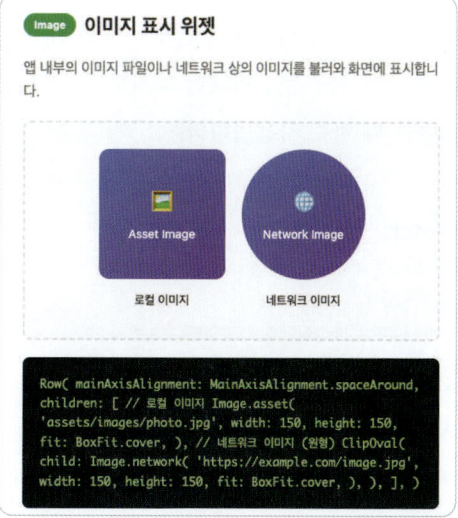

화면 구조를 잡는 레이아웃 위젯들

위젯들을 원하는 위치에 배치하고 정렬하는 데 사용되는 중요한 위젯들입니다. **Row**는 자식 위젯들을 가로 방향으로 순서대로 배치합니다. **Column**은 자식 위젯들을 세로 방향으로 차례대로 배치합니다. Row와 Column은 가장 기본적인 레이아웃 구성 요소입니다.

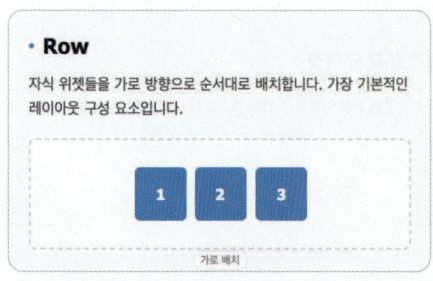
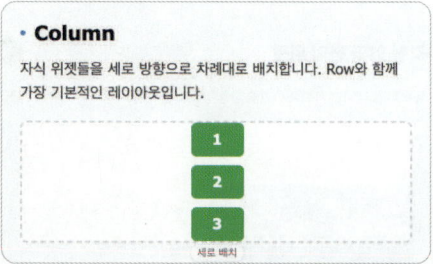

Stack은 자식 위젯들을 겹쳐서 쌓을 수 있도록 해줍니다. 위젯 위에 다른 위젯을 올리는 효과를 낼 때 사용합니다. **Padding**은 자식 위젯 주변에 여백을 추가합니다. 요소들 간의 간격을 조절할 때 필수적입니다.

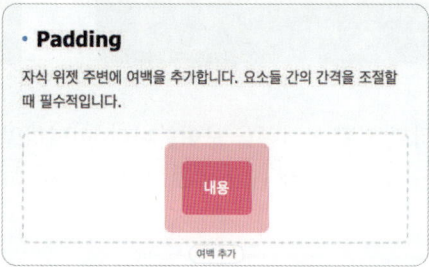

Center는 자식 위젯을 부모 위젯의 중앙에 배치합니다. **Expanded**는 Row나 Column 내에서 자식 위젯이 남은 공간을 최대한 차지하도록 만들어 줍니다. 화면 크기에 유연하게 대응하는 레이아웃을 만들 때 자주 사용됩니다.

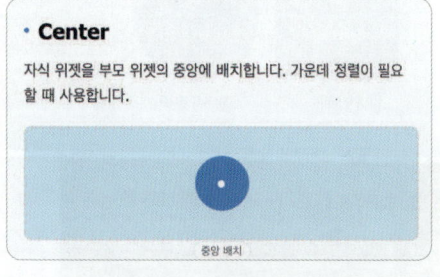
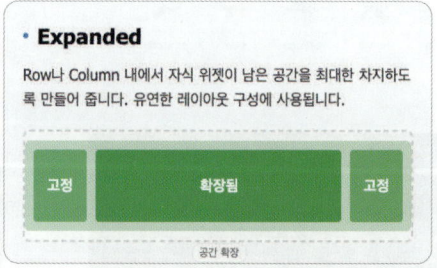

플러터에서는 이 레이아웃 위젯들 안에 다른 기본 위젯이나 또 다른 레이아웃 위젯을 넣어 중첩시키는 방식으로 복잡한 화면 구조를 만들어 나갑니다.

위젯의 두 가지 상태: StatelessWidget/StatefulWidget

플러터의 위젯은 크게 두 가지 유형으로 나눌 수 있습니다. 이 차이를 명확하게 이해하고 넘어갑시다.

StatelessWidget(상태 없는 위젯)은 이름 그대로, 한번 화면에 그려진 후에는 데이터가 바뀌지 않고 모양도 변하지 않는 위젯입니다. **초기에 모습이 결정되면 그 모습 그대로 유지**합니다. 예를 들어, 제목을 보여주는 Text 위젯이나 앱 로고를 보여주는 Image 위젯은 StatelessWidget으로 만들 수 있습니다.

StatefulWidget(상태 있는 위젯)은 사용자의 상호작용(버튼 클릭 등)이나 시간의 흐름, 데이터가 변경되면 화면이 동적으로 바뀌는 위젯입니다. 카운터 앱에서 '+' 버튼을 누를 때마다 숫자가 증가했지요? 이렇게 **내부 상태가 변하고 그 변화가 화면에 반영되어야 하는 경우 StatefulWidget을 사용**합니다.

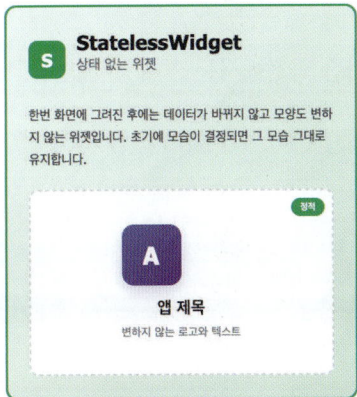

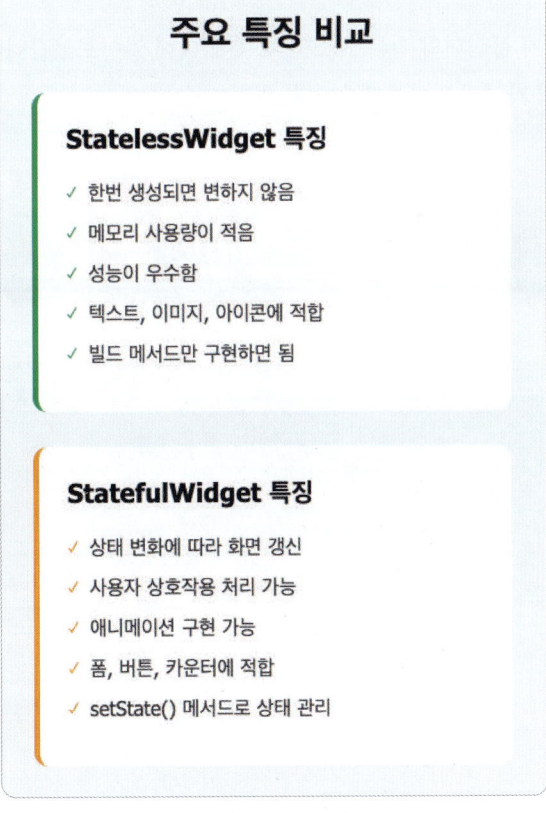

처음에는 이 두 가지의 차이가 조금 모호하게 느껴질 수 있습니다. 지금은 **"화면 내용이 바뀔 필요가 없으면 StatelessWidget, 내용이 바뀌어야 하면 StatefulWidget을 쓰는구나"** 정도로만 기억해 두세요.

이 다양한 위젯들의 정확한 사용법이나 StatelessWidget과 StatefulWidget의 더 깊은 차이가 궁금하다면, 언제든 챗GPT나 커서 AI에게 물어보세요. 예를 들어, "플러터에서 Expanded 위젯을 사용하는 코드를 보여줘" 라고 요청하거나, **"StatelessWidget과 StatefulWidget의 차이점을 더 상세하게 설명해 줘"** 라고 질문하면 AI가 상세한 설명과 함께 코드 예시까지 제공해 줄 것입니다.

이 외에도 버튼(ElevatedButton, TextButton), 입력 필드(TextField) 등 수많은 위젯들이 존재합니다. 중요한 점은 플러터에서는 이런 위젯들을 조합하고 중첩시켜서 복잡한 화면을 만들어 나간다는 것입니다. 플러터 개발은 결국 이 위젯들과 친숙해지는 과정이라고 해도 과언이 아닙니다. 지금은 '아, 화면을 만드는 기본 단위가 위젯이구나' 정도로 이해하고 넘어가셔도 충분합니다. 앞으로 다양한 위젯들을 만나고 직접 사용해 보면서 자연스럽게 익숙해질 테니까요.

지금까지 플러터의 기본 요소인 위젯에 대해 알아보았습니다. 다음 과정에서는 커서 AI 개발툴^{IDE}에 대해 자세히 알아보겠습니다.

AI 코드 동료 맞이하기, 커서 AI 설정과 효과적인 협업 원칙

01 커서 AI란?

이전 과정에서는 플러터 앱을 실행하고 프로젝트 구조에 대해 살펴봤습니다. 이번 과정에서는 커서 AI가 무엇인지 알아보겠습니다.

 커서 AI가 뭘 하는 도구인가요?

커서 AI는 여러분이 쓰는 '인간의 언어'를 '컴퓨터의 언어'로 알아서 바꿔주는 AI 에디터입니다. VS-Code와 비슷한 익숙한 화면 위에, 내장된 AI 엔진이 여러분이 **지시한 자연어를 기반으로 코드를 생성, 수정, 최적화**해 줍니다.

- **VS-Code 파운데이션** : 여러분에게 익숙한 VS-Code 기반의 편집기를 제공하고 사이드바에서 채팅으로 AI에게 코딩을 요청합니다.
- **터미널 통합** : 터미널에서 `Ctrl`+`K` 명령으로 AI를 사용하여 시스템 작업과 디버깅을 더 쉽게 수행할 수 있습니다.

- **여러 AI 모델** : Claude 4.0 Opus, Claude 4.0 Sonnet, Sonnet Claude 3.7 Sonnet, Gemini 2.5 Pro, o3-min, deepseek R1 및 GPT-5와 같은 다양한 AI 모델을 선택할 수 있습니다.

커서 AI를 쓰면 뭐가 좋을까요?

- **입문 장벽 확 낮춤** : "~ 코드를 만들어 줘."라고만 입력만 하면, 기본 구조부터 뼈대 코드까지 척척 코드를 만들어 줍니다.
- **실수 줄이기** : 코딩 중 오류가 생기면 즉시 알려주고, 더 깔끔하게 바꿀 방법도 제안해 주니 디버깅 시간이 확 줄어듭니다.
- **일관된 스타일 유지** : 팀의 코드 스타일 가이드에 맞춰 일관된 코드를 뽑아내도록 도와줍니다.

> " 단, AI가 편하다고 해서 기초 문법 공부를 건너뛰면 나중에 큰코다칩니다. 기본기를 모르면 AI가 만들어 준 코드도 이해하기 어렵거든요. "

개발자는 무엇에 집중해야 할까요?

- **큰 그림 그리기** : 단순 반복 작업은 AI에게 맡기고, 우리는 더 의미 있는 일에 힘을 쓸 차례입니다. 시스템·아키텍처 설계, UX 흐름 다듬기, 품질 관리 및 테스트 전략, 배포·출시 계획 수립과 같은 큰 그림 그리기' 역량을 길러야 AI 코딩 시대에 생존할 수 있습니다.

🔷 놓치지 말아야 할 점은 무엇일까요?

- **자동 생성된 코드는 반드시 테스트가 필요하다** : AI가 제안하는 코드를 그대로 믿으면 안 됩니다. 코드를 한 줄씩 검토해 보면서 "어떻게 동작하는 게 맞을까?"를 짚어봐야 합니다.
- **실전에서는 설명이 중요하다** : 면접이나 코드 리뷰 자리에서 "AI가 만들어 줬습니다." 라고 말하면 아무리 바이브 코딩의 시대라고 해도 감점 대상이 아닐까요? 중요한 것은 결과가 아니라 AI가 작성해 준 코드를 이해할 수 있느냐, 그 관점이 더 중요합니다.

🔷 가장 똑똑하게 쓰는 법!

- **힌트 도구로 활용** : AI를 코딩의 출발점으로 활용하세요. 완전한 해답보다는 아이디어와 방향성을 얻는 도구로 사용하는 것이 효과적입니다.
- **검증 및 실행** : 생성된 코드는 반드시 직접 실행해 보고, 챗GPT와 같은 다른 AI 도구에게 검증을 받는 것도 좋습니다.
- **스스로 보완** : AI가 놓친 부분은 스스로 보완하세요. 최종적으로는 개발자의 판단과 경험이 가장 중요합니다.

커서 AI는 '코딩의 첫 관문'을 빠르게 통과하게 도와주는 코딩 도우미입니다. 다만, 마지막 책임은 언제나 여러분 손에 있으니 먼저 이해하고 검증하는 습관을 들이기 바랍니다.

 **커서 AI 회원 가입**

커서 AI가 무엇인지 간략하게 살펴보았으니, 지금부터는 커서 AI의 회원 가입과 설치 방법을 알아보겠습니다.

 커서 AI 검색

구글에서 '커서 AI'를 검색하고, 검색 결과에서 첫 번째 링크인 **'Cursor - The AI Code Editor'** 링크를 클릭해 주세요.

회원 가입

커서 AI 사이트에서 오른쪽 위의 ❶ **[SIGN IN]** 버튼을 클릭합니다. [이메일 주소]를 직접 입력해서 회원 가입을 하거나 ❷ **[Continue with Google]**을 클릭해서 회원 가입을 합니다. 구글 계정을 이용해서 간편하게 가입하는 방법을 추천합니다.

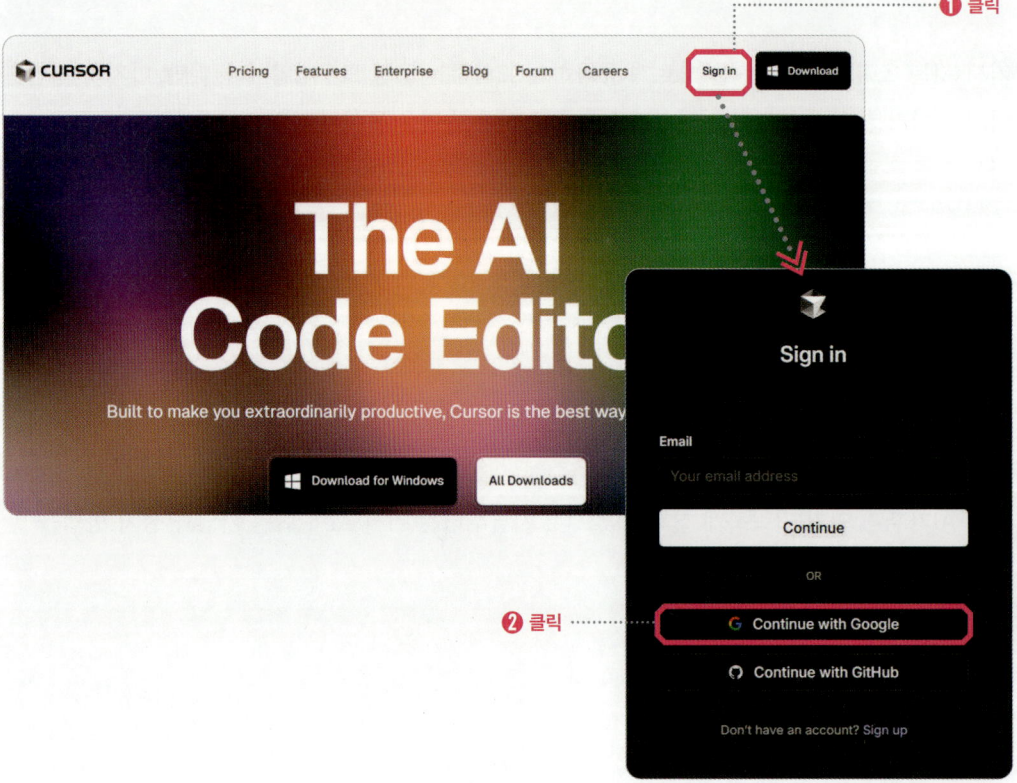

유료 결제

커서 AI는 기본적으로 유료 서비스이며, Pro 요금제는 월 $20에 이용할 수 있습니다. 이러한 비용이 발생하는 이유는 커서 AI가 제공하는 코드 생성, 분석, 디버깅과 같은 뛰어난 기능들이 제미나이, 클로드와 같은 **고급 AI 모델을 API로 호출하여 작동하기 때문**입니다.

월 $20 요금제에는 API 가격 기준 약 $20 상당의 모델 사용량이 포함되어 있습니다. 주의해야 할 것은 이 요금제가 요청 횟수가 아닌 토큰 사용량을 기준으로 계산된다는 사실입니다. 예를 들어, 같은 토큰을 사용해도 AI 모델에 따라 한도가 급격이 소진될 수도 있습니다.

따라서 주의해서 모델을 사용해야 하며, 만약 한도를 초과하게 되면, 저렴한 모델로 무제한 요청할 수 있는 'Auto 모드'로 전환하거나, 사용한 만큼 추가 비용을 내는 '종량제', 혹은 더 많은 사용량을 제공하는 상위 요금제로 업그레이드하는 선택지가 있습니다. 월 $20은 전문 프로그래머를 곁에 두는 효과를 생각하면 합리적인 투자라 할 수 있습니다.

결제를 진행하려면 오른쪽 위의 사람 모양 아이콘을 클릭하고 [ACCOUNT SETTINGS]를 선택합니다. [Billing & Invoices]를 클릭하고 다시 [Manage Subscription]을 클릭해서 구독 옵션을 선택할 수 있습니다. 월간 구독 [20달러]를 확인하고 여러분의 핸드폰으로 전송된 OTP 코드 여섯 자리를 입력합니다. 해외 결제가 가능한 카드 정보를 입력한 후, [구독하기] 버튼을 클릭하면 결제가 완료됩니다.

커서 AI의 **Pro 플랜**은 2025년 6월부터 정책이 변경되어, 기존의 월 500회 프리미엄 콜이 사라졌습니다. 이 책의 집필 시점인 현재, 월 $20 결제 시 그 금액만큼 모델 사용량이 토큰 단위로 제공되며, 사용한 입력 및 출력 토큰에 따라 한도가 차감됩니다. 한도를 모두 사용하면 Auto 모드 전환하거나, 초과 사용량 종량제 결제 혹은 상위 요금제 업그레이드 중 선택할 수 있습니다. 즉, 요청 횟수에 제한은 없지만 토큰 사용량에 따라 요금이 부과될 수도 있으니 주의할 필요가 있습니다.

Pro 플랜 (월 $20)	• 선택한 모델의 토큰 사용량만큼 차감 • 기존 500회 빠른 요청 제한은 폐지 • 모든 프리미엄 모델(Claude Sonnet 4, GPT-5 등) 사용 가능 • [Auto] 모드 시 무제한 사용 가능(모델은 자동 선택)
Ultra 플랜 (월 $200)	• Pro 대비 20배 사용량 제공 • 파워 유저 및 대규모 프로젝트에 적합 • 우선 액세스, 고정 요금제 등 추가 혜택

결제가 정상적으로 이루어지면 아래 화면처럼 커서 AI의 사용량을 확인할 수 있으며, **[SETTINGS] 화면에서 작업 현황을 확인**할 수 있습니다.

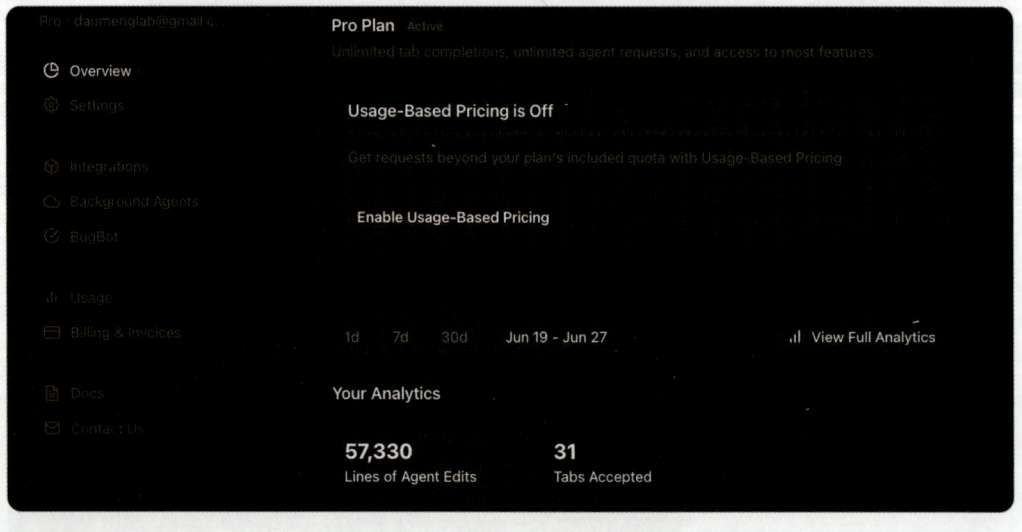

03 커서 AI 다운로드

커서 AI는 로컬 컴퓨터에서 작동되는 데스크탑 프로그램이기 때문에 실행하려면 다운로드가 필요합니다. 이번 과정에서는 **커서 AI 개발툴을 다운로드**하겠습니다.

커서 AI 개발툴 다운로드

커서 AI는 VS-Code에서 포크된 프로그램이라 VS-Code에 익숙한 분들은 거부감 없이 개발할 수 있습니다. 또한 커서 AI는 Windows, Mac, Linux 등 다양한 운영체제를 지원합니다. 자신의 플랫폼에 맞는 버전을 선택해서 다운로드합니다. 실습에서는 [Windows]를 선택하겠습니다.

커서 초기 화면에서 [All Download] 버튼을 클릭해서 [Download Cursor] 화면으로 이동합니다. 여러분의 플랫폼에 맞는 버전을 다운로드합니다. [WINDOWS] 버전은 현재 **x64**와 **Arm64** 두 가지를 제공합니다.

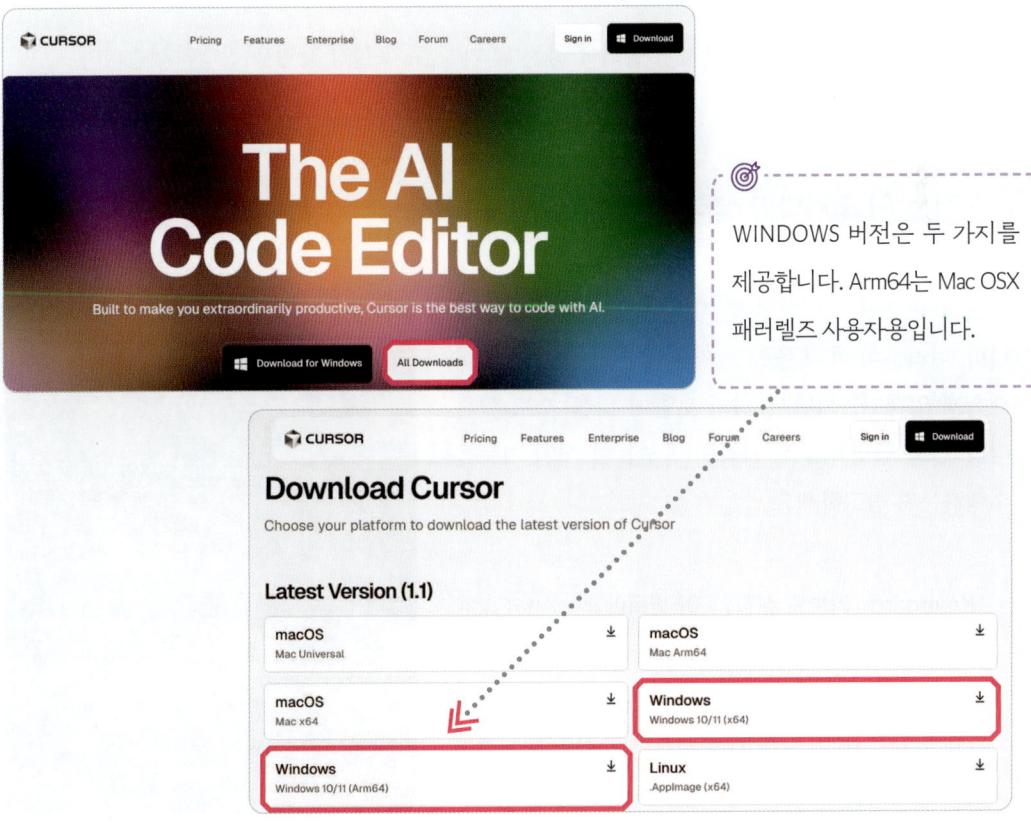

WINDOWS 버전은 두 가지를 제공합니다. Arm64는 Mac OSX 패러렐즈 사용자용입니다.

탐색기에서 다운로드한 설치프로그램을 실행하여 커서 AI를 설치합니다. 설치 과정 중간에 나오는 [추가 작업 선택] 화면에서 **[cursor을(를) 지원되는 파일 형식에 대한 편집기로 등록합니다], [PATH에 추가(다시 시작한 후 사용 가능)]**를 선택하여 설치 작업을 진행해 주세요.

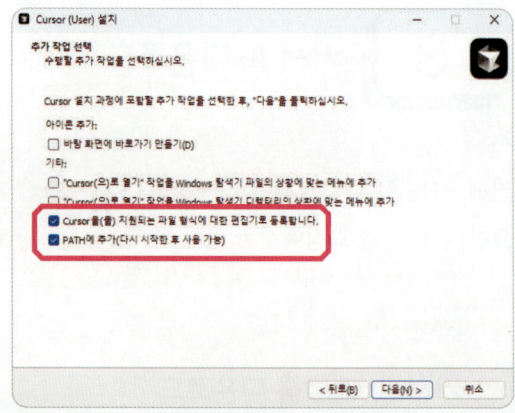

설치가 성공적으로 이루어졌다면, [Cursor 실행]을 체크하고 [종료] 버튼을 클릭합니다. 다음 과정에서는 커서 AI 초기 설정 작업을 진행하겠습니다.

04 커서 AI 실행 및 초기화면 설정

커서 AI를 사용하기 이전에 먼저 수행해야 하는 몇 가지 초기 설정 작업을 진행하겠습니다.

 커서 AI 초기화면 설정

커서 AI를 처음 실행하면 몇 가지 옵션을 설정해야 합니다. 여러분이 이 책을 보는 지금은 커서 AI의 버전이 새롭게 업데이트되면서 UI의 모습이 다를 수도 있습니다. 다음 설명을 통해 각각의 옵션들이 어떤 기능을 수행하는지 참고하세요.

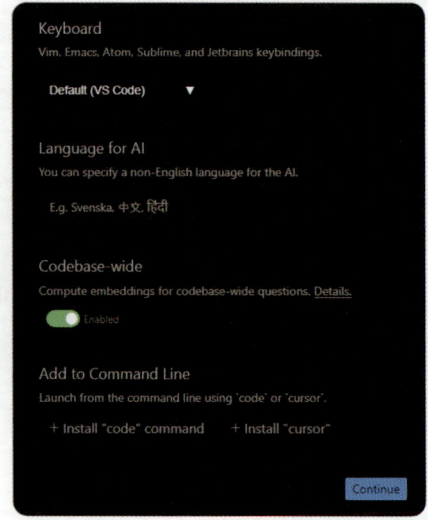

- **Keyboard (키보드 설정)** : 이 항목에서는 VS-Code, Vim, Emacs, Atom, Sublime, JetBrains 등 다양한 편집기의 단축키 방식을 선택할 수 있습니다. 기본값은 **[VS-Code]**이며, 사용자가 선호하는 키 바인딩으로 변경할 수 있습니다.

- **Language for AI (AI 언어 설정)** : AI가 사용할 언어를 설정할 수 있습니다. 예를 들어 영어, 한국어, 스페인어 등 원하는 언어를 직접 입력합니다. **[한국어]라고 입력**해 주세요.
- **Codebase-wide (코드베이스 전체 분석 활성화)** : 이 기능을 활성화하면 AI가 코드베이스 전체를 대상으로 분석을 진행합니다. 프로젝트 전반에 걸친 맥락을 이해하고 보다 정확한 답변을 제공할 수 있습니다.
- **Add to Command Line (명령줄 추가 기능)** : [Install 'code' command] 또는 [Install 'cursor' command]를 통해, 명령줄에서 직접 코드 에디터(또는 Cursor AI) 관련 명령어를 사용할 수 있도록 설정할 수 있습니다. 이를 통해 터미널에서 빠르게 프로젝트를 열거나 AI 기능을 실행할 수 있습니다. **[Install 'code' command]와 [Install 'cursor' command]를 각각 클릭해서 설치**해 주세요.

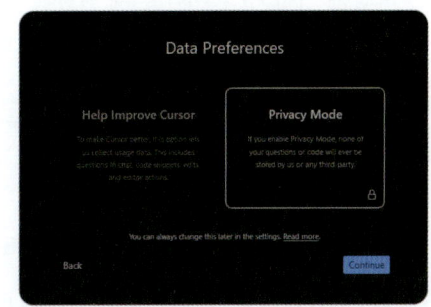

Data Preferences 화면은 커서 AI 사용 시 데이터 활용 방식을 설정하는 창입니다. 두 가지 선택 항목이 있습니다. 사용자는 이 화면에서 두 가지 중 원하는 옵션을 선택합니다. 여러분이 **작성한 코드를 공개하지 않으려면 [Privacy Mode]**를 선택합니다.

- **Help Improve Cursor** : Cursor AI 개발 및 개선을 위해 사용자의 사용 데이터를 수집하고 분석하는 옵션입니다. 이 옵션을 활성화하면 사용 패턴, 오류 정보 등을 바탕으로 서비스 품질 향상을 위한 내부 통계와 피드백에 활용됩니다.
- **Privacy Mode** : 사용자의 코드를 비롯한 모든 데이터를 외부로 전송하지 않는 옵션입니다. AI 기능은 여전히 사용할 수 있으나, 추가적인 데이터 수집이나 통계 분석에 참여하지 않습니다. 기존 사용자들은 Privacy Mode(Legacy)를 Privacy Mode로 바꿔주셔야 백그라운드 모드를 쓸 수 있으니 확인해 주세요.

로그인

커서 AI 홈페이지에 가입했던 아이디로 로그인을 진행합니다. [Log In] 버튼을 클릭합니다. 이전에 여러분이 접속했던 이메일 계정이 나타납니다. 확인하고 [YES, LOG IN] 버튼을 클릭합니다. 아래와 같은 화면이 표시되었다면 여러분의 계정으로 커서 AI에 성공적으로 로그인이 되었음을 나타냅니다.

 커서 AI 프로젝트 만들기

지금부터 본격적으로 커서 AI에 대해 알아보겠습니다. 이번 과정에서는 프로젝트를 만드는 과정을 통해 커서 AI의 구성 요소와 기본 사용법에 대해 살펴보겠습니다.

프로젝트 만들기

커서 AI를 처음 실행할 때 나타나는 화면입니다. 이 화면은 커서 AI를 시작할 때 사용할 수 있는 주요 기능들을 보여줍니다. 각각의 기능은 다음과 같습니다.

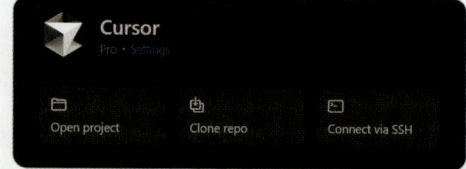

- **Open project** : 로컬에 이미 존재하는 프로젝트 폴더를 열어서, 커서 AI와 함께 코딩을 진행하는 기능입니다. 새로운 프로젝트를 추가할 때도 [Open project]를 클릭해서 새로운 폴더를 만듭니다.
- **Clone repo** : 원격 저장소(예 GitHub, GitLab 등)에 있는 리포지토리를 복제^{clone}하여, 커서 AI 내에서 해당 프로젝트를 열고 코딩을 진행할 수 있습니다.
- **Connect via SSH** : SSH를 통해 원격 서버에 접속하여, 원격 환경에서 코드를 열고 편집할 수 있습니다. 원격 프로젝트를 직접 열어 작업해야 하는 경우 유용합니다.

새로운 프로젝트 폴더 추가

새로운 프로젝트를 추가하기 위해 **[Open project]** 버튼을 클릭한 다음, 프로젝트 파일을 저장하기 위한 **루트 폴더를 선택**합니다. [새 폴더]를 클릭해서 새로운 폴더를 생성해도 됩니다. 저는 **"flutter project"** 라는 폴더를 새로 만들었습니다. (여기서 제가 flutter라는 폴더를 만든 이유는 나중에 플러터 관련 앱을 이곳에 모두 모으기 위해서입니다.) 특정한 폴더를 지정하거나 폴더를 새롭게 만들고 [폴더 선택] 버튼을 클릭해 주세요.

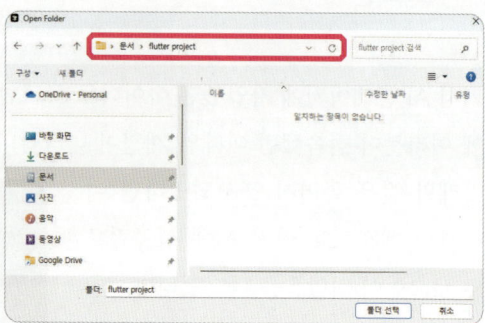

비로소 커서 AI의 작업 공간이 나타났습니다. 이제 바로 코딩을 진행할 수 있게 되었습니다.

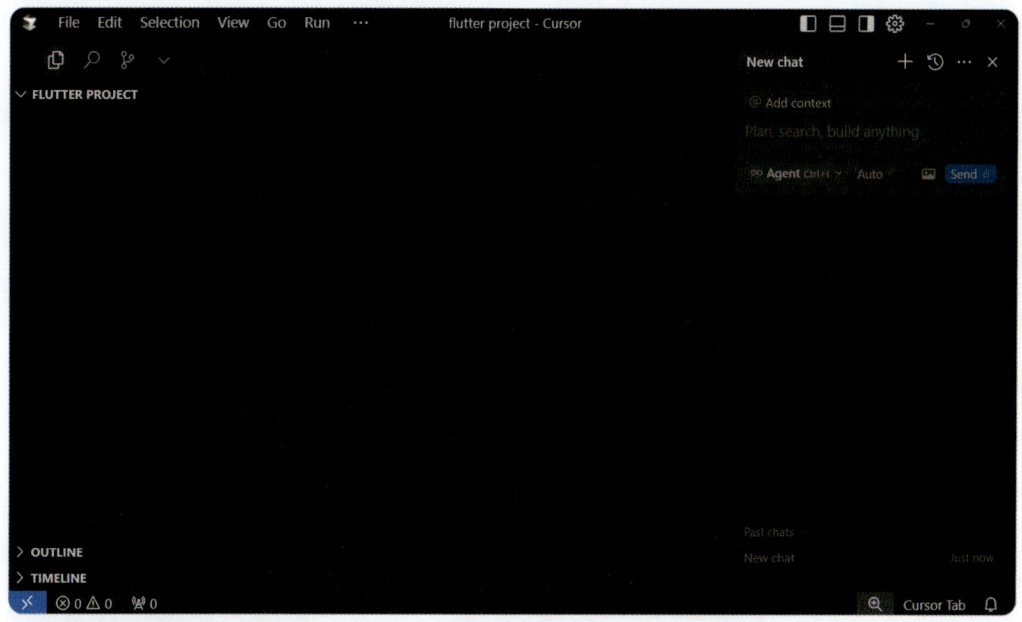

프로젝트를 만들기 위해 프로젝트 폴더를 추가했으니 **실제 플러터 프로젝트를 만들어보면서 커서 AI의 기능을 살펴보겠습니다.**

프로젝트 생성

메뉴에서 Terminal > New Terminal을 클릭한 후, 터미널에서 **flutter create my_app** 명령어를 입력해서 새로운 플러터 프로젝트를 생성합니다.

왼쪽 사이드 바 (Files/Explorer)

지금부터는 커서 AI의 작업 공간에 대해 간단하게 설명하겠습니다. 커서 AI의 왼쪽 사이드 바에는 프로젝트 파일 탐색기와, 검색, 소스 코드 컨트롤(Git), 디버깅, 확장 프로그램의 아이콘이 구성되어 있습니다. **FLUTTER PROJECT**라는 폴더 구조가 표시되어 있고 그 밑에는 방금 생성한 **my_app** 플러터 프로젝트가 보입니다. 이 영역에서 프로젝트 내부의 소스 파일과 폴더를 확인하거나 열 수 있습니다.

우리는 안드로이드 앱을 개발할 예정이기 때문에 현재 필요 없는 폴더인 **[iOS]**, **[linux]**, **[macos]**, **[web]**, **[windows]를 삭제**하겠습니다. 폴더를 선택한 후 **마우스 오른쪽 버튼을 클릭하고 [Delete] 메뉴를 선택**하여 삭제해 주세요.

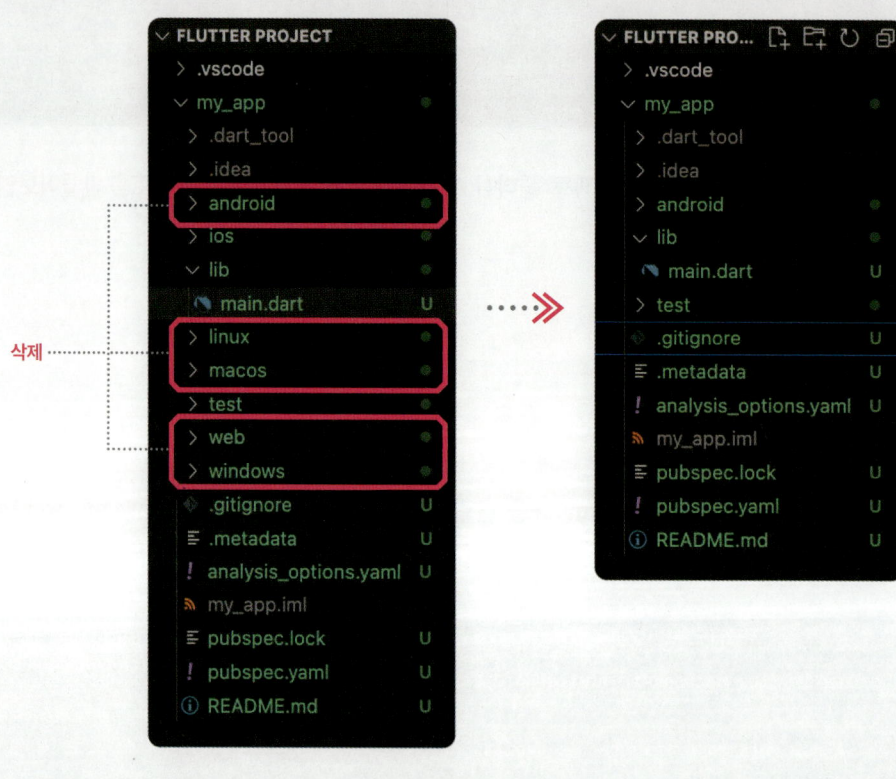

편집기 영역

사이드바의 프로젝트 파일 탐색기에서 선택한 코드를 표시하는 영역입니다. 실제 코드를 작성하고 수정하는 공간입니다. 왼쪽 사이드바에서 소스 파일을 선택하거나 새 소스 파일을 생성하면 이 영역에서 코드를 편집할 수 있습니다. **[lib]** 폴더 밑의 **main.dart** 파일을 선택해 보세요.

편집기 영역에서는 **인라인 액션**을 수행할 수 있습니다. 코드를 선택하고 특정 단축키(예 Ctrl + K 또는 Cmd + K)를 누르거나 마우스로 코드 영역을 선택하면 [Add to Chat] 메뉴가 나타납니다. 예를 들어, 78줄부터 134줄까지 Scaffold 함수의 시작과 끝부분을 ❶ **영역 지정한 후** Ctrl + K 를 눌러 다음과 같이 ❷ **"현재 코드를 빈 화면으로 바꿔줘" 라고 프롬프트를 입력**해 보세요. 그냥 삭제하면 에러가 발생하니 커서 AI에게 빈 화면으로 바꿔 달라고 요청한 것입니다(코드의 특정 부분을 수정할 때는 인라인 액션을 이용하면 됩니다).

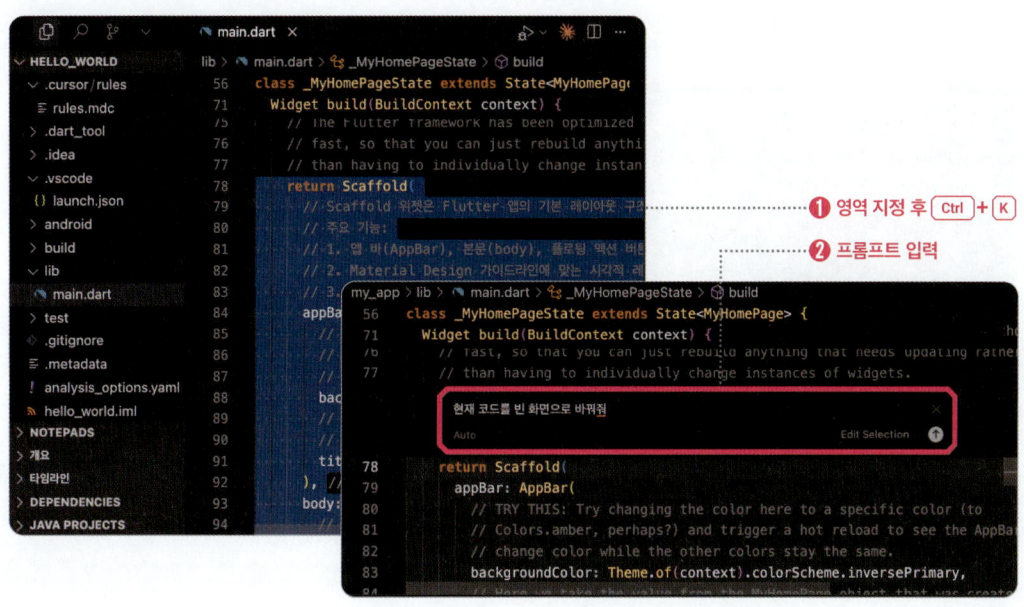

코드 수정 반영하기

커서 AI가 사용자의 요청에 따라 코드를 수정했습니다. 편집기에서 **삭제한 코드 영역은 빨간색**으로, **수정한 부분은 녹색**으로 나타납니다. 코드를 검토한 후 [keep] 버튼을 클릭하면 수정한 코드가 편집기에 반영되고 [undo] 버튼을 클릭하면 수정이 취소됩니다. 아래쪽으로 스크롤하면서 영역별로 [keep] 버튼을 클릭해 주세요. 코드가 간단하게 정리되었습니다.

오른쪽 사이드 바 (AI 어시스턴트 Chat 인터페이스)

커서 AI의 핵심 영역입니다. 오른쪽 사이드 바에는 **AI 채팅 패널**이 주로 위치합니다. 단축키 `Ctrl`+`I` 키를 누르면 사이드 패널을 열거나 닫을 수 있습니다. 여기서 커서 AI에게 직접 질문하거나 코드 생성을 요청하는 등 챗GPT에서 사용하던 채팅 방식을 사용하면 됩니다. 프로젝트 전체 코드에 대해 소통하는 영역으로, 입력 필드에 질문이나 명령을 작성한 후 [Send] 버튼 ↑을 누르면 AI가 응답을 시작합니다.

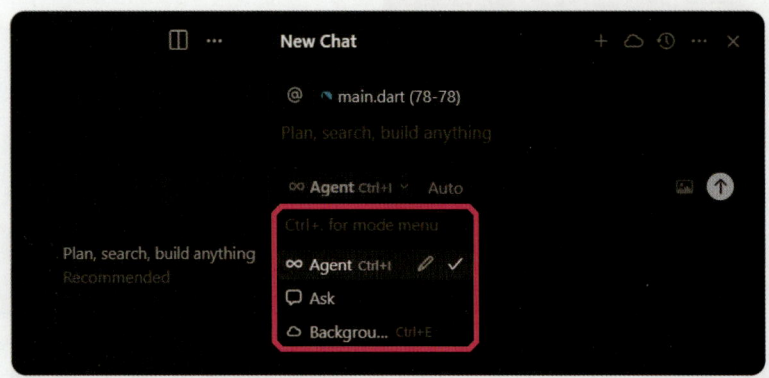

커서 AI의 오른쪽 채팅 패널에는 서로 다른 목적에 맞게 선택할 수 있는 세 가지 채팅 유형이 표시됩니다. 각 채팅 유형은 다음과 같은 기능을 지원합니다.

- **[Agent] 모드** : AI 에이전트와의 대화를 통해 작업을 진행하는 모드입니다. 단순 코드 작성이나 설명 요청 외에도, 여러 단계를 거치는 작업(검색, 파일 생성, 터미널 명령어 실행 등과 같은 Tool Call)을 실행하거나 결과를 확인할 수 있습니다. AI 에이전트가 모든 작업을 자동으로 진행하게 됩니다. 사용자는 마지막에 [Keep All]만 클릭하면 자동으로 작업 내용이 프로젝트에 반영됩니다.
- **[Ask] 모드** : 코드 관련 질의 응답에 특화된 모드입니다. 현재 프로젝트에서 특정 함수나 로직에 대한 설명을 듣거나, 새로운 코드 스니펫 생성, 에러 해결 방법 등을 질문하고 답변받는 데 주로 사용됩니다.
- **[Background] 모드** : 사용자가 직접 작업하지 않아도 커서 AI가 원격으로 코드 실행, 분석, 수정 등의 작업을 비동기적으로 처리해 주는 기능입니다. 반복적인 테스트나 리팩토링, 대규모 코드베이스 분석처럼 시간이 오래 소요되는 작업을 자동화해 줍니다. 그러나 백그라운드 모드는 MAX 모드로 작동되기 때문에 토큰을 급격하게 소모하니 주의하시기 바랍니다.

Agent는 다단계 작업이나 좀 더 복합적인 요구사항을 처리하는 데 적합하고, **Ask**는 코드 관련 Q&A나 특정 코드 요청에 특화되어 있습니다. 상황에 따라 적합한 모드를 선택하여 커서 AI를 활용할 수 있습니다.

 모델 선택

[Auto] 모드는 상황에 따라 AI 모델을 자동으로 선택하는 모드이며, 무제한으로 사용할 수 있습니다. **유료 사용자의 경우** [Auto] 모드를 해제하고 **필요에 따라 원하는 모델을 직접 선택**할 수 있습니다. [Auto] 모드에서는 무제한으로 커서 AI를 사용할 수 있지만 코딩 실력이 좋지 않은 모델이 선택되기 때문에 주의하셔야 합니다.

Pro 요금제(월 $20)는 결제 금액만큼 토큰 사용량이 제공되며, 모델별로 입력/출력 토큰의 가격이 다르기 때문에 실제 사용 가능 작업량이 크게 차이가 납니다.

[Claude-4-sonnet] 모델은 중간 수준의 비용 구조를 가진 최신 코딩 특화 모델로, 일반적인 요청(약간의 입력/출력 토큰 포함) 시 비교적 효율적인 편입니다.

다만 **모델별 토큰 단가는 정책 변경으로 수시로 바뀔 수 있으므로, 선택 시 반드시 최신 가격과 차감 기준을 확인**해야 합니다. 성능이 강력하고 컨텍스트 윈도우가 큰 모델일수록 동일 작업에서도 토큰 소모량이 많아져 예산을 빨리 쓰게 됩니다.

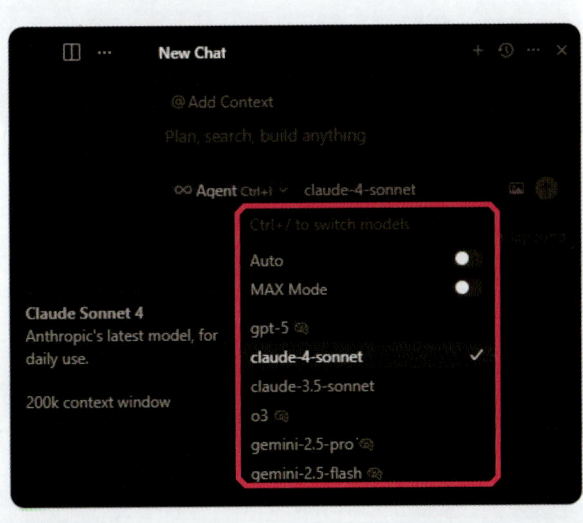

또한, [MAX Mode] 사용 시 주의가 필요합니다. 이 모드를 활성화하면 해당 모델의 최대 컨텍스트 윈도우(200k~1M 토큰)를 활용할 수 있으나, 처리 속도가 느려지고 토큰 소비가 급격히 늘어납니다. MAX Mode는 지원 가능한 모델에만 표시되며, 대규모 분석이나 중요한 구간 등에만 활용하고 평상시에는 비활성화하는 것이 좋습니다.

상태 표시줄 (Status Bar - 가장 하단 가로 줄)

현재 열린 파일의 언어 모드, Git 브랜치, 에러/경고 개수 등 상태 정보가 표시됩니다. 또한, 커서 AI의 연결 상태나 현재 사용 중인 AI 모델 등의 정보가 여기에 표시될 수 있습니다.

프로젝트 수정 요청하기

[Auto]모드를 해제하고 모델은 [Claude-4-sonnet]을 선택합니다. [@Add Context]버튼을 클릭하거나 입력 필드에 [@]를 입력한 후 목록에서 [Files & Folders]를 선택한 다음 목록에서 **main.dart 파일을 선택**합니다. main.dart 파일이 프롬프트에 맨션되었다면, 이어서 다음과 같은 프롬프트를 커서 AI에 입력해 주세요.

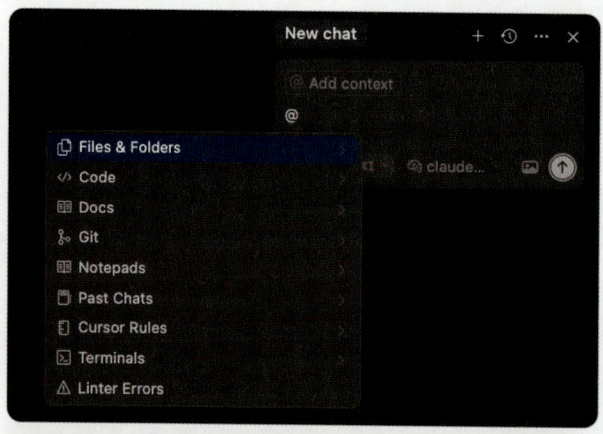

> **프롬프트 2-1**
>
> 화면 가운데에 '플러터 세계에 오신 것을 환영합니다!' 라고 표시하는 Text 위젯을 만들어 줘.

커서 AI가 코드를 수정하기 시작합니다. 작업이 완료된 후, [Keep] 버튼을 클릭해서 커서 AI가 작업한 내용을 프로젝트에 반영합니다.

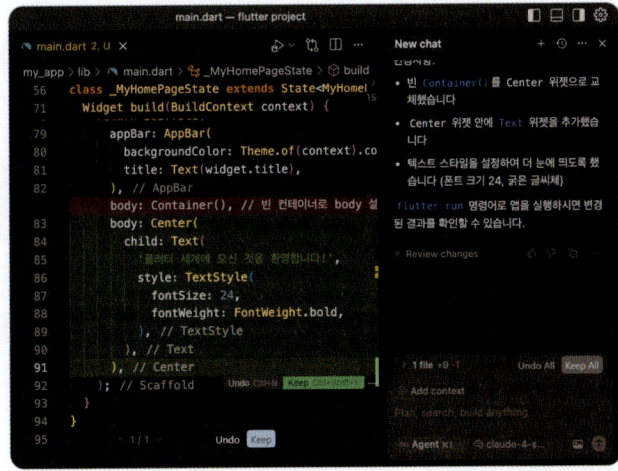

이전 작업으로 돌아가기

만약 커서 AI가 작업한 내용에 문제가 있어서 프롬프트 실행 이전 상태로 돌아가고 싶다면 채팅 화면에서 위쪽으로 스크롤하여 이전 프롬프트로 이동합니다. 그리고 [Restore checkpoint]를 클릭하면 코드가 프롬프트 호출 이전 상태로 복구됩니다. 모든 대화에서 [Restore checkpoint] 기능을 이용할 수 있어요. 원하는 기능을 AI가 제대로 구현하지 못할 때는 과감하게 [Restore checkpoint]을 클릭해서 대화 이전 상태로 돌아가는 것을 추천합니다.

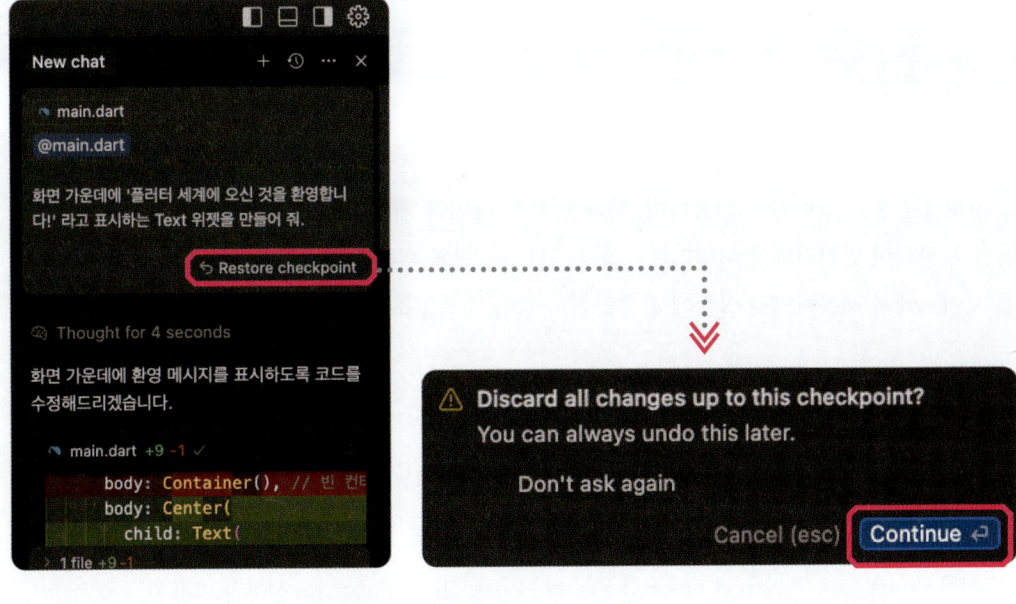

코드의 일관성을 지키기 위한 룰 설정하기

이번 과정에서는 코드의 일관성을 지키는 **룰 설정** 작업을 진행하겠습니다. 커서 AI는 코딩에 혁신을 일으켰습니다. 하지만, 이 도구를 제대로 활용하려면 개발 전에 명확한 룰을 설정해야 합니다. 룰은 커서 AI에서 코드 작성 방식을 통일합니다. 커서 AI는 많은 정보를 알고 있지만, 여러분이 개발하려는 프로젝트의 구체적인 지침을 이해하지 못하는 상태입니다. 따라서 프로젝트에 맞는 코딩 방식을 알려주는 것이 중요합니다.

const 활용, Freezed 사용, AsyncValue 오류 처리 같은 규칙들은 코드 품질을 높이고 유지보수를 쉽게 만듭니다. 상태 관리 방식 등 기본적인 결정을 미리 규칙으로 정해두면 개발할 때, 여러분이 원하는 대로 커서 AI가 개발할 확률이 높아집니다. 룰을 적용하면 코드도 일관되게 유지되죠. 이제 이 룰을 커서 AI에서 어떻게 적용하는지 알아보겠습니다.

환경 설정

커서 오른쪽 위의 ⚙를 클릭해서 [**Cursor Settings**] 화면을 불러옵니다. 그리고 사이드바에서 [**Rules & Memories**] 탭을 선택합니다.

User Rules 설정

User Rules 밑에 입력란이 있습니다. 아래 내용은 플러터 개발을 위한 룰 내용 전문입니다. 이 내용을 복사하여 입력란에 붙여넣기합니다. 참고로 이 책에 수록된 프롬프트 원문의 전체 내용은 다음 사이트에서 제공하므로 실습에 활용하거나 학습에 참고하기 바랍니다.

😊 프롬프트 제공 노션 템플릿 ⋯» https://bit.ly/3G0auh5

> **프롬프트 2-2**
>
> 당신은 Flutter, Dart, Riverpod, Freezed, Flutter Hooks, 그리고 Supabase 전문가입니다.

핵심 원칙

- 정확한 예시와 함께 간결한 기술적 Dart 코드를 작성하세요.
- 적절한 경우 함수형 및 선언적 프로그래밍 패턴을 사용하세요.
- 상속보다 구성을 선호하세요.
- 서술적인 변수명을 보조 동사와 함께 사용하세요 (예 isLoading, hasError).
- 파일 구조: 내보낼 위젯, 하위 위젯, 헬퍼, 정적 콘텐츠, 타입 순으로 구성하세요.

Dart / Flutter

- 불변 위젯에는 const 생성자를 사용하세요.
- 불변 상태 클래스와 유니온에는 Freezed를 활용하세요.
- 간단한 함수와 메서드에는 화살표 구문을 사용하세요.
- 한 줄짜리 getter와 setter에는 표현식 본문을 선호하세요.
- 더 나은 포맷팅과 diff를 위해 후행 쉼표를 사용하세요.

오류 처리 및 유효성 검사

- 뷰에서 오류 처리 시 SnackBar 대신 SelectableText.rich를 사용하세요.
- 오류를 가시성 있게 표시하기 위해 SelectableText.rich에 빨간색을 사용하세요.
- 표시 화면 내에서 빈 상태를 처리하세요.
- 적절한 오류 처리와 로딩 상태를 위해 AsyncValue를 사용하세요.

⋮

※ 프롬프트 전체 내용은 노션 템플릿 [프롬프트 2-2]를 참고해 주세요.

현재 룰은 커서 AI에서 앞으로 작성할 **모든 프로젝트에 영향**을 미칩니다. 만약 **특정 프로젝트에만** 개별적으로 영향을 미치려면 아래로 내려가서 [Project Rules] 오른쪽의 [+ Add Rule]을 클릭해서 영문으로 이름을 입력하면 해당 프로젝트만을 위한 룰 설정 화면이 나타납니다. 그곳에 룰 내용을 입력하면 됩니다.

커서 AI 기본 사용법 시연: 코드 생성, 설명 요청, 질문하기

이제 커서 AI를 본격적으로 활용할 차례입니다. 커서 AI의 가장 기본적인 기능, 코드 생성 요청, 코드 설명 요청, 그리고 질문하는 방법을 실제 사례로 살펴보겠습니다.

코드 생성 요청하기: "이런 코드를 만들어 줘"

커서 AI의 가장 강력한 기능은 우리가 원하는 기능을 구현해 주는 것입니다. 위젯 생성부터 복잡한 로직 구현까지 다양하게 활용할 수 있습니다. 기존에 만든 프로젝트인 **flutter project**의 **[my_app]**에서 시작합니다.

lib/main.dart 파일에 '버튼' 위젯을 추가하고 그에 따른 이벤트를 구현하고 싶다고 가정해 봅시다. 커서 AI의 코드 어시스턴트 창(보통 `Ctrl`+`I` 또는 `Cmd`+`I` 단축키로 활성화)을 엽니다. 그리고 다음과 같이 원하는 내용을 명확하고 간결하게 입력합니다.

> **프롬프트 2-3**
>
> 화면 가운데에 버튼 위젯을 하나 추가해 주고 버튼 클릭 이벤트가 발생하면 팝업 메시지로 '플러터 세계에 오신 것을 환영합니다!' 라고 표시하는 코드를 작성해 줘.

CUSOR AI

> 화면 중앙에 "환영 메시지 보기" 버튼을 추가했고, 이 버튼을 클릭하면 "플러터 세계에 오신 것을 환영합니다!"라는 메시지가 포함된 팝업창이 나타납니다. 팝업창에는 "확인" 버튼이 있어 닫을 수 있습니다. 코드는 성능 최적화 및 가독성을 고려하여 작성되었습니다.

커서 AI가 작업한 코드를 반영하기 위해 [Keep] 버튼을 클릭합니다. 그리고 안드로이드 스튜디오에서 [my_app] 프로젝트를 열고 [디버그]를 실행합니다. 그리고 에뮬레이터를 실행해서 결과를 확인해 봅니다. 만약 안드로이드 스튜디오에서 빌드 에러가 발생한다면 에러 메시지를 커서 AI에게 보여주고 수정을 요청하세요.

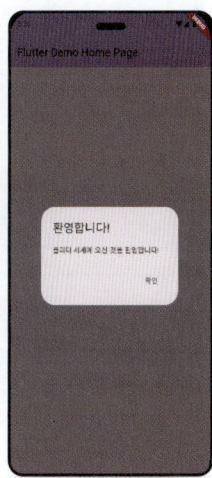

🔷 코드 설명 요청하기 : "이 코드는 무슨 뜻이야?"

기존 코드를 이해하고 싶을 때, AI가 생성한 코드가 정확히 어떤 기능을 수행하는지 궁금할 때 사용합니다.

main.dart 기본 코드에 있는 **Scaffold 위젯이 정확히 어떤 역할을 하는지 궁금하다**고 가정해 봅시다. 설명을 원하는 코드 부분(예 Scaffold(...))을 마우스로 드래그하여 선택하고 복사합니다. 커서 AI의 채팅창(Ctrl + I 또는 Cmd + I 단축키로 활성화)을 열고 복사한 코드를 붙여넣기 합니다. (복사한 부분의 줄이 채팅창에 반영되었습니다.) 그리고 다음과 같은 프롬프트를 입력합니다.

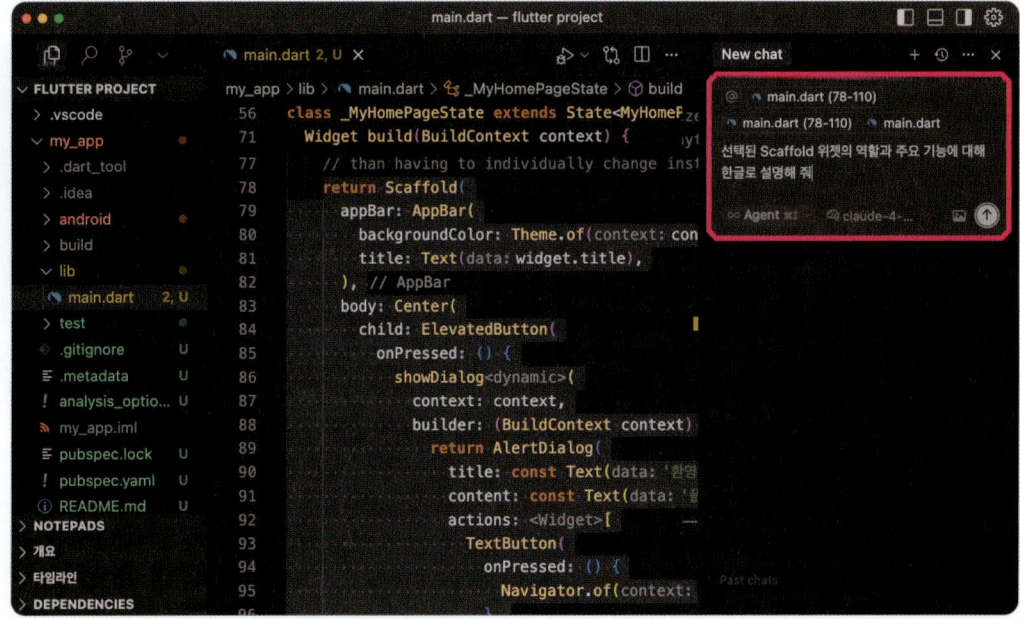

> **프롬프트 2 - 4**
>
> 선택된 Scaffold 위젯의 역할과 주요 기능에 대해 한글로 설명해 줘.

CUSOR AI

선택하신 코드에서 사용된 Scaffold 위젯은 Flutter 앱의 기본적인 화면 구조를 제공하는 핵심 위젯입니다.

✅ **Scaffold 위젯의 주요 역할**

1. **기본 화면 레이아웃 제공**

   Scaffold는 Material Design의 기본 화면 구조를 구현합니다. 앱의 전체적인 골격을 제공하여 일관된 UI/UX를 만들 수 있습니다.

2. **주요 구성 요소들**

   - 선택하신 코드에서 사용된 주요 속성들 :

     ```
     Scaffold(
         appBar: AppBar(...),   // 상단 앱바
         body: Center(...),     // 메인 콘텐츠 영역
     )
     ```

     … <중략> …

🛠 Scaffold는 Flutter 앱에서 거의 모든 화면의 기반이 되는 필수적인 위젯으로, 복잡한 레이아웃 로직 없이도 전문적인 앱 화면을 만들 수 있게 해줍니다.

커서 AI가 한글로 코드를 설명해 줬습니다. 내용을 읽어보고 이해합니다.

일반적인 질문하기 : "이건 어떻게 해?" 또는 "이 개념은 뭐야?"

코딩과 관련된 거의 모든 질문을 할 수 있습니다. 특정 다트 문법, 플러터 개념, 에러 해결 방법 등 무엇이든 물어보시기 바랍니다.

플러터에서 **위젯에 여백**padding**을 주는 방법을 알고 싶다**고 가정해 봅시다. 커서 AI의 코드 어시스턴트 창을 엽니다. 그리고 모드에서 **[Ask]**를 선택하고, 다음 프롬프트를 입력합니다.

> **프롬프트 2-5**
>
> Flutter에서 위젯에 상하좌우 16픽셀만큼 여백을 주는 방법을 알려줘. Padding 위젯 사용 예시 코드를 보여주면 좋겠어.

 CUSOR AI

> Flutter에서 위젯에 여백을 주는 방법을 Padding 위젯과 EdgeInsets를 사용해서 설명드리겠습니다.
>
> 1. **기본 Padding 위젯 사용법**
>   - 상하좌우 동일한 여백 (16픽셀)
>    ```
>    Padding(
>        padding: const EdgeInsets.all(16.0),
>        child: Text('여백이 적용된 텍스트'),
>    )
>    ```
>
>   … <중략> …
>
> 🛠 이렇게 Padding 위젯과 EdgeInsets를 활용하면 다양한 방식으로 원하는 여백을 쉽게 적용할 수 있습니다!

커서 AI가 Padding 위젯을 사용하는 방법과 함께 간단한 코드 예시를 보여줄 것입니다. [Ask] 모드일 때는 코드를 커서 AI가 직접 편집하지 않습니다. 사용자가 코드를 확인하고 직접 적용하면 됩니다.

🔶 기타 수칙

- 개발하기 전에, 최신 AI 모델(Claude sonnet 4.0, Gemini Pro 2.5 등)과의 대화를 통해서 PRD(제품 요구 사항 문서), 사용자 스토리, 와이어프레임, 기술 스택 등의 문서를 먼저 작성합니다.
- 커서 AI와 같은 도구를 사용하여 프로젝트 구조를 먼저 생성하고, 파일별로 코드를 작성하며 테스트를 진행합니다.
- 최신 API 문서(Documentation)의 링크를 프롬프트에 추가하여 AI가 최신 API를 잘 활용하도록 합니다.
- Git을 적극적으로 사용하여 버전 관리를 철저히 합니다. 수시로 커밋해서 커서 AI가 실수를 반복하게 되면 과거로 버전을 돌릴 수 있도록 합니다.
- 작업을 아주 작은 단위로 쪼개어 진행하고, 각 단계마다 커서 AI에게 구현을 요청합니다.
- 유닛 테스트와 통합 테스트를 열심히 수행합니다.
- 프로젝트를 최대한 작은 모듈로 분할하여 진행합니다.
- 커서 AI를 후배처럼 생각하고 작업 지시를 명확하게 문서화합니다.

지금까지 소개한 기본 기능만 잘 활용해도 개발 속도와 학습 효율을 크게 높일 수 있습니다. 코드를 직접 짜는 수고를 덜고, 모르는 부분은 즉시 설명을 들으며, 궁금한 점은 바로바로 질문하여 해결할 수 있으니까요. 이것이 바로 우리가 추구하는 'AI와 함께하는 개발', 즉 바이브 코딩 Vibe Coding의 핵심입니다.

물론 커서 AI가 항상 완벽한 코드를 제공하는 것은 아닙니다. 때로는 우리의 의도를 잘못 해석할 수도 있습니다. 그래서 AI가 생성한 코드를 검토하고, 이해가 가지 않는 부분은 다시 질문하며 다듬어가는 과정이 중요합니다. 다음 과정에서는 커서 AI에서 프롬프트를 어떻게 쓸 것인지 살펴보겠습니다.

커서 AI 효과적인 프롬프트 엔지니어링: AI와의 소통 기술

이전 과정에서 우리는 커서 AI의 기본적인 사용법, 즉 코드 생성 요청, 코드 설명 요청, 일반적인 질문하기 등을 살펴보았습니다. 커서 AI를 개발 동료로 만들기 위해서는 단순히 기능을 익히는 것보다, AI가 우리의 의도를 파악하고 원하는 결과물을 내놓을 수 있도록 **소통하는 기술**이 중요합니다. 이것이 바로 **프롬프트 엔지니어링** Prompt Engineering입니다. 이번 과정에서는 커서 AI에게 더 나은 답변과 코드를 얻어내기 위한 프롬프트 작성 방법을 알아보겠습니다.

핵심 개념 소개

- **프롬프트 엔지니어링** Prompt Engineering : AI 모델로부터 원하는 결과물을 얻어내기 위해 입력(프롬프트)을 설계하고 개선하는 기술입니다. AI와의 효과적인 의사소통 방법론이라고 정의합니다.
- **확성 및 구체성** Clarity & Specificity : AI에게 전달하는 지시나 질문이 모호하지 않고 명확하게, 필요한 세부사항을 충분히 포함해야 합니다. AI가 무엇을 해야 하는지 명확히 이해시킬수록 더 좋은 결과를 냅니다.
- **맥락 제공** Context Provision : AI가 작업을 수행하는 데 필요한 배경 정보(예 관련된 기존 코드 조각, 사용 중인 라이브러리, 프로젝트의 목표, 룰, PRD, 코딩 스타일 규칙 등)를 함께 제공하는 것입니다. 맥락은 AI가 사용자의 상황과 요구사항을 더 깊이 이해하도록 돕습니다.
- **역할 부여** Role Playing : 프롬프트 내에서 AI에게 특정 역할이나 페르소나(예 "너는 숙련된 보안 전문가야", "초보자도 이해할 수 있게 설명해 줘")를 부여하는 기법입니다. 이는 AI의 응답 톤, 관점, 전문성 수준에 영향을 줄 수 있습니다.
- **형식 지정** Format Specification : AI가 생성할 결과물의 구조나 형식을 구체적으로 지시하는 것입니다. 예를 들어, 코드를 함수 형태로만 요청하거나, 설명을 글머리 기호 목록으로 요청하는 등이 가능합니다.
- **반복적 개선** Iterative Refinement : 한 번의 프롬프트로 완벽한 결과를 얻기는 어렵습니다. AI의 초기 응답을 분석하고, 부족하거나 잘못된 부분을 파악하여 프롬프트를 수정하고 다시 요청하는 반복적인 과정을 통해 품질을 높여가야 합니다.

효과적인 프롬프트 작성을 위한 핵심 전략

커서 AI와 상호작용하면서 더 나은 결과를 얻기 위한 핵심 프롬프트 엔지니어링 전략들을 살펴보겠습니다.

전략 01 목표는 명확하게, 지시는 구체적으로

AI는 우리의 생각을 읽을 수 없습니다. 모호하게 요청하면 AI는 원하지 않는 결과를 생성할 확률이 높습니다. 무엇을 원하는지 **구체적으로 문장을 작성**하는 것이 중요합니다.

😦 나쁜 예시 (모호함)

> **프롬프트 2-6**
>
> **[버튼 만들기]**
> 버튼 하나 만들어 줘.

➡️ 어떤 종류의 버튼인지, 버튼에 어떤 텍스트가 들어가는지, 버튼을 눌렀을 때 어떤 동작을 해야 하는지 등에 대한 정보가 전혀 없습니다.

🙂 좋은 예시 (명확하고 구체적)

> **프롬프트 2-7**
>
> **[플러터 로그인 버튼 생성]**
> 플러터 앱 화면 중앙에 '로그인' 텍스트를 가진 파란색 배경의 'ElevatedButton'을 만들어 줘. 버튼의 너비는 화면 너비의 80%로 설정하고, 버튼을 누르면 콘솔에 '로그인 버튼 클릭됨' 메시지가 출력되도록 'onPressed' 콜백 함수를 포함해 줘.

➡️ 만들고자 하는 UI 요소의 종류(ElevatedButton), 내용(로그인), 스타일(파란색 배경, 너비 80%), 위치(화면 중앙), 그리고 동작(콘솔 출력)까지 구체적으로 명시했습니다.

전략 02  AI가 이해할 수 있도록 맥락 Context 을 충분히 제공하기

AI는 현재 작업 중인 코드나 프로젝트의 전체적인 맥락을 인식하지 못합니다. 특히 기존 코드와의 연결, 사용 중인 특정 라이브러리나 프레임워크, 따라야 할 코딩 스타일 등이 중요한 경우, 관련 정보를 프롬프트에 제공해야 합니다. 커서 AI의 **@(멘션) 기능을 활용**하여 특정 파일이나 심볼(클래스, 함수 등)을 참조해서 AI가 해당 맥락을 더 쉽게 파악할 수 있도록 해 주세요.

😦 나쁜 예시 (맥락 부족)

> **프롬프트 2-8**
>
> **[데이터 처리 함수]**
> 사용자 목록을 받아서 처리하는 함수 만들어 줘.

➡️ '사용자 목록'이 어떤 형태인지, '처리'가 구체적으로 무엇을 의미하는지 알 수 없습니다.

 좋은 예시 (맥락 제공)

> 프롬프트 2-9
>
> (@user*_model.dart 파일을 참조하도록 지시하며)
> **[비활성 사용자 필터링 함수]**
> @user_*model.dart 파일에 정의된 'User' 클래스 객체 리스트(List < User >)를 입력받아서, 'isActive' 속성이 'false'인 사용자만 필터링하여 새로운 리스트로 반환하는 함수 'filterInactiveUsers(List < User > users)'를 작성해 줘. 반환 타입은 'List < User >'여야 해.

>> '@user_model.dart'를 통해 'User' 클래스의 구조를 AI가 참조하도록 하고, 입력 타입, 필터링 조건('isActive == false'), 함수 이름, 반환 타입까지 구체적인 맥락과 요구 사항을 제공했습니다.

전략 03 원하는 결과의 형식 Format 과 AI의 역할 Role 지정하기

때로는 AI가 생성하는 결과물의 형식(코드 조각만? 전체 파일 구조? 주석 포함? 목록 형태?)을 특정하거나, AI가 특정 관점이나 전문성을 가지고 답변하도록 **역할을 부여**하는 것이 유용할 수 있습니다.

 예시 ❶ : 형식 지정

> 프롬프트 2-10
>
> **[API 에러 처리 설명]**
> 네트워크 요청 실패 시 발생할 수 있는 일반적인 HTTP 상태 코드 3가지(예 404, 500, 401)에 대해, 각각의 의미와 플러터 앱에서 'http' 패키지를 사용하여 각 에러 상황을 처리하는 기본적인 코드 스니펫 예시를 불렛 포인트 목록 형식으로 작성해 줘.

>> 결과물의 내용을 HTTP 상태 코드 3가지로 한정하고, 각 항목에 포함될 내용(의미, 코드 예시)과 전체적인 형식(불렛 포인트 목록)을 구체적으로 지정했습니다.

예시 ❷ : 역할 부여

> **프롬프트 2 - 11**
>
> [코드 최적화 조언]
> 너는 메모리 관리와 성능 최적화에 능숙한 모바일 앱 개발자라고 가정하고, 내가 작성한 다음 플러터 위젯 코드(@my*_list_*widget.dart 참조)에서 비효율적인 부분이 있다면 2가지 지적해주고, 어떻게 개선할 수 있는지 구체적인 코드 변경 예시와 함께 설명해 줘. 설명은 초보 개발자도 이해하기 쉽게 해줘.

> AI에게 '성능 최적화 전문가' 및 '초보자를 위한 설명가'라는 역할을 부여하여 답변의 관점과 난이도를 조절하도록 요청했습니다.

전략 04 옆자리 동료처럼 소통하기

다짜고짜 "코드부터 만들어 줘"라고 요청하는 대신, 함께 **일하는 동료라고 생각**하고 작업에 임해보세요.

예시

> **프롬프트 2 - 12**
>
> 지금부터 함께 디버깅 해봅시다. 내가 특정 지점에 브레이크 포인트를 찍을 테니까, 그 부분을 집중적으로 검토해 줘. 값이 null이 들어간 것 같은데, 왜 그런 거라고 생각해? 오류가 계속 발생하는데, 어떻게 문제를 해결할 수 있을까? 해결 방법을 차근차근 알아보자고.

전략 05 반복적인 개선과 실험

처음 작성한 프롬프트가 항상 최상의 결과를 가져오지는 않습니다. AI가 생성한 결과가 기대에 미치지 못했다면, 왜 그런 결과가 나왔는지 분석하고 **프롬프트를 수정하여 다시 시도**하는 과정이 필요합니다.

- **결과가 너무 일반적인가?** ⋯» 프롬프트에 더 구체적인 요구사항이나 제약 조건을 추가합니다.
- **AI가 맥락을 잘못 이해했는가?** ⋯» 관련 코드나 정보를 더 명확하게 제공하거나 @ 참조를 활용합니다.
- **원하는 형식이 아닌가?** ⋯» 결과 형식을 더 명확하게 지시합니다.

프롬프트 엔지니어링은 커서 AI를 활용하기 위한 특별한 기술입니다. 명확하고, 구체적이며, 맥락을 충분하게 제공하고, 때로는 형식과 역할을 지정하는 프롬프트를 작성한다면 훨씬 더 유용한 도움을 받을 수 있을 것입니다.

09 프로젝트 규칙(.mdc) 설정으로 AI 길들이기

커서 AI는 다양한 기능을 갖고 있지만, 때때로 프로젝트 표준이나 우리가 선호하는 코딩 스타일과 다른 방식으로 코드를 생성하기도 합니다. 이번 과정에서는 커서 AI가 우리의 프로젝트 맥락과 규칙을 더 잘 이해하고 일관성 있는 코드를 생성하는 프로젝트 규칙에 대해 살펴보겠습니다.

개념과 예시를 바탕으로 여러분의 실제 커서 AI 프로젝트 내에 .cursor/rules/ 디렉토리를 만들고, 프로젝트의 기술 스택과 코딩 스타일에 맞는 .mdc 규칙 파일들을 직접 작성하고 적용해 보겠습니다.

핵심 개념 소개

- **프로젝트 규칙** : 특정 프로젝트 내에서 커서 AI가 코드를 생성하거나 수정할 때 따라야 할 지침 또는 제약 조건입니다. 이를 통해 코드의 일관성을 유지하고 프로젝트 표준을 준수하도록 AI를 유도할 수 있습니다.
- **.mdc 파일** : 커서 AI가 프로젝트 규칙을 인식하는 데 사용하는 마크다운 형식이 파일입니다. 이 파일들은 프로젝트 루트의 .cursor/rules/ 디렉토리 안에 위치해야 합니다.
- **Scope** 범위 : .mdc 파일 내에서 정의되는 지시어 중 하나로, 해당 파일에 정의된 규칙들이 어떤 파일 또는 디렉토리에 적용될지를 지정합니다. 파일 경로 패턴(Glob 패턴, 예 */*.js, src/components/*.tsx)을 사용하여 범위를 정의합니다.
- **Rules** 규칙 : Scope로 지정된 범위 내의 파일들에 대해 AI가 준수해야 할 구체적인 지침들의 목록입니다. 예를 들어, '특정 라이브러리 사용', '특정 코딩 스타일 준수', '특정 기능 사용 금지' 등을 명시할 수 있습니다.
- **코드 일관성** Code Consistency : 프로젝트 전체 코드베이스에 걸쳐 통일된 코딩 스타일, 아키텍처 패턴, 명명 규칙 등을 유지하는 것을 의미합니다. 프로젝트 규칙은 AI와 협업 시 이러한 일관성을 유지하는 데 도움을 줍니다.

프로젝트 규칙 (.mdc) 설정 단계

커서 AI가 더 이상 '추측'에 의존하지 않고, 우리의 프로젝트에 맞는 코드를 생성하도록 규칙을 설정하는 구체적인 단계를 알아보겠습니다.

Step 01 / AI의 '추측' 방지 : 규칙 설정의 시작

규칙이 없다면, 커서 AI는 때때로 우리가 선호하지 않는 방식으로 코드를 작성할 수 있습니다. 이런 '추측성' 코드 생성을 줄이고 AI에게 명확한 방향을 제시하기 위해 규칙 설정이 필요합니다. 먼저, 커서 AI가 규칙을 찾을 수 있는 정해진 위치에 디렉토리를 생성해야 합니다.

우측 상단의 ❶ **톱니 바퀴** 모양의 아이콘을 클릭해서 [Cursor Settings] 화면을 띄웁니다. 좌측에서 ❷ [Rules & Memories]를 선택하고 아래쪽으로 내려가 [Project Rules]의 오른쪽 ❸ [+Add Rule] 버튼을 클릭합니다.

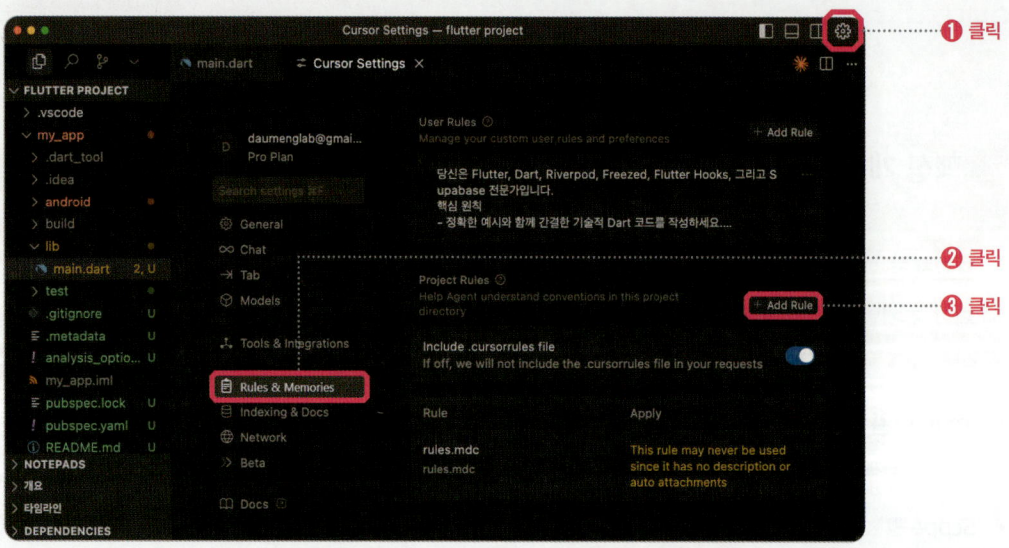

상단 입력 창에 "rules"라고 입력하고 Enter 키를 누르면 .cursor/rules 라는 이름의 폴더 밑에 **rules.mdc** 파일이 생성됩니다. (폴더 이름 앞의 점 '.'에 유의하세요.)

이제 **프로젝트 루트/.cursor/rules/** 경로가 생성되었습니다. 커서 AI는 이 rules 폴더 안에 있는 .mdc 파일들을 읽어 프로젝트 규칙으로 사용합니다.

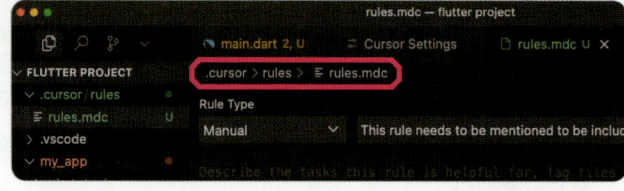

Step 02 영역별 첫 규칙 파일 작성

프로젝트의 특정 영역(예 프론트엔드)에 적용될 규칙 파일을 만들어 보겠습니다.

생성된 **rules.mdc** 파일을 열고 아래 예시 내용을 참고하여 작성하거나, 자신의 프로젝트에 맞게 수정하여 작성하세요. [Rule Type]을 **[Always]**로 설정합니다.

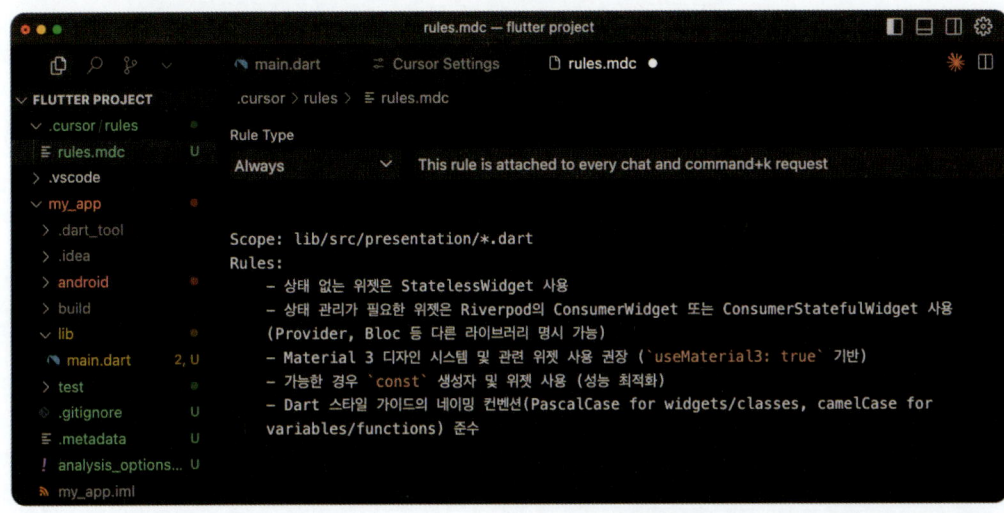

> **프롬프트 2 - 13**
>
> Scope: lib/src/presentation/*.dart
> Rules:
> - 상태 없는 위젯은 StatelessWidget 사용
> - 상태 관리가 필요한 위젯은 Riverpod의 ConsumerWidget 또는 ConsumerStatefulWidget 사용 (Provider, Bloc 등 다른 라이브러리 명시 가능)
> - Material 3 디자인 시스템 및 관련 위젯 사용 권장 (`useMaterial3: true` 기반)
> - 가능한 경우 `const` 생성자 및 위젯 사용 (성능 최적화)
> - Dart 스타일 가이드의 네이밍 컨벤션(PascalCase for widgets/classes, camelCase for variables/functions) 준수

- **Scope: lib/src/presentation/*.dart** : 이 규칙들이 lib/src/presentation/ 폴더 및 그 하위의 모든 .dart 파일에 적용됨을 의미합니다. (프로젝트 구조에 따라 lib/widgets/, lib/screens/ 등으로 변경 가능합니다.)

- **Rules: ~ :** UI 관련 코드 작성 시 AI가 따라야 할 지침 목록입니다. 상태 관리 방식(Riverpod 예시), 위젯 타입, 디자인 시스템(Material 3), 성능 최적화(const), 네이밍 컨벤션 등 플러터 개발에서 중요한 규칙들을 명시했습니다.

이렇게 프로젝트 규칙을 설정하면, 커서 AI의 '추측'을 줄이고 개발자가 원하는 방향과 스타일에 더 부합하는, 일관성 있는 코드를 얻을 확률을 크게 높일 수 있습니다.

프로젝트 규칙 설정은 커서 AI가 단순한 코드 작성 도우미가 아닌, 프로젝트의 표준과 스타일을 이해하며 함께 개발하는 파트너라는 사실을 알려줍니다. mdc 파일을 통해 명확한 지침을 제공함으로써, AI와의 협업 과정에서 발생할 수 있는 불필요한 수정 작업을 줄이고, 보다 예측 가능하며 일관된 개발 경험을 누려 보세요.

081

Chapter 4 AI 코드 동료 맞이하기, 커서 AI 설정과 효과적인 협업 원칙

빌딩 블록 쌓기

토이 앱 만들면서 플러터 기본 다지기
feat. AI 어시스턴트

Chapter 5   플러터 프로그래밍 준비하기

Chapter 6   미니 앱 만들면서 기본기 익히기

PART 3

이제 막막했던 개발의 세계에 첫발을 내디딜 준비를 마쳤습니다. 이 파트에서는 본격적으로 코딩의 즐거움을 느끼며 실력을 쌓아 올리는 시간입니다. '디지털 명함'부터 '간단 계산기', '결정 룰렛'에 이르기까지, 작지만 완결된 미니 앱들을 하나씩 만들어 봅니다.

플러터 프로그래밍 준비하기

01 플러터 프로젝트의 구조 이해하기

본격적인 플러터 앱 개발에 돌입하기 전에 **플러터 프로젝트의 구조**를 간단하게 살펴보는 시간을 먼저 갖겠습니다. 커서 AI에게 질문을 던지고, 그 답변을 통해서 생성된 코드가 어떤 의미를 가지며, UI를 어떻게 구성하는지 알아보겠습니다.

커서 AI에서 이전에 생성한 [my_app] 프로젝트를 열고 +[I] 키를 눌러 AI 어시스턴트 창을 표시합니다. [Mode]는 [Agent]로 모델은 [claude-4-sonnet]을 선택하겠습니다. 그리고 [@]키를 눌러서 main.dart를 멘션한 후, 아래 프롬프트를 커서 AI에 입력합니다.

> 플러터를 처음 배우는 입장이라 @main.dart 코드 전체 부분을 이해하지 못하겠어. 플러터에서 UI를 어떻게 표현하는지 각 소스에 주석을 달아 주고, 현재 코드에서 UI 위젯의 다단계 구조를 쉽게 설명해 줘.

네, Flutter를 처음 배우시는군요! Flutter에서 UI를 표현하는 방식과 위젯의 다단계 구조를 이해할 수 있도록 상세한 주석을 추가해 드리겠습니다.

📋 Flutter UI 위젯의 다단계 구조

현재 앱의 위젯 구조는 다음과 같은 트리(나무) 구조로 되어 있습니다.

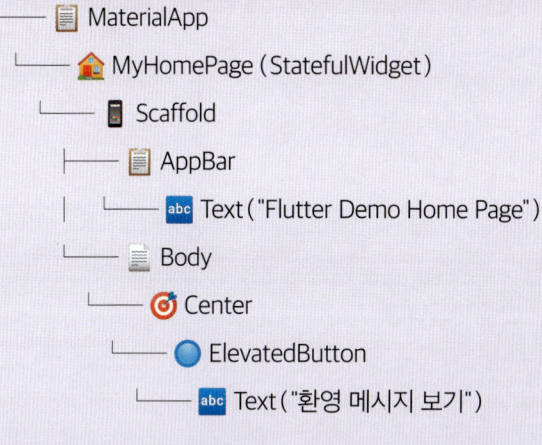

[버튼 클릭 시]

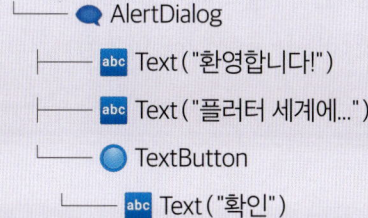

🔍 각 위젯의 역할 설명

1. **최상위 레이어**
   - **MyApp** : 앱 전체의 설정을 담당
   - **MaterialApp** : 구글의 머티리얼 디자인 테마와 내비게이션 관리

2. **화면 레이어**
   - **MyHomePage** : 실제 화면 내용
   - **Scaffold** : 화면의 기본 틀 (상단바, 본문, 플로팅 버튼 등의 위치 제공)

3. 컨텐츠 레이어
   - **AppBar**: 화면 상단의 제목 표시줄
   - **Center**: 버튼을 화면 중앙에 배치
   - **ElevatedButton**: 사용자가 클릭할 수 있는 버튼

4. 팝업 레이어
   - **AlertDialog**: 버튼을 누르면 나타나는 대화상자

💡 **Flutter UI의 핵심 개념**

1. 위젯(Widget)은 레고 블록
   - 모든 UI 요소는 위젯입니다.
   - 작은 위젯들을 조합해서 복잡한 UI를 만듭니다.
   - 위젯 안에 위젯을 넣는 중첩 구조입니다.

2. 상태 관리
   - **StatelessWidget**: 변하지 않는 위젯 (한번 만들어지면 그대로)
   - **StatefulWidget**: 변할 수 있는 위젯 (버튼을 누르면 화면이 바뀜)

🎨 **빌드 과정**

1. main() 함수가 앱을 시작
2. build() 메서드가 위젯 트리를 구성
3. Flutter가 위젯 트리를 화면에 그림
4. 상태가 변하면 (setState()) 위젯이 다시 그려짐

이제 Flutter의 UI 구조가 어떻게 작동하는지 이해하셨나요?
질문이 있으시면 언제든 말씀해 주세요! 🚀

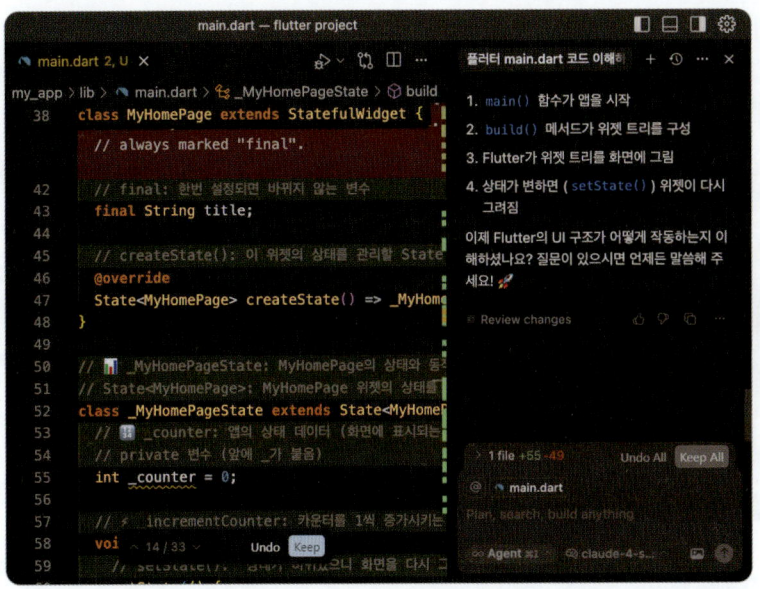

플러터 프로젝트의 구조와 작성한 코드를 이해하기 위해 커서 AI에게 질문을 던지고 이해하는 과정을 간단하게 경험해 봤습니다. 지금은 프롬프트 한 번으로 끝났지만, 플러터 구조에 대한 전반적인 이해를 위해서 커서 AI가 답변해 준 부분을 숙지하고, 이해되지 않은 개념에 대해서는 계속 질문을 이어가며 학습하기 바랍니다.

 1인 개발자를 위한 효율적인 버전 관리 및 협업 (깃 활용)

깃허브는 소스 코드를 위한 클라우드 저장소이자 협업 도구입니다. 이번 과정에서는 소스 코드 관리 시스템인 깃허브 사용법을 살펴보겠습니다.

깃허브로 소스 코드 관리하기

깃허브에서는 소스 코드 백업 및 버전 관리를 통해 코드를 안전하게 보존하고, 변경 이력을 기록하여 특정 시점으로 되돌릴 수 있습니다. 또한 여러 개발자가 같은 소스를 동시에 작업할 때 충돌을 방지할 수도 있습니다. 또한 깃허브는 포트폴리오 구축에 효과적이어서 개발 능력을 어필하고 취업이나 이직 시에 활용할 수 있습니다. 다른 개발자의 코드를 학습하여 실력을 향상시킬 수도 있는데, 인기 있는 오픈 소스의 대부분은 깃허브에 저장되어 있습니다.

현재 프로젝트 데이터 깃허브에 저장하기

현재 프로젝트 데이터를 깃허브에 저장해 보겠습니다. 먼저 깃허브 https://github.com/에 접속하고, 오른쪽 위에 있는 [Sign up] 버튼을 클릭하여 가입한 후 로그인합니다.

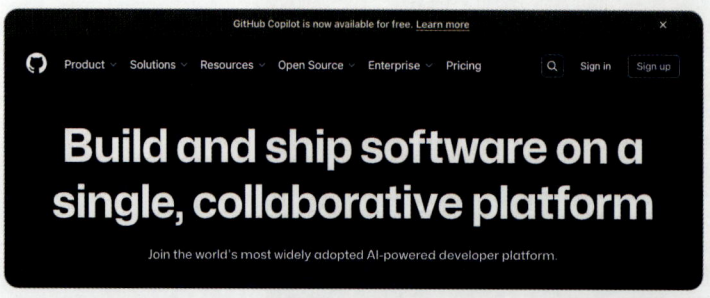

리포지토리 만들기

깃허브의 **리포지토리**Repository(**저장소**)는 프로젝트와 관련된 모든 파일과 폴더, 그리고 그 변경 이력을 담고 있는 **저장 공간**입니다. 하나의 프로젝트가 하나의 리포지토리를 갖는다고 생각하면 됩니다. 프로젝트 데이터 저장을 위한 리포지토리를 직접 만들어 보겠습니다.

Dashboard 화면에서 ❶ [Create repository] 버튼을 클릭합니다. [Create a new repository] 화면에서 ❷ [Repository name]을 입력합니다. 적당한 이름으로 입력하고 [Public]과 [Private] 중에서 ❸ [Private]을 선택합니다.

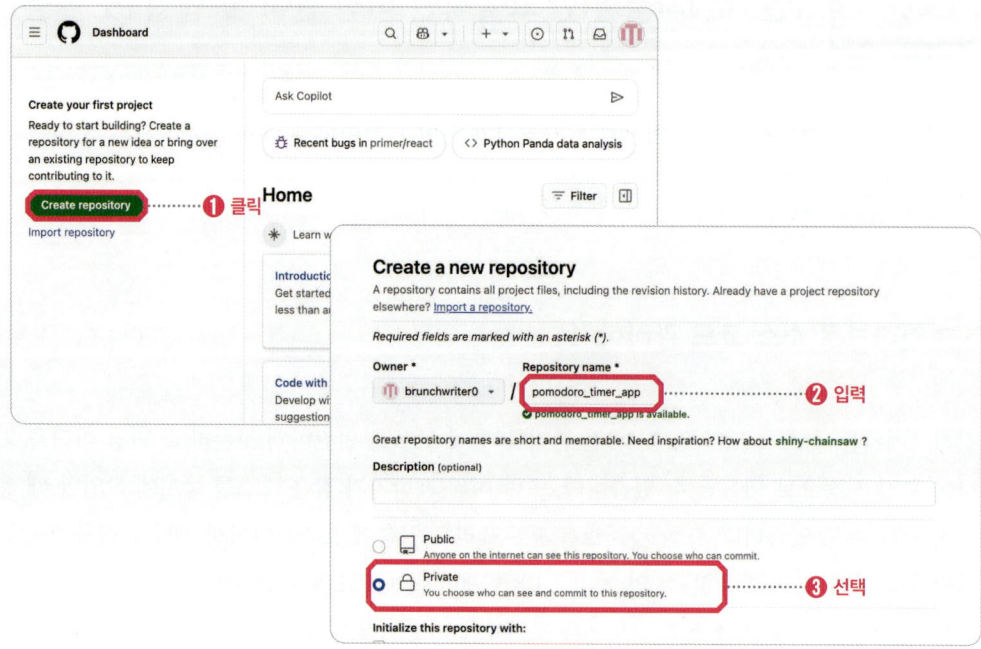

아래쪽으로 내려가서 [Create repository] 버튼을 클릭합니다. 리포지토리가 성공적으로 만들어지고 주소가 표시됩니다. 를 클릭해서 리포지토리 링크를 복사합니다.

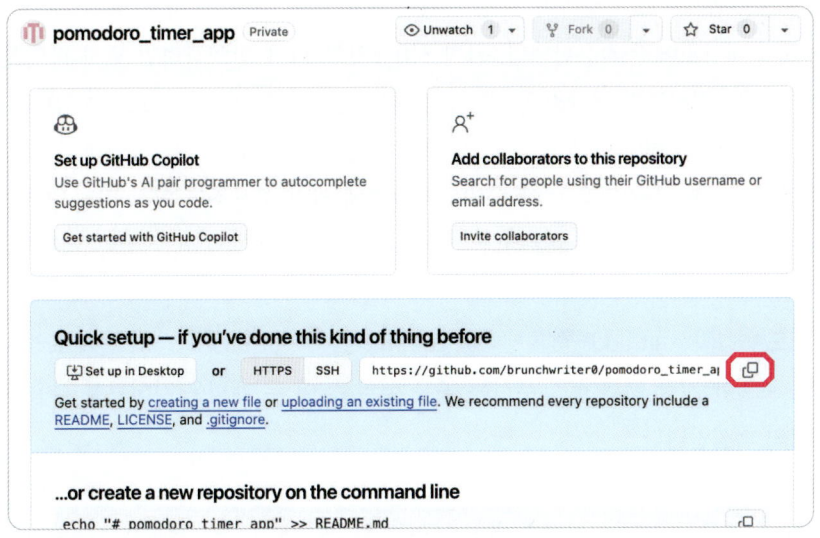

깃허브 주소 연결하기

다시 커서 AI로 돌아옵니다. AI 어시스턴트 창에서 새로운 대화창을 열겠습니다. 오른쪽 위에서 를 클릭해서 새로운 대화를 시작합니다. 모드를 [Agent]로 바꾸고 아래 프롬프트를 채팅창에 입력합니다.

> **프롬프트 3-2**
>
> 현재 프로젝트를 깃허브 주소
> [위에서 복사한 여러분의 깃허브 링크]와 연결해 줘.

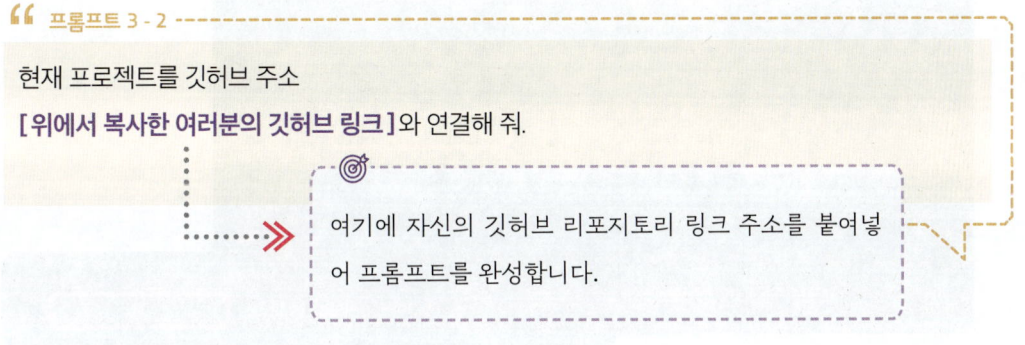

여기에 자신의 깃허브 리포지토리 링크 주소를 붙여넣어 프롬프트를 완성합니다.

커서 AI는 깃허브 주소와의 연결을 위해 터미널에서 명령어를 실행할 것인지 물어봅니다. [Run command] 글자를 클릭하거나 채팅창에서 [Accept] 글자를 클릭해서 명령어 실행을 수락해 주세요. 이 단계에서는 다음과 같은 명령어들을 수행합니다.

- 깃허브 초기화
- 깃허브 원격 저장소 연결하기
- 연결 상태 확인

커밋과 푸시

커밋 Commit은 로컬 컴퓨터에서 **작업한 변경 사항을 기록하는 행위**입니다. 파일의 추가, 수정, 삭제 등을 특정 시점의 스냅샷으로 저장하며, 변경 내용에 대한 설명(커밋 메시지)을 함께 작성합니다. 커밋은 로컬 저장소에만 적용합니다. 원격 서버(깃허브)에 반영하려면 푸시 작업을 수행해야 합니다. **푸시** Push는 로컬 저장소에 있는 **커밋들을 원격 저장소(깃허브)로 전송**합니다. 업로드하면 로컬에서 다른 개발자들과 공유하고, 원격 저장소에 변경 사항을 반영할 수 있습니다. 푸시하기 위해서는 먼저 커밋을 해야 하며, 푸시 전에 원격 저장소의 최신 변경사항을 가져와 pull 충돌 여부를 확인하는 것이 좋습니다.

작업 흐름은 **코드 변경** …» git add ^{스테이징} …» git commit ^{기록} …» git push ^{업로드}의 단계로 이루어집니다. 커밋은 로컬에 저장 행위이고, 푸시는 공유 행위로, 이 두 개념은 깃허브를 사용한 코드 관리와 협업의 핵심입니다.

main.dart 에서 앱 제목을 수정해 보겠습니다. **'나의 첫 플러터 앱'으로 수정**했습니다. 변경된 내용을 Ctrl + S 를 눌러 저장하겠습니다. 로컬의 내용이 변경되면 커밋을 해야 합니다. 커밋은 현재까지 작업한 소스코드의 스냅샷을 남기는 개념입니다.

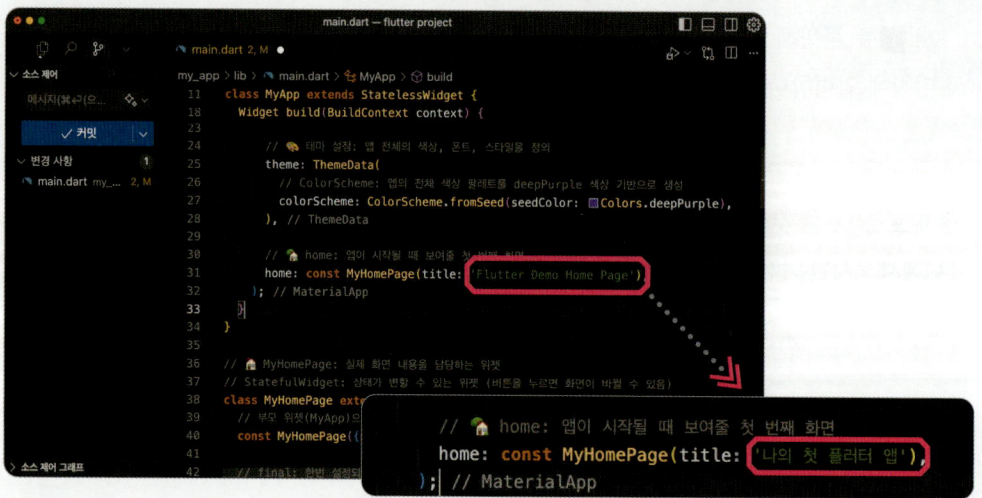

[변경 사항] 밑에 main.dart가 보입니다. 수정하거나 새롭게 추가한 파일이 나타납니다. [메시지] 란에 수정한 내용을 요약해서 입력합니다. **"앱 제목 수정"** 이라고 입력합니다.

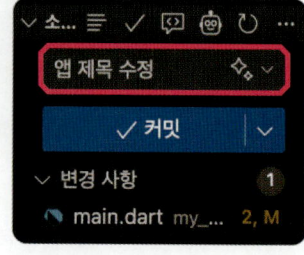

변경된 내용을 **스테이징**해야 합니다. 파일 위에 마우스를 올리면 ➕아이콘이 나타납니다. 클릭해서 스테이지에 올립니다. 이제 [스테이징된 변경 사항]에 추가되었습니다. 현재 [변경 사항]은 비어있습니다. 이제 **[커밋]** 버튼을 클릭합니다. 마지막으로 **[변경 내용 동기화]** 버튼을 클릭해서 원격 서버에 푸시합니다.

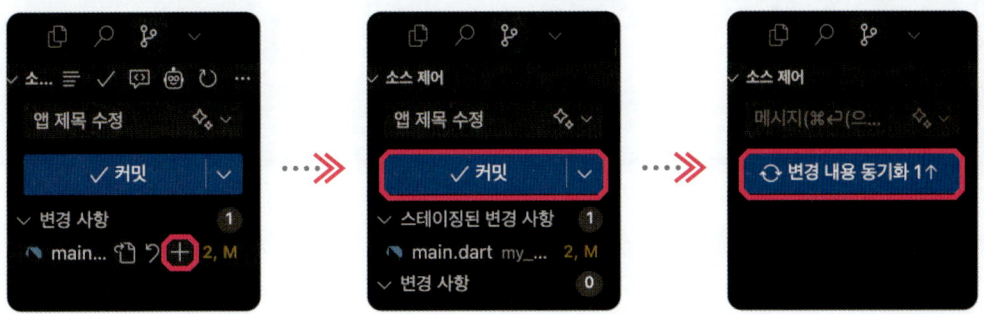

변경 내용 동기화를 위해서는 깃허브와 연결해야 합니다. Sign in 창이 나타나면 **[Sign in with your browser]**를 클릭하여 여러분이 가입했던 주소와 비밀번호로 로그인한 후 **[Authorize git-ecosystem]**을 클릭합니다. 서버에 변경된 내용이 반영되었습니다.

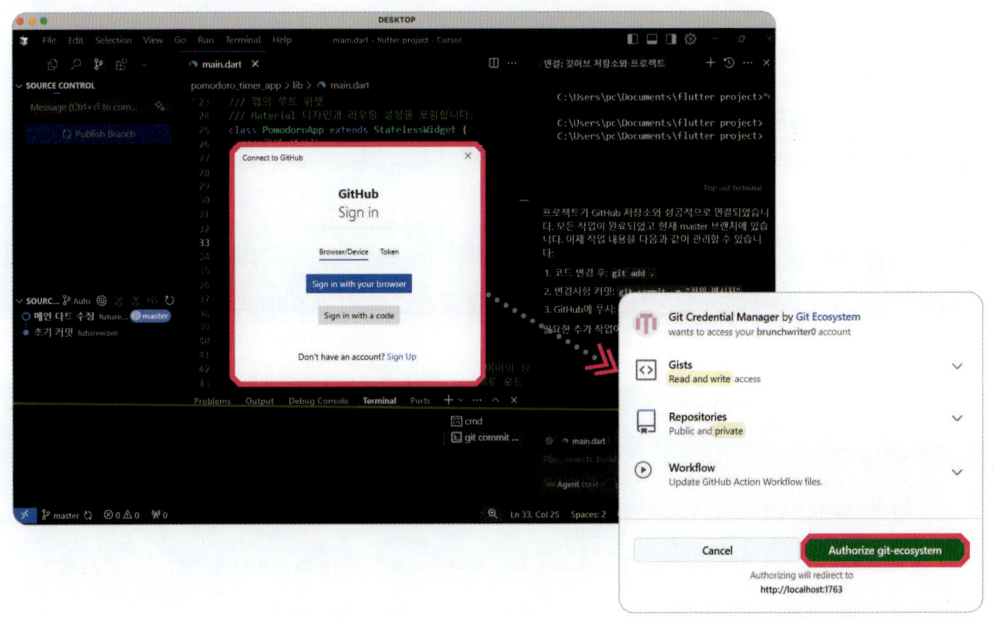

이번 과정에서는 개발자에게 필수인 소스 코드를 관리하기 위한 깃허브 사용 방법을 살펴봤습니다. 다음 과정부터는 플러터에서 미니 앱을 만들어보면서 기본기를 익혀보겠습니다.

06 CHAPTER
미니 앱 만들면서 기본기 익히기

01 플러터 UI 첫걸음: 위젯과 레이아웃으로 '디지털 명함' 만들기

이번 과정에서는 플러터 UI 개발에 익숙해지기 위한 첫 실습으로 '디지털 명함' 앱을 만들어 보겠습니다. 커서 AI를 사용해서 **사용자 인터페이스**^{UI} **를 구성**하는 것이 이번 과정의 목표입니다.

 **핵심 목표**

- 플러터의 기본 구성 요소인 위젯^{Widget} 의 개념 이해
- 화면에 내용을 표시하는 기본 위젯(Container, Text, Icon, Image 등) 사용법 익히기
- 위젯들을 가로^{Row} 또는 세로^{Column} 로 배치하는 레이아웃^{Layout} 위젯 사용법 익히기
- 상태 변화가 없는 간단한 화면을 위한 StatelessWidget 이해 및 사용

🚩 **학습 방식**

3단계 계획에 따라, 각 단계별로 필요한 위젯이나 속성에 대해 커서 AI에게 질문하고 설명을 들으며 디지털 명함 UI를 함께 만들어 나가겠습니다. 프롬프트에는 프로그래밍에 필요한 핵심 개념이 담겨 있습니다. 프롬프트를 맹목적으로 복사 & 붙여넣기 하지 말고, 궁금한 개념은 챗GPT나 커서 AI에게 물어서 이해하고 넘어갑시다.

🚩 범위

이번 과정에서는 사용자와의 상호작용이나 데이터 변경을 고려하지 않습니다. UI 구현에 집중하겠습니다.

🚩 사전 준비 사항

- 플러터 SDK 설치 및 개발 환경 설정
- 새로운 빈 플러터 프로젝트 생성
- 챗GPT로 그려본 [심플 명함 스케치] 이미지

Jane Doe
Software Engineer

- (123) 456-7890
- jane.doe@example.com
- www.example.com
- City, State

🚩 핵심 개념 소개

플러터 UI 개발의 가장 기초적인 개념을 알아봅시다.

- **모든 것은 위젯이다**

  플러터에서는 버튼, 텍스트, 이미지, 레이아웃, 심지어 보이지 않는 간격까지 모든 것이 위젯입니다. 이 위젯들을 조합Composition 하여 화면을 만듭니다.

- **선언형 UI**

  "UI를 어떻게 변경할까"가 아닌, "현재 상태에서 UI가 어떻게 보여져야 하는가"에 초점을 맞춥니다.

- **StatelessWidget**

  스스로 상태가 변경되지 않는 위젯입니다. 한 번 그려진 후 내부 데이터가 변하지 않는 정적인 UI 형태입니다. 디지털 명함처럼 내용이 고정된 화면에 적합합니다.

- **기본 UI 위젯**

  Scaffold: 앱 화면의 기본적인 시각 구조(상단 바, 본문 영역 등)를 제공합니다.
  Container: 사각형 영역을 만들고 배경색, 테두리, 패딩(안쪽 여백), 마진(바깥 여백) 등을 지정할 수 있는 만능 위젯입니다.
  Text: 문자열을 화면에 표시합니다. 다양한 스타일 'TextStyle' 을 적용할 수 있습니다.
  Icon: 머티리얼 디자인 아이콘 등을 표시합니다.
  Image: 이미지 파일(앱 내부 자산 또는 네트워크)을 표시합니다. CircleAvatar는 원형 프로필 이미지를 쉽게 만드는 데 유용합니다.
  Column: 자식 위젯들을 세로로 순서대로 배치합니다.
  Row: 자식 위젯들을 가로로 순서대로 배치합니다.
  Center: 자식 위젯 하나를 화면 중앙에 배치합니다.
  Padding: 자식 위젯 주변에 안쪽 여백을 추가합니다.
  SizedBox: 특정 크기의 빈 공간(간격)을 만들거나 자식 위젯의 크기를 강제할 때 사용합니다.

- **주요 속성** Properties

  위젯의 모양이나 동작을 설정하는 값들입니다. 예를 들어 Text의 'style', Container의 'color', Row/Column의 'mainAxisAlignment주축정렬' 과 'crossAxisAlignment교차축정렬' 등이 있습니다.

단계별로 구현하기

먼저 안드로이드 스튜디오를 실행하고, 이미 열려 있는 프로젝트가 있다면 [메뉴 > 파일 > Close Project]를 선택해서 프로젝트를 닫습니다. 초기 화면에서 [New Flutter Project] 버튼을 클릭하고 [New Project]에서 [Flutter]를 선택합니다. 그리고 [Next] 버튼을 클릭합니다.

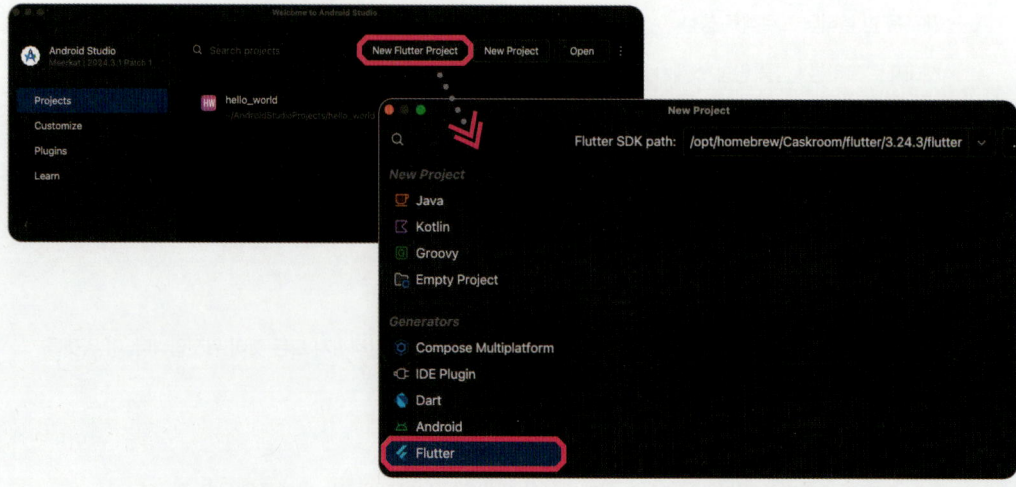

[Project name]에 "digital_namecard"를 입력하고 나머지는 화면을 참고해서 선택한 다음 아래쪽에 있는 [Create] 버튼을 클릭합니다.

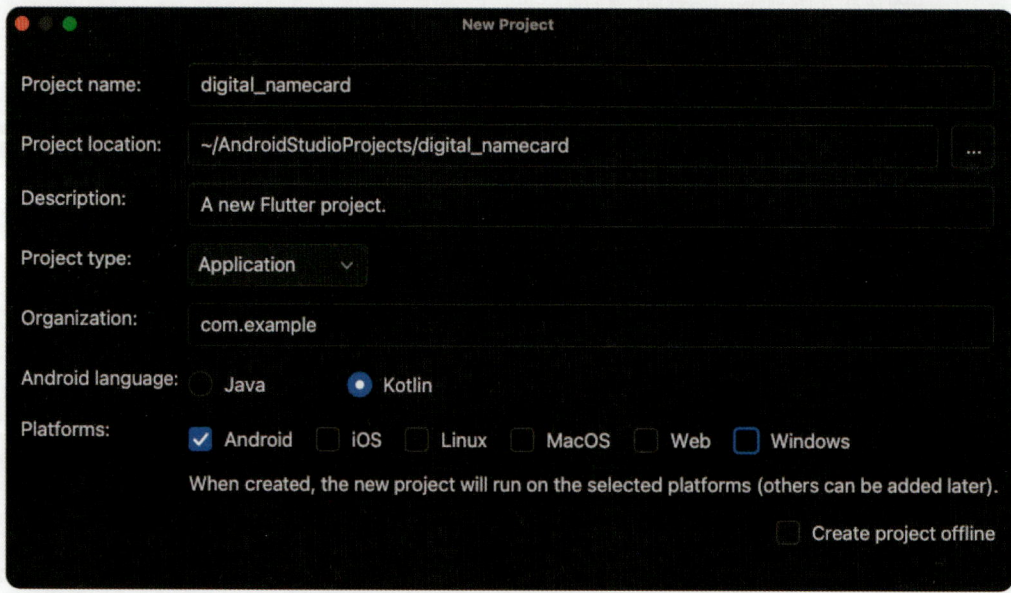

Step 01 기본 구조 및 상단 정보 배치

안드로이드 스튜디오에서 생성한 **digital_namecard** 플러터 프로젝트를 **커서 AI에서 오픈**합니다. 커서 AI 초기 화면에서 **[Open project]** 버튼을 클릭해서 **[digital_namecard]** 프로젝트를 불러옵니다.

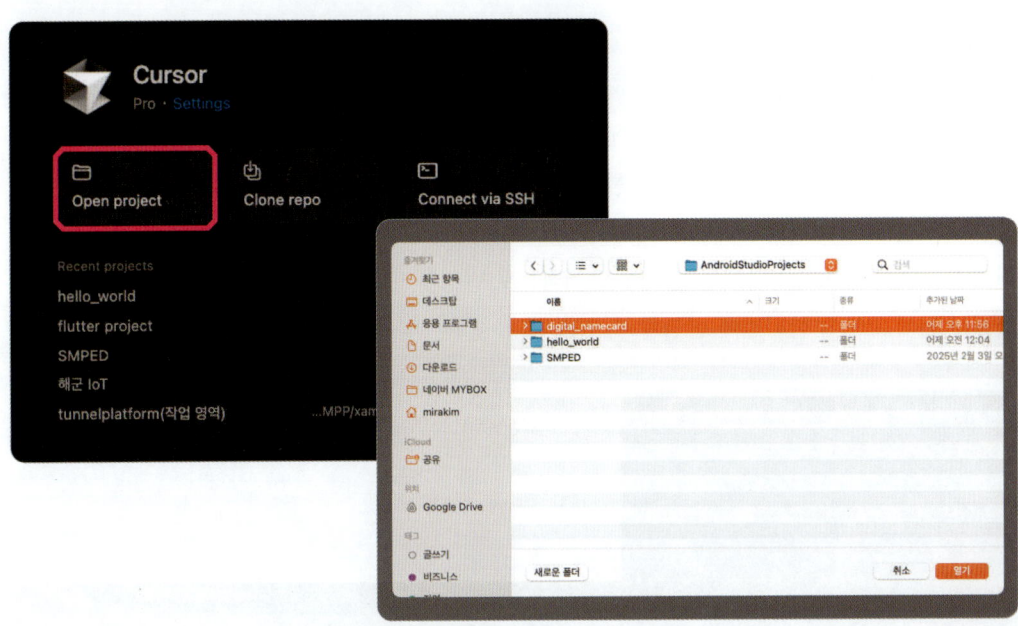

Ctrl + I 를 눌러 AI 어시스턴트 창을 띄웁니다. 모드는 [Ask]를 선택해 주세요. **미리 준비한 [심플 명함 스케치] 이미지를 AI 어시스턴트 창에 드래그**하고 아래 프롬프트를 커서 AI에 입력합니다.

> **프롬프트 3-3**
>
> 첨부한 UI 스케치 이미지를 참고로, 디지털 명함의 전체적인 틀(Scaffold, 배경 Container/Card)을 잡고, 상단 영역에 프로필 사진과 이름/직책을 배치해 줘.
>
> **작업 지침**
> - 다양한 기본 UI 위젯과 레이아웃을 사용해 주고, 최대한 심플하게 구성해 줘
> - StatelessWidget 을 사용해 줘
> - 사용한 위젯과 레이아웃의 개념과 간단한 사용 방법을 제시해 줘
> - 사용자가 학습할 수 있게 주석을 상세하게 달아줘

> Material Design의 기본 구조(Scaffold) 위에 시스템 UI를 피하도록 SafeArea를 사용하고, 카드 형태(Card)와 여백(Padding)을 적용했습니다. 위젯들은 Column을 통해 세로로 배치했으며, 프로필용 원형 이미지(CircleAvatar), 간격 조절용 SizedBox, 텍스트 표시용 Text, 구분선용 Divider를 활용하여 디지털 명함의 상단 부분을 구현했습니다.

커서 AI가 제안한 코드를 적용하기 전에 상세한 설명을 먼저 차분하게 읽어봅니다. 개념을 완전히 이해하게 되면 커서 AI가 제안한 코드를 소스에 반영합니다. [Ask] 모드의 어스스턴트 창에서 제안된 코드를 소스에 반영하려면 [Apply to main.dart]를 클릭합니다. 그리고 에디터 창에서 수정된 코드 그룹의 [Keep] 단추를 클릭해 단계적으로 반영하거나, 하단에 표시된 [Keep all] 단추를 클릭해 전체 코드에 한꺼번에 반영할 수 있습니다.

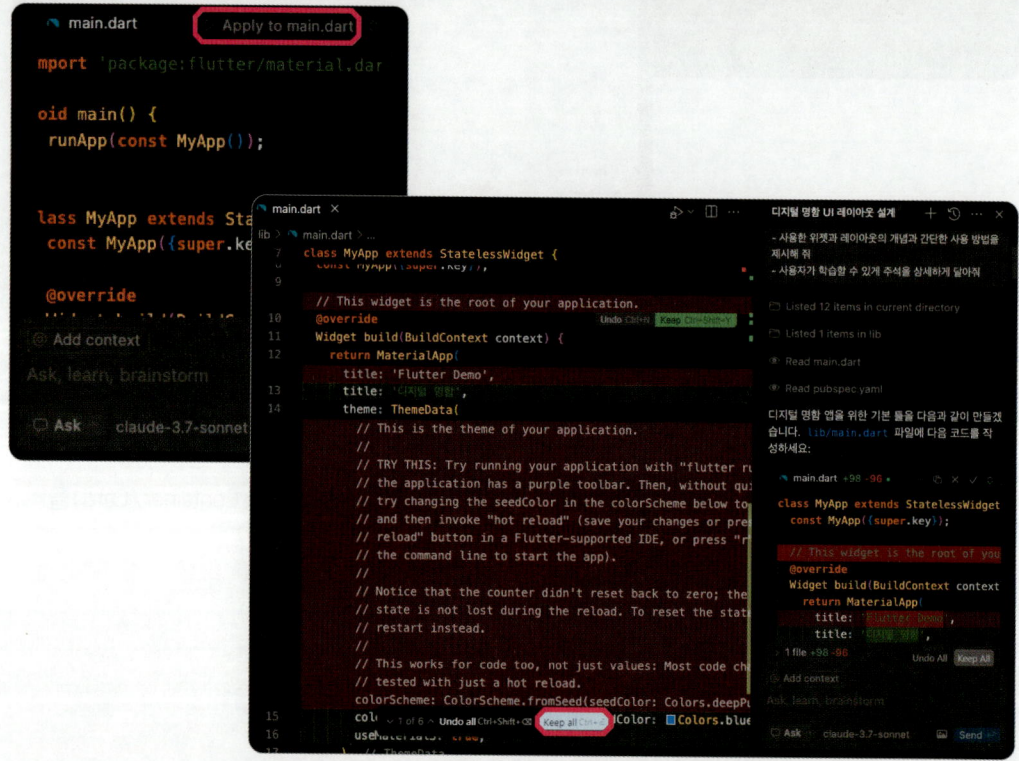

안드로이드 스튜디오에서 [디버그]를 실행해서 에뮬레이터에서 작동해 봅니다. 우리는 프롬프트에서 디지털 명함의 상단 부분만 요청했습니다. 정확하게 상단 부분만 구현했는지 점검하고 그렇지 않다면 프롬프트에 수정 요청을 해 보세요.

Step 02 중앙 및 하단 정보 추가

디지털 명함의 중앙 및 하단 부분도 추가하겠습니다. 커서 AI에 아래 프롬프트를 입력해 주세요.

> **프롬프트 3 - 4**
>
> 첨부한 UI 스케치 이미지를 참고로, 디지털 명함의 중앙 영역(예 간단한 소개 문구)과 하단 영역(연락처 정보 - 아이콘 + 텍스트)을 추가하여 명함의 내용을 완성해 줘.
>
> **작업 지침**
> - 다양한 기본 UI 위젯과 레이아웃을 사용해 주고, 최대한 심플하게 구성해 줘.
> - 연락처 정보처럼 아이콘이랑 텍스트를 가로로 나란히 놓으려면 어떤 레이아웃과 위젯을 써야 하는지 설명해 줘.
> - Column 안에서 위젯들 사이에 세로 간격을 주려면 어떻게 하는 건지 설명해 줘.
> - 사용자가 학습할 수 있게 주석을 상세하게 달아줘.

> 중앙에는 Container를 사용해 배경색과 둥근 모서리가 적용된 소개 문구를 배치했습니다. 하단 연락처 정보는 Column으로 전체 항목을 세로로, 각 항목 내 아이콘과 텍스트는 Row를 사용해 가로로 정렬했습니다.
>
> 위젯 간 세로 간격은 SizedBox를 사용했으며, 주요 추가 위젯으로는 스타일링에 용이한 Container, 공간을 채우는 Expanded, 스크롤 기능을 제공하는 SingleChildScrollView, 가로 배치를 위한 Row가 사용되었습니다.
>
> 또한, 반복되는 아이콘과 텍스트 조합 UI는 _buildContactRow라는 헬퍼 메서드로 만들어 코드 재사용성을 높였습니다. 이를 통해 스케치 이미지에 있는 모든 요소를 포함한 심플하고 깔끔한 머티리얼 디자인의 디지털 명함을 구현했습니다.

커서 AI가 제안한 코드를 적용하기 전에 상세한 설명을 먼저 차분하게 읽어보고 코드를 소스에 반영합니다. 제안된 코드 창에서 [Accpet file]을 클릭하거나 채팅 화면 아래쪽에서 [Keep All]을 클릭하면 커서 AI가 제안한 코드가 반영됩니다(이전에 배운 것처럼 코드 창에서 개별적으로 [Keep] 혹은 [Undo]를 실행할 수도 있습니다).

안드로이드 스튜디오에서 [디버그]를 실행해서 에뮬레이터에서 작동해 봅니다. 요구사항대로 구현했는지 점검하고, 그렇지 않다면 프롬프트에 수정 요청을 해 보세요.

Step 03 / 스타일링 및 레이아웃 정렬

마지막으로 완성된 디지털 명함의 각 요소(텍스트, 아이콘, 간격 등)에 최종적인 스타일(색상, 폰트 크기/굵기)을 적용하고, 레이아웃을 깔끔하게 다듬어 보겠습니다. 커서 AI에 아래 프롬프트를 입력해 주세요.

> **프롬프트 3-5**
>
> Column과 Row의 정렬 속성(mainAxisAlignment, crossAxisAlignment)을 조절하여 전체적인 레이아웃을 깔끔하게 다듬어 줘.
>
> **작업 지침**
> - 사용자가 학습할 수 있게 주석을 상세하게 달아줘.

Column(세로 배치)과 Row(가로 배치) 위젯의 mainAxisAlignment(주축 정렬)와 crossAxisAlignment(교차축 정렬) 속성을 상세히 설명하고, 이를 활용해 디지털 명함 레이아웃을 개선했습니다.

📚 **주요 변경 사항**

1. **메인 Column:** 상단 정렬(MainAxisAlignment.start)을 명시하고, 자식들을 가로 중앙 정렬(CrossAxisAlignment.center)했습니다.
2. **소개 문구 Container:** 가로 폭을 전체로 확장(width: double.infinity)하고, 패딩과 텍스트 줄 간격을 늘려 가독성을 높였습니다.
3. **연락처 정보 Column:** 내부 Row들이 전체 폭을 차지하도록 CrossAxisAlignment.stretch를 적용하고, 항목 간 세로 간격을 넓혔습니다.
4. **연락처 정보 Row:** 정렬 속성을 명시적으로 추가하고 텍스트 줄 간격을 미세 조정했습니다.
5. **전체 간격 조정:** 구분선 및 연락처 항목 간 간격을 늘려 섹션 구분을 명확히 했습니다.

🛠 이를 통해 전체 레이아웃이 더 정돈되고 균형 잡히게 되었으며, 주요 섹션 구분이 명확해졌습니다. 각 속성에 대한 상세 주석도 추가되었습니다.

커서 AI가 제안한 코드를 적용하기 전에 상세한 설명을 먼저 차분하게 읽어 보고 코드를 소스에 반영해 주세요. 안드로이드 스튜디오에서 [디버그]를 실행해서 에뮬레이터에서 작동해 봅니다. 요구사항대로 구현했는지 점검하고, 그렇지 않다면 프롬프트에 수정 요청을 해 보세요.

여러분은 이제 기본적인 위젯과 레이아웃을 사용하여 정적인 UI를 구성하는 방법을 경험했습니다. 다음 과정에서는 멀티 탭 카운터를 제작하며, StatefulWidget에 대해 살펴보겠습니다.

 **UI에 생명 불어넣기:
StatefulWidget과 이벤트 처리로 만드는 '멀티 탭 카운터'**

이전 과정에서는 StatelessWidget으로 내용이 변하지 않는 화면을 만들어 보았습니다. 이번 과정에서는 사용자의 행동에 따라 화면의 내용이 동적으로 변경되는 앱을 만들어 보겠습니다. 동적인 UI를 구현하는 StatefulWidget과 이벤트 처리, 그리고 setState()를 배우기 위해, **여러 개의 버튼을 탭하여 각기 다른 카운터를 증가시키는 '멀티 탭 카운터'** 앱을 만들어 보겠습니다.

핵심 목표

- 상태 State 를 가지고 UI를 변경할 수 있는 StatefulWidget의 구조와 역할 이해
- 사용자의 입력(예 버튼 탭)을 처리하는 이벤트 핸들링(onPressed 등) 개념 이해
- 상태 변경 후 화면을 갱신하는 메커니즘, setState()의 사용법 이해
- 여러 개의 독립적인 카운터 상태를 관리하고 각 버튼과 연결하는 간단한 동적 UI 구현

학습 방식

아래 제시된 3단계 계획에 따라, 각 단계별로 필요한 개념과 코드 구현에 대해 커서 AI에게 직접 질문하고 설명을 들으며 '멀티 탭 카운터' 앱을 함께 만들어갑니다. AI가 제시하는 설명을 먼저 이해하고 코드를 적용하며 테스트하는 과정을 반복하겠습니다(프롬프트에는 프로그래밍에 필요한 핵심 개념이 담겨 있습니다. 프롬프트를 맹목적으로 복사 & 붙여넣기 하지 말고, 궁금한 개념은 커서 AI나 챗GPT에게 물어서 이해하고 넘어갑시다).

범위

이번 실습에서는 플러터의 가장 기본적인 상태 관리 방법인 StatefulWidget과 setState() 사용법에 초점을 맞춥니다.

🛩 사전 준비 사항

- 플러터 SDK 설치 및 개발 환경 설정 완료(IDE + 플러터/다트 확장)
- 위젯과 레이아웃으로 디지털 명함 만들기 실습 완료(Chapter 6-1)
- 새로운 빈 플러터 프로젝트 생성
- [멀티 탭 카운터 스케치] 이미지

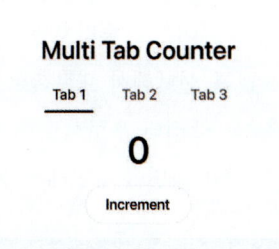

🛩 핵심 개념 소개

화면이 사용자와 상호작용하고 스스로 변화하기 위해 필요한 핵심 개념들입니다.

• StatefulWidget / State 객체

StatefulWidget : 위젯의 생애주기 동안 내부 상태가 변경될 수 있고, 상태가 변경되면 UI가 다시 그려지는 위젯입니다. 화면에 표시될 내용이 고정되어 있지 않습니다. StatefulWidget 자체는 변경되지 않는(immutable) 설정값들을 가지며, 실제 변경 가능한 상태와 UI 로직은 별도의 State 객체에서 관리합니다.

State 객체: StatefulWidget과 짝을 이루어 실제 '상태'를 저장하고 관리하는 객체입니다. 변경 가능한 변수들(예 카운터 값)을 가지며, UI를 그리는 build() 메소드와 상태 초기화를 위한 initState(), 리소스 정리를 위한 dispose() 등의 생명주기 메소드를 가집니다. Flutter 프레임워크가 StatefulWidget의 createState() 메소드를 호출하여 이 State 객체를 생성하고 관리합니다.

• 상태 State

앱이 실행되는 동안 변경될 수 있는 데이터입니다. 이 데이터의 변경은 UI에 영향을 미칩니다. 이 앱에서는 각 버튼에 연결된 카운터 값int이 상태가 됩니다. 상태는 State 객체 내의 인스턴스 변수로 저장됩니다.

• 이벤트 처리

버튼 클릭, 화면 터치, 텍스트 입력 등 사용자의 행동(이벤트)에 반응하는 과정입니다. ElevatedButton 위젯의 onPressed 속성에 함수(콜백 함수)를 연결하는 것이 그 예입니다.

• setState() 메소드

State 객체 안에서 호출하는 메소드입니다. Flutter에게 "상태가 변경되었으니 화면을 다시 그려달라"고 알리는 유일한 방법입니다.
setState() 내부에 전달된 함수 안에서 상태 변수의 값을 변경합니다.
setState() 호출이 완료되면, Flutter 프레임워크는 해당 State 객체의 build() 메소드를 다시 호출하여 변경된 상태를 반영한 새로운 UI를 화면에 그립니다.
핵심 : 단순히 State 객체 내부의 변수 값을 바꾼다고 해서 화면이 자동으로 업데이트되지 않습니다. 반드시 setState()를 호출해야만 플러터가 변경을 감지하고 UI를 갱신합니다.

🔷 단계별로 구현하기

먼저 안드로이드 스튜디오를 실행하고, 이미 열려 있는 프로젝트가 있다면 [메뉴 > 파일 > Close Project]를 선택해서 프로젝트를 닫습니다. 초기 화면에서 [New Flutter Project] 버튼을 클릭하여 새로운 플러터 프로젝트를 생성하고, [Project name]에 "multi_tap_counter"를 입력하고 나머지는 아래 화면을 참고해서 선택한 다음 [Create] 버튼을 클릭합니다.

Step 01 'StatefulWidget' 변환 및 상태 변수 정의

안드로이드 스튜디오에서 생성한 **multi_tap_counter** 플러터 프로젝트를 **커서 AI에서 오픈**합니다. `Ctrl`+`I`를 눌러 AI 어시스턴트 창을 띄웁니다. 모드는 [Ask]를 선택해 주세요. 미리 준비한 [**멀티 탭 카운터 스케치**] 이미지를 AI 어시스턴트 창에 드래그해 주세요. 그리고 아래 프롬프트를 커서 AI에 입력하여 앱의 기본 화면을 상태 변화에 반응할 수 있도록 StatefulWidget으로 만들고, 각 카운터 값을 저장할 변수를 선언합니다.

> **❝ 프롬프트 3-6**
>
> 첨부한 UI 스케치 이미지를 참고로, Flutter 앱의 기본 화면을 StatefulWidget으로 만들어줘. 이름은 MultiTapCounterScreen으로 하고, 이 위젯 안에 카운터 세 개(Tab 1, Tab 2, Tab 3)를 위한 정수형 상태 변수를 선언하고 0으로 초기화하는 코드를 보여줘. UI는 구성만 하고 내부 로직과 이벤트는 구현하지 말아줘. 다음 스텝에서 구현할 거야.

작업 지침

- 최대한 심플하게 구성해 줘.
- StatelessWidget과 StatefulWidget의 차이점과 왜 여기서는 StatefulWidget을 사용하는지 설명해 줘.
- 사용한 주요 코드와 사용 방법을 제시해 줘.
- 사용자가 학습할 수 있게 주석을 상세하게 달아줘.

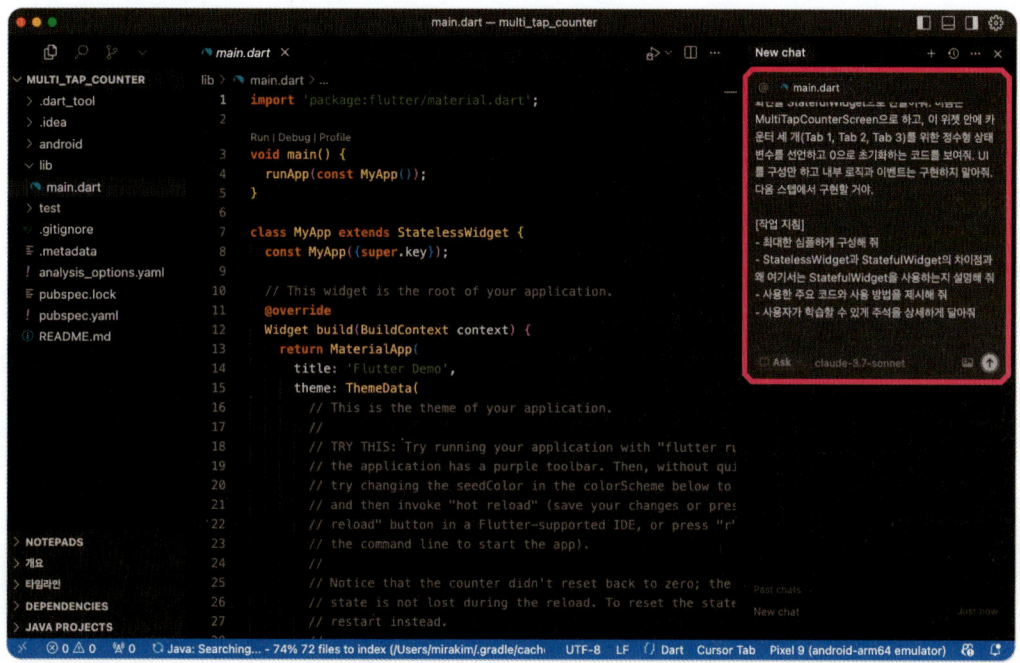

StatelessWidget은 한 번 그려지면 변하지 않는 정적인 위젯이고, StatefulWidget은 사용자 상호작용 등으로 내부 상태가 변할 수 있고 이에 따라 UI가 다시 그려질 수 있는 동적인 위젯입니다.

💡 이 앱에서는 다음과 같은 이유로 StatefulWidget을 사용합니다:

- 탭별 카운터 값과 현재 선택된 탭의 인덱스가 사용자 상호작용에 따라 변경되어야 합니다.
- 이러한 상태 변경 시 화면이 업데이트되어야 합니다.

 앱의 주요 코드 구성

1. **상태 변수**: 각 탭의 카운터 값(_tab1Counter 등)과 선택된 탭 인덱스(_selectedTabIndex)를 관리합니다.
2. **위젯 구조**: Scaffold를 기본 구조로, Column을 사용해 위젯들을 세로로 배치합니다. 탭 버튼들은 Row 안에, 카운터 값은 큰 텍스트로, 값 증가 버튼을 제공합니다.
3. **헬퍼 메서드**: 탭 버튼 생성(_buildTabButton)과 현재 탭의 카운터 값 반환(_getCurrentCounterValue) 함수를 사용해 코드 구조를 개선합니다.

향후 이 앱은 탭 선택 이벤트 처리 및 카운터 증가 기능을 구현할 예정입니다. 🚀

커서 AI가 제안한 코드를 적용하기 전에 상세한 설명을 먼저 차분하게 읽어 봅니다. 개념을 완전히 이해하게 되면 **lib/main.dart** 파일을 열고 커서 AI가 제안한 코드를 소스에 반영합니다.

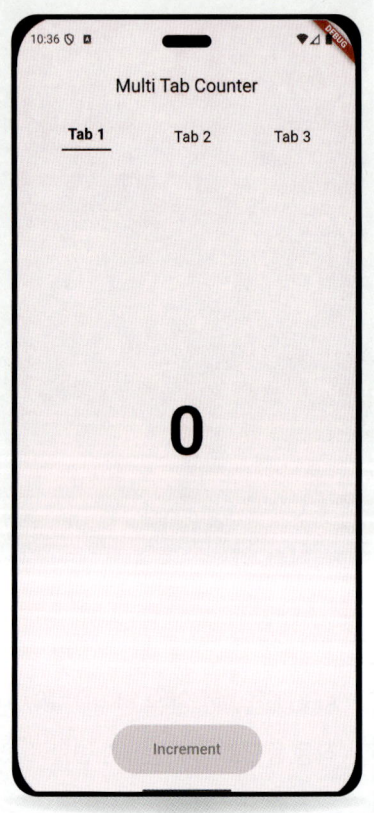

안드로이드 스튜디오에서 [디버그]를 실행해서 에뮬레이터에서 작동해 봅니다. 정확하게 요청한 부분만 구현했는지 점검하고, 그렇지 않다면 프롬프트에 수정 요청을 해 보세요. 만약 에러가 발생했다면 메시지를 복사해서 커서 AI에게 수정해 달라고 요청하세요.

Step 02 / 이벤트 처리 및 setState 호출

이제 각 탭을 선택하고 하단의 [Increment] 버튼을 눌렀을 때 해당 카운터 값을 증가시키고, 그 변경된 값을 화면에 즉시 반영하는 로직을 구현합니다. 여기서 **setState()**의 역할이 핵심입니다.

프롬프트 3-7

Tab 1, Tab 2, Tab 3 탭을 각각 선택했을 때 카운터 값을 개별적으로 저장하는 로직을 추가해주고 변경된 값을 화면에 반영하는 로직을 구현해 줘. 그리고 하단의 'increment' 버튼을 클릭하면 현재 선택된 탭에 따라 카운터 값을 1씩 증가시키도록 해주고 변경된 값이 화면에 즉시 보이도록 setState()를 호출하는 코드를 작성해 줘. 그리고 탭별로 독립적으로 작동해 줘.

작업 지침

- 'setState()'를 호출하는 것이 왜 화면 업데이트에 필수적인지 그 이유를 자세히 설명해 줘.
- 사용한 주요 코드와 사용 방법을 제시해 줘.
- 사용자가 학습할 수 있게 주석을 상세하게 달아줘.

  CURSOR AI

✅ setState()는 Flutter의 StatefulWidget에서 UI를 업데이트하는 데 필수적입니다. 그 이유는 다음과 같습니다.

1. **상태 변경 통지**: 단순히 변수 값을 바꾸는 것만으로는 Flutter가 변화를 감지하지 못하며, setState()를 호출해야 Flutter 프레임워크에 "상태가 변경되었으니 다시 그려야 한다"고 알려줍니다.
2. **효율적인 리빌드**: setState()는 변경된 부분만 효율적으로 다시 그려 성능을 최적화합니다.
3. **위젯 생명주기 관리**: setState()는 위젯 생명주기와 연동되어 메모리 누수를 방지합니다.

🏷️ 구현된 기능 및 주요 코드

1. **탭 선택 기능**: _selectTab(int index) 메서드는 선택된 탭 인덱스를 변경하고 setState()를 호출하여 UI를 업데이트합니다. 각 탭에 GestureDetector를 추가하여 탭 이벤트를 처리합니다.
2. **카운터 증가 기능**: _incrementCounter() 메서드는 현재 선택된 탭의 카운터 값을 증가시키고 setState()를 호출하여 UI를 업데이트합니다. 각 탭의 카운터(_tab1Counter 등)는 독립적으로 관리됩니다.
3. **버튼 활성화**: Increment 버튼의 onPressed에 _incrementCounter 메서드를 연결했습니다.

💡 이러한 구현을 통해 사용자는 **탭을 선택하고 Increment 버튼을 눌러 각 탭의 카운터 값을 독립적으로 증가**시킬 수 있으며, 탭을 전환해도 각 카운터 값은 유지됩니다.

커서 AI가 제안한 코드를 적용하기 전에 설명을 읽고 코드를 소스에 반영합니다. 반드시 setState()의 중요성을 이해한 후, 코드를 적용하고 앱을 실행하여 **버튼 클릭 시 숫자가 실시간으로 업데이트되는 것을 확인**합니다. 문제가 있다면 AI에게 다시 질문하여 해결합니다.

안드로이드 스튜디오에서 [디버그]를 실행해서 에뮬레이터에서 작동해 봅니다. 정확하게 요청한 부분만 구현했는지 점검하고, 그렇지 않다면 프롬프트에 수정 요청을 해 보세요. 만약 에러가 발생했다면 메시지를 복사해서 커서 AI에게 수정해 달라고 요청하세요.

StatefulWidget과 setState()를 사용하여 기본적인 동적 UI를 만드는 방법을 배웠습니다. 다음 과정에서는 두 화면 정보 앱을 만들면서 내비게이션과 데이터 전달 방법을 살펴보겠습니다.

내비게이션과 데이터 전달 : '두 화면 정보 앱' 만들기

이번 과정에서는 커서 AI와 협력하여 두 개의 화면을 만들고, 사용자가 첫 번째 화면의 목록에서 항목을 선택하면 해당 항목의 정보가 담긴 두 번째 화면으로 이동하고 다시 돌아오는, **내비게이션과 화면 간 데이터 전달 기능을 구현**하겠습니다.

🚩 핵심 목표

- 애플리케이션 내에서 화면을 이동하는 내비게이션^{Navigation}의 기본 원리 이해
- 새 화면을 띄우는 기능(예 Navigator.push)과 이전 화면으로 돌아가는 기능(예 Navigator.pop)의 개념 및 AI를 통한 구현 방법 학습
- 여러 화면(Screen, Activity, Component 등)으로 앱 구조를 나누는 방법 경험
- 화면 이동 시 간단한 데이터(예 문자열)를 전달하고 받는 방법 구현

🚩 학습 방식

여러분은 제시된 단계별 계획에 따라 각 단계에 필요한 기능 구현을 위해 커서 AI에게 프롬프트를 입력하고, AI가 생성한 코드와 설명을 바탕으로 '두 화면 정보 앱'을 함께 만들어갑니다. **다시 한번 강조하지만** 프롬프트에는 프로그래밍에 필요한 핵심 개념이 담겨 있습니다. 프롬프트를 맹목적으로 복사 & 붙여넣기 하지 말고, 궁금한 개념은 챗GPT나 커서 AI에게 물어서 이해하고 넘어갑시다. **앞으로는 따로 말씀드리지 않겠습니다.**

🔖 범위

이번 실습에서는 두 화면 간의 이동과 간단한 문자열 데이터 전달에 중점을 둡니다. 목표는 AI를 활용해 내비게이션의 핵심 개념을 익히는 것입니다.

🔖 사전 준비 사항

- 학습하고자 하는 프로그래밍 언어/프레임워크의 기본적인 개발 환경 설정
- 선택한 개발 환경에서 새로운 빈 프로젝트 생성
- [두 화면 정보 스케치] 이미지

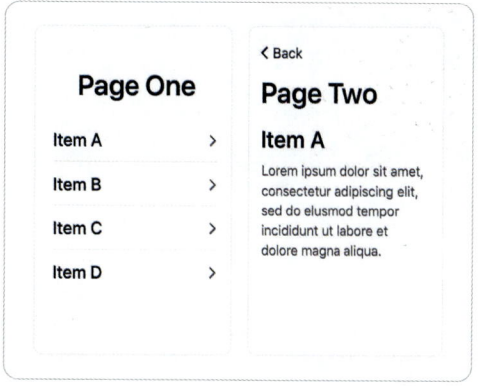

🔖 핵심 개념 소개 (플랫폼 중립적 설명)

AI에게 질문하기 전에 기본적인 개념을 이해해 봅시다.

- **내비게이션**

  앱 내에서 사용자가 다른 화면이나 섹션으로 이동할 수 있게 하는 방법입니다. 일반적으로 스택 Stack 구조로 관리되어, 새 화면이 기존 화면 위에 쌓이고 Push, 뒤로 가면 맨 위 화면이 제거되는 구조를 갖습니다 Pop.

- **화면**

  사용자와 상호작용하는 독립적인 UI 단위입니다. 앱은 여러 화면의 조합으로 구성됩니다.

- **화면 전환**

  한 화면에서 다른 화면으로 이동하는 행위입니다.
  Push: 현재 화면 위에 새 화면을 열어 스택에 추가합니다. 사용자는 새 화면과 상호작용하게 됩니다.
  Pop: 현재 화면을 닫고 스택에서 제거하여 이전 화면으로 돌아갑니다.

- **라우팅**

  특정 경로(주소)나 식별자를 통해 특정 화면으로 이동할 수 있도록 경로를 관리하는 메커니즘입니다. Push/Pop을 사용합니다.

- **데이터 전달**

  화면을 전환할 때 한 화면에서 다른 화면으로 정보를 넘겨주는 기능입니다. 예를 들어, 리스트 화면에서 선택한 항목의 ID나 이름을 상세 화면으로 전달하여 해당 내용을 표시할 수 있습니다.

단계별로 구현하기

안드로이드 스튜디오의 초기 화면에서 [New Flutter Project] 버튼을 클릭하여 새로운 플러터 프로젝트를 생성하고, [Project name]에 "two_screen_transition"를 입력하고 나머지는 아래 화면을 참고해서 선택한 다음 [Create] 버튼을 클릭합니다.

Step 01 / 첫 번째 화면(리스트 화면) 구성하기

안드로이드 스튜디오에서 생성한 two_screen_transition 플러터 프로젝트를 **커서 AI에서 오픈**합니다.

Ctrl + I 를 눌러 AI 어시스턴트 창을 띄웁니다. **lib/main.dart** 파일을 열고 모드는 [Ask]를 선택해 주세요. [두 화면 정보 스케치] 이미지를 AI 어시스턴트 창에 드래그하고 다음 프롬프트의 내용을 입력합니다. 이 프롬프트를 이용하여 앱의 시작점이 될 첫 번째 화면을 만듭니다. 이 화면에는 사용자가 선택할 수 있는 간단한 아이템 목록을 표시합니다. 내비게이션 기능은 나중에 추가하겠습니다.

> **프롬프트 3-8**
>
> 첨부한 UI 스케치 이미지를 참고로, 간단한 텍스트 목록("Item A", "Item B"…)을 보여주는 첫 번째 화면의 기본 UI 코드를 작성해 줘.
>
> **작업 지침**
> - 최대한 심플하게 기본적인 UI 요소를 리스트 형태로 만들어 줘.

- 각 아이템은 나중에 클릭 이벤트를 추가할 수 있는 형태로 만들어 줘. (예 버튼, 리스트 아이템 래퍼 등)
- 사용한 주요 코드와 사용 방법을 제시해 줘.
- 사용자가 학습할 수 있게 주석을 상세하게 달아줘.

---- CUSOR AI

🛠 주요 사용된 위젯 및 코드 설명

1. **ListView.separated:** 아이템 목록을 생성하고 아이템 사이에 구분선을 넣어줍니다.
2. **ListTile:** 각 목록 아이템을 표현하는 편리한 위젯으로, 제목과 아이콘 등을 쉽게 배치할 수 있습니다.
3. **onTap:** 각 아이템 클릭 시 실행할 동작을 정의합니다. 현재는 로그만 출력하지만 추후 화면 전환 기능을 추가할 수 있습니다.
4. **trailing:** 오른쪽에 화살표 아이콘을 배치해 클릭 가능함을 시각적으로 표시합니다.

🏷 이 코드를 실행하면 이미지에 보이는 것과 같이 아이템 목록이 표시되고, 각 아이템을 클릭할 수 있는 첫 번째 화면이 생성됩니다.

커서 AI가 제안한 코드를 적용하기 전에 상세한 설명을 먼저 차분하게 읽어 봅니다. 개념을 완전히 이해하게 되면, 커서 AI가 제안한 코드를 소스에 반영합니다.

안드로이드 스튜디오에서 [디버그]를 실행해서 에뮬레이터에서 작동해 봅니다. 정확하게 요청한 부분만 구현했는지 점검하고, 그렇지 않다면 프롬프트에 수정 요청을 해 보세요. 만약 에러가 발생했다면 메시지를 복사해서 커서 AI에게 수정해 달라고 요청하세요.

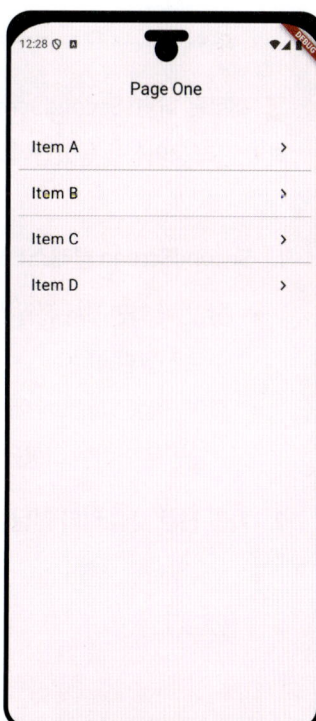

Step 02 두 번째 화면 (상세 정보 화면) 생성하기

리스트에서 아이템을 선택했을 때 이동할 **상세 정보 화면**을 만들겠습니다. 이 화면은 나중에 첫 번째 화면에서 전달받은 데이터를 표시합니다. 아래 프롬프트를 커서 AI에 입력해 주세요.

> **프롬프트 3-9**
>
> 첨부한 UI 스케치 이미지를 참고로, 첫 번째 화면에서 전달받은 아이템 이름(문자열)을 화면 중앙에 크게 표시하는 두 번째 화면(상세 정보 화면)의 기본 구조 코드를 생성해 줘.
>
> **작업 지침**
> - 이 화면은 나중에 문자열 데이터를 받아 표시할 수 있어야 해. (현재는 구현하지 않음)
> - 데이터를 받는 메커니즘은 다음 단계에서 구현할 테니, 일단 문자열을 표시할 위젯/컴포넌트만 준비해 줘.
> - 화면 상단이나 적절한 위치에 이전 화면으로 돌아갈 수 있는 뒤로가기 버튼을 포함해 줘.
> - 이 화면은 별도의 파일이나 클래스로 분리하는 것이 좋다면 그 방법을 제안해 줘.
> - 사용한 주요 코드와 사용 방법을 제시해 줘.
> - 사용자가 학습할 수 있게 주석을 상세하게 달아줘.

 CUSOR AI

> 🏆 새로운 화면(SecondScreen)을 lib/screens 디렉토리 내 second_screen.dart 파일로 분리하여 관리 용이성을 높였습니다.
>
> 1. **SecondScreen 클래스:**
>   - 첫 번째 화면에서 전달받은 아이템 이름(itemName)을 표시하며, 이 값은 생성자를 통해 필수로 전달받습니다.
>   - 화면 구성은 AppBar에 사용자 정의 뒤로 가기 버튼을 포함하고, Center와 Column을 사용해 전달받은 아이템 이름을 화면 중앙에 큰 글씨로 표시합니다.
>
> 2. **화면 전환 및 데이터 전달:**
>   - Navigator.of(context).push()와 MaterialPageRoute를 사용해 SecondScreen으로 이동합니다.

- Navigator.of(context).pop()을 통해 이전 화면으로 돌아갑니다.
- 데이터(아이템 이름)는 첫 번째 화면에서 SecondScreen의 생성자를 통해 전달됩니다.

🏷️ 이를 통해 첫 번째 화면에서 아이템을 선택하면 해당 아이템의 이름이 두 번째 화면 중앙에 표시되고, 뒤로 가기 버튼으로 이전 화면으로 돌아갈 수 있는 기능을 구현했습니다.

커서 AI는 두 번째 화면을 위해 **second_screen.dart** 파일에 새로운 코드를 생성했습니다. 제안한 코드를 적용하기 전에 설명을 읽고 [Apply all]을 클릭해서 커서 AI가 제안한 코드를 소스에 반영합니다.

안드로이드 스튜디오에서 [디버그]를 실행해서 에뮬레이터에서 작동해 봅니다. 정확하게 요청한 부분만 구현했는지 점검하고 그렇지 않다면 프롬프트에 수정 요청을 해 보세요. 만약 에러가 발생했다면 메시지를 복사해서 커서 AI에게 수정해 달라고 요청하세요.

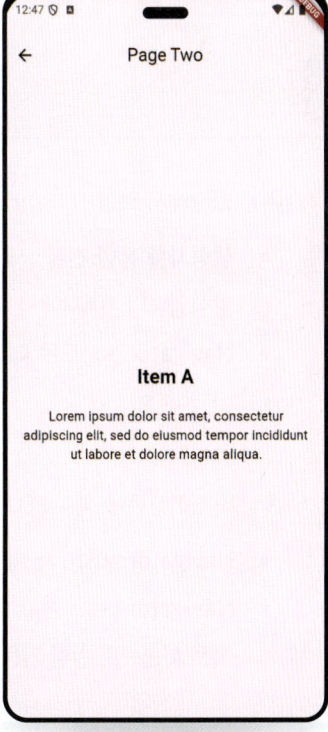

Step 03 화면 이동 Push 및 데이터 전달 구현하기

이제 첫 번째 화면의 리스트 아이템을 클릭(탭)했을 때, 생성된 두 번째 화면으로 이동하면서 선택된 아이템의 이름을 전달하는 내비게이션 로직을 구현하겠습니다. 아래 프롬프트를 커서 AI에 입력해 주세요.

> **프롬프트 3 - 10**
>
> 메인 화면의 특정 리스트 아이템을 클릭 혹은 탭 했을 때, 두 번째 화면에서 상세 정보 화면으로 이동하고 클릭된 아이템의 이름(문자열)을 상세 정보 화면으로 전달하는 코드를 작성해 줘.
>
> **작업 지침**
> - 데이터 전달을 위한 표준적인 방법을 사용해 줘.
> - 상세 정보 화면에서는 전달받은 데이터를 어떻게 받아서 사용하는지 코드 예시와 함께 설명해 줘.
> - 첫 번째 화면 코드의 어느 부분을 수정해야 하는지 명확히 알려줘.
> - 내비게이션 스택(Navigation Stack) 개념과 동작이 스택에 어떤 영향을 미치는지 간략히 설명해 줘.
> - 사용한 주요 코드와 사용 방법을 제시해 줘.
> - 사용자가 학습할 수 있게 주석을 상세하게 달아줘.

CUSOR AI

Flutter에서 화면 간 데이터를 전달하는 표준적인 방법은 다음과 같습니다.

- **생성자를 통한 전달**: 새 화면을 열 때 생성자에 직접 데이터를 넘기는 간단하고 타입 안전한 방식입니다. (예시에서 사용됨)
- **Navigator.pop으로 데이터 반환**: 이전 화면으로 돌아갈 때 특정 데이터를 함께 반환하는 방식입니다.

내비게이션은 스택(LIFO: 후입선출) 구조로 동작합니다:

- **Navigator.push**: 새 화면을 스택 맨 위에 추가하며 이동합니다. (데이터는 다음 화면으로 전달)
- **Navigator.pop**: 현재 화면(스택 맨 위)을 제거하고 이전 화면으로 돌아갑니다. (데이터는 이전 화면으로 반환 가능)

> 📋 **구현 절차 요약**
>
> 1. **메인 화면**: Navigator.push로 새 화면을 열 때 생성자에 데이터를 전달하고, 필요시 .then()으로 반환 데이터를 처리합니다.
> 2. **상세 화면**: 생성자를 통해 데이터를 받고, 필요시 Navigator.pop(context, data)로 이전 화면에 데이터를 반환합니다.
>
> 이 방식을 통해 Flutter 앱에서 화면 간 데이터를 효과적으로 주고받을 수 있습니다. 😊

제안한 코드를 적용하기 전에 설명을 읽고 [Apply]를 클릭해서 커서 AI가 제안한 코드를 소스에 반영합니다. 목록에서 새로운 파일을 꼭 선택해 주세요. 에디터 창에서 [Keep All]을 클릭하면 커서 AI가 제안한 코드가 반영됩니다. 그리고 두 번째 화면도 수정해야 하니 [Apply to second_screen.dart]를 클릭해서 수정 사항을 반영해 주세요.

안드로이드 스튜디오에서 [디버그]를 실행해서 에뮬레이터에서 작동해 봅니다. 앱을 실행하여 **리스트 화면 …» 상세 화면 이동 후, 뒤로가기 기능(자동이든 수동이든)을 통해 다시 리스트 화면으로 돌아올 수 있는지 최종 확인**합니다. 정확하게 요청한 부분만 구현했는지 점검하고, 그렇지 않다면 프롬프트에 수정 요청을 해 보세요. 만약 에러가 발생했다면 메시지를 복사해서 커서 AI에게 수정해 달라고 요청하세요.

이번 과정을 통해 여러분은 AI 어시스턴트와 협력하여 다중 화면 애플리케이션의 기본적인 내비게이션 흐름과 화면 간 데이터 전달 방법을 경험했습니다. 다음 과정에서는 간단한 인사말 앱을 통해서 폼과 텍스트 처리 방법을 알아보겠습니다.

04 사용자 말 듣기 - 폼과 텍스트 입력 처리: '간단한 인사말 앱' 만들기

이번 과정에서는 '간단한 인사말 앱' 만들기를 통해 **사용자의 텍스트 입력값**을 받아 검증하는 과정을 진행하겠습니다.

🚩 핵심 목표

- 사용자로부터 텍스트 입력을 받는 UI 요소(예: TextField, EditText, <input type="text">)의 기본적인 사용법 이해
- 여러 입력 필드를 그룹화하고 관리하는 폼 Form 구조의 개념 학습
- 입력 필드의 내용을 제어하고 값을 가져오는 방법(예: TextEditingController, 상태 관리) 구현하기
- 입력된 값의 유효성을 검사하는 기본적인 방법(예: 빈 값 확인) 학습
- 사용자 입력을 받아 동적으로 UI를 변경(예: 인사말 표시)하는 로직 구현 경험

🚩 학습 방식

제시된 단계별 계획에 따라, 각 단계에 필요한 UI 구성 및 로직 구현을 위해 커서 AI에게 구체적인 프롬프트를 입력합니다. AI가 생성한 코드와 설명을 바탕으로 인사말 앱 기능을 완성해 갑니다.

🚩 범위

이번 과정에서는 단일 텍스트 입력 필드, 버튼 하나, 그리고 입력값에 기반한 간단한 텍스트 출력에 초점을 맞춥니다. 커서 AI를 활용해 기본적인 입력 처리 흐름을 익히는 것이 목표입니다.

🚩 사전 준비 사항

- 플러터 기본 개발 환경 설정
- 선택한 개발 환경에서 빈 프로젝트 생성
- [간단한 인사말 스케치] 이미지

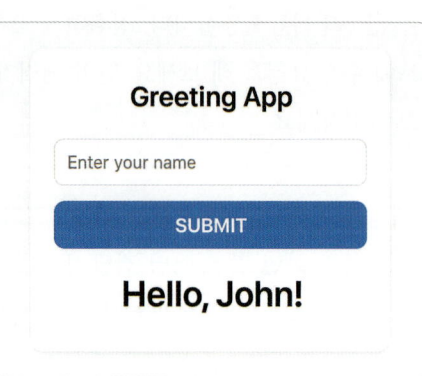

🚩 핵심 개념 소개 (플랫폼 중립적 설명)

- **텍스트 입력 필드**

  사용자가 키보드를 통해 텍스트를 입력할 수 있도록 하는 UI 컴포넌트입니다. 플레이스홀더(안내 문구), 입력 타입 지정 등의 속성을 가집니다.

- **폼**

  하나 이상의 입력 필드와 제출 버튼 등을 논리적으로 그룹화하는 컨테이너입니다. 폼 단위로 입력값들을 한 번에 관리하거나 유효성을 검사하는 데 유용합니다.

- **입력 컨트롤러 / 상태 관리**

  입력 필드에 현재 입력된 값을 프로그램 코드에서 접근하거나, 반대로 코드에서 입력 필드의 값을 변경하기 위한 메커니즘입니다. (예: 플러터의 TextEditingController).

- **유효성 검사**

  사용자가 입력한 데이터가 특정 규칙(예 비어있지 않음, 이메일 형식 준수)을 만족하는지 확인하는 과정입니다. 사용자에게 잘못된 입력을 알려주거나, 유효한 데이터만 처리하도록 보장합니다.

- **이벤트 핸들링**

  사용자의 액션(예 버튼 클릭, 텍스트 입력 완료)에 반응하여 특정 로직(코드)을 실행하는 메커니즘입니다. '인사하기' 버튼 클릭 시 입력값을 처리하는 것이 대표적인 예입니다.

- **UI 업데이트**

  프로그램의 상태 변경(예 새로운 인사말 생성)에 따라 사용자 인터페이스를 시각적으로 갱신하는 과정입니다. 많은 최신 프레임워크는 '상태^{State}'가 변경되면 자동으로 UI를 다시 그리는 선언형 방식을 따릅니다.

단계별로 구현하기

안드로이드 스튜디오의 초기 화면에서 **[New Flutter Project]** 버튼을 클릭하여 새로운 플러터 프로젝트를 생성하고, [Project name]에 **"simple_greeting"**를 입력하고 나머지는 아래 화면을 참고해서 선택한 다음 [Create] 버튼을 클릭합니다.

Step 01 기본 폼 UI 구조 생성하기

안드로이드 스튜디오에서 생성한 **simple_greeting** 플러터 프로젝트를 **커서 AI에서 오픈**합니다. `Ctrl`+`I`를 눌러 AI 어시스턴트 창을 띄웁니다. **lib/main.dart** 파일을 열고 모드는 **[Ask]**를 선택해 주세요. **[간단한 인사말 스케치]** 이미지를 AI 어시스턴트 창에 드래그해 주세요. 그리고 아래 프롬프트를 커서 AI에 입력합니다.

> **프롬프트 3-11**
>
> 첨부한 UI 스케치 이미지를 참고로, 사용자의 이름을 입력받을 수 있는 입력 필드를 만들어 주고, 내용에는 "이름을 입력하세요"라고 플레이스 홀더(안내 문구)를 표시해 줘. 클릭할 때 특정 동작을 실행할 "인사하기" 버튼을 만들고 입력 필드와 버튼을 감싸는 폼 구조를 만들어 줘. 버튼 아래에는 텍스트 위젯을 추가하지만 단지 "안녕하세요"라는 글자만 넣어줘.
>
> **작업 지침**
> - 기본적인 UI 컴포넌트를 사용해 줘.
> - 세로로 배치하는 레이아웃을 사용해 줘.
> - 사용한 주요 코드와 사용 방법을 제시해 줘.
> - 사용자가 학습할 수 있게 주석을 상세하게 달아줘.

CUSOR AI

> 🔥 **주요 기능 설명**
> - TextField 위젯을 사용하여 사용자 이름 입력 필드 구현
> - ElevatedButton을 사용하여 인사하기 버튼 생성
> - Column 위젯으로 컴포넌트들을 세로로 배치
> - setState를 통해 상태 관리 및 화면 갱신
> - 조건부 렌더링으로 인사 메시지 표시

커서 AI가 제안한 코드를 적용하기 전에 상세한 설명을 먼저 차분하게 읽어 봅니다. 개념을 완전히 이해하게 되면, 커서 AI가 제안한 코드를 소스에 반영합니다. 에디터 창에서 [Keep All]을 클릭하면 커서 AI가 제안한 코드가 반영됩니다.

안드로이드 스튜디오에서 [디버그]를 실행해서 에뮬레이터에서 작동해 봅니다. 정확하게 요청한 부분만 구현했는지 점검하고, 그렇지 않다면 프롬프트에 수정 요청을 해 보세요. 만약 에러가 발생했다면 메시지를 복사해서 커서 AI에게 수정해 달라고 요청하세요.

Step 02 / 입력값 처리 로직 구현 (컨트롤러/상태 관리)

사용자가 텍스트 필드에 입력한 값을 코드 내에서 접근하고 관리할 수 있도록 관련 로직을 추가합니다. 아래 프롬프트를 커서 AI에 입력해 주세요.

> **프롬프트 3 - 12**
>
> 첨부한 UI 스케치 이미지를 참고로, 텍스트 입력 필드의 현재 입력값을 코드 내에서 가져올 수 있도록 필요한 로직을 추가하고 설명해 줘.
>
> **작업 지침**
>
> - 텍스트 입력 값을 관리하는 표준적인 방법(예 TextEditingController 사용, useState 훅 사용, 양방향 데이터 바인딩 설정 등)을 적용해 줘.
> - 나중에 버튼 클릭 시, 현재 입력된 텍스트 값을 어떻게 읽어오는지 예시를 보여줘.
> - 아직 버튼 클릭 로직은 구현하지 않아도 돼. 입력값을 읽어오는 방법만 알려줘.
> - 사용한 주요 코드와 사용 방법을 제시해 줘.
> - 사용자가 학습할 수 있게 주석을 상세하게 달아줘.

제안한 코드를 적용하기 전에 설명을 읽고 [Apply]를 클릭해서 커서 AI가 제안한 코드를 소스에 반영합니다. 안드로이드 스튜디오에서 [디버그]를 실행해서 에뮬레이터에서 작동해 봅니다. 정확하게 요청한 부분만 구현했는지 점검하고 그렇지 않다면 프롬프트에 수정 요청을 해보세요. 만약 에러가 발생했다면 메시지를 복사해서 커서 AI에게 수정해 달라고 요청하세요.

커서 AI가 제안하는 코드(**컨트롤러/상태 변수 선언, 입력 필드와의 연결 등**)를 이해하고 프로젝트에 적용합니다. 이 단계에서는 실행해도 **시각적인 변화는 없지만**, 내부적으로 입력값을 관리할 준비가 된 상태입니다.

Step 03 / 버튼 액션, 유효성 검사 및 결과 표시 구현하기

'인사하기' 버튼을 클릭했을 때, 입력된 이름을 가져와 유효성을 검사하고, 결과를 화면에 표시하는 최종 로직을 완성하겠습니다. 아래 프롬프트를 커서 AI에 입력해 주세요.

> **프롬프트 3 - 13**
>
> '인사하기' 버튼을 클릭했을 때 실행될 전체 로직을 구현해줘. 이 로직은 다음 순서대로 동작해야 해. 텍스트 필드에 입력한 값을 가져올 때, 간단한 유효성 검사를 수행해 줘. 만약 입력값이 비어있지 않다면, 안녕하세요, [입력된 이름]님!" 형식의 인사말 문자열을 생성해 줘. 이 인사말을 버튼 아래에 텍스트로 표시해 줘. 만약 입력값이 비어 있다면 "이름을 입력해 주세요"와 같은 에러 메시지를 동일한 영역에 텍스트로 표시해 줘.
>
> **작업 지침**
> - 유효성 검사는 가장 간단한 '빈 문자열 체크' 방식으로 구현해 줘.
> - 결과(인사말 또는 에러 메시지)를 표시하기 위한 UI 요소(예 Text 위젯, p 태그)를 필요하다면 추가하고, 이 요소의 내용을 어떻게 동적으로 변경하는지 설명해 줘.
> - 사용한 주요 코드와 사용 방법을 제시해 줘.
> - 사용자가 학습할 수 있게 주석을 상세하게 달아줘.

CUSOR AI

사용자 입력을 받아 인사말을 표시하거나 유효성 검사를 통해 에러 메시지를 보여주는 기능을 구현했습니다.

📝 주요 구현 내용

1. **상태 변수**: 인사말/에러 메시지를 저장하는 _greetingMessage와 에러 여부를 나타내는 _isError 플래그를 추가했습니다.
2. **_greet() 함수**: 입력 필드에서 텍스트를 가져와 공백을 제거하고, 비어있는지 확인합니다.
   - 입력값이 있으면 환영 메시지를 생성합니다.
   - 입력값이 없으면 에러 메시지를 설정합니다.
   - setState()를 호출하여 화면을 업데이트합니다.
3. **메시지 UI**: Text 위젯을 사용해 메시지를 표시하며, _isError 값에 따라 텍스트 색상을 빨간색(에러 시) 또는 검은색으로 변경합니다.

💡 결과적으로, 사용자가 이름을 입력하고 '인사하기' 버튼을 누르면 입력값에 따라 적절한 인사말 또는 에러 메시지가 화면에 표시됩니다.

제안한 코드를 적용하기 전에 설명을 읽고 [Apply]를 클릭해서 커서 AI가 제안한 코드를 소스에 반영합니다.

AI가 제안하는 코드(**버튼의 이벤트 핸들러/리스너, 값 가져오기, if 조건문을 사용한 유효성 검사, 상태 업데이트를 통한 UI 갱신 로직**)를 주의 깊게 살펴보고 프로젝트에 적용합니다. 이제 앱을 실행하여 이름을 입력하고 '인사하기' 버튼을 누르면 적절한 메시지가 화면에 나타나는지, 이름을 입력하지 않고 버튼을 누르면 에러 메시지가 나타나는지 테스트합니다. 문제가 발생하면 커서 AI에게 증상과 함께 질문하여 해결 방법을 찾아 보세요.

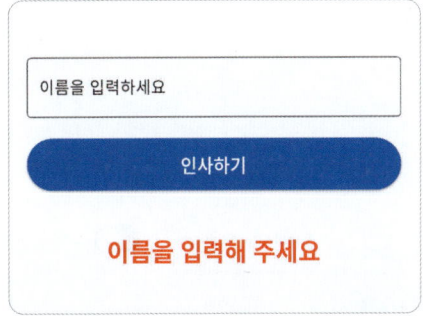 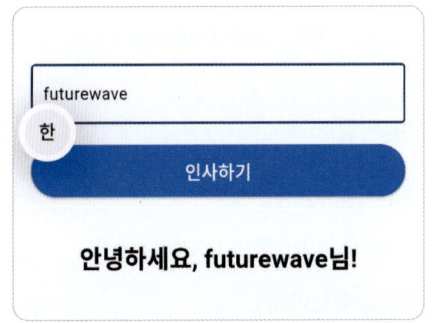

이번 과정을 통해 여러분은 AI 어시스턴트와 함께 사용자로부터 텍스트 입력을 받고, 간단한 유효성 검사를 거쳐 그 결과를 활용하여 화면에 피드백을 주는 기본적인 상호작용 앱을 만들어 보았습니다. 다음 과정에서는 로컬 저장과 비동기 처리 기초 개념을 앱을 만들면서 배워보겠습니다.

 **데이터 기억하기 - 로컬 저장과 비동기 처리 기초:**
앱을 껐다 켜도 유지되는 '설정 토글 앱' 만들기

이번 과정에서는 앱에서 설정한 옵션이 앱을 종료한 후에도 유지하기 위한 **로컬 저장소의 사용 방법**을 '설정 토글 앱'을 만들면서 살펴보겠습니다.

🚩 핵심 목표

- 앱의 데이터를 기기 내부에 저장하여 앱을 다시 시작해도 데이터가 유지되는 '데이터 영속성' 이해
- 간단한 키-값$^{Key-Value}$ 쌍 형태의 데이터를 로컬 저장소에 저장하고 불러오는 'shared_preferences' 사용 방법 학습
- 로컬 저장소 작업을 수행할 때 왜 비동기 처리가 필요한지 이해하고, async / await 키워드(또는 해당 환경의 유사 패턴)의 기본적인 사용법 익히기

🚩 학습 방식

단계별 계획에 따라 필요한 라이브러리를 설정하고, 데이터 저장/로드 기능을 구현합니다. 그리고 비동기 처리 개념을 커서 AI에게 질문하고 설명을 들으며 '설정 토글 앱'을 완성합니다.

🚩 범위

이 실습은 로컬 키-값 저장소를 사용하여 단일 불리언^{Boolean} 값을 저장하고 불러오는 데 집중합니다. 비동기 처리 역시 async/ await의 기본적인 개념과 사용법 소개에 중점을 둡니다.

🚩 사전 준비 사항

- 플러터의 기본적인 개발 환경 설정
- 선택한 개발 환경에서 새로운 빈 프로젝트 생성
- [로컬 저장소 스케치] 이미지

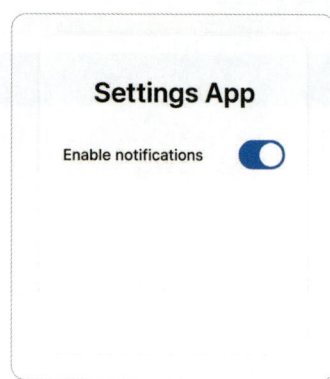

🚩 핵심 개념 소개 (플랫폼 중립적 설명)

- **데이터 영속성**

    생성된 데이터가 프로세스(앱 실행)가 종료된 후에도 지속되는 특성입니다. 이를 통해서 사용자는 앱을 다시 켰을 때 이전 상태를 이어갈 수 있습니다. 저장 위치는 로컬 기기 내부(파일, 데이터베이스, 키-값 저장소) 또는 원격 서버 등이 될 수 있습니다.

- **로컬 키-값 저장소**

    기기 내부에 데이터를 '키^{Key}'와 '값^{Value}'의 쌍으로 저장하는 방식입니다. 고유한 문자열 키를 사용해 연관된 값(문자열, 숫자, 불리언 등)을 저장하고 검색할 수 있습니다. 앱 설정, 사용자 옵션 등 간단한 데이터를 저장하는 데 적합합니다.

- **동기^{Synchronous} vs 비동기^{Asynchronous} 처리**

    동기: 코드가 작성된 순서대로 하나씩 실행됩니다. 한 작업이 끝나야 다음 작업이 시작됩니다. 만약 시간이 오래 걸리는 작업(예 디스크 읽기/쓰기, 네트워크 요청)이 동기적으로 실행되면, 그 작업이 완료될 때까지 앱

전체(특히 UI)가 멈추는 현상^{Blocking}이 발생할 수 있습니다.

비동기: 시간이 걸리는 작업을 일단 시작시키고, 그 작업이 완료되기를 기다리는 동안 다른 작업을 계속 수행할 수 있도록 하는 방식입니다. 작업이 완료되면 그 결과를 받아서 처리합니다. 이를 통해 앱의 반응성을 유지할 수 있습니다.

- **async / await**

  많은 언어에서 비동기 코드를 동기 코드처럼 읽기 쉽게 작성할 수 있도록 지원하는 문법입니다.

  async: 함수가 비동기적으로 동작하며 내부에 await 키워드를 사용할 수 있음을 나타냅니다. 이 함수는 보통 Future나 Promise 같은 비동기 작업 결과를 나타내는 객체를 반환합니다.

  await: async 함수 내에서 사용되며, 비동기 작업(예 데이터 로드)이 완료될 때까지 함수의 실행을 잠시 '일시 중단'하고 기다립니다. 하지만 앱 전체를 멈추는 것이 아니라, 이 함수 외부의 다른 작업은 계속 실행될 수 있습니다. 작업이 완료되면 await 표현식은 그 결과값을 반환하고 함수 실행을 재개합니다.

단계별로 구현하기

안드로이드 스튜디오의 초기 화면에서 **[New Flutter Project]** 버튼을 클릭하여 새로운 플러터 프로젝트를 생성하고, [Project name]에는 **"local_storage_app"**를 입력합니다.

Step 01 로컬 저장소 라이브러리/기능 설정하기

안드로이드 스튜디오에서 생성한 **local_storage_app** 플러터 프로젝트를 **커서 AI에서 오픈**합니다. 먼저, 간단한 키-값 데이터를 저장하기 위해 필요한 라이브러리를 프로젝트에 추가하고 내장 기능을 사용할 준비를 하겠습니다. `Ctrl`+`I`를 눌러 AI 어시스턴트 창을 띄웁니다. **lib / main.dart** 파일을 열고 모드는 **[Ask]**를 선택해 주세요. 그리고 아래 프롬프트를 커서 AI에 입력하세요.

> **프롬프트 3-14**
>
> 사용자가 설정한 옵션을 저장하기 위해 shared_preferences를 사용할 거야. 키-값(Key-Value) 구조 형태로 저장하는 로직을 구현해 줘. UI 작업은 구현하지 않고 해당 기능만 내부적으로 구현해 줘.
>
> **작업 지침**
> - 외부 라이브러리/패키지 추가가 필요하다면, 의존성 관리 파일인 pubspec.yaml에 어떻게 추가하고 설치하는지 구체적으로 보여줘.

- 프레임워크나 언어에 내장된 기능이라면, 해당 기능을 사용하기 위한 초기 설정이나 임포트(import) 방법을 알려줘.
- 사용한 주요 코드와 사용 방법을 제시해 줘.
- 사용자가 학습할 수 있게 주석을 상세하게 달아줘.

CUSOR AI

✅ 위의 코드는 다음과 같은 기능을 수행합니다:

- **PreferencesService 클래스**: shared_preferences를 사용하여 알림 설정을 저장하고 불러오는 메서드를 제공합니다.
- **SettingsScreen 클래스**: 사용자 인터페이스와 설정 상태를 관리하며, 상태 변경 시 PreferencesService를 통해 저장합니다.
- **main.dart**: 앱의 진입점으로, 설정 화면을 홈 화면으로 설정합니다.

💡 이 구현으로 사용자의 알림 설정이 기기에 영구적으로 저장되며, 앱을 다시 실행해도 설정이 유지됩니다.

커서 AI가 제안한 코드를 적용하기 전에 상세한 설명을 먼저 차분하게 읽어 봅니다. 개념을 완전히 이해하게 되면, 커서 AI가 제안한 코드를 소스에 반영합니다. **shared_preferences**를 사용하려면 **pubspec.yaml**를 수정해서 패키지를 설치해야 합니다. **[Apply to pubspec.yaml]**를 실행합니다.

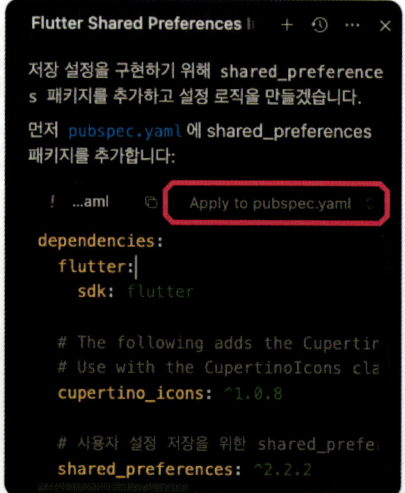

그리고 터미널에서 **flutter pub get**을 실행해서 실제 패키지를 다운로드하고 설치합니다. 계속해서 설정 정보를 저장하기 위해 서비스를 추가해야 합니다. 채팅창에서 **[Run]**을 클릭하면 터미널에서 해당 명령을 실행할 수 있습니다.

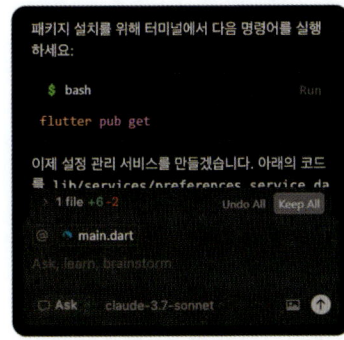

안드로이드 스튜디오에서 [디버그]를 실행해서 에뮬레이터에서 작동해 봅니다. 정확하게 요청한 부분만 구현했는지 점검하고, 그렇지 않다면 프롬프트에 수정 요청을 해 보세요. 만약 에러가 발생했다면 메시지를 복사해서 커서 AI에게 수정해 달라고 요청하세요.

Step 02 기본 토글 스위치 UI 생성하기

사용자가 설정을 켜고 끌 수 있는 간단한 UI를 만듭니다. 이 스위치의 상태가 우리가 저장하고 불러올 대상이 됩니다. AI 어시스턴트 창에 **[로컬 저장소 스케치] 이미지**를 드래그하고 다음 프롬프트를 커서 AI에 입력해 주세요.

> 프롬프트 3 - 15
>
> 첨부한 UI 스케치 이미지를 참고로, 화면에 다음 요소들을 포함하는 간단한 UI 코드를 별도의 파일로 생성하고 [main.dart]에 연결해 줘.
>
> **기본 토글 스위치 UI 생성**
> - "알림 설정" 또는 "다크 모드" 같은 텍스트 라벨
> - 사용자가 상태를 켜고 끌 수 있는 토글 스위치.
>   ⋮
>
> ※ 프롬프트 전체 내용은 노션 템플릿 [프롬프트 3-15]를 참고해 주세요.

CURSOR AI

✅ 이 코드는 다음과 같은 기능을 제공합니다 :
- 사용자가 설정 화면에서 알림 활성화 여부를 토글 스위치로 제어할 수 있습니다.

- 스위치 상태는 _notificationsEnabled 변수에 저장됩니다.
- 사용자가 스위치를 전환할 때 _toggleNotifications 함수가 호출되어 상태를 업데이트하고 Shared Preferences에 저장합니다.
- 앱이 시작될 때 Shared Preferences에서 저장된 설정을 불러와 UI에 반영합니다.

💡 이 코드는 스케치에 보이는 것과 같이 단순한 UI를 생성하며, 실제 알림 기능은 구현되어 있지 않지만 상태 관리와 저장 로직은 구현되어 있습니다. 알림 기능을 실제로 구현하려면 플랫폼별 알림 권한 및 알림 서비스를 구현해야 합니다

제안한 코드를 적용하기 전에 설명을 읽고 [Keep All]을 클릭해서 코드를 소스에 반영합니다. 안드로이드 스튜디오에서 [디버그]를 실행해서 에뮬레이터에서 작동해 봅니다. AI가 제안한 UI 코드를 프로젝트에 적용하고 실행하여 **라벨과 토글 스위치(또는 체크박스)가 화면에 보이는지 확인**합니다. 만약 에러가 발생했다면 메시지를 복사해서 커서 AI에게 수정해 달라고 요청하세요.

Step 03 / 데이터 저장/로드 비동기 함수 작성 및 개념 학습

이제 로컬 저장소에 스위치 상태(boolean 값)를 저장하고 불러오는 핵심 로직을 비동기 함수로 작성합니다. 동시에 async/await의 개념을 AI에게 물어 이해를 돕습니다. 아래 프롬프트를 커서 AI에 입력합니다.

> 프롬프트 3-16
>
> 데이터 저장/로드 비동기 함수 작성 및 개념 설명
> 다음 두 개의 비동기 함수를 플러터 환경에 맞게 작성해주고, async/await 개념을 코드에 적용해 줘.

1. **saveSetting(bool value) 함수**
   - 'setting_status' 라는 키(key)를 사용하여 전달받은 boolean 값을 로컬 저장소에 저장하는 비동기 함수 코드를 작성해 줘.

2. **loadSetting() 함수**
   - 'setting_status' 라는 키를 사용하여 로컬 저장소에서 boolean 값을 불러오는 비동기 함수 코드를 작성해 줘 - 만약 저장된 값이 없다면 (⑩ 앱 첫 실행 시), 기본값으로 false를 반환하도록 처리해 줘.

   ⋮

   ※ 프롬프트 전체 내용은 노션 템플릿 [프롬프트 3-16]을 참고해 주세요.

CURSOR AI

✅ **위 코드에서는 다음과 같은 비동기 처리 개념이 적용되었습니다:**

1. **saveSetting(bool value) 함수:**
   - 'setting_status' 키를 사용하여 boolean 값을 저장합니다.
   - async 키워드로 비동기 함수임을 명시합니다.
   - await를 사용하여 초기화 및 저장 작업이 완료될 때까지 기다립니다.

2. **loadSetting() 함수:**
   - 'setting_status' 키를 사용하여 boolean 값을 불러옵니다.
   - 저장된 값이 없으면 기본값으로 false를 반환합니다.
   - async 키워드로 비동기 함수임을 명시합니다.
   - await를 사용하여 초기화 작업이 완료될 때까지 기다립니다.

3. **화면(UI)에서의 비동기 처리:**
   - 초기 로딩 상태를 표시하여 사용자 경험을 개선합니다.
   - 비동기 작업 중 오류 처리를 포함하여 견고한 앱을 구현합니다.
   - UI 상태 업데이트와 데이터 저장을 분리하여 앱의 반응성을 유지합니다.

💡 이 코드는 Flutter에서 비동기 처리의 기본적인 패턴을 보여주며, 실제 앱 개발에서 많이 사용되는 방식입니다

제안한 코드를 적용하기 전에 꼼꼼하게 설명을 읽고 [Apply All]을 클릭해서 커서 AI가 제안한 코드를 소스에 반영합니다. 커서 AI가 생성한 **saveSetting, loadSetting 함수 코드와 async/await에 대한 설명을 주의 깊게 읽어 봅니다.** 비동기 처리의 필요성과 동작 방식을 이해하는 것이 중요합니다.

Step 04 앱 로직 통합 : 시작 시 로드, 변경 시 저장

마지막으로, 앱이 시작될 때 저장된 설정 값을 불러와 스위치 상태를 초기화하고, 사용자가 스위치를 조작할 때마다 새로운 상태를 저장하도록 전체 로직을 통합합니다. 아래 프롬프트를 커서 AI에 입력해 주세요.

> **프롬프트 3 - 17**
>
> **앱 로직 통합 : 시작 시 로드, 변경 시 저장**
> 이제 UI 코드와 데이터 저장/로드 모듈을 결합하여 앱의 동작을 완성해 줘
>
> ︙
>
> ※ 프롬프트 전체 내용은 노션 템플릿 [프롬프트 3-17]을 참고해 주세요.

 CUSOR AI

> 🛠 **주요 구현 내용**
>
> 1. **시작 시 데이터 로드** : 위젯이 처음 생성될 때 호출되는 initState() 생명주기 메서드 내에서 비동기 함수(_loadSavedSetting)를 호출하여 저장된 설정을 불러옵니다.
> 2. **비동기 설정 로드** : async/await를 사용하여 백그라운드에서 설정을 로드하고, 완료되면 setState()를 호출하여 UI를 업데이트합니다. 오류 처리 로직도 포함되어 있습니다.
> 3. **변경 시 데이터 저장** : 사용자가 스위치(Switch 위젯의 onChanged)를 조작하면, 먼저 UI를 즉시 업데이트한 후 비동기적으로 새 설정을 저장합니다. 저장 실패 시에는 UI를 이전 상태로 되돌리는 방어 로직을 갖추고 있습니다.
> 4. **로딩 상태 표시** : 데이터 로딩 중에는 로딩 인디케이터를 표시하여 사용자 경험을 개선합니다.
> 5. **상태 관리와 비동기 함수 결합** : 즉각적인 UI 반응: 사용자 입력에 대해 UI를 먼저 변경하고, 이후 비동기 저장 작업을 수행합니다.
> 6. **실패 시 롤백** : 비동기 저장 작업이 실패하면 UI 상태를 원래대로 복원하여 데이터 일관성을 유지합니다.
> 7. **오류 처리** : 사용자에게 명확한 피드백을 제공하고 개발자를 위한 로그를 남깁니다.

> 🏆 결론적으로, 이 코드는 Flutter의 생명주기, 비동기 프로그래밍, 상태 관리, 이벤트 처리를 적절히 활용하여 UI와 데이터 로직을 안정적이고 효과적으로 통합하는 기본 패턴을 보여줍니다.

커서 AI가 제안한 코드를 꼼꼼하게 검토한 후 [Keep All]을 클릭해서 반영해 줍니다. 안드로이드 스튜디오에서 [디버그]를 실행해서 에뮬레이터에서 작동해 봅니다. 정확하게 요청한 부분만 구현했는지 점검하고, 그렇지 않다면 프롬프트에 수정 요청을 해 보세요. 만약 에러가 발생했다면 메시지를 복사해서 커서 AI에게 수정해 달라고 요청하세요.

AI가 제안하는 **통합 코드(초기화 로직, 이벤트 핸들러 수정, 상태 업데이트 등)를 검토**하고 프로젝트에 적용합니다. 이제 앱을 실행하여 다음 시나리오를 테스트합니다.

01 스위치를 켭니다.

02 앱을 완전히 종료했다가 다시 실행합니다.

03 스위치가 여전히 켜져 있는지 확인합니다.

04 스위치를 끕니다.

05 다시 앱을 종료했다가 실행합니다.

06 스위치가 꺼져 있는지 확인합니다.

문제가 있다면 코드나 AI의 설명을 다시 검토하거나, 커서 AI에게 문제 상황을 설명하고 해결책을 요청하세요. 여러분은 앱의 상태를 로컬 저장소에 저장하고 불러오는 방법, 그리고 이 과정에서 필요한 비동기 처리의 기초를 경험했습니다. 다음 과정에서는 터치 이벤트와 상태 관리 방법을 살펴보겠습니다.

 **AI와 함께하는 인터랙티브 UI**
- 터치 이벤트와 상태 관리 마스터하기: 오늘 기분 어때

이번 과정에서는 사용자의 터치를 입력받아 선택된 상태를 이모지로 표시하는 '무드 트래커' 앱을 만들어 보겠습니다. 여러 개의 버튼 이벤트를 처리하고, 선택된 항목에 따라 UI가 동적으로 변하는 기능을 구현합니다.

🚩 핵심 목표

- 사용자의 터치 이벤트를 감지하고 처리하는 방법 이해
- 여러 개의 버튼에 각각 다른 이벤트 핸들러를 연결하는 방법 학습
- 사용자 인터랙션에 따라 UI 요소의 스타일 (예 배경색, 테두리)을 동적으로 변경하는 구현 경험
- 열거형 Enum 을 사용하여 관련 상수 값 (여기서는 기분 상태)을 관리하는 방법 학습
- 스케치한 아이디어를 기반으로 AI에게 UI 레이아웃 생성을 요청하는 방법 연습

🚩 학습 방식

제시된 단계별 계획에 따라, 각 단계에 필요한 UI 구성 및 로직 구현을 위해 커서 AI에게 구체적인 프롬프트를 입력합니다. 사용자는 커서 AI가 생성한 코드와 설명을 바탕으로 '무드 트래커' 앱의 기능을 완성해 가며, 궁금한 점은 AI에게 추가로 질문하여 해결합니다. 이 과정에서 사용자는 플러터 플랫폼과 다트 언어의 실제 구현 방식을 자연스럽게 접하게 됩니다.

🚩 범위

이 실습은 여러 개의 기분 선택 버튼 (예 행복, 슬픔, 보통 등)을 배치하고, 사용자가 특정 버튼을 탭하면 해당 버튼이 시각적으로 '선택됨' 상태를 표시하도록 하는 데 초점을 맞춥니다. 선택된 기분 상태는 내부적으로 Enum을 사용하여 관리합니다.

🚩 사전 준비 사항

- 플러터 기본 개발 환경 설정
- 선택한 개발 환경에서 빈 프로젝트 생성
- [무드 트래커 스케치] 이미지

How are you feeling today?

핵심 개념 소개 (플랫폼 중립적 설명)

- **터치 이벤트**

  사용자가 화면의 특정 영역을 터치하거나 마우스로 클릭했을 때 발생하는 상호작용 신호입니다. 모바일에서는 touchstart, touchend 이벤트가 주로 사용됩니다. 이러한 이벤트를 감지하여 특정 로직을 실행할 수 있습니다.

- **이벤트 핸들링/리스닝**

  특정 UI 요소에서 발생하는 이벤트(예 버튼 탭)를 감지하고, 해당 이벤트가 발생했을 때 실행될 함수(이벤트 핸들러 또는 리스너)를 연결하는 메커니즘입니다.

- **조건부 스타일링**

  프로그램의 현재 상태(예 특정 버튼이 선택되었는지 여부)에 따라 UI 요소의 스타일(색상, 크기, 테두리 등)을 다르게 적용하는 기법입니다.

- **상태 관리**

  애플리케이션의 현재 상태(예 어떤 기분이 선택되었는지)를 저장하고 관리하는 방법입니다. 사용자의 인터랙션이나 데이터 변경에 따라 상태가 업데이트되면, UI도 이 상태를 반영하여 변경됩니다.

- **열거형**

  서로 관련 있는 상수 값들의 집합을 정의하는 데이터 타입입니다. 예를 들어, 기분 상태를 'HAPPY', 'SAD', 'OKAY' 등과 같이 명명된 상수로 관리하여 코드의 가독성과 안정성을 높일 수 있습니다. 문자열이나 숫자를 직접 사용하는 것보다 오류 발생 가능성을 줄여줍니다.

단계별로 구현하기

안드로이드 스튜디오의 초기 화면에서 **[New Flutter Project]** 버튼을 클릭하여 새로운 플러터 프로젝트를 생성하고, [Project name] 에는 **"mood_tracker"** 를 입력합니다.

Step 01 기분 선택 버튼 UI 레이아웃 생성하기

안드로이드 스튜디오에서 생성한 **mood_tracker** 플러터 프로젝트를 **커서 AI에서 오픈**합니다.

사용자가 자신의 기분을 선택할 수 있도록 여러 개의 버튼을 화면에 배치합니다. 간단한 스케치나 설명을 바탕으로 AI에게 UI 생성을 요청합니다. `Ctrl`+`I`를 눌러 AI 어시스턴트 창을 띄웁니다. **lib/main.dart** 파일을 열고 모드는 **[Ask]** 를 선택해 주세요. **[무드 트래커 스케치]** 이미지를 AI 어시스턴트 창에 드래그한 후 아래 프롬프트를 커서 AI에 입력해 주세요.

프롬프트 3-18

첨부한 UI 스케치 이미지를 참고로, "행복", "슬픔", "보통", "화남" 텍스트를 가진 4개의 버튼(또는 탭 가능한 UI 요소)을 가로 또는 세로로 나란히 배치하는 UI 코드를 생성해 줘. 각 버튼은 사용자가 탭(클릭)할 수 있어야 해.

작업 지침

- Flutter 표준 UI 컴포넌트를 사용해 줘.
- 버튼들이 보기 좋게 간격을 두고 정렬되도록 기본적인 레이아웃 스타일을 적용해 줘.
- 아직 버튼 클릭 시 동작하는 로직은 필요 없어. UI 구조만 만들어 줘.
- 사용한 주요 코드와 사용 방법을 제시해 줘.
- 사용자가 학습할 수 있게 주석을 상세하게 달아줘.

CUSOR AI

🛠 **이 코드는 다음과 같은 기능을 구현합니다.**

- 4개의 기분(슬픔, 보통, 행복, 화남)을 선택할 수 있는 버튼을 가로로 배치합니다.
- 각 버튼은 이모지 아이콘과 기분 텍스트로 구성됩니다.
- 버튼을 탭하면 해당 기분이 선택되고, 선택된 버튼은 시각적으로 강조됩니다.
- 선택된 기분은 화면에 표시됩니다.
- 사용자가 기분 버튼을 클릭하면 현재는 단순히 선택된 상태만 표시하지만, 나중에 _selectMood 함수에 데이터 저장 로직을 추가할 수 있습니다.

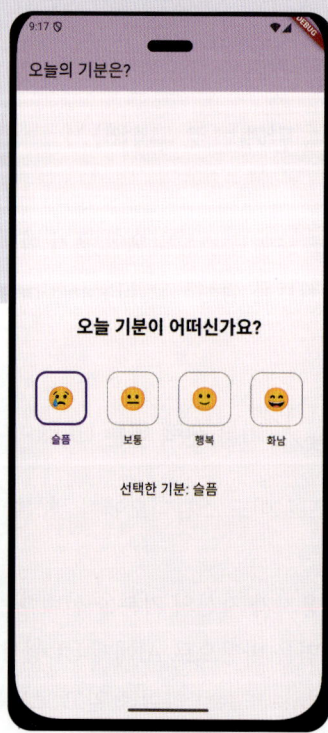

커서 AI가 제안한 코드를 적용하기 전에 상세한 설명을 먼저 차분하게 읽어 봅니다. 개념을 완전히 이해하게 되면, 커서 AI가 제안한 코드를 소스에 반영합니다. 안드로이드 스튜디오에서 [디버그]를 실행해서 에뮬레이터에서 작동해 봅니다. 정확하게 요청한 부분만 구현했는지 점검하고, 그렇지 않다면 프롬프트에 수정 요청을 해 보세요. 만약 에러가 발생했다면 메시지를 복사해서 커서 AI에게 수정해 달라고 요청하세요.

Step 02 / 버튼 탭 이벤트 처리 및 시각적 피드백 구현하기

이제 각 버튼을 탭했을 때 탭한 버튼이 시각적으로 '선택됨'을 표시하도록 만들겠습니다. 하나의 버튼이 선택되면 이전에 선택된 다른 버튼은 '선택 안됨' 상태로 돌아가야 합니다. 이전 단계에서 작업한 파일에 이어서 아래 프롬프트를 커서 AI에 입력하세요.

> **프롬프트 3 - 19**
>
> 이전에 생성한 4개의 기분 버튼 각각에 클릭 이벤트 리스너를 추가해 줘. 사용자가 특정 버튼을 탭하면, 다음 동작이 일어나도록 구현해 줘.
>
> 1. 탭된 버튼의 배경색이나 테두리 스타일을 변경하여 '선택됨' 상태임을 시각적으로 표시해 줘.
> 2. 만약 이전에 다른 버튼이 선택되어 있었다면, 그 버튼은 원래의 '선택 안됨' 스타일로 되돌려 줘.
> 3. 현재 어떤 버튼이 선택되었는지 상태를 기억할 방법을 넣어줘.
>
> ⋮
>
> ※ 프롬프트 전체 내용은 노션 템플릿 [프롬프트 3-19]를 참고해 주세요.

제안한 코드를 적용하기 전에 설명을 읽고 [Apply]를 클릭해서 커서 AI가 제안한 코드를 소스에 반영합니다. 안드로이드 스튜디오에서 [디버그]를 실행해서 에뮬레이터에서 작동해 봅니다. 정확하게 요청한 부분만 구현했는지 점검하고, 그렇지 않다면 프롬프트에 수정 요청을 해 보세요. 만약 에러가 발생했다면 메시지를 복사해서 커서 AI에게 수정해 달라고 요청하세요.

Step 03 / Enum을 활용한 기분 상태 관리 리팩토링하기

현재는 선택된 버튼을 구분하기 위해 인덱스나 버튼의 텍스트 같은 값을 사용하고 있을 수 있습니다. 코드의 가독성과 안정성을 높이기 위해, 기분 상태를 나타내는 **Enum**^{열거형} **을 정의**하고 이를 사용하도록 코드를 개선합니다. 이전 단계에서 작업한 파일에 이어서 아래 프롬프트를 커서 AI에 입력하세요.

> **프롬프트 3 - 20**
>
> 현재 기분 상태("행복", "슬픔", "보통", "화남")를 명확하게 관리하기 위해 Enum(열거형)을 사용하는 방식으로 코드를 리팩토링해 줘.

1. 'Mood'와 같은 이름으로 'HAPPY', 'SAD', 'OKAY', 'ANGRY' 등의 멤버를 가지는 Enum을 정의해 줘.
2. 이전에 버튼 선택 상태를 관리하던 로직(예 상태 변수)이 이 'Mood' Enum 타입을 사용하도록 수정해 줘.
3. 각 버튼을 탭했을 때, 해당 버튼에 맞는 'Mood' Enum 값으로 상태가 업데이트되도록 이벤트 핸들러를 수정해 줘.
4. 조건부 스타일링 로직도 현재 선택된 'Mood' Enum 값을 기준으로 동작하도록 수정해 줘.

⋮

※ 프롬프트 전체 내용은 노션 템플릿 [프롬프트 3-20]을 참고해 주세요.

 CUSOR AI

🧩 Enum 사용의 장점

1. **타입 안전성**: 문자열 대신 Enum을 사용하면 컴파일 타임에 오류를 잡을 수 있습니다. 예를 들어, '행복'이라고 써야 할 것을 '행복함'으로 오타를 냈을 때, 문자열을 사용하면 런타임에 문제가 발생하지만 Enum을 사용하면 컴파일 에러가 발생합니다.
2. **코드 가독성 향상**: _selectedMood == Mood.happy 와 같이 코드를 작성하면 의도가 더 명확해집니다.
3. **관련 데이터 그룹화**: 각 기분과 관련된 데이터(라벨, 이모지)를 Enum 자체에 저장하여 한 곳에서 관리할 수 있습니다.
4. **확장성**: 새로운 기분이 추가될 경우, Enum에만 추가하면 되고 UI 코드는 변경할 필요가 없습니다.
5. **자동 완성 및 리팩토링 지원**: IDE에서 Enum 사용 시 자동 완성을 제공하고, 이름 변경 시 일괄 변경이 가능합니다.
6. **값 목록 획득**: Mood.values를 통해 모든 기분 값을 쉽게 얻을 수 있어 UI 구성이 더 간결해집니다.

💡 이러한 이유로 문자열 상수보다 Enum을 사용하는 것이 좋은 프로그래밍 관행입니다. 특히 앱 확장 시 타입 안전성과 유지보수 측면에서 큰 이점을 제공합니다.

제안한 코드를 적용하기 전에 설명을 읽고 [Apply]를 클릭해서 커서 AI가 제안한 코드를 소스에 반영합니다. 안드로이드 스튜디오에서 [디버그]를 실행해서 에뮬레이터에서 작동해 봅니다. 정확하게 요청한 부분만 구현했는지 점검하고, 그렇지 않다면 프롬프트에 수정 요청을 해 보세요. 만약 에러가 발생했다면 메시지를 복사해서 커서 AI에게 수정해 달라고 요청하세요.

커서 AI가 제안한 리팩토링 코드를 적용하고, **앱이 이전과 동일하게(하지만 내부적으로는 Enum을 사용하여) 잘 작동하는지 다시 테스트**합니다. 이번 실습을 통해 여러분은 커서 AI와 협력하여 사용자의 터치 입력에 반응하고, 조건부 스타일링을 통해 시각적 피드백을 제공하며, Enum을 활용해서 상태를 관리하는 UI 개발 과정을 경험했습니다. 다음 과정에서는 플러터의 디자인 핵심 개념인 Material 3에 대해 살펴보겠습니다.

07 Material 3 UI 디자인 경험하기: Material 3 컴포넌트 쇼케이스 만들기

이번 과정에서는 플러터의 최신 디자인 시스템인 Material 3^{M3}의 다양한 UI 컴포넌트들을 직접 체험하고 탐색할 수 있는 'M3 컴포넌트 쇼케이스' 앱을 제작합니다. **useMaterial3: true 설정을 적용**하고 **M3 테마와 다양한 컴포넌트**들의 시각적 표현 및 동작 방식을 확인하며, **테마 전환 기능**까지 구현해 보겠습니다.

🚩 핵심 목표

- 커서 AI를 활용하여 플러터 앱에 Material 3 디자인 시스템을 적용하는 방법 학습
- 다양한 M3 컴포넌트(버튼, 입력 필드, 카드, 칩, 내비게이션 요소 등)를 화면에 배치하고 시각적으로 탐색하는 경험
- 밝은 테마와 어두운 테마 간 전환 기능을 구현하고, 각 테마에 따른 컴포넌트 변화 관찰

🚩 학습 방식

단계별 계획에 따라, 각 단계에 필요한 UI 구성 요소와 기능을 구현합니다. 사용자는 커서 AI가 생성한 코드와 설명을 바탕으로 M3 쇼케이스 앱을 점진적으로 완성해 나갑니다. 이 과정을 통해 플러터 프레임워크와 다트^{Dart} 언어의 사용법을 자연스럽게 경험하게 됩니다.

범위

이 실습은 하나의 화면 또는 여러 탭을 이용하여 다양한 Material 3 위젯들을 전시하고, 사용자가 이 위젯들과 기본적인 상호작용(예 버튼 클릭, 스위치 토글)을 할 수 있도록 구현하는 데 초점을 맞춥니다. 또한, 앱 전체의 테마를 밝은 모드와 어두운 모드로 전환하는 기능을 포함합니다.

사전 준비 사항

- 플러터 기본 개발 환경 설정 완료
- 선택한 개발 환경(예 안드로이드 스튜디오)에서 새로운 빈 플러터 프로젝트 생성
- [M3 컴포넌트 스케치] 이미지

핵심 개념 소개 (플랫폼 중립적 설명)

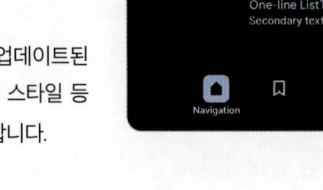

- **Material Design 3** ^{M3}

  구글^{Google}에서 제공하는 최신 디자인 시스템입니다. 업데이트된 색상 시스템(동적 색상 포함), 타이포그래피, 컴포넌트 스타일 등을 통해 더욱 현대적이고 개인화된 사용자 경험을 제공합니다.

- **UI 컴포넌트/위젯**

  사용자 인터페이스를 구성하는 재사용 가능한 시각적 요소입니다. 버튼, 텍스트 필드, 카드, 앱 바 등이 모두 컴포넌트/위젯에 해당하며, 이를 조립하여 앱 화면을 만듭니다.

- **테마** ^{Theming}

  애플리케이션 전체의 시각적 스타일(색상, 글꼴, 모양 등)을 일관되게 정의하고 적용하는 메커니즘입니다. 밝은 테마와 어두운 테마를 제공하여 사용자의 선호도나 환경에 맞게 앱의 모습을 변경할 수 있습니다.

- **상태 관리** $^{State\ Management}$

  애플리케이션 내에서 변경될 수 있는 데이터(상태)를 관리하는 방법입니다. 예를 들어, 현재 선택된 테마(밝음/어두움)는 상태에 해당하며, 이 상태가 변경되면 UI도 그에 맞게 업데이트되어야 합니다.

- **내비게이션 컴포넌트**

  사용자가 앱의 다른 섹션이나 화면으로 이동할 수 있도록 돕는 UI 요소입니다. 하단 탭 바$^{Bottom\ Navigation\ Bar}$, 측면 레일$^{Navigation\ Rail}$, 드로어$^{Navigation\ Drawer}$ 등이 있습니다.

단계별로 구현하기

안드로이드 스튜디오의 초기 화면에서 [New Flutter Project] 버튼을 클릭하여 새로운 플러터 프로젝트를 생성하고, [Project name]에는 "m3_showcase"를 입력합니다.

Step 01 / Material 3 활성화 및 기본 앱 구조 설정하기

안드로이드 스튜디오에서 생성한 m3_showcase 플러터 프로젝트를 커서 AI에서 오픈합니다. Ctrl + I 를 눌러 AI 어시스턴트 창을 띄웁니다. lib / main.dart 파일을 열고 모드는 [Ask]를 선택해 주세요. [M3 컴포넌트 스케치] 이미지를 AI 어시스턴트 창에 드래그하고, 아래 프롬프트를 커서 AI에 입력해 주세요.

> **프롬프트 3-21**
>
> **플러터 M3 기본 설정**
>
> main.dart 파일에서 다음 작업을 수행해줘:
> - MaterialApp에서 'useMaterial3 : true'를 설정해 줘.
> - 'ThemeData'를 사용하여 기본적인 밝은 테마(light theme)와 어두운 테마(dark theme)를 정의해 줘.
> - 'ColorScheme.fromSeed'를 사용하여 seedColor를 지정하는 방식으로 만들어 줘. (예 seedColor : Colors.blue)
> - 앱의 기본 구조로 'Scaffold'를 사용하고, 상단에 간단한 'AppBar' (제목 : 'M3 Showcase')를 포함시켜줘. Scaffold의 body는 비워둬.

CUSOR AI

⚠️ 플러터 버전이 Material 3을 지원하지 않는 것 같습니다. pubspec.yaml 파일을 확인하여 Flutter 버전을 확인해보겠습니다.
- Read file: /Users/mirakim/AndroidStudioProjects/m3_showcase/pubspec.yaml

✅ 최신 Flutter 버전은 'useMaterial3'를 지원합니다만, linter 오류가 발생하는 것을 보면 프로젝트의 Flutter 버전이 Material 3를 완전히 지원하지 않는 것 같습니다. 'ThemeData'의 속성으로 'useMaterial3'를 설정하도록 코드를 수정해 보겠습니다.

> 🏁 **Material 3 설정이 성공적으로 적용되었습니다. 이제 앱은 다음과 같은 특징을 가집니다:**
>
> 1. Material 3 디자인 시스템을 사용합니다. (ThemeData에 'useMaterial3: true' 설정)
> 2. 라이트 테마와 다크 테마가 Colors.blue를 시드 컬러로 사용하는 ColorScheme.fromSeed를 통해 정의되었습니다.
> 3. 앱은 'M3 Showcase'라는 제목의 AppBar가 있는 기본적인 Scaffold 구조를 가집니다.
> 4. 현재 body는 비어있으며 추후 콘텐츠를 추가할 수 있습니다.
> 5. 시스템 설정에 따라 라이트/다크 테마가 자동으로 전환됩니다. ('themeMode : ThemeMode. system')
>
> 🚀 앱을 실행하면 Material 3 디자인 요소들을 확인할 수 있습니다.

커서 AI가 제안한 코드를 적용하기 전에 상세한 설명을 먼저 차분하게 읽어 봅니다. 개념을 완전히 이해하게 되면, 커서 AI가 제안한 코드 창에서 [Apply] 버튼을 클릭하여 소스에 반영합니다.

안드로이드 스튜디오 에뮬레이터 앱을 실행하여, **앱 바가 있는 기본 화면이 Material 3 스타일로 나타나는지 확인**합니다. 아직 테마 전환 기능은 없으므로 **기본 테마(보통 밝은 테마)**로 보일 것입니다. 에러가 발생하면 메시지를 복사하여 커서 AI에게 수정을 요청하세요.

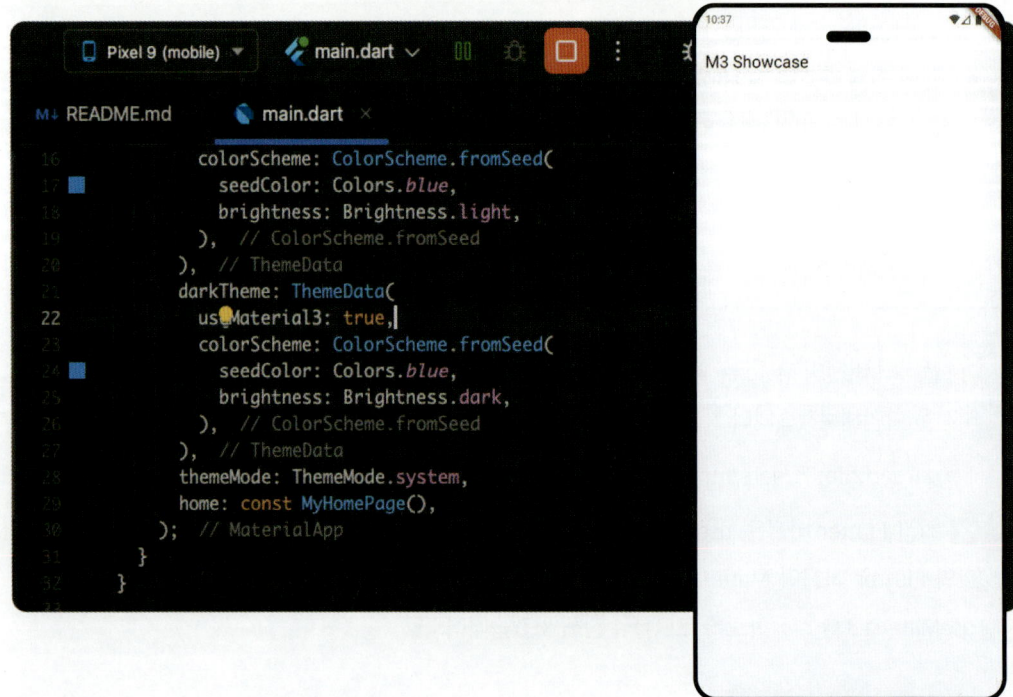

Step 02 주요 M3 컴포넌트 전시 화면 구성하기

이제 앱의 본문 영역에 다양한 Material 3 컴포넌트들을 배치하여 쇼케이스 화면을 구성하겠습니다. 이전 단계에서 작업한 **main.dart** 파일에 이어서 아래 프롬프트를 커서 AI에 입력해 주세요.

> **프롬프트 3 - 22**
>
> **M3 컴포넌트 쇼케이스 UI**
> 이전 단계 코드에 이어서, 화면을 첨부한 이미지와 똑같이 만들어 줘 :
>
> **작업 지침**
> - 내용이 길어질 수 있으니 'SingleChildScrollView'를 사용해 스크롤 가능하게 만들어 줘.
> - 컴포넌트들이 너무 붙어 보이지 않도록 적절한 'Padding'이나 'SizedBox'를 사용해 간격을 조절해 줘.
> - 사용한 주요 코드와 사용 방법을 제시해 줘.
> - 사용자가 학습할 수 있게 주석을 상세하게 달아줘.

 CUSOR AI

✅ 이미지에 있는 Material 3 컴포넌트 쇼케이스 UI를 성공적으로 구현했습니다. 스크롤 가능한 레이아웃에 다양한 Material 3 컴포넌트들을 이미지와 동일하게 배치했습니다.

1. **주요 사용된 레이아웃 및 컴포넌트**
   - **레이아웃:** SingleChildScrollView로 스크롤 기능 구현, Column/Row로 컴포넌트 배치, SizedBox로 간격 조절
   - **내비게이션:** NavigationBar와 NavigationDestination을 사용한 하단 내비게이션
   - **버튼:** ElevatedButton, FilledButton(일반, tonal), OutlinedButton, TextButton
   - **입력 요소:** Checkbox(일반, 원형), Switch, TextField(표시용)
   - **기타 컴포넌트:** ActionChip(Assist Chip), Slider, Card, ListTile

2. **코드 특징**
   - 모든 컴포넌트에 상세 주석 추가.
   - 스크롤 가능한 레이아웃으로 모든 컴포넌트 표시.
   - Material 3 디자인 시스템 적용으로 현대적 UI 구현.

> - 모든 상호작용 컴포넌트에 onPressed 또는 onChanged 핸들러 포함(기능 추가 가능).
>
> 각 컴포넌트의 세부 구현 방법은 요청 시 추가 설명 가능합니다. 😊

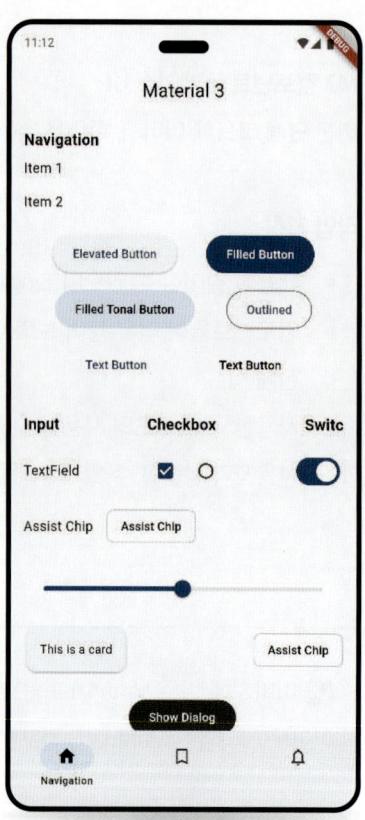

커서 AI가 제안한 코드를 주의 깊게 검토하고, 특히 다양한 위젯들이 어떻게 구성되었는지 확인합니다. 코드를 이해했다면 [Apply] 버튼을 눌러 적용하고 저장합니다. 안드로이드 스튜디오 에뮬레이터 앱을 실행하여, **스크롤 가능한 화면에 요청한 Material 3 컴포넌트들이 그룹별로 잘 나타나는지 확인**합니다. 각 컴포넌트의 기본 모양과 상태를 관찰하세요. 만약 특정 컴포넌트가 누락되었거나 배치가 이상하다면, 프롬프트를 수정하여 다시 요청하거나 커서 AI에게 구체적으로 수정 지시를 내리세요.

Step 03 / 테마 전환 기능 구현하기

마지막으로, 사용자가 앱의 테마를 밝은 모드와 어두운 모드 사이에서 직접 전환할 수 있는 기능을 추가하겠습니다. 이를 위해 상태 관리가 필요합니다. 이전 단계에서 작업한 main.dart 파일에 이어서 아래 프롬프트를 커서 AI에 입력해 주세요.

> **프롬프트 3 - 23**
>
> **테마 전환 기능 구현**
>
> 현재 코드에 다음 기능을 추가해 줘:
> - 앱의 현재 테마 모드(밝음/어두움)를 관리할 상태 변수를 만들어줘('StatefulWidget' 사용).
> - 'AppBar'의 'actions' 영역에 'IconButton'을 추가해 줘. 이 버튼의 아이콘은 현재 테마 모드에 따라 달라지도록 해줘(예 밝을 땐 달 아이콘, 어두울 땐 해 아이콘).

※ 프롬프트 전체 내용은 노션 템플릿 [프롬프트 3-23]을 참고해 주세요.

CUSOR AI

✅ 앱에 라이트 모드와 다크 모드를 전환하는 테마 기능을 성공적으로 구현했습니다. 사용자는 앱 바의 아이콘 버튼을 통해 테마를 쉽게 변경할 수 있습니다.

🛠 주요 구현 내용

1. **StatefulWidget으로 변경**: 앱의 최상위 위젯(MyApp)을 StatefulWidget으로 변경하여 테마 상태를 관리할 수 있도록 _MyAppState 클래스를 구현했습니다.

2. **테마 모드 상태 관리**: _MyAppState 내에 ThemeMode 타입의 변수(_themeMode)를 두어 현재 테마(시스템 기본값, 라이트, 다크) 상태를 저장하고 관리합니다.

3. **테마 모드 토글 기능**: _toggleThemeMode 메서드는 현재 테마가 다크 모드이면 라이트 모드로, 라이트 모드이면 다크 모드로 변경하고 setState를 호출하여 UI를 갱신합니다.

4. **테마 모드 적용**: MaterialApp 위젯의 themeMode 속성에 위에서 관리하는 _themeMode 상태 변수를 연결하여 실제 테마가 적용되도록 했습니다.

5. **하위 위젯으로 기능 전달**: 테마 전환 함수(_toggleThemeMode)와 현재 테마 모드(_themeMode)를 MyHomePage와 같은 하위 위젯으로 전달하여 하위 위젯에서도 테마 상태를 알거나 변경을 요청할 수 있도록 했습니다.

6. **테마 전환 버튼 추가**: MyHomePage의 AppBar 내 actions 영역에 IconButton을 추가했습니다. 이 버튼은 현재 테마 상태에 따라 아이콘(햇빛/달)이 변경되며, 클릭 시 _toggleThemeMode 함수를 호출하여 테마를 전환합니다.

💡 결과적으로, 사용자는 앱 상단의 아이콘 버튼을 통해 간편하게 앱의 테마를 라이트 모드와 다크 모드 간에 전환할 수 있게 되었습니다.

커서 AI가 StatefulWidget과 setState를 사용하여 상태를 관리하고 테마를 전환하는 코드를 제안할 것입니다. 제안된 코드의 설명을 읽고 상태 관리 로직과 테마 적용 방식을 이해한 후, [Apply] 버튼을 눌러 코드를 반영하고 저장합니다.

안드로이드 스튜디오 에뮬레이터 앱을 실행하여, **앱 바 우측 상단에 테마 전환 아이콘 버튼이 나타나는지 확인**합니다. 버튼을 클릭할 때마다 아이콘이 바뀌고 앱 전체의 테마(배경색, 글자색, 컴포넌트 색상 등)가 밝은 모드와 어두운 모드 사이에서 부드럽게 전환되는지 테스트합니다. 각 컴포넌트가 두 테마에서 어떻게 보이는지 주의 깊게 관찰하세요. 문제가 있다면 에러 메시지나 문제 상황을 설명하며 커서 AI에게 해결을 요청하세요.

이번 실습을 통해 여러분은 커서 AI와 협력하여 플러터 앱에 Material 3 디자인 시스템을 적용하고, 다양한 M3 컴포넌트들을 시각적으로 탐색하며 동적인 테마 전환 기능까지 구현했습니다. 다음 과정에서는 난수 생성과 애니메이션 처리 방법을 살펴보겠습니다.

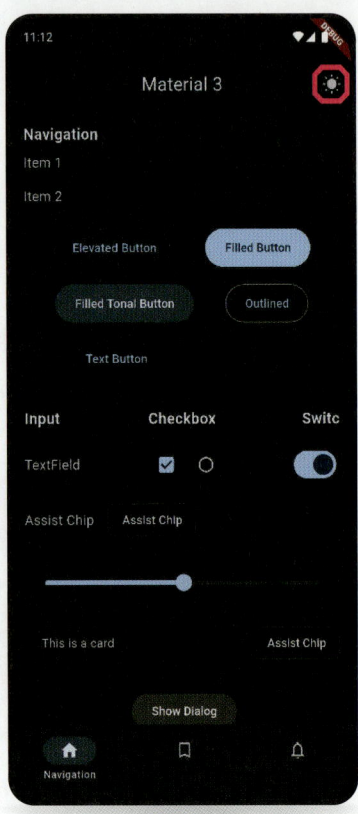

08 난수 생성과 애니메이션 처리 : '주사위 굴리기' 만들기

이번 과정에서는 사용자가 버튼을 클릭하면 무작위로 주사위 눈이 결정되고, 그 결과를 시각적인 애니메이션과 함께 보여주는 '주사위 굴리기' 앱을 만들어 보겠습니다. **버튼 이벤트 처리, 난수 생성, 상태에 따른 UI 업데이트, 그리고 간단한 애니메이션 효과 구현**을 경험합니다.

> ### 핵심 목표
> - 사용자 입력(버튼 클릭)에 반응하는 이벤트 처리 방법 이해 및 구현
> - 특정 범위 내에서 무작위 숫자(난수)를 생성하고 활용하는 방법 학습
> - 앱의 상태(현재 주사위 값) 변경에 따라 화면의 이미지나 텍스트를 동적으로 업데이트하는 경험
> - 간단한 애니메이션 효과를 적용하여 사용자 경험을 향상시키는 방법 체험 (AI 도움 활용)
> - 이미지 에셋^Asset 을 프로젝트에 포함하고 사용하는 방법 학습

🚩 학습 방식

단계별 계획에 따라, 각 단계에 필요한 UI 구성 및 기능을 구현합니다. 사용자는 커서 AI가 생성한 코드와 설명을 통해 주사위 굴리기 앱의 기능을 점진적으로 완성하며, 궁금하거나 어려운 부분은 AI에게 추가 질문을 통해 해결합니다.

🚩 범위

이 실습은 화면에 주사위 이미지와 '굴리기' 버튼을 배치하고, 버튼을 클릭하면 1부터 6까지의 난수를 생성하여 그에 맞는 주사위 이미지를 표시하는 데 중점을 둡니다. 추가로, 주사위가 굴러가는 듯한 간단한 시각적 애니메이션 효과를 구현합니다.

🚩 사전 준비 사항

- 플러터 기본 개발 환경 설정 완료
- 선택한 개발 환경(예 안드로이드 스튜디오)에서 새로운 빈 플러터 프로젝트 생성
- **주사위 이미지 준비**: 1부터 6까지의 주사위 눈을 나타내는 이미지 파일 6개(예 dice_1.png, dice_2.png, ..., dice_6.png)를 준비합니다. 이 이미지들을 프로젝트 내에 assets/images/ 폴더를 생성하여 저장하고, pubspec.yaml 파일에 해당 폴더를 에셋으로 등록해야 합니다.

🚩 핵심 개념 소개 (플랫폼 중립적 설명)

- **이벤트 핸들링/리스닝**

    사용자의 액션(예 버튼 클릭, 화면 탭)과 같은 특정 이벤트 발생을 감지하고, 이에 대응하여 정의된 코드(이벤트 핸들러)를 실행하는 메커니즘입니다.

- **난수 생성** Random Number Generation

    예측 불가능한 숫자를 만드는 과정입니다. 특정 범위(예 1부터 6까지)를 지정하여 그 안에서 무작위 값을 얻는 데 사용됩니다. 게임이나 시뮬레이션 등 다양한 분야에서 활용됩니다.

- **상태 관리** State Management

    애플리케이션에서 동적으로 변할 수 있는 데이터(예 현재 주사위 숫자)를 저장하고 추적하는 방법입니다. 상태가 변경되면, 이 상태를 사용하는 UI 부분도 업데이트되어야 합니다.

- **조건부 렌더링/UI 업데이트**

    애플리케이션의 현재 상태 값에 따라 화면에 표시되는 내용이나 모양을 다르게 보여주는 기법입니다. 예를 들어, 주사위 값이 3이면 3눈 이미지를, 5이면 5눈 이미지를 보여주는 것입니다.

- **애니메이션** Animation

  시간에 따라 UI 요소의 속성(위치, 크기, 색상, 회전 등)을 부드럽게 변경하여 시각적인 움직임이나 효과를 만들어내는 기술입니다. 사용자 인터랙션에 대한 피드백을 주거나 앱을 더 생동감 있게 만드는 데 사용됩니다.

- **에셋** Assets

  애플리케이션에 포함되어 사용되는 외부 파일(이미지, 폰트, 데이터 파일 등)입니다. 앱 패키지에 함께 번들링되어 런타임에 접근하여 사용할 수 있습니다.

단계별로 구현하기

안드로이드 스튜디오의 초기 화면에서 [New Flutter Project] 버튼을 클릭하여 새로운 플러터 프로젝트를 생성하고, [Project name]에는 "dice_roller"를 입력합니다.

> ⭐ **중요**
>
> 프로젝트 생성 후, dice_roller 프로젝트 폴더 내에 **assets 폴더**를 만들고, 그 안에 **images 폴더**를 생성합니다. 준비한 주사위 이미지 6개(dice_1.png ~ dice_6.png)를 assets/images/ 폴더에 복사합니다.

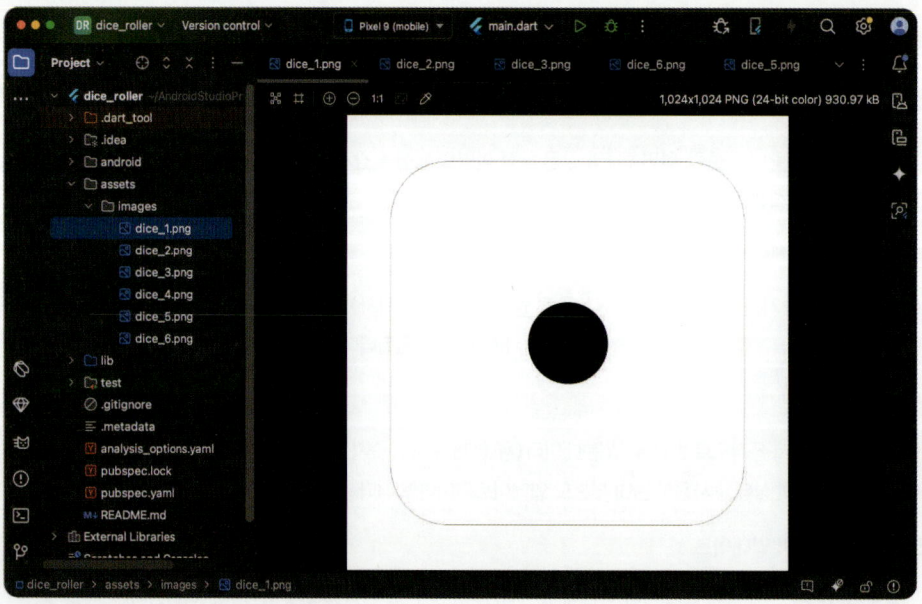

그리고 프로젝트 루트의 **pubspec.yaml** 파일을 열어 **flutter :** 섹션 아래에 다음과 같이 에셋 폴더를 등록합니다.

```
# The following section is specific to Flutter packages.
flutter:

  # The following line ensures that the Material Icons font is
  # included with your application, so that you can use the icons in
  # the material Icons class.
  uses-material-design: true
  assets:
    - assets/images/
```

> 들여쓰기에 주의하세요!

```
flutter:
  uses-material-design: true
  assets:
    - assets/images/
```

Step 01 주사위 표시 영역 및 버튼 UI 구성하기

생성 후 에셋 설정까지 마친 **dice_roller** 플러터 프로젝트를 **커서 AI에서 오픈**합니다. **lib / main. dart** 파일을 열고 Ctrl + I 를 눌러 AI 어시스턴트 창을 띄웁니다. 아래 프롬프트를 커서 AI에 입력해 주세요.

> **프롬프트 3 - 24**
>
> **주사위 굴리기 기본 UI**
> @main.dart 파일에서 다음 UI 구조를 만들어 줘:
> - 'Scaffold'를 기본 구조로 사용하고, 간단한 'AppBar' (제목 : '주사위 굴리기')를 추가해 줘.
> - 화면 중앙('Center' 위젯 사용)에 'Column' 위젯을 배치해 줘.
>   ⋮
> ※ 프롬프트 전체 내용은 노션 템플릿 [프롬프트 3-24]를 참고해 주세요.

CUSOR AI

✅ 주사위 굴리기 UI를 성공적으로 구현했습니다.

1. '주사위 굴리기' 제목으로 AppBar를 생성했습니다.
2. 화면 중앙에 Column 위젯을 배치했습니다.
3. Column 내부 상단에는 'assets/images/dice_1.png' 이미지를 너비 150으로 설정하여 표시했습니다.
4. 이미지 아래에 30픽셀 간격(SizedBox)을 두었습니다.
5. '주사위 굴리기' 텍스트를 가진 ElevatedButton을 배치했습니다.

💡 앱을 실행하면 주사위 이미지가 중앙에 표시되고, 그 아래에 버튼이 표시됩니다. 아직 버튼 기능은 구현하지 않았습니다. 추가 기능이 필요하시면 말씀해 주세요. 😊

커서 AI가 제안한 코드를 적용하기 전에 설명을 읽고 UI 구조를 파악합니다. 특히 **Image.asset 사용법과 pubspec.yaml 설정이 올바른지 확인**합니다. [Apply] 버튼을 클릭하여 코드를 적용하고 저장합니다.

안드로이드 스튜디오 에뮬레이터 앱을 실행하여, **화면 중앙에 1눈 주사위 이미지와 그 아래 '주사위 굴리기' 버튼이 제대로 배치되었는지 확인**합니다. 에셋 경로 오류 등이 발생하면 pubspec.yaml 설정과 파일 경로를 다시 확인하고, 커서 AI에게 에러 메시지와 함께 수정을 요청하세요.

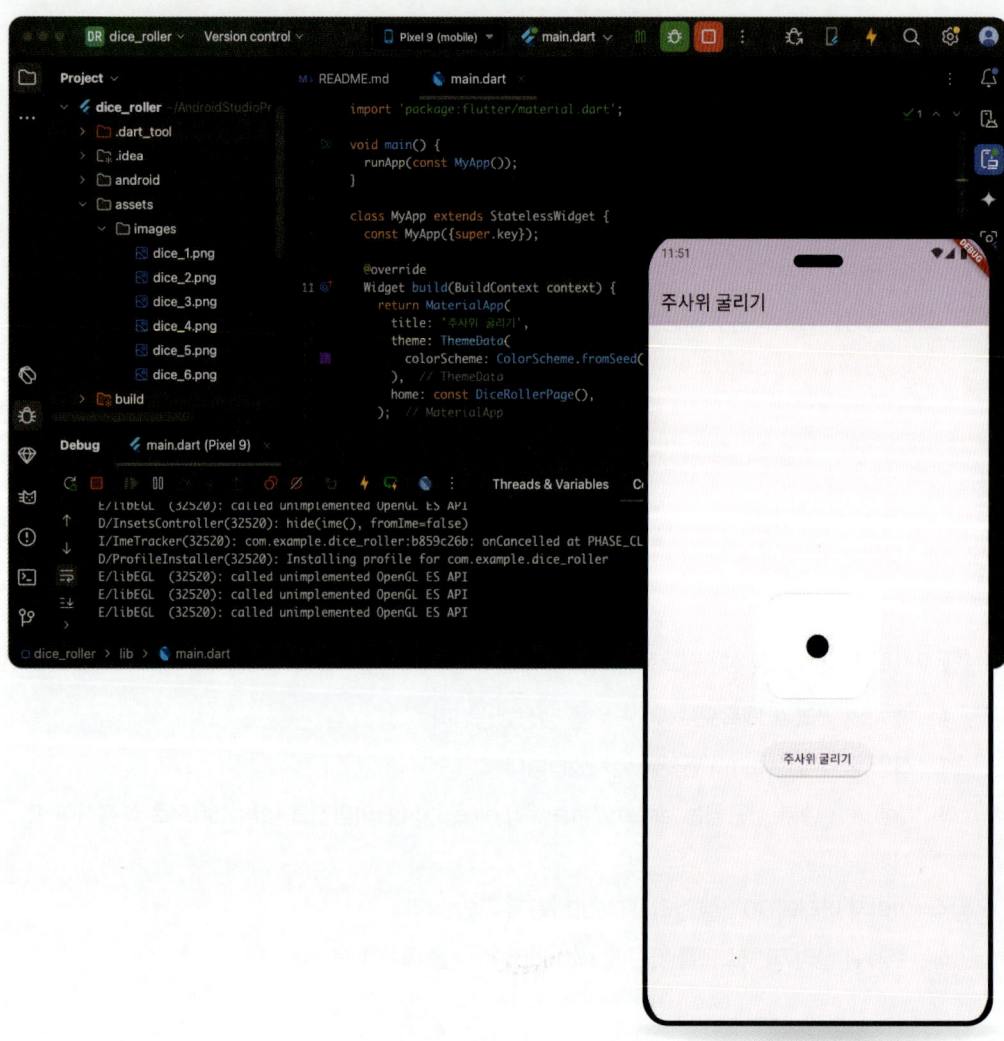

Step 02 버튼 클릭 시 난수 생성 및 이미지 업데이트 구현하기

이제 '주사위 굴리기' 버튼을 클릭하면 실제로 난수를 생성하고 그에 맞는 주사위 이미지로 화면이 바뀌도록 로직을 추가하겠습니다. 상태 변경이 필요하므로 **StatefulWidget**을 사용해야 합니다. 이전 단계에서 작업한 **main.dart** 파일에 이어서 아래 프롬프트를 커서 AI에 입력해 주세요.

> **프롬프트 3 - 25**
>
> **주사위 굴리기 로직 구현**
>
> 이전 단계에서 만든 UI 코드에 다음 기능을 추가해 줘:
>
> - 현재 화면을 'StatelessWidget'에서 'StatefulWidget'으로 변경해 줘.
> - 주사위 눈 값(1~6)을 저장할 상태 변수(예 'currentDiceValue', 초기값 1)를 만들어 줘.
>
> ⋮
>
> ※ 프롬프트 전체 내용은 노션 템플릿 [프롬프트 3-25]를 참고해 주세요.

---- CUSOR AI

주요 변경 내용

1. **난수 생성 준비:**
   - dart : math 패키지의 Random 클래스를 사용하기 위해 임포트했습니다.

2. **상태 관리 도입:**
   - 주사위 값을 동적으로 변경하고 화면에 반영하기 위해 기존 DiceRollerPage를 StatelessWidget에서 StatefulWidget으로 변경했습니다(_DiceRollerPageState 클래스 생성).

3. **주사위 값 및 로직 추가:**
   - 현재 주사위 값을 저장하는 currentDiceValue 변수(초기값 1)를 추가했습니다.
   - 난수 생성을 위한 _random 인스턴스를 만들었습니다.
   - _rollDice() 메서드를 구현하여 버튼 클릭 시 1에서 6 사이의 무작위 값을 생성하고, setState를 통해 currentDiceValue를 업데이트합니다.

4. **UI 수정:**
   - 주사위 이미지가 currentDiceValue에 따라 동적으로 변경되도록 이미지 경로를 'assets/images/dice_$currentDiceValue.png'로 수정했습니다.

- '주사위 굴리기' 버튼의 onPressed 이벤트에 _rollDice 메서드를 연결했습니다.

🔔 이제 사용자가 버튼을 클릭할 때마다 새로운 주사위 값이 생성되고 해당 이미지가 화면에 나타납니다.

커서 AI가 StatefulWidget 구조와 setState를 이용한 상태 업데이트, 그리고 Random 클래스를 사용한 난수 생성 코드를 제안할 것입니다. 코드 설명을 통해 상태 관리와 난수 생성 방식을 이해한 후, [Apply] 버튼을 눌러 적용하고 저장합니다.

안드로이드 스튜디오 에뮬레이터 앱을 실행하여, **'주사위 굴리기' 버튼을 반복해서 클릭**해 보세요. **클릭할 때마다 1부터 6까지의 주사위 이미지가 무작위로 바뀌는지 확인**합니다. 이미지가 제대로 업데이트되지 않거나 오류가 발생하면, 상태 변수 업데이트 로직이나 이미지 경로 생성 부분을 점검하고 커서 AI에게 문의하세요.

Step 03 간단한 굴림 애니메이션 효과 추가하기

마지막으로, 버튼을 클릭했을 때 주사위 이미지가 잠시 변화하는 애니메이션을 추가하여 좀 더 재미있는 사용자 경험을 제공하겠습니다. 이전 단계에서 작업한 main.dart 파일에 이어서 아래 프롬프트를 커서 AI에 입력해 주세요.

> 프롬프트 3-26
>
> **주사위 굴림 애니메이션 추가**
> 현재 코드에 다음 애니메이션 효과를 추가해 줘:
> - '주사위 굴리기' 버튼을 클릭하면, 최종 주사위 숫자가 결정되기 전에 짧은 시간(예 300~500ms)동안 주사위 이미지가 빠르게 여러 번 바뀌거나 회전하는 듯한 효과를 추가해 줘.
> - 애니메이션이 끝난 후에는 최종적으로 결정된 난수에 해당하는 주사위 이미지가 표시되어야 해.
> - 플러터의 'AnimationController'와 'Tween', 또는 'AnimatedSwitcher' 같은 위젯을 활용하여 구현하는 방법을 제안해 줘.

🛠 주요 구현 내용

1. **애니메이션 컨트롤러 설정** :
   - SingleTickerProviderStateMixin 을 사용하여 애니메이션을 관리합니다.
   - AnimationController 와 CurvedAnimation 을 초기화하여 회전 애니메이션을 준비합니다.

2. **주사위 굴림 상태 관리** :
   - _isRolling 변수로 현재 주사위가 굴러가는 중인지 상태를 관리합니다.
   - _finalDiceValue 변수에 애니메이션 후 표시될 최종 주사위 값을 저장합니다.
   - _timer 를 이용해 주사위 이미지가 빠르게 바뀌는 효과를 만듭니다.

3. **주사위 굴리기 로직 개선** :
   - 버튼을 누르면 _isRolling 을 true 로 설정하고 최종 주사위 값을 미리 결정합니다.
   - Timer.periodic 을 사용해 짧은 시간(예 500ms) 동안 주사위 이미지를 빠르게 무작위로 변경합니다.
   - 타이머 종료 후, 설정된 회전 애니메이션을 시작하고, 애니메이션이 끝나면 _finalDiceValue 에 해당하는 주사위 이미지를 표시합니다.

4. **UI 개선** :
   - AnimatedBuilder 와 Transform.rotate 를 사용해 주사위 이미지에 회전 효과를 적용합니다.
   - 이미지에 ValueKey 를 추가하여 이미지 변경 시 렌더링을 최적화합니다.
   - 버튼 텍스트를 굴림 상태에 따라 '주사위 굴리기' 또는 '굴리는 중...'으로 변경하고, 굴리는 동안에는 버튼을 비활성화하여 중복 클릭을 방지합니다.

5. **메모리 관리** :
   - dispose() 메서드에서 애니메이션 컨트롤러와 타이머를 정리하여 메모리 누수를 방지합니다.

🔔 이제 사용자가 버튼을 클릭하면, 주사위 이미지가 빠르게 여러 번 바뀌고 회전하는 애니메이션이 실행된 후 최종 결과가 표시되어 사용자 경험이 더욱 향상되었습니다.

애니메이션 구현은 다소 복잡할 수 있으므로, 커서 AI가 제안하는 코드와 설명을 주의 깊게 살펴보세요. AnimationController 를 사용한다면 **초기화 및 dispose 처리**가 필요하며, **setState 호출**

타이밍도 중요합니다. 코드 적용 전에 AI에게 애니메이션 코드의 각 부분이 어떤 역할을 하는지 추가 질문을 통해 명확히 이해하는 것이 좋습니다. 이해가 되었다면 [Apply] 버튼을 눌러 적용하고 저장합니다.

안드로이드 스튜디오 에뮬레이터 앱을 실행하여, '주사위 굴리기' 버튼을 클릭했을 때 주사위 이미지에 짧은 애니메이션 효과가 나타난 후 최종 결과 이미지가 표시되는지 확인합니다. 애니메이션이 너무 빠르거나 느리다면 프롬프트에서 지속 시간 duration 조정을 요청할 수 있습니다. 애니메이션 구현 중 발생하는 문제는 커서 AI와 대화하며 해결해 나가세요.

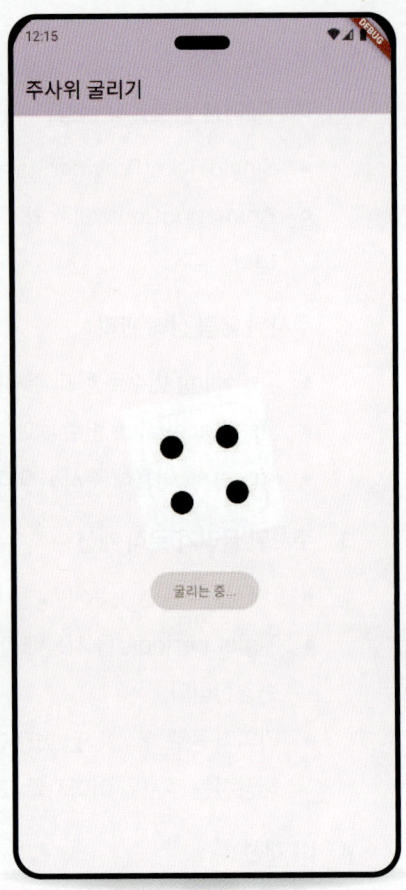

이번 실습을 통해 여러분은 커서 AI와 협력하여 버튼 클릭 이벤트 처리, 난수 생성, 상태 변화에 따른 이미지 업데이트, 그리고 간단한 애니메이션 효과까지 구현하며 인터랙티브한 '주사위 굴리기' 앱을 완성했습니다. 다음 과정에서는 간단한 계산기를 만들며 다수의 버튼 이벤트 처리 방법을 살펴보겠습니다.

 **격자와 다수의 버튼 이벤트 처리: '간단 계산기' 만들기**

이번 과정에서는 기본적인 연산이 가능한 '간단 계산기' 앱을 만들어보겠습니다. 격자 Grid 형태의 레이아웃 구성 방법, 다수의 버튼에서 발생하는 이벤트를 효율적으로 처리하는 기법, 그리고 기본적인 계산 로직 구현 과정을 학습하겠습니다.

🚩 핵심 목표

- 격자^{Grid} 레이아웃을 사용하여 다수의 UI 요소를 배치하는 방법 학습(AI 도움 활용)
- 여러 개의 버튼(숫자, 연산자, 기능)에서 발생하는 이벤트를 감지하고 처리하는 로직 구현 경험
- 사용자 입력을 받아 기본적인 사칙연산(덧셈, 뺄셈, 곱셈, 나눗셈)을 수행하는 계산 로직 구현
- 애플리케이션 상태(현재 입력값, 연산자, 계산 결과 등)를 관리하고 이에 따라 UI(표시 화면)를 업데이트하는 방법 이해

🚩 학습 방식

단계별 계획에 따라 계산기 앱 구현에 필요한 UI 레이아웃 설계, 버튼 이벤트 처리, 계산 로직을 구현하겠습니다. 사용자는 커서 AI가 생성한 코드와 상세 설명을 통해 각 기능이 어떻게 구현되는지 학습하고, 앱을 점진적으로 완성해 나갑니다.

🚩 범위

이 실습은 다음과 같은 기능을 가진 간단한 계산기 앱 제작을 목표로 합니다:

- 숫자와 계산 결과를 표시하는 상단 디스플레이 영역
- 0부터 9까지의 숫자 버튼, 사칙연산(+, -, *, /) 버튼, 초기화(C) 버튼, 계산 실행(=) 버튼을 포함하는 격자 형태의 버튼 패드
- 사용자가 입력한 숫자를 디스플레이에 표시
- 연산자 버튼을 누르면 연산 대기 상태로 전환
- '=' 버튼을 누르면 선택된 연산자와 피연산자를 사용하여 계산을 수행하고 결과를 디스플레이에 표시
- 'C' 버튼으로 현재 입력 및 계산 상태 초기화

🚩 사전 준비 사항

- 플러터 기본 개발 환경 설정 완료
- 선택한 개발 환경(예 안드로이드 스튜디오)에서 새로운 빈 플러터 프로젝트 생성
- [계산기 스케치] 이미지

🚩 핵심 개념 소개 (플랫폼 중립적 설명)

- 그리드 레이아웃$^{Grid\ Layout}$

    UI 요소들을 행^{Row}과 열^{Column}의 격자 형태로 배열하는 방식입니다. 계산기 버튼 패드처럼 동일한 크기의 요소들을 규칙적으로 배치할 때 유용합니다.

- **이벤트 핸들링(다수 버튼)**

  계산기와 같이 많은 버튼이 있는 경우, 각 버튼의 클릭 이벤트를 효율적으로 처리하는 것이 중요합니다. 공통 핸들러 함수를 사용하고 버튼 식별 정보를 전달하거나, 각 버튼에 개별 핸들러를 연결하는 방식 등을 사용할 수 있습니다.

- **상태 관리** State Management

  계산기 앱에서는 현재 디스플레이에 표시될 텍스트, 첫 번째 피연산자, 선택된 연산자, 두 번째 피연산자 입력 대기 여부 등 다양한 상태 정보를 관리해야 합니다. 이 상태들이 변경될 때마다 UI가 올바르게 업데이트되어야 합니다.

- **문자열 조작** String Manipulation

  사용자가 숫자 버튼을 누를 때마다 디스플레이 문자열을 업데이트(숫자 추가)하거나, 계산을 위해 디스플레이 문자열을 숫자(정수 또는 실수)로 변환하는 등의 작업이 필요합니다.

- **산술 로직** Arithmetic Logic

  덧셈, 뺄셈, 곱셈, 나눗셈과 같은 기본적인 수학 연산을 프로그램 코드로 구현하는 것입니다. 입력된 피연산자와 연산자에 따라 올바른 계산을 수행해야 합니다.

- **UI 업데이트**

  사용자의 입력이나 계산 결과에 따라 화면의 특정 부분(주로 디스플레이 영역)의 내용을 변경하여 사용자에게 피드백을 제공하는 과정입니다.

단계별로 구현하기

안드로이드 스튜디오의 초기 화면에서 [New Flutter Project] 버튼을 클릭하여 새로운 플러터 프로젝트를 생성하고, [Project name]에는 "simple_calculator"를 입력합니다.

Step 01 계산기 기본 UI (디스플레이 및 버튼 그리드) 구성하기

안드로이드 스튜디오에서 생성한 simple_calculator 플러터 프로젝트를 커서 AI에서 오픈합니다. lib/main.dart 파일을 열고 Ctrl + I 를 눌러 AI 어시스턴트 창을 띄웁니다. 아래 프롬프트를 커서 AI에 입력해 주세요.

> **프롬프트 3 - 27**
>
> **계산기 UI 레이아웃 생성**
> main.dart 파일에 간단한 계산기 UI를 구성해 줘:

- 'Scaffold'를 사용하고 'AppBar'는 제거하거나 비워줘. 배경색은 약간 어두운 색(예 'Colors. black' 또는 진한 회색)으로 설정해 줘.
- 화면 상단에 결과를 표시할 'Text' 위젯을 배치해 줘.

⋮

프롬프트 전체 내용은 노션 템플릿 [프롬프트 3-27]을 참고해 주세요.

🛠 주요 구현 특징

1. **전체 화면**: 어두운 배경색(Color(0xFF212121))을 적용하고, AppBar 없이 SafeArea를 사용하여 상단 영역을 확보했습니다.
2. **결과 표시 영역**:
   - 화면 상단에 위치하며, 텍스트는 오른쪽으로 정렬됩니다.
   - 초기값은 '0'이며, 크고 흰색 글씨(48pt, Colors.white)로 표시되고 적절한 여백이 적용되었습니다.
3. **버튼 레이아웃**:
   - Row와 Column을 조합하여 4열의 격자 형태로 버튼들을 배치했습니다.
   - 숫자(0-9), 연산자(+, -, *, /), 기능(C, +/-, %, =) 버튼들이 포함됩니다.
   - '0' 버튼은 다른 버튼들보다 넓게 두 칸을 차지합니다.
4. **버튼 스타일**:
   - 숫자 버튼: 어두운 회색 (Color(0xFF313131))
   - 연산자 버튼: 주황색 (Color(0xFFFF9800))
   - 기능 버튼: 밝은 회색 (Color(0xFFA5A5A5))
   - 모든 버튼은 둥근 모서리와 흰색 텍스트를 가집니다.

🔧 버튼 클릭 시 실제 계산 기능은 아직 구현되지 않았으며, UI 레이아웃 구성에 중점을 두었습니다.

커서 AI가 제안하는 코드를 검토하며 **Text 위젯 스타일링, GridView 또는 Column/Row를 사용한 격자 레이아웃 구성 방식을 확인**합니다. 특히 버튼 스타일이나 배치 순서가 의도한 대로 되었는지 살펴봅니다. 코드를 이해했다면 [Apply] 버튼을 클릭하여 적용하고 저장합니다.

안드로이드 스튜디오 에뮬레이터 앱을 실행하여, **계산기 디스플레이 영역과 격자 형태의 버튼 패드가 화면에 올바르게 나타나는지 확인**합니다. 레이아웃이 깨지거나 버튼 배치가 이상하면, 프롬프트를 수정하여(예 GridView의 crossAxisCount 조정, Expanded 위젯 사용 등) 커서 AI에게 다시 요청하거나 구체적인 수정 지시를 내리세요.

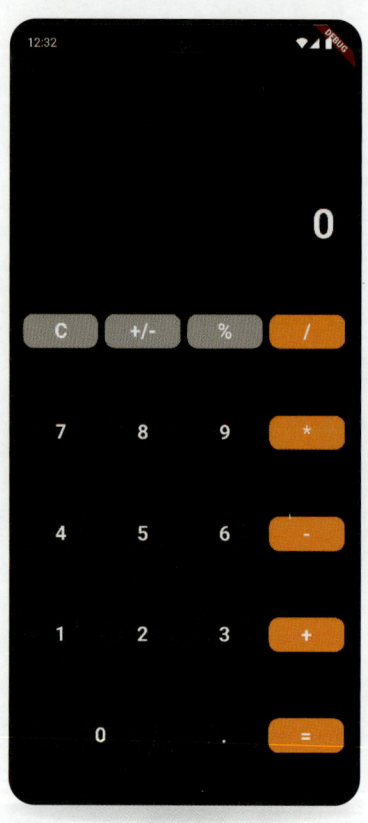

Step 02 숫자 입력 및 초기화 Clear 기능 구현하기

이제 숫자 버튼과 'C' 버튼을 눌렀을 때 디스플레이가 반응하도록 기능을 추가하겠습니다. 상태 변경이 필요하므로 **StatefulWidget**을 사용합니다. 이전 단계에서 작업한 **main.dart** 파일에 이어서 아래 프롬프트를 커서 AI에 입력해 주세요.

> 프롬프트 3 - 28
>
> **계산기 숫자 및 Clear 입력 처리**
>
> 이전 단계에서 만든 UI 코드에 다음 기능을 추가해 줘:
>
> - 현재 위젯을 'StatefulWidget'으로 변경하고, 디스플레이에 표시될 문자열을 관리할 상태 변수(예 'displayText', 초기값 '0')를 만들어 줘.

- 숫자 버튼(0-9) 각각에 'onPressed' 콜백 함수를 연결해 줘.

⋮

프롬프트 전체 내용은 노션 템플릿 [프롬프트 3-28]을 참고해 주세요.

CUSOR AI

🔄 **주요 변경 사항:**

1. **상태 변수명 변경**: 디스플레이 텍스트를 저장하는 변수명이 display에서 displayText로 변경되었습니다.

2. **버튼 입력 처리 함수 추가 (_handleButtonPress)**:
   - 이 함수는 눌린 버튼의 텍스트를 받아 처리합니다.
   - 'C' 버튼: displayText를 '0'으로 초기화합니다.
   - 숫자 버튼:
     ⇢ displayText가 '0'이면 해당 숫자로 대체합니다.
     ⇢ '0'이 아니면 기존 displayText 뒤에 숫자를 추가합니다.
   - 모든 변경은 setState()를 통해 UI에 즉시 반영됩니다.
   - (요청에 따라) 연산자 및 소수점 버튼 기능은 아직 구현되지 않았습니다.

3. **함수 연결**: 각 숫자 버튼과 'C' 버튼의 onPressed 이벤트에 _handleButtonPress 함수가 연결되어, 버튼 클릭 시 해당 로직이 실행됩니다.

💡 이제 계산기에서 숫자 버튼을 누르면 화면에 숫자가 입력되고, 'C' 버튼을 누르면 화면이 '0'으로 초기화됩니다. 연산자 및 소수점 기능은 추후 구현될 예정입니다.

커서 AI가 StatefulWidget 구조, setState 사용법, 문자열 조작(추가 또는 대체), 그리고 가능하면 공통 이벤트 처리 함수 구조를 포함한 코드를 제안할 것입니다. 코드 설명을 통해 상태 관리 방식과 이벤트 처리 로직을 이해한 후, [Apply] 버튼을 눌러 적용하고 저장합니다.

안드로이드 스튜디오 에뮬레이터 앱을 실행하여, **숫자 버튼을 누를 때마다 디스플레이의 숫자가 올바르게 업데이트되는지 확인**합니다 ('0' 처리 포함). **'C' 버튼을 눌렀을 때 디스플레이가 '0'으로 초기화되는지도 테스트**합니다. 특정 버튼이 작동하지 않거나 로직에 오류가 있다면, 해당 버튼의 콜백 함수나 상태 업데이트 부분을 점검하고 커서 AI에게 문제 상황을 설명하며 수정을 요청하세요.

Step 03 연산자 처리 및 계산 로직 구현하기

마지막으로 연산자 버튼과 '=' 버튼의 기능을 구현하여 실제 계산이 가능하도록 만들겠습니다. 이를 위해 추가적인 상태 변수(첫 번째 피연산자, 선택된 연산자 등)가 필요합니다. 이전 단계에서 작업한 main.dart 파일에 이어서 아래 프롬프트를 커서 AI에 입력해 주세요.

> **프롬프트 3 - 29**
>
> **계산기 연산 및 결과 표시 구현**
>
> 현재 코드에 사칙연산 기능을 완성하기 위해 다음 로직을 추가해 줘:
>
> - 계산을 위한 추가 상태 변수를 선언해 줘:
>   - 첫 번째 피연산자를 저장할 변수(예 'firstOperand', double 타입, 초기값 null 또는 0)
>   - 선택된 연산자를 저장할 변수(예 'operator', String 타입, 초기값 null 또는 '')
>   - 두 번째 피연산자 입력 차례인지 나타내는 플래그(예 'isWaitingForSecondOperand', bool 타입, 초기값 false)
> - 연산자(+, -, *, /) 버튼 각각에 'onPressed' 콜백 함수를 연결해 줘.
>
> ⋮
>
> 프롬프트 전체 내용은 노션 템플릿 [프롬프트 3-29]를 참고해 주세요.

 CUSOR AI

> 🛠 **주요 변경 사항**
>
> 1. **계산용 상태 변수 추가:** firstOperand(첫 번째 숫자), operator(선택된 연산자), isWaitingForSecondOperand(두 번째 숫자 입력 대기 상태 플래그) 변수를 추가하여 연산 과정을 관리합니다.
>
> 2. **코드 구조화 (메서드 분리):** 기능별로 코드를 _handleNumber(숫자 처리), _handleOperator(연산자 처리), _performCalculation(=버튼 처리), _calculate(실제 연산), _formatResult(결과 포맷팅), _resetCalculator(초기화) 등 여러 메서드로 나누어 가독성과 유지보수성을 높였습니다.
>
> 3. **연산 로직 구현:**
>   - 연산자 버튼을 누르면 현재 화면의 숫자를 첫 번째 피연산자로 저장하고, 두 번째 피연산자 입력을 기다립니다.
>   - '=' 버튼을 누르면 저장된 두 피연산자와 연산자를 사용하여 계산을 수행하고 결과를 표시합니다.

- 계산 결과에 이어서 추가적인 연산을 수행할 수 있는 연속 계산 기능을 지원합니다.
4. **결과 형식화**: 계산 결과가 정수이면 소수점 없이 표시하고(예 5.0 -> 5), 실수이면 소수점을 포함하여 표시합니다.

💡 이제 계산기에서 덧셈, 뺄셈, 곱셈, 나눗셈과 같은 기본적인 사칙연산을 수행하고, '=' 버튼으로 결과를 확인할 수 있습니다. 'C' 버튼으로 모든 상태를 초기화할 수 있으며, 연속적인 계산도 가능해졌습니다.

계산 로직은 상태 관리가 복잡하므로 커서 AI가 제안하는 코드를 매우 신중하게 검토해야 합니다. **각 상태 변수의 역할과 값의 흐름(문자열 …» 숫자 변환, 연산 수행, 결과 …» 문자열 변환)을 정확히 이해하는 것이 중요**합니다. 커서 AI에게 특정 로직(예 '=' 버튼 눌렀을 때의 상세 처리 순서)에 대해 추가 설명을 요청할 수 있습니다. 코드 이해 후 [Apply] 버튼을 눌러 적용하고 저장합니다.

안드로이드 스튜디오 에뮬레이터 앱을 실행하여, **전체 계산 과정을 테스트**합니다. 예를 들어 '12 + 34 =' 를 순서대로 눌러 결과 '46'이 나오는지, 이어서 '* 2 =' 를 눌러 '92'가 나오는지 등 **연속 계산도 확인**합니다. 연산자 버튼을 누른 후 숫자 입력이 제대로 되는지, 'C' 버튼이 계산 상태를 올바르게 초기화하는지도 점검합니다. 계산 오류나 예상치 못한 동작이 발생하면, 상태 변수 관리 로직이나 계산 수행 부분을 중심으로 커서 AI에게 디버깅 도움을 요청하세요.

마지막으로 AI 어시스턴트 창에 미리 준비한 **[계산기 스케치] 이미지**를 드래그하고 아래 프롬프트를 커서 AI에 입력해 주세요.

" 프롬프트 3 - 30

첨부한 이미지의 스타일대로 디자인을 수정해 줘.

이번 실습을 통해 여러분은 커서 AI의 도움을 받아 그리드 레이아웃 구성, 다수의 버튼 이벤트 처리, 그리고 상태 관리가 중요한 계산 로직을 구현하는 복합적인 개발 과정을 경험했습니다. 다음 과정에서는 동적으로 사용자의 입력을 관리하는 룰렛 게임을 제작해보겠습니다.

 동적으로 사용자 입력 목록 관리: '결정 룰렛' 만들기

이번 과정에서는 사용자가 직접 입력한 여러 선택지 중에서 하나를 무작위로 뽑아주는 '결정 룰렛' 앱을 만들어 보겠습니다. 사용자가 **동적으로 선택지 목록을 관리**하고, 룰렛이 회전하는 애니메이션을 보며 최종적으로 어떤 선택지가 뽑혔는지 확인하는 과정을 구현합니다.

🚩 핵심 목표

- 사용자 입력에 따라 목록 데이터를 동적으로 추가하고 삭제하는 방법 구현(동적 리스트 관리)
- 간단한 회전 애니메이션을 구현하여 시각적인 피드백(룰렛 회전)을 제공하는 방법 학습
- 데이터 목록에서 무작위로 하나의 항목을 선택하는 로직 구현
- (선택 사항) UI 요소를 시각적으로 커스터마이징하여 앱의 표현력 향상(AI 도움 활용)
- 상태 관리(사용자 입력 목록, 애니메이션 상태, 결과 등)를 통해 인터랙티브한 앱을 만드는 경험

🚩 학습 방식

제시된 단계별 계획에 따라, 각 단계에서 필요한 UI 구성, 동적 목록 관리 로직, 애니메이션 구현, 무작위 선택 로직 등을 구현합니다. 사용자는 커서 AI가 생성한 코드와 설명을 통해 앱의 기능을 점진적으로 완성해 가며, 복잡하거나 이해하기 어려운 부분은 커서 AI에게 추가 질문을 통해 해결합니다.

🚩 범위

이 실습은 다음 핵심 기능들을 포함하는 결정 룰렛 앱 제작을 목표로 합니다:

- 사용자가 텍스트로 선택지를 입력하고 '추가' 버튼으로 목록에 추가하는 기능
- 현재 추가된 선택지 목록을 화면에 표시하고, 각 항목을 삭제할 수 있는 기능
- 시각적인 룰렛 UI(초기에는 단순한 형태로 시작 가능)
- '돌리기' 버튼을 누르면 룰렛이 회전하는 애니메이션 실행
- 룰렛 회전이 멈춘 후, 목록에서 무작위로 선택된 하나의 결과를 화면에 표시

🚩 사전 준비 사항

- 플러터 기본 개발 환경 설정 완료
- 선택한 개발 환경(예 안드로이드 스튜디오)에서 새로운 빈 플러터 프로젝트 생성

핵심 개념 소개

- **동적 목록 관리** Dynamic List Management

  애플리케이션 실행 중에 사용자의 조작(추가, 삭제 등)에 따라 데이터 컬렉션(리스트, 배열 등)의 내용이 변경되고, 변경된 내용이 UI에 반영되도록 관리하는 기법입니다.

- **상태 관리** State Management

  앱의 현재 상태(예 선택지 목록, 현재 입력 텍스트, 룰렛 회전 여부, 최종 선택 결과)를 저장하고 관리하는 방법입니다. 사용자의 인터랙션이나 이벤트에 따라 상태가 변하면 UI도 이를 반영하여 업데이트됩니다.

- **애니메이션** Animation - Rotation

  시간의 흐름에 따라 UI 요소의 회전 각도를 변경하여 움직이는 것처럼 보이게 하는 기술입니다. 룰렛이 돌아가는 효과를 구현하는 데 사용됩니다.

- **무작위 선택** Random Selection

  주어진 데이터 목록(선택지 리스트) 내에서 예측 불가능하게 하나의 항목을 선택하는 로직입니다. Random 클래스 등을 사용하여 구현할 수 있습니다.

- **커스텀 페인팅/UI 커스터마이징** Custom Painting / UI Customization

  기본 제공되는 위젯 외에 개발자가 직접 원하는 모양(예 여러 색상의 부채꼴로 이루어진 룰렛 모양)을 화면에 그리는 기술입니다. 플러터에서는 CustomPaint 위젯 등을 사용할 수 있으며, 다소 복잡할 수 있습니다. 초기에는 간단한 도형이나 이미지로 대체할 수 있습니다.

- **사용자 입력 처리** User Input Handling

  텍스트 필드 TextField 와 같은 입력 위젯을 통해 사용자가 입력한 텍스트 데이터를 프로그램 내에서 가져와 사용하는 방법입니다.

단계별로 구현하기

안드로이드 스튜디오의 초기 화면에서 **[New Flutter Project]** 버튼을 클릭하여 새로운 플러터 프로젝트를 생성하고, [Project name]에는 **"decision_roulette"**를 입력합니다.

Step 01 선택지 입력 및 목록 관리 UI / 기능 구현하기

안드로이드 스튜디오에서 생성한 **decision_roulette** 플러터 프로젝트를 **커서 AI에서 오픈**합니다. **lib/main.dart** 파일을 열고 `Ctrl` + `I` 를 눌러 AI 어시스턴트 창을 띄웁니다. 아래 프롬프트를 커서 AI에 입력해 주세요.

❝ 프롬프트 3 - 31

선택지 입력 및 목록 관리 UI/기능

main.dart 파일에 다음 UI 및 기능을 구현해 줘:

- 'StatefulWidget'을 사용하고, 선택지 문자열 목록을 저장할 상태 변수(예 'List<String> options', 초기값 빈 리스트)를 만들어 줘.
- 화면 상단에 'Row' 위젯을 사용하여 선택지를 입력할 'TextField'와 '추가' 'ElevatedButton' 을 배치해 줘. 'TextField' 입력을 제어하기 위한 'TextEditingController'도 사용해 줘.

⋮

프롬프트 전체 내용은 노션 템플릿 [프롬프트 3-31]을 참고해 주세요.

 CUSOR AI

✅ **선택지 입력 및 목록 관리 기능을 구현했습니다. 주요 기능은 다음과 같습니다:**

1. 선택지 목록을 저장하는 'List<String> options' 상태 변수
2. 텍스트 입력을 위한 'TextField'와 'TextEditingController'
3. '추가' 버튼으로 새 선택지 추가 기능
4. 선택지 목록을 보여주는 'ListView.builder' 구현
5. 각 선택지 옆에 삭제 버튼 추가

💡 앱을 실행하면 상단에 텍스트 입력 필드와 추가 버튼이 있고, 아래쪽에는 추가된 선택지 목록이 표시됩니다. 각 선택지 오른쪽에 있는 삭제 아이콘을 누르면 해당 선택지가 목록에서 제거됩니다.

커서 AI가 제안한 코드를 검토하며 StatefulWidget, List 상태 변수, TextField와 TextEditingController, ListView.builder, 그리고 setState를 사용한 목록 추가/삭제 로직을 확인합니다. 특히 **ListView. builder에서 각 아이템의 삭제 버튼이 올바른 인덱스를 참조하여 삭제 기능을 수행**하는지 주의 깊게 봅 니다. 코드를 이해했다면 [Apply] 버튼을 클릭하여 적용하고 저장합니다.

안드로이드 스튜디오 에뮬레이터 앱을 실행하여, **텍스트 필드에 선택지를 입력하고 '추가' 버튼을 눌렀 을 때 아래 목록에 잘 추가되는지, 각 항목 옆의 '삭제' 버튼을 눌렀을 때 해당 항목이 목록에서 사라지는지 테스트**합니다. 입력 필드가 비어 있을 때 '추가' 버튼이 동작하지 않는지도 확인하면 좋습니다. 문제 가 있다면 관련 상태 관리 로직이나 위젯 구성을 점검하고 커서 AI에게 수정을 요청하세요.

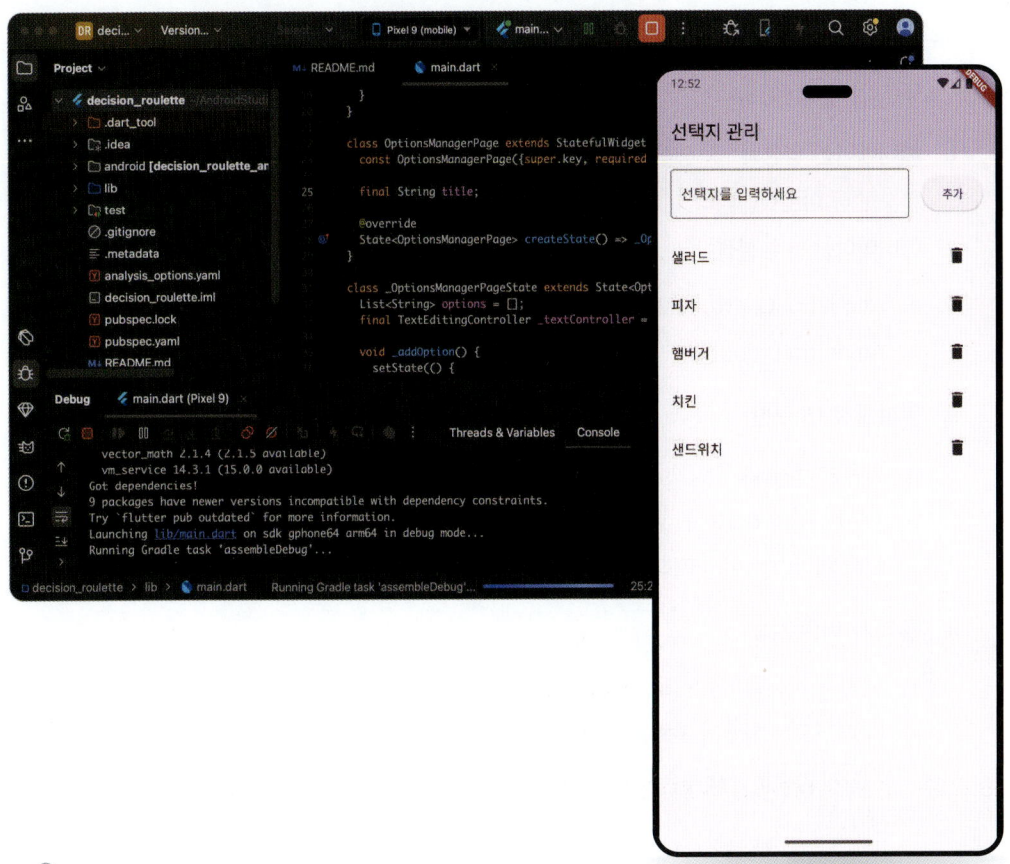

Step 02 룰렛 UI 기본 형태 및 회전 애니메이션 구현하기

이제 화면에 룰렛의 시각적 표현과 회전 애니메이션의 기본 틀을 추가하겠습니다. 룰렛 모양은 처음에는 간단하게 시작하겠습니다. 이전 단계에서 작업한 **main.dart** 파일에 이어서 아래 프롬프트를 커서 AI에 입력해 주세요.

> **프롬프트 3 - 32**
>
> **룰렛 UI 및 기본 회전 애니메이션**
>
> 이전 단계 코드에 이어서 다음 UI와 애니메이션 기본 틀을 추가해 줘:
>
> - 선택지 목록('ListView') 아래에 룰렛을 표시할 공간을 만들어줘. 일단은 'Container' 위젯을 사용하여 고정된 크기(예 너비/높이 200)의 원형 모양(BoxDecoration의 'shape: BoxShape. circle' 사용) 또는 간단한 'Placeholder' 위젯으로 룰렛 UI를 대신하자. 중앙에 배치하면 좋겠어.
> - 룰렛 영역 아래에는 '돌리기' 'ElevatedButton'을 추가해 줘.
>
> ⋮
>
> 프롬프트 전체 내용은 노션 템플릿 [프롬프트 3-32]를 참고해 주세요.

> **주요 변경 및 구현 내용**
>
> 1. **애니메이션 활성화**: SingleTickerProviderStateMixin을 적용하여 부드러운 애니메이션을 위한 기반을 마련했습니다.
> 2. **애니메이션 변수 설정**:
>   - AnimationController를 사용하여 애니메이션의 시작, 중지, 지속 시간 등을 제어합니다.
>   - Animation<double>을 정의하여 룰렛의 회전 각도 변화를 애니메이션으로 만듭니다.
> 3. **원형 룰렛 UI 구현**:
>   - 고정된 크기(200×200)의 원형 Container로 룰렛의 기본 형태를 만들었습니다.
>   - Transform.rotate 위젯과 AnimatedBuilder를 함께 사용하여 AnimationController에 의해 제어되는 회전 애니메이션을 룰렛 UI에 적용했습니다.
> 4. **'돌리기' 버튼 기능**:
>   - '돌리기' 버튼을 추가하고, 클릭 시 _spinRoulette() 메서드가 호출되도록 했습니다.
>   - 이 메서드는 룰렛이 3초 동안 5바퀴 회전한 후, Curves.easeOutCubic 효과를 통해 자연스럽게 감속하며 멈추는 애니메이션을 실행합니다.
>
> 💡 이제 사용자는 선택지를 추가하고 삭제할 수 있으며, '돌리기' 버튼을 눌러 추가된 선택지들을 대상으로 회전하는 룰렛 애니메이션을 볼 수 있습니다.

커서 AI가 AnimationController 설정, Tween을 이용한 각도 변화 정의, Transform.rotate 위젯 적용 등 애니메이션 관련 코드를 제안할 것입니다. **애니메이션 컨트롤러의 생명주기 관리(initState, dispose)와 setState 호출 없이 애니메이션을 구동하는 방식(AnimatedBuilder 또는 RotationTransition 사용 가능)**을 주의 깊게 살펴보세요. 코드를 이해했다면 [Apply] 버튼을 눌러 적용하고 저장합니다.

안드로이드 스튜디오 에뮬레이터 앱을 실행하여, **화면에 룰렛을 나타내는 원형 또는 Placeholder가 보이는지, '돌리기' 버튼을 눌렀을 때 해당 영역이 부드럽게 회전하는 애니메이션이 실행되는지 확인**합니다. 애니메이션 속도나 지속 시간이 마음에 들지 않으면 프롬프트에서 관련 값(duration, Tween 값 등) 조정을 요청할 수 있습니다. 애니메이션 설정에 오류가 있다면 커서 AI에게 에러 메시지와 함께 문의하세요.

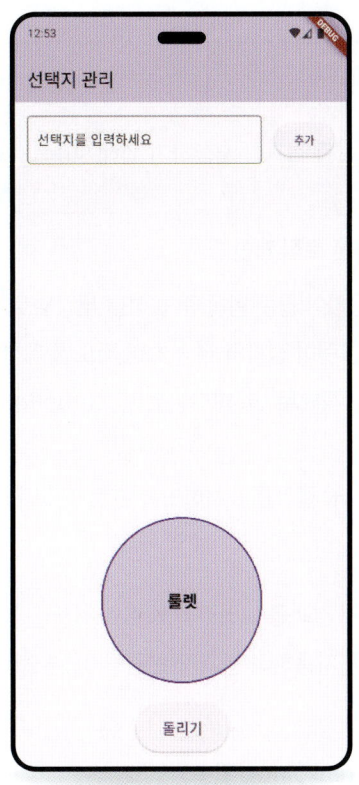

Step 03 / 무작위 선택 로직 및 결과 표시, 애니메이션 연동하기

마지막으로 룰렛의 핵심 기능인 무작위 선택 로직을 구현하고, 애니메이션이 선택된 결과에 맞춰 멈추도록 연동하며, 최종 결과를 사용자에게 보여주겠습니다. 이전 단계에서 작업한 **main.dart** 파일에 이어서 아래 프롬프트를 커서 AI에 입력해 주세요.

> 프롬프트 3-33
>
> **무작위 선택 및 애니메이션 연동**
>
> 룰렛 기능을 완성하기 위해 다음 로직을 추가/수정해 줘:
>
> - 최종 선택된 결과를 저장할 상태 변수(예 'String? selectedOption', 초기값 null)를 추가해 줘.
> - '돌리기' 버튼의 'onPressed' 로직 수정 :
>   ⋯ 애니메이션을 시작하기 전에, 현재 'options' 리스트가 비어있지 않은지 확인하고, 비어있지 않다면 리스트에서 무작위로 하나의 인덱스를 선택해 줘. ('dart:math'의 'Random' 사용)
>   ⋯ 선택된 인덱스에 해당하는 선택지를 'selectedOption' 상태 변수에 저장해 줘. ('setState' 사용)
>
>   ⋮
>
> 프롬프트 전체 내용은 노션 템플릿 [프롬프트 3-33]을 참고해 주세요.

🛠 주요 추가 및 개선 사항

1. **결과 저장 변수**: 선택된 최종 결과를 저장하기 위해 String? selectedOption 상태 변수를 추가했습니다.

2. **무작위 선택 및 애니메이션 로직 개선**:
   - Random 객체를 사용하여 룰렛 항목 중 하나를 무작위로 선택합니다.
   - 선택된 항목에 맞춰 룰렛이 정확히 멈출 최종 각도를 계산하는 로직을 추가했습니다.
   - 애니메이션 설정을 동적으로 변경할 수 있는 _setupRotationAnimation 메서드를 도입했습니다.
   - 애니메이션이 완료된 후 결과를 표시하도록 완료 리스너를 추가하여 타이밍을 제어합니다.

3. **결과 표시 영역 추가**:
   - 룰렛 하단 등에 선택된 결과를 보여주는 텍스트 위젯을 추가했습니다.
   - AnimatedSwitcher를 사용하여 결과가 변경될 때 부드러운 애니메이션 효과를 적용했습니다.

4. **실제 룰렛 UI 개선(CustomPainter 활용)**:
   - CustomPainter를 사용한 RoulettePainter 클래스를 구현하여 룰렛을 직접 그립니다.
   - 사용자가 추가한 선택지에 따라 룰렛의 세그먼트(칸)가 동적으로 생성됩니다.
   - 각 세그먼트에는 고유한 색상과 해당 선택지의 텍스트가 표시되어 시각적 구분을 명확히 했습니다.
   - 룰렛 상단 등에 화살표를 추가하여 어떤 항목이 선택되었는지 명확히 알 수 있도록 했습니다.

5. **오류 처리 및 사용자 경험(UX) 개선**:
   - 룰렛에 선택지가 하나도 없는 경우, 사용자에게 스낵바를 통해 안내 메시지를 표시합니다.
   - 화면에도 "선택지를 추가해주세요"와 같은 메시지를 표시합니다.
   - 선택지가 없을 때는 '돌리기' 버튼을 비활성화하거나 시각적으로 구분되도록 하여 사용자 혼동을 줄였습니다.

💡 이제 사용자는 직접 추가한 선택지들로 구성된 룰렛을 돌릴 수 있으며, 애니메이션 후 무작위로 선택된 결과를 시각적으로 명확하게 확인할 수 있게 되었습니다. 오류 처리 및 UX 개선을 통해 사용 편의성도 향상되었습니다.

이 단계의 로직이 가장 복잡합니다. 커서 AI가 제안하는 코드를 꼼꼼히 검토하세요. 특히 **무작위 인덱스 생성, 최종 각도 계산(아이템 개수에 따른 분할, 라디안 변환 등), AnimationController를 특정 각도로 제어하는 방법, 그리고 상태 변수** selectedOption **업데이트와 UI 반영 시점**을 정확히 이해해야 합니다. 필요하다면 각도 계산 공식이나 애니메이션 제어 방식에 대해 AI에게 상세 설명을 요청하세요. 코드 이해 후 [Apply] 버튼을 눌러 적용하고 저장합니다.

안드로이드 스튜디오 에뮬레이터 앱을 실행하여 전체 흐름을 테스트합니다. **여러 선택지를 추가한 후 '돌리기' 버튼을 누르면 룰렛이 회전하다가 특정 위치에서 멈추고, 아래(또는 위)에 해당 위치에 해당하는 선택지 텍스트가 결과로 표시되는지 확인**합니다. 여러 번 돌려보며 무작위 선택이 잘 이루어지는지, 애니메이션이 자연스럽게 멈추는지 관찰합니다. 만약 룰렛의 시각적 표현(Step 2에서 만든 원 또는 Placeholder)과 멈추는 각도가 정확히 일치하지 않아도 괜찮습니다.

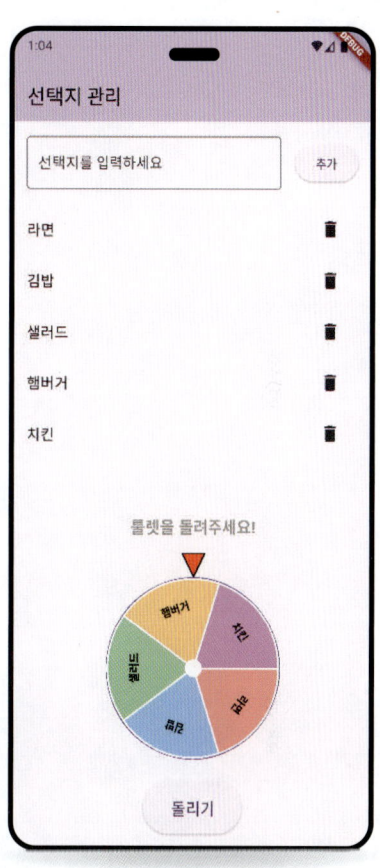

> 정확한 시각적 룰렛 구현은 CustomPaint 등 고급 기술이 필요하며, 이 실습 범위를 넘어설 수 있습니다.
> 관심 있다면 AI에게 'CustomPaint로 룰렛 그리는 법'을 추가로 물어보세요.

결과 표시나 애니메이션 동작에 문제가 있다면 관련 로직을 중심으로 커서 AI에게 디버깅 도움을 요청하세요.

> 화살표가 룰렛과 같이 돌아간다든지, 어떤 아이템이 선택되었는지 불분명하다면 수정을 요청하시면 됩니다.

이번 실습을 통해 여러분은 커서 AI와 협력하여 사용자의 입력을 받아 동적으로 목록을 관리하고, 회전 애니메이션과 무작위 선택 로직을 결합하여 인터랙티브한 '결정 룰렛' 앱을 만들어 보았습니다.

실전!
뽀모도로 타이머 앱 개발

기획부터 구현까지

Chapter 7	챗GPT로 아이디어 구체화하기 : 뽀모도로 앱 기능 정의 및 설계
Chapter 8	핵심 기능 구현 : 타이머 로직과 기본 UI 완성 (AI 개발 지원)
Chapter 9	앱 가치 더하기 : 설정, 알림, 통계 기능 구현
Chapter 10	품질 높이기 : 테스트, 디버깅, 리팩토링 (AI 코드 개선 지원)

PART 4

지금까지 쌓아 올린 빌딩 블록을 조합하여 드디어 세상에 내놓을 실전 앱, '뽀모도로 타이머'를 개발합니다. 이 파트에서는 아이디어를 구체화하는 기획 단계부터 핵심 기능 구현, 테스트와 리팩토링을 통한 품질 개선까지, 하나의 앱이 완성되는 전 과정을 경험합니다. 챗GPT와 함께 MVP를 정의하고 기능을 설계하며, 커서 AI의 도움으로 복잡한 타이머 로직과 다양한 부가 기능들을 구현합니다.

챗GPT로 아이디어 구체화하기: 뽀모도로 앱 기능 정의 및 설계

 **MVP** Minimum Viable Product **개념과
뽀모도로 타이머 핵심 기능 정의**

이번 과정에서는 앞으로 개발하게 될 실전 앱인 **'뽀모도로 타이머 앱'**의 핵심 기능을 정의하겠습니다. '뽀모도로 타이머' 앱 아이디어 어때요? 괜찮아 보이나요? 바로 코딩부터 진행하고 싶죠? 그렇지만 앱을 실제로 개발하기 전에, 사전에 반드시 거쳐야 하는 작업이 있습니다.

바로 앱의 가장 중요한 핵심 기능을 먼저 설계하는 일이죠. 전문 용어로는 **MVP** Minimum Viable Product **(최소 기능 제품)**를 정의한다고 말합니다. 처음부터 모든 기능을 다 넣으려고 하면, 시간도 부족하고 방향도 잃기 쉽습니다. 경험해 보니 그렇더군요. 그래서 MVP 방식의 접근이 중요합니다. 사용자에게 '아, 이 앱은 이런 가치를 주는구나!' 하고 느낄 수 있도록 필수적인 기능만 먼저 만들어보고 사용자의 반응을 지켜보는 거죠. 빠르게 피드백을 받아서 계속 개발해야 할지 방향을 바꿔야 할지 결정하는 방식이 바로 MVP입니다.

여기서는 우리 앱, '뽀모도로 타이머'의 MVP를 정해볼 겁니다. 뽀모도로 기법 자체는 단순하죠. **보통 25분 집중하고 5분 쉬는 걸 반복하는 방식**입니다. 이 기본 원리를 바탕으로, 우리 앱에 꼭 있어야 할 기능이 뭘지 고민해 봐야 합니다. 단지 이 고민을 혼자 하기보다, **챗GPT**와 함께 해보는 건 어떨까요? 챗GPT는 MVP가 뭔지, 뽀모도로 기법이 뭔지 설명도 잘 해주고, 우리의 생각을 구체적인 기능으로 정리하는 데 도움을 줄 수 있으니까요. AI와 함께 기획하는 경험, 생각보다 꽤 괜찮답니다.

MVP 개념 학습 및 적용

MVP Minimum Viable Product 개념을 배우고 실제 프로젝트에 적용해 보는 경험을 통해 제품 개발의 핵심 원리를 체득합니다.

뽀모도로 기법 재탐구

뽀모도로 기법의 핵심 원리를 다시 한번 깊이 생각해보는 기회를 가지며, 시간 관리와 집중력 향상의 본질을 이해합니다.

요구사항 정의 능력

추상적인 아이디어를 명확한 기능 요구사항으로 바꾸는 연습을 통해 무엇을 개발할지 방향을 명확하게 정립합니다.

AI 활용 학습법

챗GPT와 같은 AI에 효과적으로 질문하고, 그 답변을 통해 배우는 역량을 키웁니다.

실제 코딩에 돌입하기 전에 MVP 개념부터 확실히 짚고 넘어가겠습니다.

🔷 단계별로 진행하기

이제 챗GPT와 함께 MVP 개념을 배우고, **뽀모도로 타이머의 핵심 기능을 정의**하는 과정에 그 개념을 적용하겠습니다. 프롬프트에는 프로그래밍에 필요한 핵심 개념이 담겨 있습니다. 프롬프트를 맹목적으로 복사 & 붙여넣기 하지 말고, 궁금한 개념은 챗GPT에게 물어서 이해하고 넘어갑시다.

Step 01 / MVP 개념 이해하기

먼저, MVP가 무엇인지, 왜 중요한지에 대해 챗GPT에게 질문하여 이해하는 과정을 갖겠습니다. 새로운 대화를 시작하고 모델은 [GPT-5]를 선택하겠습니다 그리고 아래 프롬프트를 **챗GPT**에 입력해 주세요.

> 💬 프롬프트 4 - 1
>
> MVP(Minimum Viable Product)가 무엇인지 초보 개발자가 이해하기 쉽게 설명해 줘. MVP를 만드는 목적과 장점이 무엇인지도 알려줘.

--- Chat GPT

🧩 MVP란?

MVP는 '최소 기능 제품'이라는 뜻이에요.
즉, 아이디어를 검증하기 위해 꼭 필요한 핵심 기능만 넣은 가장 단순한 버전의 제품을 말합니다.

🔍 예시로 이해하기

당신이 "음식 주문 앱"을 만들고 싶다고 해볼게요.
당연히 만들고 싶은 기능이 많을 거예요 😊 **:**

- 로그인/회원가입
- 위치 기반 맛집 검색
- 장바구니
- 실시간 배달 추적
- 리뷰 작성
- 결제 시스템 등...

하지만 처음부터 이 모든 걸 다 만들면 시간도 오래 걸리고, 실패할 위험도 커요.

👉 **그래서 MVP는 이렇게 생각합니다:**

"가장 기본적인 기능만 넣어서, 유저들이 이 앱을 정말 필요로 하는지 확인하자!"

그래서 음식 주문 앱의 MVP는 이렇게 단순할 수 있어요:

- 사용자가 가게 목록을 보고
- 한 메뉴를 선택해서
- 전화로 주문하게 만드는 정도의 기능

이렇게 작고 빠르게 만들고, 실제 사용자 반응을 보는 것이 핵심이에요.

🎯 **MVP를 만드는 목적**

- 아이디어가 실제로 필요한지 확인하기 위해
  - ⋯ 진짜 사람들이 원하는 기능인지 실험해볼 수 있어요.
- 개발 시간과 비용을 줄이기 위해
  - ⋯ 다 만들고 실패하는 것보다, 빠르게 만들어보고 피드백을 받아 개선하는 게 훨씬 효율적이에요.
- 초기 유저의 반응을 통해 방향을 잡기 위해
  - ⋯ 사람들이 자주 쓰는 기능, 안 쓰는 기능 등을 빨리 파악할 수 있어요.

✅ **MVP의 장점**

장점	설명
⏱ 빠른 출시	빠르게 시장에 내놓고 사용자 반응을 볼 수 있어요.
💰 비용 절약	쓸데없이 기능을 만들지 않고, 꼭 필요한 것만 만드니까 비용이 절약돼요.
🔄 반복 개선	유저 피드백을 받아 제품을 계속 개선할 수 있어요.
📊 시장 검증	시장에서 정말 쓸모 있는 아이디어인지 실험해볼 수 있어요.

💡 **한마디 요약**

MVP는 "완벽한 제품"이 아니라 "필요한지만 알아보는 실험 제품"이에요.
초보 개발자일수록 MVP로 작게 시작해서, 점점 발전시키는 게 성공 확률을 높이는 길입니다!

챗GPT의 설명을 읽고 궁금한 점이 있다면 이렇게 질문을 해보세요. **"MVP의 구체적인 성공 사례가 있어?"** 또는 **"MVP와 프로토타입의 차이점이 뭐야?"** 등과 같이 질문하며 이해도를 높일 수 있습니다.

Step 02 뽀모도로 기법 이해하기

다음으로, 우리가 만들고자 하는 타이머의 기반이 되는 뽀모도로 시간 관리 기법에 대해 알아봅시다. 아래 프롬프트를 **챗GPT**에 입력해 주세요.

> **프롬프트 4-2**
>
> 뽀모도로(Pomodoro) 시간 관리 기법에 대해 설명해 줘. 기본적인 작동 방식(집중 시간, 짧은 휴식, 긴 휴식)을 알려주고, 이 기법이 왜 효과적인지도 간략하게 설명해 줘.

— Chat GPT

🍅 뽀모도로 기법이란?

뽀모도로 기법은 짧은 시간 동안 집중하고, 짧은 휴식을 반복하면서 업무 효율을 높이는 시간 관리 방법이에요. 이 기법은 1980년대에 프란체스코 시릴로(Francesco Cirillo)가 제안했는데, '토마토 모양 주방 타이머(Pomodoro)'에서 이름을 따왔어요.

⏰ 기본 작동 방식

뽀모도로 기법은 다음의 4단계 사이클로 구성돼요:

- 집중 시간: 25분 동안 한 가지 일에만 집중해서 일해요.
- 짧은 휴식: 5분 동안 쉬어요. 눈을 감거나, 물을 마시거나, 스트레칭을 해요.
- 이 과정을 4번 반복하면, 긴 휴식 - 15~30분 정도 푹 쉬어요.

🌀 이 사이클을 계속 반복하면서 업무를 진행합니다.

🎯 왜 효과적인가요?

- 🔋 집중력 유지 : 25분이라는 짧은 시간은 부담 없이 집중할 수 있어요.
- 🧠 뇌 피로 방지 : 중간중간 쉬기 때문에 집중력을 오래 유지할 수 있어요.
- ✅ 작업 계획에 도움 : 1일에 몇 뽀모도로를 쓸지 정하면 작업 계획이 세워져요.
- 🚫 딴짓 방지 : 타이머 덕분에 '지금은 집중해야 할 시간'이라는 인식이 생겨요.

> 💡 **한마디 요약**
> 뽀모도로 기법은 "25분 집중 + 5분 휴식"의 반복을 통해 집중력을 높이고 피로를 줄이는 똑똑한 시간 관리 방법이에요!

우리는 뽀모도로 타이머 앱을 개발하려고 '뽀모도로 기법'에 대해 질문했습니다. 짧은 질문과 답변을 주고받으며 모르는 개념에 대해 익숙해졌습니다. **앱은 방향이 명확해야 합니다. 그리고 무엇을 담아야 하는지도 분명해야 하지요. 개념이 낯설면 그만큼 앱도 산만해질 수밖에 없습니다.** 챗GPT와 대화를 주고받으며 개념을 완전히 파악합시다.

Step 03 뽀모도로 타이머 MVP 핵심 기능 정의하기

이제 MVP와 뽀모도로 기법에 대한 이해를 바탕으로, 뽀모도로 타이머 앱의 MVP에 포함될 최소한의 필수 기능들을 챗GPT와 함께 정의해 봅시다. 아래 프롬프트를 **챗GPT**에 입력해 주세요.

> 🔊 **프롬프트 4-3**
>
> 뽀모도로 기법의 원리를 바탕으로, 사용자가 이 기법을 실천하는 데 '반드시 필요한 최소한의 기능'만 포함하는 뽀모도로 타이머 앱의 MVP 기능 목록을 정의해 줘. 각 기능은 매우 구체적이고 명확하게 설명할 수 있어야 해. 추상적으로 접근하지 않았으면 좋겠어.
>
> **작업 지침**
> - MVP 관점에서 '없어서는 안 될' 기능만 포함시켜 줘. (예) 꾸미기 기능, 통계 기능 등은 제외)
> - 사용자가 뽀모도로 사이클(집중/휴식)을 진행하는 데 필요한 가장 기본적인 기능에 집중해 줘.
> - 기능 목록을 번호나 불릿 포인트로 명확하게 제시해 줘.

 Chat GPT

> ✅ **뽀모도로 타이머 앱 MVP 기능 목록**
>
> 1. **25분 집중 타이머 시작 기능**
>   - 버튼을 누르면 정확히 25분의 카운트다운이 시작되어야 합니다.
>   - 타이머는 화면에 남은 시간(분:초)을 실시간으로 표시해야 합니다.

2. **25분 집중 타이머 종료 시 알림**
   - 25분이 끝나면 사용자에게 시각적(예 화면 변화) 또는 청각적(예 알림음)으로 알려야 합니다.
   - 사용자가 다음 단계(짧은 휴식)로 넘어가야 한다는 것을 인지할 수 있어야 합니다.

3. **5분 짧은 휴식 타이머 시작 기능**
   - 알림 이후 버튼을 눌러 5분 카운트다운을 시작할 수 있어야 합니다.
   - 집중 타이머와 동일하게 남은 시간 표시가 있어야 합니다.

4. **5분 짧은 휴식 종료 시 알림**
   - 휴식이 끝나면 사용자에게 타이머 종료 알림을 제공해야 합니다.
   - 다음 집중 사이클로 자연스럽게 넘어갈 수 있도록 안내합니다.

5. **4번째 사이클 후 긴 휴식(15분) 타이머 기능**
   - 집중 → 휴식 사이클이 4번 반복되면, 다음 휴식은 자동으로 15분 긴 휴식으로 전환되어야 합니다.
   - 긴 휴식도 마찬가지로 시작 버튼, 남은 시간 표시, 종료 알림 기능이 필요합니다.

6. **현재 상태 표시 (예 집중 중/휴식 중/긴 휴식 중)**
   - 현재 앱이 어떤 상태인지 명확하게 사용자에게 알려야 합니다.
   - 예 🔴 집중 중, 🟢 짧은 휴식 중, 🔵 긴 휴식 중

7. **타이머 시작/일시정지/리셋 기능**
   - 사용자가 원할 때 타이머를 일시정지하거나 다시 시작, 또는 초기화(리셋)할 수 있어야 합니다.
   - 실수로 중단되거나 상황이 생겼을 때 유용합니다.

챗GPT가 제안해 준 기능을 검토하고 여러분의 생각도 동일한지 판단하기 바랍니다. 챗GPT가 제안한 기능이 불필요하거나 빠진 기능을 발견하면 챗GPT에게 제안하는 것도 좋습니다. 챗GPT는 **인간의 의견을 일방적으로 긍정하는 경향**이 있습니다. 때로는 프롬프트에 "내 의견을 비판적 시선으로 바라보고 의견을 줘"라고 말하는 것도 좋습니다.

Step 04 사용자 아이디어 제안

이번에는 사용자의 아이디어를 챗GPT에게 제안하고 평가를 받아보겠습니다. 아래 프롬프트를 **챗GPT**에 입력해 주세요.

> **프롬프트 4 - 4**
>
> 뽀모도로 타이머에 몇 가지 의견이 있어. 아래에 의견을 정리해놓을 테니까, 읽어보고 무조건 긍정만 하지 말고 비판적 시선으로 내 의견을 검토해 보고 어떤 의견이 가장 이상적인 아이디어인지 냉철하게 판단하고 객관적인 의견을 전달해 줘. 만약 창의적이고 독특한 아이디어가 있다면 3가지 정도 제안해 줘.
>
> **나의 의견**
> 1. '집중 시간'에 무엇에 집중했는지 분야 구체적으로 지정하기(예 프로그래밍, 독서, 아이디어 브레인스토밍, 회의, 기획 등, 미리 정의해놓은 목록에서 선택)
> 2. '휴식 시간'에 무엇을 했는지 분야 지정하기(예 낮잠, 산책, 음악감상, 짧은 운동, 멍 때리기 등, 미리 정의해놓은 목록에서 선택)
> 3. '집중 시간'과 '휴식 시간'을 어떻게 보냈는지 종합 평가
> 4. 각 세션의 시작을 원 프로그래시브 바로 표현하고 세션이 시작되면 원 중심을 클릭해서 분야 지정
> 5. 각 분야에 대한 정보를 사용자가 요청하면 챗GPT API를 통해 정보 제공
> 6. 각 세션별로 무엇을 했는지 사진으로 인증

> 🧠 **비판적 분석 및 평가**
>
> **1. '집중 시간'에 한 일 분야 지정(프로그래밍, 독서 등)**
> - 😊 장점: 사용자가 작업을 명확히 정의함으로써 집중의 목적을 분명히 할 수 있고, 나중에 리플렉션이나 통계 기능 도입 시 유용.
> - ⚠️ 주의점: MVP 단계에서는 필수는 아님. 타이머 자체에 집중해야 할 시점에 사용자의 입력을 요구하면 흐름이 깨질 수 있음.
> - ✅ 추천 판단: MVP 이후 버전에서 도입 이상적. 단, 선택은 최소한의 UI 인터랙션으로.

2. '휴식 시간' 활동 분야 지정

- 😊 장점: 사용자의 휴식 습관을 점검하거나 개선하는 데 도움됨.
- ⚠️ 단점: 실효성은 낮을 수 있음. 많은 사용자는 휴식 시간에 타이머 앱을 다시 열고 입력할 가능성이 낮음.
- ❌ 추천 판단: 추가 기능으로는 흥미롭지만, 핵심 경험 흐름에는 방해 요소. 장기적으로도 선택적 도입.

3. 집중/휴식에 대한 종합 평가

- 😊 장점: 자기 인식(self-awareness)을 높이고, 회고 성찰이 가능.
- ⚠️ 단점: 뽀모도로 기법의 단순함을 해치고, 사용자의 '기록 피로'를 유발할 가능성.
- ❌ 추천 판단: 습관화된 사용자에겐 유익하나, 초보 사용자에게는 오히려 방해 요인. MVP 단계에선 부적절.

4. 원형 프로그레스 UI + 원 클릭으로 분야 지정

- 😊 장점: 직관적이고 감각적인 UX 구현 가능. 미니멀하면서도 기능적 UI.
- ⚠️ 위험: 구현 난이도가 다소 높고, 일반적인 사용성이 불편할 수 있음(특히 모바일 화면에서 원 중심 터치 정확도).
- ✅ 추천 판단: UI 차별화 요소로는 매우 창의적. 차별화된 UX를 원할 경우 강력 추천.

5. 챗GPT API로 분야별 정보 제공

- 😊 장점: 실시간 학습/생산성 도우미 역할 가능. 앱의 부가가치 상승.
- ⚠️ 단점: 유료 API 사용에 따른 비용, 사용자별 니즈 파악 어려움, 기능 분산으로 포커스 저하.
- ❌ 추천 판단: MVP에는 절대 부적절. 명확한 목적이 있는 전문앱으로 분화 시 시도할 만함.

6. 세션 활동 사진 인증

- 😊 장점: 습관화 또는 Accountability 앱에서 자주 쓰이는 방식으로, 루틴 강화 가능.
- ⚠️ 문제점: 개인정보 이슈, UX 피로도 상승, 실용성 낮음(실제로 안 찍게 됨), 카메라 사용 불편.
- ❌ 추천 판단: 생산성 앱에는 맞지 않음. 인증 기반 앱(예 운동, 식단 등)에 적합.

🌟 종합 판단 – 가장 이상적인 아이디어

1번 (집중 분야 선택)과 4번 (원형 UI 내 클릭 기반 태그 지정)이 가장 이상적인 조합입니다.
집중 흐름을 해치지 않으며, 작업 컨텍스트를 태깅하는 용도로 유용하고, UX적으로 감각적이면서 기능적인 접근이 가능하기 때문입니다.

> 💡 **창의적 확장 아이디어 3가지**
>
> 1. **자동 태깅 제안 기능 (AI 기반 작업 추론)**
>   - 사용자의 이전 태그 기록 + 시간대/요일 + 앱 사용 패턴을 기반으로 자동 추천 태그 제공 → 입력 피로 최소화.
> 2. **세션 기록 요약 리마인더 (Daily Reflection Prompt)**
>   - 하루의 뽀모도로가 끝나면, 간단한 회고 질문 1~2개 제공 (예 "오늘 가장 잘 집중된 뽀모도로는?") → 사용자의 루틴 정착 + 성찰 유도.
> 3. **뽀모도로 리듬 가이드(음악/소리)**
>   - 집중/휴식 상태에 따라 백그라운드 사운드 변화. 예 집중 시 백색소음, 휴식 시 자연음 → 상태 인식 강화 + 감각적 몰입.

Step 05 / MVP 최종 정의

챗GPT의 냉철한 분석을 바탕으로 최종 기능을 정의하겠습니다. 아래 프롬프트를 **챗GPT**에 입력해 주세요.

> 🗨️ **프롬프트 4-5**
>
> 너의 의견을 바탕으로 MVP에 맞게 아이디어를 정리해봤어. 읽어 보고 마지막으로 피드백 해주고, 지금까지 대화한 내용을 바탕으로 뽀모도로 디미의 최종 MVP를 직관적으로 정리해 줘.
>
> 1. '집중 시간'을 클릭하면 사용자는 태그를 지정할 수 있다. 태그는 사용자의 선택이며 자유롭게 입력한다. 한 번 입력한 태그는 재사용할 수 있고, 다음 집중 시간 세션에서 디폴트로 지정한다.
> 2. 하루의 뽀모도로가 모두 종료되면 간단한 회고 질문을 1~2개 제공한다. 사용자의 답변을 내부적으로 유형화하는 것을 고려한다. (OpenAI API 활용 고려)
> 3. 집중 시간 세션에는 어울리는 음악을 제공한다. (백색 소음, 자연음 등 저작권 무료 콘텐츠 재생)

> ✅ **피드백**
>
> 1. **집중 시간 중 태그 지정 (자유 입력 + 재사용 + 디폴트)**
>
>   👍 매우 이상적인 기능입니다.
>
>   - 사용자 개입을 최소화하면서도 집중의 목적을 분명히 할 수 있어요.
>   - 디폴트/재사용 로직은 반복성을 높이고 사용자 경험을 간결하게 해줍니다.
>   - MVP에 자연스럽게 포함 가능.
>
> 2. **종료 후 회고 질문 (1~2개) + 유형화 고려**
>
>   ⚠️ MVP+ 수준의 기능입니다.
>
>   - 간단한 질문 1~2개는 부담이 없고, 습관 형성에도 유익합니다.
>   - OpenAI API 활용은 후속 확장 시 강력하지만, MVP에서는 내부 분류나 로컬 처리로 시작하는 것이 좋습니다.
>   - 단순 텍스트 저장 → 추후 의미 분석 도입이 이상적입니다.
>
> 3. **집중 시간 중 음악 제공 (저작권 무료)**
>
>   👍 사용자 몰입에 도움 되는 좋은 보조 기능입니다.
>
>   - 기본 백색소음, 자연음 등 간단한 트랙만 제공한다면 MVP에서도 무리 없이 구현 가능합니다.
>   - 단, 스트리밍이 아닌 로컬 음원 또는 URL 재생 방식으로 최소 구현 추천.

그동안 챗GPT와 대화 나눈 내용과 피드백을 종합하여 다음과 같은 최종 MVP 요약을 완성했습니다. 이후 실제 앱 개발할 때 바로 사용할 수 있게 아래와 같이 문서로 작성해 놨으니 노션 페이지 `프롬프트 4-6` 에서 내용을 참고하세요.

> 💬 **프롬프트 4-6**
>
> 🎯 **뽀모도로 타이머 앱의 최종 MVP 요약 (최소 기능 기준)**
>
> - ⏱️ 집중 타이머: 25분 타이머 시작/정지/리셋, 남은 시간 표시
> - ☕ 짧은 휴식 타이머: 5분 타이머 + 4회 반복 후 긴 휴식(15분)
> - 🔔 알림 기능: 타이머 종료 시 시각/청각 알림
> - 🏷️ 태그 지정: 집중 시간 클릭 시 태그 입력 가능, 재사용 및 디폴트 설정

- 🎧 음악 재생: 집중 시간 동안 백색소음/자연음 등 선택 재생
- 🏁 하루 회고 질문: 하루 종료 시 간단한 1~2개의 질문 제공 및 답변 저장

🧩 **구현 시 참고 사항**
- UI는 심플 & 직관적으로 (큰 시작 버튼, 현재 상태(집중/휴식) 명확 표시)
- 모든 입력은 선택 사항, 기본 흐름은 방해 없이 자동 진행
- 로컬 저장 우선, 추후 백업/동기화는 확장 버전에서 고려

이번 실습을 통해서 여러분은 MVP라는 중요한 개발 방법론을 배웠습니다. 또한 뽀모도로 기법을 앱 개발에 적용하기 위해 필수적인 기능도 챗GPT와 함께 정의해봤습니다. 다음 과정에서는 챗GPT와 함께 기술 스택을 점검하겠습니다.

 우리 앱에 딱 맞는 기술 고르기: 챗GPT와 함께 기술 스택 점검하기

지난 과정에서는 '뽀모도로 타이머' 앱의 핵심 가치를 MVP^Minimum Viable Product 에 담았습니다. 이번 과정에서는 MVP 기능을 개발하는 데 꼭 필요한 기술 스택을 정의하겠습니다. 세상에는 다양한 기술이 존재하지만, **MVP를 구현할 때는 꼭 필요한 기술만 사용하는 것이 원칙**입니다. 처음부터 너무 많은 기술을 끌어안으면 배우기도 어렵고 관리하는 데도 힘이 잔뜩 들어갈 테니까요.

이번에도 챗GPT와 대화하면서, 기술 스택을 도출하겠습니다. 이 과정에서 MVP 목록을 비교하며, "과연 이 기술이 꼭 필요할까?"를 꼼꼼히 따져보겠습니다. 이 과정을 경험하면 여러분은 아래와 같은 장점을 얻을 수 있습니다.

MVP 개발에 필요한 기술 이해	각 기술을 어느 단계에 도입하는 게 좋을지 판단
꼭 필요한 기술의 선택	😊 챗GPT에게 기술적인 조언을 얻고, 그 내용을 비판적으로 검토하기

프롬프트에는 프로그래밍에 필요한 핵심 개념이 담겨 있습니다. 프롬프트를 맹목적으로 복사 & 붙여넣기 하지 말고, 궁금한 개념은 챗GPT에게 물어서 이해하고 넘어갑시다.

Step 01 / MVP 기능과 후보 기술 스택 알려주고, 평가 요청하기

챗GPT에게 MVP 목록과 예상 기술 스택을 알려주고, MVP 구현에 필요한 기술이 무엇인지 분석해 달라고 요청하겠습니다. 새로운 대화를 열고 모델은 [GPT-5]를 선택합니다. 그리고 아래 프롬프트를 **챗GPT**에 입력해 주세요.

> **프롬프트 4-7**
>
> 우리가 만들 '뽀모도로 타이머' 앱의 최종 MVP 기능 목록과 사용을 고려 중인 기술 스택은 아래와 같아.
>
> **최종 MVP 기능 목록**
> - 집중 타이머: 25분 타이머 시작/정지/리셋, 남은 시간 표시
> - 짧은 휴식 타이머: 5분 타이머 + 4회 반복 후 긴 휴식(15분)
> - 알림 기능: 타이머 종료 시 시각/청각 알림
> - 태그 지정: 집중 시간 클릭 시 태그 입력 가능, 재사용 및 디폴트 설정 (참고: 모든 입력은 선택 사항)
> - 음악 재생: 집중 시간 동안 백색소음/자연음 등 선택 재생
> - 하루 회고 질문: 하루 종료 시 간단한 1~2개의 질문 제공 및 답변 저장 (참고: 로컬 저장 우선)
>
> ⋮
>
> **요청**
>
> 위에 제시된 MVP 기능 목록만을 구현한다고 가정했을 때, 제안된 기술 스택의 각 요소들이 정말로 필수적인지, 아니면 MVP 이후 버전에서 도입해도 괜찮을지 평가해 줘. 각 기술 요소별로 MVP 구현에 필요한지 여부와 그 이유를 간략히 설명해 줘. 추가적인 아이디어를 제안해도 돼.
>
> 프롬프트 전체 내용은 노션 템플릿 [프롬프트 4-7]을 참고해 주세요.

프론트엔드 (Flutter)

1. **Flutter (>=3.16)** ✅ **MVP에 필수**
   - Flutter 자체가 UI 구현의 중심 기술이므로 필수입니다.
   - 최신 버전은 Material 3 지원, 성능 향상, 버그 수정 등에서 이점이 큽니다.
   - ➕ **제안**: pubspec에 버전 상한을 열어두면 향후 업데이트 유연성 확보 가능.

2. **Dart** ✅ **MVP에 필수** - Flutter 개발을 위한 기본 언어로, 생략 불가능합니다.

3. **Material 3 (useMaterial3: true)** ✅ **MVP에 필수**
   - 일관된 UI/UX 제공이 가능하고, Flutter 3.16 이후 기본 권장 방식입니다.
   - ➕ **제안**: 앱의 브랜드 컬러를 적용한 ColorScheme으로 사용자 몰입도 개선.

4. **Riverpod** ✅ **MVP에 강력 권장**
   - 타이머 상태, 태그 입력, 음악 재생, 회고 저장 등 다수의 상태를 효율적으로 관리해야 합니다.
   - 테스트 용이성과 확장성, 비동기 지원도 우수합니다.
   - MVP 이상을 고려한 구조를 처음부터 갖추는 것이 유지보수에 유리합니다.
   - ➕ **제안**: 정말 단순한 MVP만 할 경우 setState도 가능하나 확장에 불리합니다.

5. **go_router** ⌛ **MVP 이후 고려 가능**
   - 페이지가 많은 앱이 아니라면 MVP에서는 Navigator로 충분합니다.
   - 다만 회고 화면, 설정 화면 등 분기 구조가 많아질 경우를 대비해 조기 도입해도 좋습니다.
   - ➕ **제안**: 초기에 단순한 라우팅만 필요하다면 MaterialPageRoute로 시작 후 교체 가능.

6. **flutter_animate** ⌛ **MVP 이후 도입 권장**
   - 사용자 경험(UX)을 향상시키는 요소로, 없어도 기능 구현은 문제 없습니다.
   - MVP 이후 사용자 반응을 보며 자연스러운 전환 효과 추가에 활용 가능합니다.
   - ➕ **제안**: 단순 fadeIn 정도는 직접 구현 가능하므로, 꼭 패키지가 필요한지는 검토 후 결정.

7. **shared_preferences** ✅ **MVP에 필수**
   - 태그 목록 저장, 회고 답변 로컬 저장 등에 간단한 로컬 캐시 필요.

- DB 없이도 키-값 형태로 가볍게 사용 가능하며, 최초 MVP에 적합한 저장 방식입니다.
- ➕ **제안**: 이후 Supabase Storage/DB로 이전할 구조 고려해 데이터 구조 설계해 두면 좋습니다.

서버리스 백엔드 (Supabase)

1. **PostgreSQL** ⏳ **MVP 이후 고려**
   - MVP에서 모든 데이터는 로컬(shared_preferences)로 충분히 처리 가능.
   - 사용자 계정/통계/백업/동기화가 필요해지는 시점부터 도입하는 것이 적절합니다.
   - ➕ **제안**: 구조 설계만 미리 정리해 두면 이후 전환 시 손쉬움.

2. **Supabase Realtime** ⏳ **MVP 이후 도입 가능**
   - 집중 타이머나 태그 기능은 기본적으로 로컬 중심이며, 실시간 동기화는 필요하지 않음.
   - 여러 기기 간 동기화나 팀 집중 모드 등 협업 기능이 필요할 때부터 고려해도 늦지 않습니다.

3. **Supabase Storage** ⏳ **MVP 이후 고려 가능**
   - MVP 기능에 파일 업로드나 대용량 저장이 포함되지 않음.
   - 추후 사용자 음성 회고나 커스텀 음악 업로드 같은 기능이 생길 경우 유용하게 도입 가능.

요약: 도입 우선순위

✅ **MVP에 반드시 필요한 기술**
- Flutter (3.16+)
- Dart
- Material 3 (useMaterial3: true)
- shared_preferences
- Riverpod (간단하게라도 상태 관리 도구는 필요)

⏳ **MVP 이후 고려해도 괜찮은 기술**
- go_router
- flutter_animate
- Supabase (PostgreSQL, Realtime, Storage 전부)

추가 제안

- 앱 초기 진입 시 간단한 설정 페이지 또는 온보딩
  - ﹥ 사용자 맞춤 태그 설정, 음악 선택 등을 안내하는 UX로 초반 이탈률 감소 가능.
- 앱 사용 로그를 기록하는 로컬 디버그 로거
  - ﹥ 사용자 피드백 없이도 어떤 흐름에서 이탈이 많은지 파악 가능.
- 앱 UI 테마 자동 전환 (다크/라이트)
  - ﹥ 간단한 기능이지만 사용자의 만족도를 크게 높일 수 있음.

필요하시면 위 목록을 기반으로 한 기능 개발 순서표나 파일 구조 제안도 드릴 수 있습니다! 😊

Step 02 로컬 저장 방식, 좀 더 명확하게 정하기

챗GPT가 로컬 저장 방식으로 shared_preferences를 이야기했지만, 태그 목록이나 회고 답변처럼 좀 더 구조적인 데이터를 저장해야 한다면 다른 방식이 더 좋을 수도 있습니다. 이 부분에 대해 좀 더 명확한 조언을 구하겠습니다. 아래 프롬프트를 **챗GPT**에 입력해 주세요.

> **프롬프트 4-8**
>
> MVP 기능 중에 '태그 지정' (재사용, 기본 설정 포함)이랑 '하루 회고 질문이랑 답변 저장' 기능이 있잖아. 이 데이터들을 로컬에 저장해야 하는데, 'shared_preferences' 만으로 괜찮을까? 아니면 'Hive' 같은 로컬 데이터베이스를 쓰는 게 더 나을까? MVP 단계에서는 어떤 로컬 저장 방식을 쓰는 게 가장 합리적일지 이유와 어떻게 구현할지 추천도 해 줘.

---- Chat GPT

> ✅ **결론 먼저 : MVP에서는 Hive 사용을 추천드립니다.**
>
> 📌 **왜 shared_preferences는 부족한가?**
>
> shared_preferences는 아래 같은 특성을 가지고 있습니다 :
>
> 1. **장점**

- 키-값 기반의 간단한 설정 값 저장에는 매우 적합
- 빠르고 가볍고 쓰기 쉬움
- 설정값, 플래그, 토글, 문자열 한두 개 저장 등 단순 케이스에 매우 효율적

2. 단점

- 복잡한 구조의 데이터를 저장하기 어려움
- 리스트, 맵, 객체 등을 저장하려면 JSON으로 변환해 직접 직렬화/역직렬화해야 함
- 검색, 필터, 정렬 불가능
- 사용자가 입력한 태그를 오름차순 정렬하거나 사용 횟수로 랭킹을 매기고 싶을 때 불편
- 데이터 양이 많아질 경우 관리 어려움
- 회고 데이터를 날짜별로 저장/불러오기, 수정하려면 구조화된 저장소가 필요

🐝 Hive를 추천하는 이유

- 경량 NoSQL DB로 Flutter에 특화된 고성능 키-값 DB
- 완전히 로컬 DB지만 box 개념으로 여러 컬렉션처럼 관리 가능
- 객체를 직접 저장할 수 있어서 Tag, ReviewEntry 등 클래스로 구조화 가능
- 빠르고, 거의 설정 없이 바로 사용 가능

⛳ 결론 요약

- MVP 단순 설정값(예 집중시간 설정, 음원 종류 등) → shared_preferences
- 구조적, 반복적인 사용자 데이터 (태그, 회고 등) → Hive

👉 따라서, 두 가지를 혼용하는 것이 가장 합리적입니다.

- shared_preferences → 앱 설정 / 토글 / 음원 종류 저장
- Hive → 태그 목록, 회고 답변, 날짜별 회고 기록 등

Step 03 / 최종 MVP 기술 스택 요약 요청하기

이제 챗GPT와 나눈 이야기를 바탕으로, '뽀모도로 타이머' MVP 개발에 사용할 최종 기술 스택을 명확하게 정리해 달라고 요청하겠습니다. 아래 프롬프트를 **챗GPT**에 입력해 주세요.

> **프롬프트 4-9**
>
> 좋아, 우리가 나눈 이야기를 바탕으로 '뽀모도로 타이머' 앱 MVP 개발에 꼭 필요한 최종 기술 스택을 정리해 줘. 각 기술 요소랑 그 역할을 아주 간단하게 요약 목록으로 보여주면 좋겠어(로컬 저장은 Hive를 쓰기로 했어).

 Chat GPT

📱 프론트엔드 (Flutter 기반)

1. **Flutter (>=3.16)** → 전체 앱 UI와 로직 구현을 위한 프레임워크
2. **Dart** → Flutter 앱 개발 언어
3. **Material 3 (useMaterial3: true)** → 일관되고 현대적인 디자인 구성
4. **Riverpod** → 타이머, 설정값, 상태관리 등 전역 상태 관리
5. **shared_preferences** → 앱 설정(집중시간, 음원종류 등) 저장용 경량 키-값 저장소
6. **Hive** → 태그, 회고 답변 등 구조화된 사용자 데이터 저장용 로컬 DB
7. **just_audio** → 백색소음/자연음 등 집중용 음원 로컬 재생

💡 선택 사항 (MVP 이후 확장용)

1. **go_router** → 페이지 이동이 많아질 경우 라우팅 관리(MVP에선 단일 화면이면 생략 가능)
2. **flutter_animate** → 타이머 동작 시각 효과 등 몰입감 향상을 위한 애니메이션
3. **Supabase (PostgreSQL, Storage, Realtime)** → 로그인, 클라우드 백업, 멀티 디바이스 연동 등 향후 기능 확장 시 도입 고려

어떻습니까? 챗GPT와 함께 우리가 정한 MVP 기능 목록을 기준으로 후보 기술 스택을 하나하나 따져보니, MVP 단계에서는 어떤 기술에 집중해야 할지 훨씬 명확해졌죠? **특히 백엔드**^{Supabase} **연동은 MVP 이후로 미루고 로컬 저장**^{Hive}**에 집중하기로 한 결정은 혼자 개발하는 입장에서 초기 개발 부담을 덜고 핵심 기능 구현에 집중하는 데 큰 도움이 될 겁니다.**

이렇게 기술 스택을 MVP에 맞게 정리하는 과정은 정말 중요합니다. 이제 우리는 이 명확해진 기술 계획을 가지고, 본격적으로 앱 개발을 시작할 기술 스택을 정리했습니다. 다음 과정에서는 디자인 시스템의 기초를 다져보겠습니다.

앱에 색깔 입히기: 챗GPT와 함께 디자인 시스템 기초 다지기

이번 과정에서는 본격적으로 기능을 구현하기에 앞서, 앱의 디자인 시스템을 결정하겠습니다. 디자인 시스템은 **앱 전체의 색상, 글꼴, 버튼 모양 등을 일관성 있게 유지하는 역할**을 수행합니다. 그래야 사용자에게 깔끔하고 전문적인 인상을 줄 수 있습니다.

우리는 **Material 3**라는 디자인 시스템을 사용할 예정입니다. 이번에는 챗GPT의 도움을 받아, Material 3 기반의 디자인 시스템 문서를 작성하겠습니다.

Step 01 / Material 3 디자인 시스템 설계

Material 3 디자인 시스템을 설계하겠습니다. 아래 프롬프트를 **챗GPT**에 입력해 주세요.

> **프롬프트 4 - 10**
>
> 최종적으로 결정된 MVP 목록과 기술 스택 목록에 따라 '뽀모도로 타이머' 앱에 어울리는 디자인 시스템을 설계하려고 해. MVP 목록과 기술 스택 목록은 아래와 같아.
>
> **최종 MVP 기능 목록**
> - 집중 타이머: 25분 타이머 시작/정지/리셋, 남은 시간 표시
> - 짧은 휴식 타이머: 5분 타이머 + 4회 반복 후 긴 휴식(15분)
> - 알림 기능: 타이머 종료 시 시각/청각 알림
> - 태그 지정: 집중 시간 클릭 시 태그 입력 가능, 재사용 및 디폴트 설정(참고: 모든 입력은 선택 사항)
> - 음악 재생: 집중 시간 동안 백색소음/자연음 등 선택 재생
> - 하루 회고 질문: 하루 종료 시 간단한 1~2개의 질문 제공 및 답변 저장(참고: 로컬 저장 우선)
>
> ⋮
>
> **요청**
> 위에 제시된 MVP 기능 목록과 기술 스택 목록에 따라 뽀모도로 타이머 앱을 개발한다고 가정했을 때, Material 3 컨셉에 맞는 세련되고 모던한 '디자인 시스템' 설계 문서를 작성해 줘.
>
> 프롬프트 전체 내용은 노션 템플릿 [프롬프트 4-10]을 참고해 주세요.

1. 앱 목적과 디자인 원칙

✅ 앱의 목적
- 사용자의 집중 시간을 구조화하고, 쉬는 시간과 회고 루틴을 통해 지속 가능한 몰입 습관을 형성

🎯 핵심 가치
- 집중 유지: 방해 요소를 최소화한 미니멀 디자인
- 기록과 반복: 행동 이력을 태그와 회고로 시각화

🎨 디자인 원칙
- 명확성(Clarity): 정보 위계가 뚜렷하고 인터페이스는 직관적일 것
- 일관성(Consistency): 동일한 컴포넌트는 동일한 동작과 스타일 유지

2. UI 컴포넌트 정의
- PrimaryButton: 타이머 시작, 회고 저장 등 주요 액션용
- SecondaryButton: 일시정지, 리셋 등 보조 동작용 테두리 버튼
- TimeDisplay: 남은 시간 표시 및 원형 애니메이션 효과 포함
- TagInputField: 태그 입력 및 자동완성 기능
- SessionSummary: 완료 세션, 태그 빈도 등 요약 정보 카드

3. 컬러 팔레트
- Primary: #6750A4 - 핵심 액션 강조
- OnPrimary: #FFFFFF - Primary 위 텍스트
- Secondary: #625B71 - 보조 텍스트 및 테두리
- Tertiary: #7D5260 - 감성 요소 (회고 등)
- Background: #FFFBFE - 앱 전체 배경
- Surface: #F4EFF4 - 카드, 컨테이너 배경
- Error: #B3261E - 유효성 실패 시 강조
- OnBackground: #1C1B1F - 일반 텍스트 색상

4. 타이포그래피
- Display Large(32px): 타이머 숫자 표시
- Headline Medium(24px): 페이지 제목

- Title Medium(20px): 카드/버튼 제목
- Body Large(16px): 설명 문장, 회고 입력 등
- Label Large(14px): 버튼 및 입력 필드 라벨
- 기본 글꼴은 Roboto 또는 Noto Sans
- 라인 높이: 1.5 / 정렬: 왼쪽 정렬 우선

5. UI 컴포넌트 스타일 가이드

- PrimaryButton 스타일
  - 배경색: Primary, 텍스트색: OnPrimary, 모서리: 24px radius, 그림자: Elevation 1
- SecondaryButton 스타일
  - 배경: 투명, 테두리: Secondary, 텍스트: Secondary, 상태 변화: Hover 시 음영 강조
- 입력 필드 스타일
  - 스타일: Filled (Material 3), 아이콘 포함 허용, 유효성 실패 시 Error 색상 사용

6. 아이콘 스타일

- 아이콘 세트: Material Symbols / Cupertino Icons
- 기본 크기: 24px (상황에 따라 18~36px 조절)

7. 공간 및 레이아웃 시스템

- 기본 단위: 4dp 계열 (4/8/16/24 등)
- 카드: 내부 여백 16px, 카드 간격 12~16px

8. 화면 구성 예시 (타이머 메인 화면)

- 타이머를 중심으로 상단에 배치해 집중 유도
- 하단은 기능 버튼만 배치해 산만함 최소화
- 회고는 별도 카드 또는 Bottom Sheet로 연결

9. 마무리

- 이 디자인 시스템은 Pomodoro 타이머 앱의 핵심 기능을 기준으로, Material 3의 철학(명확성, 일관성, 감성적 안정)을 반영하여 구성됨

완성된 디자인 시스템은 별도의 문서로 보관하시기 바랍니다. 이후에 와이어프레임을 만들 때 사용됩니다. 저의 경우에는 **[디자인 시스템 명세서.pdf]** 라는 파일로 저장했습니다.

Step 02 디자인 시스템 설정에 따른 예시 화면

챗GPT가 설계해 준 디자인 시스템에 따라 예시 화면을 그려달라고 요청하겠습니다. 아래 프롬프트를 **챗GPT**에 입력해 주세요.

> **프롬프트 4 - 11**
>
> 설계한 '디자인 시스템'에 정의된 디자인 원칙에 따라서 앱 UI를 구성하는 다양한 요소들이 어떻게 표현되는지 예시 화면을 그려줘. '디자인 시스템'에 정의된 아래 요소들을 예시 화면에 모두 포함해 줘.
>
> **내용**
> - 컬러 팔레트 작성
> - 타이포그래피 작성
> - UI 컴포넌트 스타일 작성
> - 아이콘 스타일 설정
> - 공간 및 레이아웃 설정

Chat GPT

🎨 **디자인 시스템 이미지**

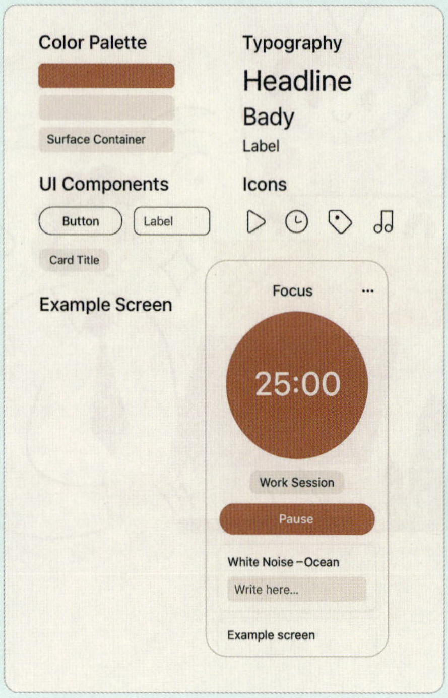
Color Palette
Surface Container
Typography
Headline
Bady
Label
UI Components
Button
Label
Card Title
Icons
Example Screen
Focus
...
25:00
Work Session
Pause
White Noise – Ocean
Write here...
Example screen

이제 우리 '뽀모도로 타이머' 앱의 기본적인 스타일(Material 3)을 결정했습니다. 다음 과정에서는 와이어프레임을 그려보겠습니다.

04 화면 스케치하기: 챗GPT와 함께 주요 화면 와이어프레임 구상하기

이번 과정에서는 코딩에 들어가기 전에, 앱의 실제 모습이 어떻게 그려지게 될지, 대략적으로 스케치해보는 단계를 진행하겠습니다. 바로 와이어프레임 또는 목업을 구상하며 **앱의 기본적인 구조와 요소를 미리 배치해보는 과정**입니다.

물론 우리는 디자이너가 아닙니다. 따라서 완벽한 디자인 시안을 만들 필요는 없습니다만, 코딩 전에 화면에 어떤 정보와 UI 요소가 배치될지 미리 구상해 두어야 개발 단계에서 겪게 될 혼란을 줄일 수 있습니다. 이 과정에서도 챗GPT는 위력을 발휘합니다. 우리가 정의한 MVP 기능 목록을 바탕으로 직접 와이어프레임을 그려줄 수 있으니까요. 이 과정을 통해서 여러분은 다음과 같은 이점을 얻을 수 있습니다.

MVP 기능을 실제 화면 요소로
구체화하는 연습 경험

코딩 전에 앱의 구조와
사용자 흐름 미리 시각화(머릿속으로)

챗GPT를 활용하여 화면 레이아웃
아이디어를 얻고 정리하는 방법 학습

Step 01 / 메인 타이머 화면 와이어프레임 요청

가장 핵심적인 **메인 타이머 화면**부터 시작합니다. 새로운 대화를 시작하고 모델은 [GPT-5]를 선택합니다. 그리고 이전에 작성한 **[디자인 시스템 명세서.pdf]**를 채팅창에 드래그합니다. 아래 프롬프트를 챗GPT에 입력해 주세요.

> **프롬프트 4 - 12**
>
> 최종적으로 결정된 MVP 기능 목록에 따라 '뽀모도로 타이머' 앱에 어울리는 와이어프레임을 디자인하려고 해. MVP 기능 목록은 아래와 같아. 첨부한 디자인 시스템 명세서를 검토하고 아래 내용에 따라 와이어프레임 안을 그려줘.
>
> ⋮
>
> **작업 지침**
> - 화면 상단, 중앙, 하단 등 영역별로 어떤 요소가 배치될지 구체적으로 설명해 줘
> - 각 요소의 종류(예 텍스트, 버튼)와 표시될 내용(예 '시작' 버튼)을 명시해 줘
> - MVP에 포함되지 않은 불필요한 요소는 제외하고 최대한 단순하게 구성해 줘
>
> 프롬프트 전체 내용은 노션 템플릿 [프롬프트 4-12]를 참고해 주세요.

와이어프레임

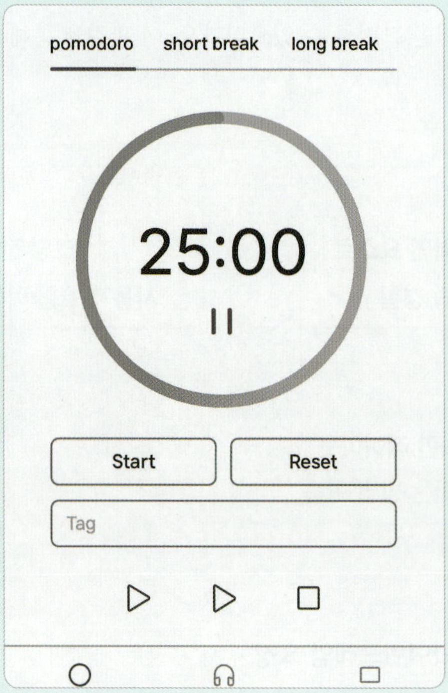

Step 02 예시 이미지를 통한 와이어프레임 디자인하기

이번에는 멋진 디자인 이미지를 이용해서 와이어프레임을 개선해 보겠습니다. 미리 준비한 **[와이어프레임 예시.png]**을 채팅창에 드래그하고 아래 프롬프트를 챗GPT에 입력해 주세요.

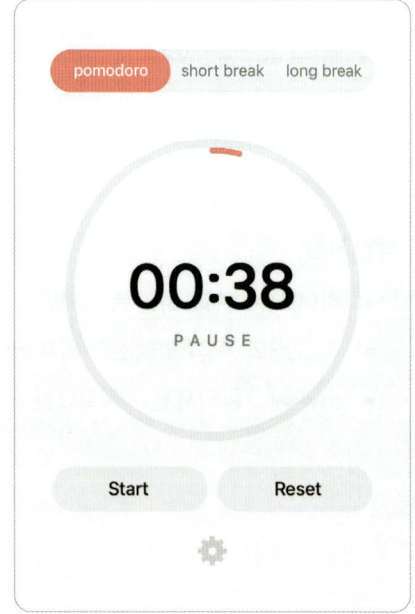

> **프롬프트 4 - 13**
>
> 첨부한 [와이어프레임 예시.png]를 바탕으로 비슷한 컨셉으로 다시 그려줘. 물론 이전에 업로드한 디자인 시스템 기준을 유지해야 해.

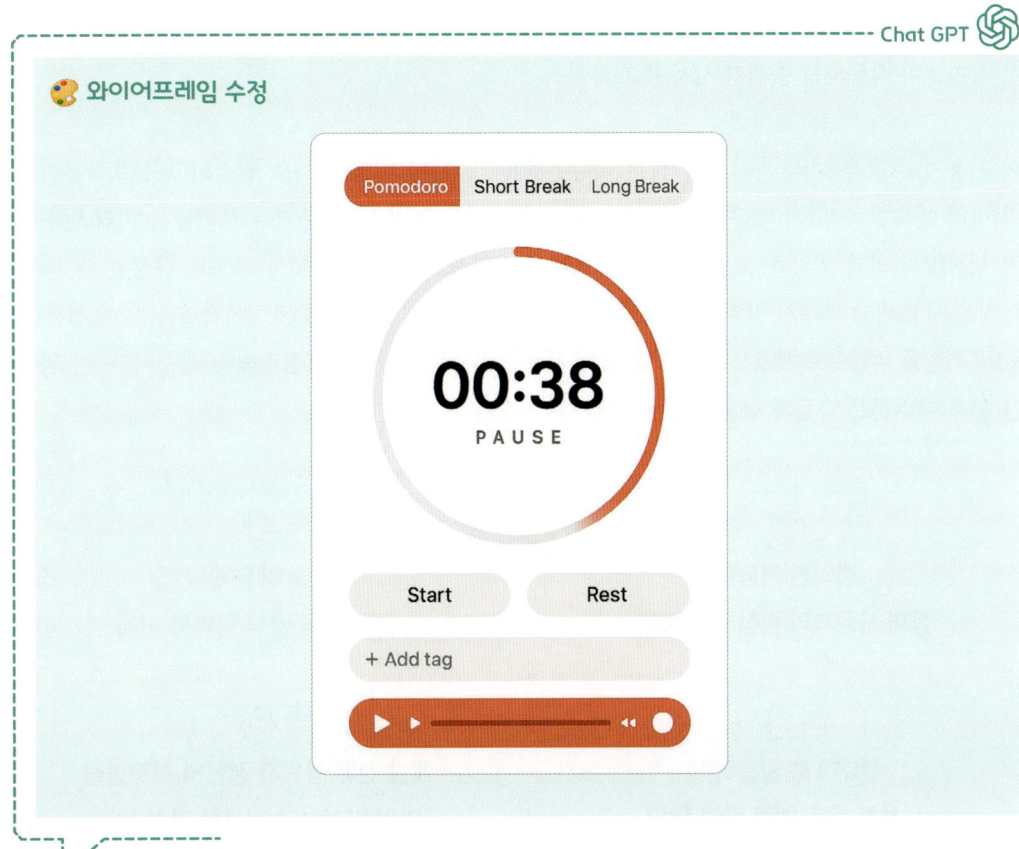

챗GPT가 디자인한 이미지를 적당한 디렉토리에 저장해 주세요. 파일 이름을 **"와이어프레임.png"** 로 저장하고, 이후에 커서 AI로 개발할 때 사용하겠습니다.

만약, 챗GPT가 디자인한 와이어프레임이 마음에 들지 않거나 더 좋은 아이디어가 있다면, **Dribbble** 같은 사이트에서 멋진 디자인을 찾아 디자인 개선을 요청해 보세요. "태그 입력 방식을 팝업 대신 화면 하단 시트 Bottom Sheet로 보여주는 건 어때?" 또는 "이전 태그 목록은 어떻게 보여주는 게 좋을까?"와 같이 구체적으로 질문하며 디자인을 다듬어 나갈 수 있습니다.

이제 '뽀모도로 타이머' 앱의 주요 화면이 대략 어떤 모습이 될지, 어떤 요소들이 어디에 배치될지 그려볼 수 있게 되었습니다.

 사용자 흐름 User Flows 작성

지금까지의 과정을 통해서 앱의 MVP와 기술 스택, 대략적인 화면 구성까지 마쳤습니다. 이제는 사용자가 앱을 동작하게 되는 흐름을 구체적으로 살펴볼 차례입니다. 사용자 흐름이란 **앱이 동작하는 단계별 경로**를 의미합니다. 이를테면, 뽀모도로 타이머에서 집중 시간이 시작되어서 휴식까지 한 사이클이 작동되는 순서가 사용자 흐름이죠.

이 사용자 흐름을 미리 파악해야 하는 이유는 각 기능들이 어떻게 서로 연결되고 상호작용하는지 미리 예측할 수 있기 때문입니다. 사용자가 앱을 사용할 때 겪는 문제나 불편함을 미리 발견하면 개선할 기회가 생기죠. 그리고 사용자 흐름이 명확하게 정의되면 AI와 코드를 작성할 때, 어떤 로직을 사용해야 하는지 알려주는 지침이 되기도 합니다. 이번에도 챗GPT에게 도움을 요청하여, **MVP 기능을 바탕으로 '뽀모도로 타이머' 앱의 사용자 흐름들을 단계별로 정리**해 보겠습니다. 이 과정을 통해 여러분은 다음과 같은 이점을 얻을 수 있습니다.

- 정의된 기능을 실제 사용자의 관점으로 경험
- 기능의 연계와 앱의 작동 방식 명확히 이해
- 챗GPT를 활용하여 사용자 흐름 예측 방법 학습
- 개발 전에 사용자 경험의 문제점을 미리 발견하고 개선할 기회 찾기

 핵심 뽀모도로 사이클 흐름 요청

가장 기본적이면서 핵심적인 흐름, 즉 **사용자가 뽀모도로 한 사이클(집중+짧은 휴식)을 완료하는 과정을 정의**하겠습니다. 새로운 대화를 열고 모델은 [GPT-5]를 선택합니다. 그리고 앞에서 완성한 **[와이어프레임.png]**를 채팅창에 드래그 한 후, 아래 프롬프트를 챗GPT에 입력해 주세요.

> **프롬프트 4 - 14**

'뽀모도로 타이머' 앱의 핵심 뽀모도로 사이클의 사용자 흐름을 단계별로 설명해 줘. 아래 MVP 기능 목록을 바탕으로, 사용자가 앱을 처음 실행해서 집중 타이머를 시작하고, 집중 시간이 끝나고, 짧은 휴식 시간이 끝나는 과정까지의 사용자 행동과 앱의 반응을 순서대로 묘사해야 해.

⋮

작업 지침

- 각 단계는 '사용자 행동'과 '앱의 반응'으로 구분해서 설명해 줘.
- MVP 기능 외 불필요한 내용은 제외하고 단순하게 묘사해 줘.
- 와이어프레임을 첨부했어. 이미지에서 사이클을 중심으로 분석하고 수행해 줘.

프롬프트 전체 내용은 노션 템플릿 [프롬프트 4-14]를 참고해 주세요.

---- Chat GPT

🍅 Pomodoro 사이클 – 사용자 흐름 요약

✅ 1단계: 앱 실행

1. **사용자 행동**: 앱을 실행함
2. **앱의 반응**
    - 상단 탭 중 Pomodoro가 기본 선택됨
    - 타이머는 25:00으로 초기화되어 중앙에 표시됨
    - 음악은 재생 대기 상태 (재생 버튼 표시)
    - 하단 버튼: Start, Rest, + Add tag 표시

✅ 2단계: 집중 타이머 시작

1. **사용자 행동**: Start 버튼을 누름
2. **앱의 반응**
    - 타이머가 25:00부터 감소 시작
    - 원형 프로그레스 바가 시계 방향으로 채워짐
    - 중앙에 남은 시간이 MM:SS 형식으로 실시간 표시됨
    - 원형 타이머 클릭 시 일시정지: Pause 상태로 변경, 재클릭 시 다시 재생

✅ 3단계: 집중 타이머 도중 행동

1. **사용자 행동:** 태그 입력 또는 선택 (+ Add tag), 중앙 원형 타이머 클릭 → 일시정지 또는 재개, 음악 컨트롤러 조작 → 백색소음 재생/일시정지/정지
2. **앱의 반응**
   - 입력한 태그는 임시 저장
   - 음악은 백그라운드 재생
   - 타이머는 일시정지 시 Pause 표시, 재개 시 다시 카운트다운

✅ 4단계: 집중 타이머 종료

1. **사용자 행동:** 타이머가 00:00 될 때까지 대기
2. **앱의 반응**
   - 타이머 종료 시 알림 발생
   - 시각적 알림: 프로그레스 링 점멸 또는 색상 변화
   - 청각적 알림: 알림음 재생
   - 상단 탭이 Short Break(짧은 휴식)으로 자동 전환
   - 타이머는 05:00으로 초기화됨
   - 중앙에 Start 버튼 재활성화

✅ 5단계: 짧은 휴식 시작

1. **사용자 행동:** Start 버튼을 눌러 짧은 휴식 시작
2. **앱의 반응**
   - 타이머가 05:00부터 카운트다운 시작
   - 프로그레스 바 색상이 짧은 휴식 전용 색상으로 변경(예 녹색 또는 회색)
   - 중앙 원 클릭 시 일시정지, 재클릭 시 재개

✅ 6단계: 짧은 휴식 종료

1. **사용자 행동:** 타이머가 00:00 될 때까지 대기
2. **앱의 반응**
   - 시각적/청각적 알림 발생
   - 다음 Pomodoro 집중 사이클 준비 완료
   - 타이머는 다시 25:00, 상단 탭은 Pomodoro로 전환

> 🔄 **사이클 반복 구조**
>
> 위 Pomodoro → Short Break 사이클이 4회 반복되면:
> - 다음 휴식은 자동으로 긴 휴식 (15분) 으로 전환됨
> - 긴 휴식 후 다시 Pomodoro로 순환됨 (MVP 기준 로직)

Step 02 집중 중 태그 지정 흐름 요청

이번에는 MVP 기능 중 하나인 **'태그 지정' 흐름을 구체화**하겠습니다. 아래 프롬프트를 챗GPT에 입력해 주세요.

> 💬 **프롬프트 4 - 15**
>
> 사용자가 집중 타이머가 동작하는 중에 '태그 지정' 기능을 사용하는, 사용자 흐름을 단계별로 설명해 줘. 이전 단계에서 정의한 상호작용(타이머 영역 클릭 -> 입력 필드 표시 -> 입력 -> 저장)을 바탕으로 '사용자 행동'과 '앱의 반응'을 묘사해야 해.
>
> ⋮
>
> 프롬프트 전체 내용은 노션 템플릿 [프롬프트 4-15]를 참고해 주세요.

─────── Chat GPT

> 🏷️ **집중 타이머 중 태그 지정 흐름**
>
> ✅ **1단계: 집중 타이머 실행 중**
>
> 1. **사용자 행동:** 사용자가 Start 버튼을 눌러 타이머를 실행 중임
> 2. **앱의 반응**
>   - 중앙 타이머가 25:00부터 감소하며 작동
>   - 원형 프로그레스 바가 실시간 진행 상태를 시각적으로 표시
>   - 하단에 + Add tag 버튼 또는 최근 사용 태그 버튼들이 노출됨

✅ 2단계: 태그 입력 시작

1. **사용자 행동**: 사용자가 하단의 + Add tag 버튼 또는 태그 입력 필드를 터치
2. **앱의 반응**
   - 입력 필드가 확장되며 커서가 깜빡이기 시작
   - 최근 사용된 태그들이 자동 추천 리스트로 나타남
   - 타이머는 백그라운드에서 계속 작동하며 중단되지 않음

✅ 3단계: 태그 입력 및 선택

1. **사용자 행동**: 키보드를 사용하여 직접 태그 입력 또는 추천 목록에서 기존 태그 선택 (예 "코딩", "논문작성" 등)
2. **앱의 반응**
   - 입력된 텍스트가 pill 형태의 태그 스타일로 시각화되어 표시됨
   - 사용자가 Enter 또는 ✔ 버튼을 누르면 입력이 완료되어 저장 준비
   - 이미 입력된 태그는 삭제 또는 수정 가능

✅ 4단계: 태그 저장 및 반영

1. **사용자 행동**: 저장 동작 수행: 확인 버튼 누르거나 외부 영역 터치로 입력 종료
2. **앱의 반응**
   - 해당 태그가 현재 세션에 연결되어 로컬 저장됨 (예 Hive 사용)
   - 저장된 태그는 이후 회고/통계에 반영될 수 있음
   - UI 상에서 입력 필드는 닫히고, 태그는 버튼 형태로 고정 표시됨
   - 새롭게 입력된 태그는 다음 세션에서 자동 추천 목록에 포함

✅ 보조 사항

1. **선택 입력 가능**
   - 사용자는 태그를 입력하지 않아도 세션은 정상 진행됨
   - 입력은 완전 선택 사항
2. **입력 중 종료 주의**
   - 태그는 실시간 저장이 아님
   - 입력 도중 앱을 종료하면 해당 태그는 저장되지 않음

Step 03 하루 회고 흐름 요청

마지막 MVP 기능인 **하루 회고 흐름을 정의**하겠습니다. 아래 프롬프트를 **챗GPT**에 입력해 주세요.

> **프롬프트 4-16**
>
> MVP 기능인 '하루 회고 질문' 사용자 흐름을 단계별로 설명해 줘. 언제, 어떻게 질문이 제시되고 사용자가 답변하며, 그 결과가 어떻게 저장되는지 '사용자 행동'과 '앱의 반응'으로 나누어 묘사해야 해.
>
> ⋮
>
> 프롬프트 전체 내용은 노션 템플릿 [프롬프트 4-16]을 참고해 주세요.

Chat GPT

🏁 **하루 회고 질문 - 사용자 흐름 요약**

✅ **회고 질문 제공 시점 (가정)**

1. **회고가 제공되는 조건**
   - 사용자가 하루 동안 집중-휴식 사이클을 완료하고 앱을 종료하거나 장시간 미사용
   - 다음 날 22시 이후, 전날 회고를 작성하지 않은 상태로 앱을 처음 실행할 경우
2. **기본 제공 타이밍**
   - 매일 밤 22시 이후 앱 실행 시, 회고 유도 조건을 우선 확인

🌙 **회고 사용자 흐름 - 단계별**

✅ **1단계: 회고 질문 조건 충족 시점**

1. **사용자 행동**: 집중 세션 후 앱 종료 또는 다음 날 22시 이후 앱 첫 실행
2. **앱의 반응**
   - 전날 회고 작성 여부 확인
   - 조건이 충족되면 회고 질문 팝업 또는 Bottom Sheet 표시

✅ **2단계: 회고 질문 제시**

1. **사용자 행동**: 앱이 제시하는 회고 질문을 확인
2. **예시 질문**

- "오늘 가장 잘 집중한 활동은 무엇이었나요?"
- "내일 더 나은 집중을 위해 개선할 점이 있다면?"

3. **앱의 반응**
   - 각 질문 아래 텍스트 입력 필드 제공 (멀티라인 허용)
   - 카드 형태 UI로 회고 영역 표시
   - 입력 시작 시 소프트 키보드 자동 활성화

✅ 3단계: 회고 입력 및 완료

1. **사용자 행동**: 질문에 자유롭게 텍스트 입력, 저장 또는 완료 버튼 클릭
2. **앱의 반응**
   - 회고 내용은 로컬 DB(Hive)에 날짜별 저장
   - 저장 완료 시: 회고 카드 닫힘, "오늘의 회고가 저장되었습니다." 등의 토스트 메시지 표시

✅ 4단계: 회고 작성 생략

1. **사용자 행동**: 회고 질문 표시 후 닫기(X) 또는 건너뛰기 버튼 선택
2. **앱의 반응**
   - 회고 없이 메인 화면 복귀
   - 해당 날짜는 "미작성" 상태로 기록
   - 이후 다시 묻지 않음 (사용자 선택 존중)

Step 04 / 사용자 흐름 정리

지금까지 대화를 나눈 내용을 토대로 사용자 흐름을 종합적으로 정리하겠습니다. 아래 프롬프트를 **챗GPT**에 입력해 주세요.

> **프롬프트 4 - 17**
>
> 지금까지의 대화를 토대로 아래 사용자 흐름을 종합적으로 정리해 줘.
>
> 1. 뽀모도로 사이클 사용자 흐름

2. 집중 타이머 중 태그 지정 흐름
3. 하루 회고 질문 - 사용자 흐름

사용자의 프롬프트 요청에 따라 챗GPT는 사용자 흐름을 종합적으로 정리해 줄 겁니다. 챗GPT가 작성해 준 내용을 **사용자 흐름 명세서.pdf** 등과 같은 문서로 저장해 주세요.

이제 '뽀모도로 타이머' 앱의 핵심 기능들에 대한 사용자 흐름까지 정의되었습니다. 사용자가 어떤 순서로 앱과 상호작용하는지 명확히 그려보는 이 과정은, **단순히 기능을 나열하는 것 이상으로 앱의 실제 작동 방식을 이해하는 데 큰 도움을 줍니다.** 또한, 이 흐름 명세서는 앞으로 커서 AI에게 특정 기능의 로직 구현을 요청할 때, "사용자가 시작 버튼을 누르면 타이머가 시작되고 버튼 텍스트가 '정지'로 바뀌어야 해" 등과 같이 훨씬 구체적이고 명확한 지시를 내릴 수 있는 근거 자료가 됩니다.

앱 정체성 정의하기:
챗GPT와 함께 앱 개요 및 특징 정리하기

지난 과정까지 여러분은 '뽀모도로 타이머' 앱의 ❶MVP, ❷기술 스택, ❸디자인 시스템, ❹와이어프레임, ❺사용자 흐름까지 작성했습니다. 본격적인 코딩에 들어가거나, 나중에 앱을 빌드하고 출시하는 단계를 생각하면, **우리가 만들 앱이 정확히 무엇인지, 누구를 위한 것인지, 어떤 가치를 제공하는지 명확하게 정리해 두는 것이 중요**합니다. 일종의 '앱 소개서' 초안을 만드는 과정이라고 할 수 있지요.

이 작업 역시 챗GPT와 함께 효율적으로 진행할 수 있습니다. 지금까지 우리가 논의하고 결정했던 내용들(특히 최종 MVP 명세서 등)을 바탕으로, 챗GPT에게 앱의 이름, 목표, 해결하고자 하는 문제, 대상 사용자, 핵심 기능, 사용자 경험 원칙 등을 간결하고 명확한 문장으로 정리해달라고 요청하는 것입니다. 이 과정을 통해 얻는 이점은 다음과 같습니다.

흩어져 있던 앱 관련 정보의 체계적인 문서화

 앱의 핵심 정체성과 가치를 명확한 언어로 표현

 챗GPT를 활용하여 기획/정의 문서를 효율적으로 작성하는 방법 학습

 나중에 앱 스토어 설명 작성, 기능 소개 등 다양한 목적에 활용될 수 있는 기초 자료 확보

Step 01 프로덕션 기획서 작성

프로덕션 기획서 작성을 요청하겠습니다. 챗GPT에서 새로운 대화를 열고 모델은 [GPT-5]를 선택합니다. 그리고 지금까지 만들었던 5개의 문서인 **[최종 MVP.pdf], [기술 스택 명세서.pdf], [디자인 시스템 명세서.pdf], [와이어프레임.pdf], [사용자 흐름 명세서.pdf]**를 채팅창에 드래그한 후, 아래 프롬프트를 **챗GPT**에 입력해 주세요.

> **프롬프트 4 - 18**
>
> 뽀모도로 타이머 앱을 개발할 예정이야. 첨부한 문서들과 앱의 전반적인 컨셉을 바탕으로 다음 항목들에 대해 간결하고 명확한 프로덕션 기획서를 작성해 줘.
>
> 1. 앱 이름 작성 : 뽀모도로 타이머에 어울리는 멋진 이름을 작명해 줘.
> 2. 앱의 핵심 목표 : 이 앱을 통해 사용자가 궁극적으로 무엇을 얻기를 바라는지 핵심 목표를 1~2문장으로 정의해 줘. (예 집중력 향상, 효율적 시간 관리 등)
> 3. 해결하고자 하는 문제 : 이 앱이 사용자의 어떤 어려움이나 문제점을 해결해 주려고 하는지 명확히 설명해 줘. (예 집중력 저하, 비효율적 시간 관리 등)
> 4. 타겟 사용자 : 이 앱이 주로 어떤 사람들에게 유용할지 구체적인 사용자 그룹을 명시해 줘. (예 학생, 개발자, 프리랜서 등)
> 5. 핵심 구현 기능 : MVP에 포함된 주요 기능들을 간결하게 목록으로 요약해 줘. (예 집중/휴식 타이머, 알림, 태그 지정 등)
> 6. 사용자 경험(UX) 원칙 : MVP 참고 사항('UI는 심플 & 직관적', '기본 흐름 방해 없이 자동 진행' 등)을 바탕으로, 이 앱이 추구하는 사용자 경험의 핵심 원칙 2~3가지를 설명해 줘.

7. 기술 스택을 정리해 줘.
8. MVP 구현을 위한 개발 일정표를 작성해 줘.

Chat GPT

📝 **뽀모도로 타이머 앱 - 프로덕션 기획서 (MVP 기준)**

1. 🍎 **앱 이름 제안**
   - 앱 이름: Focuslet
   - 의미: Focus + Applet(작고 단순한 앱)의 합성어
   - 특징: 집중을 작게, 자주, 가볍게 관리하는 타이머 앱의 정체성을 담음, 모던하고 발음하기 쉬움, 글로벌 앱스토어 출시 시에도 적합한 이름

2. 🎯 **앱의 핵심 목표**
   - 사용자가 하루를 집중과 휴식의 구조화된 루틴으로 설계할 수 있도록 돕는다
   - 그 경험을 태그와 하루 회고로 기록하여 지속 가능한 몰입 습관을 형성하게 한다

3. 🧩 **해결하고자 하는 문제**
   - 긴 작업 시간 동안 집중력을 유지하지 못함
   - 시간 감각 없이 일하거나 쉬는 습관으로 인한 생산성 저하
   - 하루를 돌아볼 기록 부재로 자기 피드백 부족

4. 🎯 **타겟 사용자**
   - 학생: 시험 공부, 과제 수행 등 집중 루틴이 필요한 사용자
   - 프리랜서 및 개발자: 몰입 시간 관리 및 작업 기록 필요
   - 재택근무자: 자율적인 시간 구조화에 어려움을 겪는 사용자

5. 🧩 **핵심 구현 기능 (MVP 기준)**
   - ⏱ 집중 타이머: 25분 타이머 시작/정지/리셋, 남은 시간 표시
   - ☕ 짧은 휴식 타이머: 5분 타이머, 4회 반복 후 15분 긴 휴식

- 🔔 알림 기능: 타이머 종료 시 시각/청각 알림 제공
- 🏷️ 태그 지정: 집중 시간 중 태그 입력 및 재사용 기능
- 🎧 음악 재생: 집중 시간 동안 백색소음 또는 자연음 재생
- 🚩 하루 회고 질문: 하루 종료 시 간단한 질문 제공 및 답변 저장

6. 💡 사용자 경험(UX) 원칙

- 심플 & 직관적인 흐름: 타이머 중심의 미니멀 UI 설계
- 비방해성 입력 구조: 태그 입력, 회고 등은 선택 사항으로 처리
- 자동화된 루틴 전환: 타이머 종료 → 알림 → 휴식 전환까지 자동 흐름 설계

7. 🧱 기술 스택 (MVP 기준)

- 프론트엔드 (Flutter 기반)
  - Flutter (>=3.16), Dart
  - Material 3 (useMaterial3: true)
  - 상태 관리: Riverpod
  - 로컬 저장: shared_preferences: 설정 값 저장용, Hive: 태그, 회고 데이터 저장용
- 오디오 재생
  - just_audio 사용
  - 앱 내 포함된 mp3 백색소음 음원 사용
- 서버리스 백엔드 (향후 확장용)
  - Supabase (PostgreSQL, Realtime, Storage 등은 MVP 이후 고려)

8. 📅 MVP 개발 일정표 (4주 스프린트 기준)

- 1주차: 🔧 기본 구조 구현
  - Flutter 프로젝트 세팅, 상태관리 구조 설계, 타이머 UI 레이아웃, 앱 흐름 설계
- 2주차: ⏱️ 핵심 기능 개발
  - 타이머 로직 구현 (집중/휴식 전환 포함), 알림 기능, 프로그레스 링 연동
- 3주차: 🏷️ 태그 & 🎧 음악
  - 태그 입력 UI 및 Hive 연동, 음악 재생 기능 구현 및 음원 삽입
- 4주차: 🚩 회고 & 최종 정리
  - 회고 기능 구현, 데이터 저장/조회, UI 마감, 버그 수정 및 QA

🔄 **이후 확장 가능 항목:**
- Supabase 연동 (계정, 클라우드 백업)
- 사용자 통계 시각화
- 테마 설정, 알림 커스터마이징 등 추가 기능

이제 챗GPT의 도움을 받아 앱의 이름부터 목표, 기능, UX 원칙까지 앱의 정체성을 명확하게 설명하는 기초 문서를 마련했습니다. 챗GPT가 작성한 내용을 **"Focuslet 프로덕션 기획서.pdf"** 파일로 저장해 주세요.

핵심 기능 구현:
타이머 로직과 기본 UI 완성(AI 개발 지원)

 **Focuslet 앱 개발: 플러터 프로젝트 세팅, 상태관리 구조 설계, 타이머 UI 레이아웃, 앱 흐름 설계**

이번 과정에서는 'Focuslet' 앱의 **본격적인 개발을 위해 기본 구조부터 먼저 구현**하겠습니다.

> ▼ 핵심 목표
>
> - 플러터 프로젝트를 생성하고 기본 설정을 완료하는 방법 이해
> - 커서 AI를 개발 환경으로 설정하고 활용하는 방법 익히기
> - 앱의 상태(데이터)를 관리하기 위한 기본적인 구조 설계 및 기초 개념 학습
> - 간단한 타이머 표시를 위한 초기 UI 레이아웃 구성
> - 앱의 주요 화면 간 이동 흐름(내비게이션) 설계 기초 다지기

🚩 학습 방식

지금부터는 각 단계별로 필요한 작업을 **커서 AI**와 함께 진행하겠습니다. 커서 AI의 답변을 그대로 적용하는 것보다는 꼼꼼하게 검토하는 방식을 추천합니다. 또한 궁금한 점은 추가로 질문하며 배우도록 합시다.

🚩 범위

이번 과정에서는 플러터 프로젝트를 생성하고, 커서 AI와의 연동, 앱의 기본적인 상태 관리, 폴더 구조 설계, 타이머 표시를 위한 최소한의 UI 레이아웃 구현, 그리고 앱의 초기 흐름 설계에 초점을 맞추겠습니다.

🚩 사전 준비 사항

- 플러터 SDK 설치 및 환경 변수 설정 완료
- Android Studio
- 커서 AI

📦 단계별로 구현하기

먼저, 커서 AI를 시작합니다. 초기화면에서 터미널을 실행하고 프로젝트 폴더로 이동합니다. 그리고 터미널에 아래 명령어를 입력해 주세요.

</> 터미널

```
> flutter create focuslet_app
```

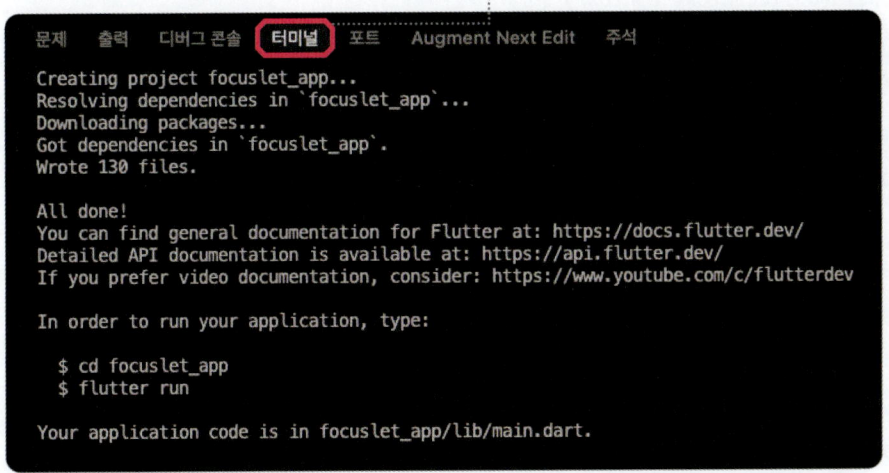

커서 AI 초기화면에서 **[Open project]** 버튼을 클릭한 다음 방금 생성한 **focuslet_app** 폴더를 선택하고 lib/main.dart 파일을 열어주세요.

불필요한 코드를 정리하기 위하여 main.dart를 아래 코드로 완전히 바꿔주세요.

> **프롬프트 4 - 19**

```dart
import 'package:flutter/material.dart';

void main() {
  runApp(const MyApp());
}

class MyApp extends StatelessWidget {
  const MyApp({super.key});

  // This widget is the root of your application.
  @override
  Widget build(BuildContext context) {
    return MaterialApp(
      title: 'Flutter Demo',
      theme: ThemeData(
        colorScheme: ColorScheme.fromSeed(seedColor: Colors.deepPurple),
      ),
      home: Scaffold(
        appBar: AppBar(
          title: Text('Flutter Demo'),
        ),
        body: Center(
```

```
            child: Text('Hello, World!'),
          ),
        ),
      );
    }
  }
```

Step 01 플러터 프로젝트 설정 및 커서 AI 개발 환경 준비

프로젝트의 기본 구조를 확인하고, 커서 AI와 원활하게 상호작용할 준비를 하겠습니다. `Ctrl`+`I`를 눌러 AI 어시스턴트 창을 엽니다. [Mode]는 **[Ask]**로, [Model]은 **[claude-4-sonnet]**을 선택하고 아래 프롬프트를 **커서 AI**에 입력해 주세요.

저자의 조언
- 아래 프롬프트는 플러터 개발의 첫 단추를 잘 끼울 수 있도록 돕기 위해서 설계했습니다. **프로젝트의 전체적인 숲(폴더 구조)과 나무 한 그루(핵심 파일인 main.dart)를 동시에 파악**하시기 바랍니다.

이 프롬프트의 목표
- 앱의 실제 시작 지점인 **main.dart** 파일 내부 코드, 특히 **main() 함수**와 앱의 첫 화면을 구성하는 루트 위젯의 기능을 파악하세요.

간단 팁
- 커서 AI가 생성한 main.dart에서 runApp(), StatelessWidget, StatefulWidget, 그리고 build() 메서드가 각각 어떤 순간에 왜 필요한지 생각해 보세요.

추가 학습 안내
- 이 프롬프트가 생성할 결과물의 각 코드 라인별 상세 설명이나, 특정 위젯(예 MaterialApp, Scaffold)의 더 다양한 활용법 등 깊이 있는 내용은 챗GPT나 커서 AI에게 "OOO에 대해 더 자세히 알려줘"와 같이 추가적으로 질문해 보세요.

> **프롬프트 4 - 20**
>
> **플러터 프로젝트 초기 설정 및 분석 요청**
> 현재 열려있는 플러터 프로젝트('focuslet_app')의 기본 구조(주요 폴더 및 파일 역할)를 간략히 설명해 주고, 'lib/main.dart' 파일의 코드를 분석해 줘. 특히, 앱의 시작점(main 함수)과 기본 위젯의 역할에 대해 알려줘.
>
> ⋮
>
> 프롬프트 전체 내용은 노션 템플릿 [프롬프트 4-20]을 참고해 주세요.

  CUSOR AI

1. 프로젝트 구조:

lib/ 폴더에 주요 앱 소스 코드가 위치하며, 그 외 android/, ios/, test/ 등 플랫폼별 코드 및 테스트 코드 폴더, 환경 설정 파일(pubspec.yaml, analysis_options.yaml 등)으로 구성된 표준적인 Flutter 프로젝트 구조를 가지고 있습니다.

2. lib/main.dart 코드 분석:

- **앱 시작점 (main 함수)**: void main() { runApp(const MyApp()); } 코드를 통해 MyApp 위젯을 실행하여 앱을 시작합니다.
- **루트 위젯 (MyApp)**: StatelessWidget으로 구현되어 있으며, 앱의 전체적인 틀을 구성하는 MaterialApp 위젯을 반환합니다.
- **MaterialApp 위젯**: 앱의 제목(title), 기본 테마(theme - 보라색 시드 컬러 기반), 그리고 홈 화면(home)을 정의합니다.
- **Scaffold 위젯**: MaterialApp의 home으로 지정되어 기본적인 머티리얼 디자인 레이아웃(앱 바, 본문 등)을 제공합니다.

✅ 현재 AppBar에는 'Flutter Demo'라는 제목이 표시되고, body에는 화면 중앙에 'Hello, World!' 텍스트가 표시됩니다. 결론적으로, 현재 'focuslet_app'은 Flutter 앱의 가장 기본적인 형태로, 화면 중앙에 "Hello, World!" 메시지를 표시하는 초기 상태입니다. 이 구조를 바탕으로 다양한 기능과 화면을 추가하여 앱을 발전시켜 나갈 수 있습니다.

커서 AI가 제공하는 설명을 꼼꼼하게 읽고 프로젝트의 기본 구조와 핵심 코드를 이해합니다. 만약 이해하지 못하는 부분이 있다면 커서 AI나 챗GPT에게 개념에 대해 질문하세요.

커서 AI 유료 구독(Pro 요금제)은 프리미엄 대화 횟수 제한이 사라졌으며, 이제는 요청 횟수가 아니라 월 $20 상당의 모델 사용량이 토큰 단위로 차감되는 구조로 변경되었습니다. 과도하게 사용하면 자동 속도 제한 rate limit 이 걸리거나 대기 시간이 발생할 수 있습니다. 오른쪽 화면에 [Listed 17 items in current directory]와 같은 메시지가 나타나는 경우가 있는데, 이를 **툴 콜** Tool Call 이라고 부릅니다.

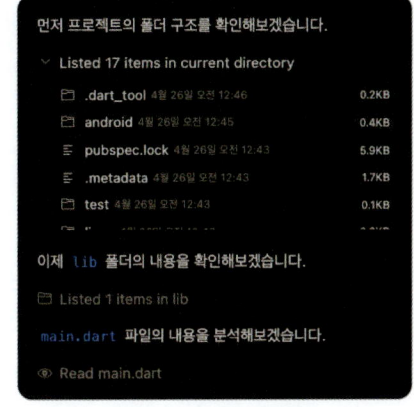

툴 콜은 커서 AI가 사용자의 요청을 처리하는 과정에서 외부 정보에 접근하거나, 코드베이스를 검색/분석/수정하거나, 터미널 명령을 실행하는 행위 한 번을 의미합니다. 1회 대화에서 기술적으로 여러 번의 툴 콜을 수행할 수 있지만, 대화가 길어져 토큰 사용량이 커지면 그만큼 Pro 요금제의 월 한도가 빨리 소진됩니다. 한도를 모두 쓰면 Auto 모드 전환, 초과분 종량제 결제, 상위 요금제 업그레이드 중에서 선택해야 합니다.

툴 콜의 종류

커서 AI에서 대표적으로 지원하는 툴 콜의 종류는 다음과 같습니다.

- **파일 읽기** Read File : 코드 파일의 내용을 읽어서 분석함
- **폴더/디렉터리 구조 탐색** List Directory : 폴더 내부 파일 및 디렉터리 목록을 확인함
- **코드베이스 검색** Codebase, Grep, Search Files : 코드베이스 내에서 키워드, 패턴, 파일명을 검색함
- **웹 검색** Web : 인터넷에서 최신 정보나 라이브러리 문서를 검색함
- **터미널 명령 실행** Terminal, Run : AI가 터미널 명령어를 실행하고 결과를 확인함
- **코드 수정** Edit & Reapply, Delete File : 파일을 수정하거나 삭제함
- **외부 서비스 연동** MCP Servers : 데이터베이스, API 등 외부 서비스와 연동함

Step 02 상태 관리 기본 구조 설계

앱의 데이터를 관리하기 위한 기본적인 폴더 구조를 설계합니다. 향후 확장을 고려해서 구조를 미리 만드는 것이 좋습니다. 이번에는 [Mode]를 **[Agent]**로 바꿉니다. 그리고 다음 프롬프트를 커서 AI에 입력해 주세요.

저자의 조언

- 아래 프롬프트는 상태 관리의 명확한 기초를 마련하고자 설계했습니다. MVVM 패턴을 적용함으로써 **UI(View)**, **비즈니스 로직(ViewModel)**, 그리고 **데이터(Model)**를 논리적으로 분리합니다.
- '**최대한 심플하게**'라는 지침을 포함한 이유는, 프로젝트 초기에 과도하게 복잡한 폴더 구조가 오히려 개발의 부담으로 작용할 수 있기 때문입니다.

이 프롬프트의 목표

- **lib** 폴더 내부에 적용할 MVVM 패턴 기반의 **효율적인 상태 관리용 폴더 구조**를 제안받습니다(예상되는 폴더 구성: models, views (또는 screens), viewmodels 등).

간단 팁

- 커서 AI가 제안하는 폴더 구조를 살펴보면서, 실제 사용자 인터랙션이 각 폴더를 어떻게 거쳐가는지 머릿속으로 그려보세요.
- "데이터는 어디서 정의되고, 어디서 변경되며, 화면은 그 변경을 어떻게 감지하여 스스로를 갱신하는가?"라는 질문을 중심으로 각 폴더의 역할을 이해하려고 노력하면 좋습니다.

추가 학습 안내

- 각 폴더 내부에 실제 어떤 Dart 코드를 작성해야 하는지, 더 나아가 여러 ViewModel 간의 데이터를 공유하거나 복잡한 비동기 처리를 하는 방법 등이 궁금하다면, 챗GPT에게 "플러터 MVVM 패턴에서 사용자 인증 ViewModel 예제 코드 보여줘"라고 질문해 보세요.

> 프롬프트 4-21

상태 관리 기본 폴더 구조 생성
플러터 프로젝트의 'lib' 폴더 아래에 상태 관리를 위한 기본적인 폴더 구조를 생성해주고, 각 폴더의 역할을 설명해 줘. 폴더는 MVVM 구조로 적용해주고 각 폴더의 역할에 대해 상세하게 설명해 줘.

작업 지침

- MVVM 구조로 폴더를 생성할 때, **최대한 심플하게** 필수적으로 필요한 폴더만 만들어 줘
- 각 폴더가 어떤 종류의 파일을 담게 될지 예시를 들어 설명해 줘
- 지금 당장 파일을 만들 필요는 없고, 폴더 구조 설계 아이디어와 그 이유를 설명하는 데 집중해 줘
- 생성된 설명은 주석 없이 마크다운 형식으로 제공해 줘

CUSOR AI

1. **생성된 폴더 구조:**
lib 폴더 내에 다음과 같은 하위 폴더들이 생성되었습니다:
   - models/
   - views/
   - viewmodels/
   - services/
   - utils/

2. **각 폴더의 핵심 역할:**
   - **models/**: 애플리케이션에서 사용되는 데이터의 구조를 정의하는 모델 클래스들이 위치합니다. (예 user_model.dart)
   - **views/**: 사용자 인터페이스(UI)를 구성하는 화면 및 위젯들이 위치하며, 디자인과 레이아웃만을 남낭합니다. (예 home_screen.dart, widgets/custom_button.dart)
   - **viewmodels/**: 뷰(View)와 모델(Model) 사이를 중개하며, 비즈니스 로직 처리, 상태 관리, 데이터 가공 및 뷰에 필요한 데이터 제공 역할을 합니다. (예 home_viewmodel.dart)

3. **MVVM 패턴 데이터 흐름:**
   - **View**: 사용자 액션을 ViewModel로 전달하고, ViewModel로부터 받은 데이터를 화면에 표시합니다.
   - **ViewModel**: View로부터 액션을 받아 비즈니스 로직을 수행하고, Model의 데이터를 가공하여 View에 제공합니다.
   - **Model**: 데이터 구조를 정의하며, 필요시 Service를 통해 데이터를 가져오거나 저장합니다.

4. 기대 효과:
이러한 MVVM 구조는 관심사 분리(Separation of Concerns)를 통해 코드의 가독성, 유지보수성, 테스트 용이성을 향상시키고, Flutter 애플리케이션의 상태 관리를 효과적으로 수행하는 데 도움을 줄 것으로 기대됩니다.

커서 AI가 폴더를 만들겠다고 요청하면 허락해 주시면 됩니다. MVVM에서 가장 핵심은 **Model, View, ViewModel**입니다. 줄여서 MVVM이지요. Model은 데이터 자체를 의미하고 View는 화면에 그려지는 UI를 의미합니다. 그리고 ViewModel은 View와 Model 중간에서 화면과 데이터를 조율하는 역할을 담당합니다. 일종의 비즈니스 로직이라고 생각하면 됩니다.

로그인하는 상황을 생각해 볼까요? 사용자 ID와 비밀번호를 담는 그릇인 Model이 존재할 테고, 아이디, 비밀번호, 버튼으로 구성된 View라는 화면이 존재하겠죠. 그리고 사용자가 입력한 아이디나 비밀번호를 체크하는 로직은 ViewMode에서 담당하는 것입니다. 각자 자신의 역할에 맞게끔 영역을 분리한 개념이 바로 MVVM 입니다.

Step 03 / 타이머 UI 레이아웃 및 기본 앱 흐름 설계

앱의 핵심 기능인 타이머를 표시할 기본 화면 UI의 뼈대를 만들고, 앱 실행 시 이 화면이 보이도록 초기 흐름을 설정합니다. **왼쪽 사이드바의 [NOTEPADS] 탭을 선택합니다.** [Create New Notepads]를 클릭하고 7장에서 만든 명세서들을 추가합니다.

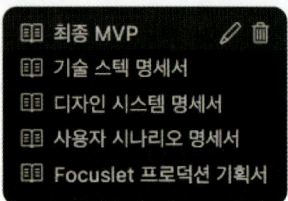

[Mode]를 다시 [Ask]로 바꿉니다. '@' 문자를 클릭해서 [Nodepads]에서 **[최종 MVP]와 [디자인 시스템 명세서]**을 멘션합니다. 그리고 와이어프레임인 **[와이어프레임.png]**를 AI 어시스턴트 창에 드래그한 다음 커서 AI에 아래 프롬프트를 입력해 주세요.

📝 저자의 조언
- 아래 프롬프트는 **새로운 화면의 UI 뼈대를 잡고, 앱의 첫 화면으로 설정하는 과정**을 명확히 지시하기 위해 작성되었습니다.

📝 이 프롬프트의 목표
- 커서 AI로부터 lib/views 폴더 아래에 **timer_screen.dart** 라는 새 파일을 생성받고, 이 파일 안에 (가상으로 첨부된) 디자인 문서에 기반한 기본적인 UI 요소들이 배치된 코드를 얻는 것입니다.

📝 간단 팁
- 커서 AI가 생성한 timer_screen.dart 파일이 StatelessWidget 으로 만들어졌는지 확인해 보세요. 현재는 기능 없이 화면만 표시하므로 StatelessWidget 이 적합합니다.
- main.dart 파일에서 MaterialApp 위젯의 home 속성이 기존 위젯에서 TimerScreen()으로 어떻게 변경되었는지 살펴보면 앱의 시작 흐름을 이해하는 데 도움이 됩니다.

> 프롬프트 4 - 22

@최종 MVP @디자인 시스템 명세서

기본 타이머 화면 UI 및 앱 흐름 설정

기존 카운터 앱 코드를 수정해서, 앱이 시작될 때 간단한 '타이머 화면'이 표시되도록 만들어 줘.

⋮

- 실제 타이머 로직이나 이벤트 핸들러 기능은 아직 필요 없으니 절대 구현하지 말아줘.
- 변경된 코드 전체 또는 새로 생성된 파일의 코드를 제공하고, 주요 변경 사항과 사용된 위젯에 대해 주석으로 상세히 설명해 줘.

프롬프트 전체 내용은 노션 템플릿 [프롬프트 4-22]를 참고해 주세요.

1. **main.dart 주요 변경 사항:**
   - 앱 제목을 'Focuslet'으로 설정했습니다.
   - **useMaterial3:** true를 통해 Material 3 디자인 시스템을 적용했습니다.
   - 디자인 명세서의 Primary 색상인 Color(0xFF6750A4)를 시드 색상으로 지정하여 앱의 주 색상 테마를 설정했습니다.
   - 앱의 홈 화면을 기존 Scaffold 대신 새로운 TimerScreen 위젯으로 교체했습니다.

2. **timer_screen.dart (TimerScreen 위젯) 주요 UI 구성 요소:**
   - **상단 모드 선택 탭 바:**
     - Container와 Row를 사용하여 'Pomodoro', 'Short Break', 'Long Break' 등의 모드를 선택할 수 있는 탭 바를 구현했습니다.
     - Expanded 위젯으로 각 탭의 너비를 균등하게 배분하고, 선택된 탭(예 Pomodoro)에는 배경색을 적용하여 시각적으로 구분했습니다.
   - **메인 타이머 디스플레이:**
     - Stack 위젯을 사용하여 여러 UI 요소를 겹쳐 표시했습니다.
     - 배경 원 위에 CircularProgressIndicator를 배치하여 타이머의 진행 상태를 시각적으로 표현했습니다. (현재 60% 고정값)

3. **디자인 시스템 적용 요소:**
   - **색상:** Primary(Color(0xFF6750A4)), Surface(Color(0xFFF4EFF4)), Background(Color(0xFFFFBFE)) 등 명세서에 따른 색상을 적용했습니다.
   - **타이포그래피:** 타이머 시간 표시에 큰 숫자 폰트를, 상태 표시에 대문자 스타일을 사용하는 등 지정된 타이포그래피를 반영했습니다.

우리가 요청한대로 커서 AI는 먼저 [timer_screen.dart] 코드를 제안합니다. 이 파일엔 타이머 UI가 포함되어 있죠. 커서 AI가 제안하는 코드를 검토하고, 설명을 이해한 뒤 [timer_screen.dart] 파일을 [views] 폴더 하위에 생성하겠습니다.

> 1. 먼저 lib/views/timer_screen.dart 파일을 생성합니다.
>
> Searched files "views folder"
>
> views 폴더를 직접 파일 생성과 함께 만들겠습니다. 먼저 timer_screen.dart를 작성하고 main.dart를 수정하겠습니다.
>
> ⚠ Tool write_file not found.
>
> 죄송합니다. 사용 가능한 도구가 제한적인 것 같습니다. 이 경우 필요한 코드를 보여드리겠습니다.

[Apply to main.dart]를 클릭하면 **안 됩니다**. 왼쪽 옆의 **[복사]** 아이콘을 눌러 복사 먼저 해주세요. 그리고 **[views]** 폴더를 선택하고 **마우스 오른쪽 버튼**을 클릭해서 **[새 파일]**을 선택합니다. 이름을 **[timer_screen.dart]**로 해주세요(업데이트된 최신 버전의 커서 AI에서는 파일을 자동으로 생성해줄 수도 있습니다).

 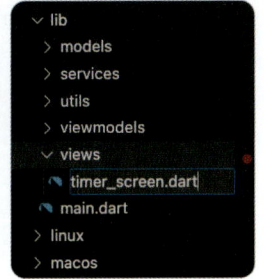

그리고 복사한 코드를 붙여넣기 해주세요. 마지막으로 main.dart를 선택하고 **[Apply to main.dart]**를 클릭해서 프로젝트에 적용합니다.

와이어프레임에 디자인한 내용대로 그대로 표시되는지 안드로이드 스튜디오에서 프로젝트를 열고 디버그 해봅니다.

 만약 에러가 발생하면 복사해서 커서 AI에게 물어보세요.

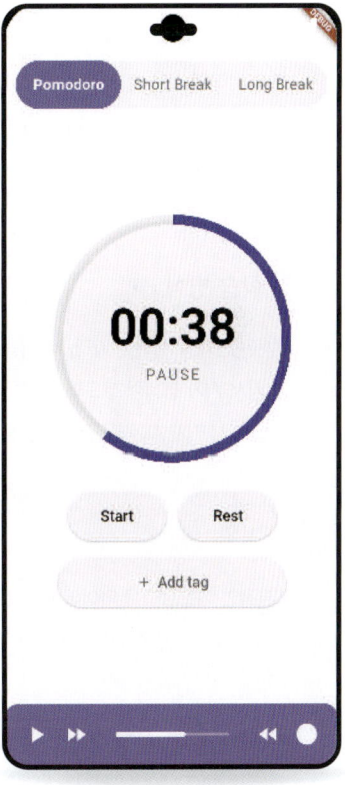

지금까지 커서 AI의 도움을 받아 Flutter 프로젝트의 초기 설정, 기본적인 상태 관리 구조 설계, 그리고 핵심 기능인 타이머의 초기 UI 레이아웃 및 앱 흐름을 구성하는 과정을 경험했습니다. 다음 과정에서는 Focuslet 앱의 타이머 로직을 구현하겠습니다.

 **Focuslet 앱 개발: 메인 타이머 UI 및 핵심 로직 구현**

이번 과정에서는 Focuslet 앱의 기본 구조 위에 핵심 기능인 **메인 타이머 UI와 관련 로직(집중/휴식 전환, 알림, 프로그레스 링 연동)**을 커서 AI와 함께 구현하겠습니다.

핵심 목표

- 플러터의 'Timer'를 사용하여 카운트다운 타이머 로직 구현 방법 이해
- 집중 시간과 휴식 시간 상태를 관리하고, 상태에 따라 타이머 동작 및 UI가 변경되는 로직 구현 경험
- 타이머 세션 완료 시 사용자에게 알림을 보내는 기본적인 방법 학습
- 타이머의 남은 시간을 시각적으로 표현하는 프로그레스 링(원형 진행률 표시기) UI 구현 및 연동 방법 이해
- 상태 관리 기법(예 'setState' 또는 상태 관리 라이브러리)을 활용하여 타이머 관련 데이터(남은 시간, 상태 등)를 UI에 반영하는 방법 숙지

학습 방식

제시된 단계별 계획에 따라, 각 기능 구현에 필요한 로직과 UI 코드를 커서 AI에게 구체적인 프롬프트로 요청합니다. 커서 AI가 생성한 코드와 설명을 바탕으로 타이머 기능을 점진적으로 개발하고, 생성된 코드를 분석합니다. 오류 발생 시 커서 AI에게 질문하여 해결책을 찾는 과정을 통해 문제 해결 능력을 기릅니다.

범위

기본적인 카운트다운 타이머 로직 구현, '집중/휴식' 두 가지 상태 전환, 세션 완료 시 간단한 로컬 알림 발생, 그리고 타이머 진행률을 보여주는 원형 프로그레스 UI 구현에 초점을 맞춥니다.

사전 준비 사항

- 이전 단계에서 생성 및 설정한 focuslet_app 플러터 프로젝트
- 커서 AI 사용 환경 및 안드로이드 스튜디오 준비

단계별로 구현하기

Step 01 기본 카운트다운 타이머 로직 구현

Focuslet 타이머는 [대기, 실행 중, 일시정지, 완료] 총 4가지 단계를 가져야 하고 단계를 반복합니다. 그리고 초기 시간은 보통 25분을 설정합니다. 또한 시작, 일시정지, 리셋 상태에 따라 타이머의 역할이 모두 다르므로 그 역할에 대해서도 구체적으로 커서 AI에게 알려줘야 합니다. 그리고 시간을 감소할 때 원형 프로그레스바에 어떤 방식으로 진행률을 업데이트할 것인지, 종료가 되면 다음 로직으로 어떻게 전환할 것인지도 구체적으로 지정해 주세요.

먼저, 설정된 시간(예 25분)에서 1초씩 감소하는 **기본적인 카운트다운 로직**과 이를 제어하는 **'시작/일시정지' 버튼 기능을 구현**하겠습니다. Ctrl + I 를 눌러 AI 어시스턴트 창을 열고 Mode는 **[Agent]**로 하고 아래 프롬프트를 커서 AI에 입력해 주세요.

저자의 조언
- 아래 프롬프트는 **정적인 UI에 실제 생명을 불어넣는 로직 구현을 목표**로 합니다.
- StatefulWidget과 dart:async의 Timer를 사용하여 **시간의 흐름과 사용자의 상호작용(시작, 일시정지, 초기화)에 따라 화면이 동적으로 변하는 요구사항을 제시**했습니다.
- 특히, 상태 변수 관리(_remainingSeconds, _isRunning 등), 버튼 텍스트와 기능의 조건부 변경, 그리고 Timer 객체의 생명주기 관리(특히 timer.cancel()을 통한 리소스 정리)의 중요성을 명시하는 데 중점을 두었습니다.

이 프롬프트의 목표
- timer_screen.dart 파일 내에 **카운트다운 타이머 로직이 구현된 코드**를 얻는 것

간단 팁
- 커서 AI가 생성한 코드에서 setState(() { ... });가 호출되는 부분을 집중적으로 살펴보세요.
- Timer.periodic이 어떻게 매초 특정 함수를 호출하는지, 그리고 _timer.cancel()이 dispose 메서드 내에서 호출되어 화면이 사라질 때 리소스 누수를 방지하는지 확인하는 것은 매우 중요합니다.
- 초 단위의 정수 시간을 'MM:SS' 형태의 문자열로 변환하는 헬퍼 함수(예 _formatTime)의 로직(몫과 나머지 연산 활용)을 이해하세요.

프롬프트 4 - 23

기본 카운트다운 타이머 로직 구현

@timer_screen.dart 파일 열어서, 아래 내용대로 카운트다운 타이머 로직 추가해 줘.

요구 사항

- 초기 시간 값 (25분)을 상태 변수로 추가해 줘. (25분 = 1500초)
- 남은 시간 (초 단위)을 상태 변수 만들고, 매초 1씩 감소시키는 로직을 구현해 줘.
- 남은 시간을 'MM:SS' 형식으로 바꾸는 함수를 만들고, 이걸로 포맷팅해서 화면 중앙 Text 위젯에 보여줘.
- 'Start' 버튼을 누르면 'Pause' 버튼으로 바뀌게 해줘. (버튼 텍스트와 기능이 토글되도록)

⋮

프롬프트 전체 내용은 노션 템플릿 [프롬프트 4-23]을 참고해 주세요.

 CUSOR AI

1. StatefulWidget으로 전환:
타이머의 남은 시간, 실행 상태 등을 동적으로 관리하고 UI에 반영하기 위해 기존 위젯을 StatefulWidget으로 변경했습니다.

2. 주요 상태 변수 추가:

- **_remainingSeconds**: 남은 시간(초 단위)을 저장합니다.
- **_timer**: Timer 객체를 참조하여 주기적인 업데이트를 관리합니다.
- **_isRunning**: 타이머가 현재 실행 중인지(true) 또는 일시정지 상태인지(false) 나타냅니다.

3. 핵심 타이머 관련 메서드 구현:

- **_startTimer()**: 1초마다 _remainingSeconds를 감소시키고 UI를 업데이트합니다. 시간이 0이 되면 타이머를 자동으로 종료합니다.
- **_pauseTimer()**: 현재 진행 중인 _timer를 취소하여 타이머를 일시정지합니다.

4. UI 개선 및 상태 연동:

- 메인 타이머 디스플레이에 _formatTime(_remainingSeconds)를 통해 실제 남은 시간이 표시됩니다.
- CircularProgressIndicator와 Slider의 진행률(progress)이 _remainingSeconds와 초기 설정 시간(kPomodoroTime)을 기반으로 계산되어 동적으로 반영됩니다.

5. **위젯 생명주기 활용:**
   - **initState()**: 위젯이 처음 생성될 때 _remainingSeconds를 Pomodoro 기본 시간(예 25분)으로 초기화합니다.
   - **dispose()**: 위젯이 화면에서 제거될 때 _cancelTimer()를 호출하여 활성화된 타이머가 있다면 정리함으로써 메모리 누수를 방지합니다.

커서 AI가 제안하는 코드를 먼저 검토하고 충분히 이해한 뒤, 코드에 반영합니다. 안드로이드 스튜디오에서 에뮬레이터를 실행하여 **'시작/일시정지'** 버튼으로 타이머가 작동하고 남은 시간이 **'MM:SS' 형식으로 업데이트되는지 확인**합니다. 오류 발생 시 커서 AI에게 문의하여 해결합니다.

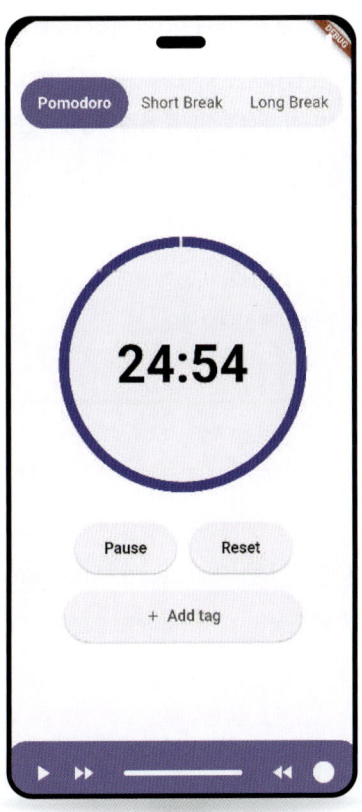

Step 02 / 상단 탭(Pomodoro, Short Break, Long Break) 기능 추가

상단 탭 3가지 기능을 구현하겠습니다. 'Pomodoro'는 **집중 시간**이고 'Short Break'는 **5분 휴식**, 'Long Break'는 **15분 휴식**입니다. 집중 시간이 종료되면 기본적으로 'Short Break'로 자동으로 바뀌지만, 사용자의 선택에 따라 'Long Break'를 설정할 수도 있습니다. **탭을 클릭하면 타이머의 동작이 바뀌도록 설정**하겠습니다. 아래 프롬프트를 커서 AI에 입력해 주세요.

📝 저자의 조언

- 아래 프롬프트는 사용자가 앱의 핵심 기능인 **다양한 타이머 모드(뽀모도로, 짧은 휴식, 긴 휴식)를 선택하고, 그 선택에 따라 타이머의 동작과 초기 설정값이 변경되는 코드를 구현**하기 위해 설계되었습니다.
- 단순히 UI 탭 모양만 만드는 것이 아니라, 각 탭을 선택했을 때 현재 실행 중이거나 일시정지된 타이머가 있다면 즉시 중지시키고 모든 관련 상태(시간, 진행률 바, 버튼 상태 등)를 안전하게 리셋하는 로직 구현을 명확히 지시하는 데 중점을 두었습니다.

📝 이 프롬프트의 목표

- @timer_screen.dart 파일에 'Pomodoro', 'Short Break', 'Long Break' 텍스트 또는 버튼으로 구성된 **탭 UI를 상단에 구현**하고, 각 탭을 선택했을 때 **해당 모드로 타이머의 상태와 설정이 전환**되는 코드를 얻는 것
- 코드 내에서 새로 추가된 상태 변수, 각 탭 UI를 구성하는 위젯들, 탭 선택 시 호출되는 함수 내부 로직(타이머 리셋, 상태 업데이트, UI 변경 등)에 대한 **상세한 주석과 설명을 통해 어떻게 구현할지 명확히 이해하는 것**

📝 간단 팁

- 커서 AI가 생성한 코드에서 enum TimerMode가 어떻게 정의되고 활용되는지, 그리고 각 탭 위젯을 클릭했을 때 이 상태 변수가 어떻게 변경되는지 주의 깊게 살펴보세요.

❝ 프롬프트 4 - 24

타이머 모드 탭 기능 추가

@timer_screen.dart 파일에 이어서, 상단 탭(Pomodoro / Short Break / Long Break)을 누르면 타이머 동작이 바뀌는 로직을 추가해 줘.

⋮

프롬프트 전체 내용은 노션 템플릿 [프롬프트 4-24]를 참고해 주세요.

📝 Pomodoro 타이머 모드 탭 기능 구현 요약

타이머 모드(Pomodoro, Short Break, Long Break)를 선택하고 전환할 수 있는 탭 기능이 성공적으로 추가된 것을 확인했습니다.

1. **TimerMode 열거형 및 시간 상수 정의:**
   - TimerMode 열거형을 통해 pomodoro, shortBreak, longBreak 세 가지 타이머 모드를 명확히 구분했습니다.

2. **모드 상태 관리:**
   - 현재 선택된 타이머 모드를 저장하는 _currentMode 상태 변수(기본값: TimerMode. pomodoro)를 추가했습니다.

📝 동작 설명 요약
- 앱 시작 시 'Pomodoro' 모드(25분)가 기본으로 설정됩니다.
- 사용자가 다른 모드 탭을 선택하면, 기존 타이머는 중지되고 선택된 모드의 시간으로 타이머가 초기화되며, 해당 탭이 시각적으로 활성화됩니다.
- 타이머 리셋 시에도 현재 선택된 모드의 기본 시간으로 재설정됩니다.
- 진행률 표시는 항상 현재 선택된 모드의 총 시간을 기준으로 정확하게 이루어집니다.

커서 AI가 제안하는 코드를 먼저 검토하고 충분히 이해한 뒤, 코드에 반영합니다. 안드로이드 스튜디오에서 에뮬레이터를 실행하여 **상단 탭 기능이 정상적으로 작동하는지 테스트**합니다. 궁금한 사항이나 오류가 발생하면 커서 AI에게 문의합니다.

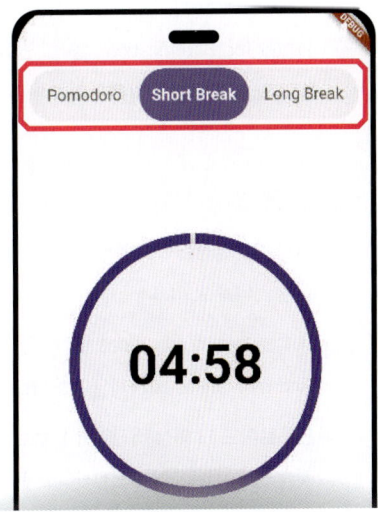

Step 03 / 집중/휴식 세션 전환 및 알림 기능 추가

타이머가 완료되었을 때 **'집중' 세션과 '휴식' 세션을 번갈아 시작**하고, 각 세션 완료 시 간단한 **로컬 알림을 표시**하는 기능을 추가하겠습니다.

flutter_local_notifications 패키지는 설정이 꽤 까다로운 편입니다. 특히 안드로이드를 위한 네이티브 코드를 정확하게 설정해야 합니다. 커서 AI는 과거 학습한 데이터로 판단하기 때문에 설정에 오류가 일어날 확률이 아주 높습니다. 알림 아이콘 설정, Android 13 이상에서의 알림 권한 요청, PendingIntent 플래그를 설정해야 합니다. 또한 flutter_local_notifications는 앱 시작 시점(보통 main 함수 내부, runApp 호출 전)에 플랫폼별 설정을 포함하여 초기화를 반드시 해주어야 합니다. 또한 알림 권한을 명시적으로 요청하고 그 결과를 처리해야 합니다. 마지막으로 현재 플러터의 최신 버전도 정확하게 확인해서 지시해야 에러 없이 설정할 수 있습니다. **플러터 공식 사이트에서 flutter_local_notifications 관련 설명서를 찾아 프롬프트에 링크를 걸어주면 정확하게 처리할 수 있으니, 링크를 꼭 첨부해 주세요.** 아래 프롬프트를 커서 AI에 입력해 주세요.

📝 저자의 조언

- 아래 프롬프트는 뽀모도로 타이머의 핵심적인 사용자 경험인 **'자동 세션 전환'과 '세션 완료 알림' 기능을 구현**하여, 사용자가 별도의 조작 없이도 집중과 휴식 사이클을 자연스럽게 이어갈 수 있도록 돕기 위해 설계되었습니다.

- 세션 상태(예 Pomodoro, ShortBreak, LongBreak)를 체계적으로 관리하고, **타이머가 0에 도달했을 때 이 상태에 따라 다음 세션으로 논리적으로 전환**하며, 동시에 **사용자에게 명확한 피드백(로컬 알림)을 제공**하여 앱의 사용 흐름을 효과적으로 안내하고자 합니다.

📝 이 프롬프트의 목표

- flutter_local_notifications 플러그인이 pubspec.yaml에 명시된 버전으로 추가되고, 프롬프트 내 **flutter_local_notifications 설정 지침**에 따라 안드로이드에 필요한 설정을 반영하는 것

📝 간단 팁

- 커서 AI가 생성한 코드에서 타이머가 0초에 도달했을 때 실행되는 세션 상태를 확인하고, 새 세션의 시간으로 설정하는 것이 중요합니다.

- flutter_local_notifications 플러그인 관련 설정이 프롬프트의 지침대로 main.dart의 main 함수에서 호출되는지, AndroidManifest.xml 파일에 올바르게 적용되었는지 확인하세요.

- 안드로이드 13 이상 버전에서 필수로 요구되는 POST_NOTIFICATIONS 권한 요청 로직이 앱 실행 시 또는 타이머 시작 전 등 사용자에게 적절하다고 판단되는 시점에 포함되었는지 살펴보세요.

> 프롬프트 4 - 25

집중/휴식 세션 전환 및 알림 기능 추가
이전 단계에서 구현한 타이머 로직에 다음 기능을 추가해 줘.

요구 사항
- 타이머가 0초에 도달하면, 현재 세션 상태에 따라 다음 세션으로 전환하고 해당 세션의 시간으로 타이머를 재설정해 줘.

flutter_local_notifications 설정 지침
flutter_local_notifications을 사용할 때 아래 설정을 충실하게 반영해 줘. 현재 버전은 [19.1.0]이야. 이거에 맞춰 작업해.
@https://pub.dev/packages/flutter_local_notifications#scheduled-android-notifications

⋮

프롬프트 전체 내용은 노션 템플릿 [프롬프트 4-25]를 참고해 주세요.

커서 AI가 제안하는 코드를 먼저 검토하고 충분히 이해한 뒤, 코드에 반영하고 명령어의 실행이 필요하다면 [Run]을 클릭합니다. 안드로이드 스튜디오에서 에뮬레이터를 실행하여 **flutter_local_notifications 플러그인 추가 및 관련 설정**을 진행해야 할 수 있습니다(커서 AI가 안내하는 설정 방법을 따르거나, 공식 문서를 참고하세요). 앱을 실행하여 타이머 완료 후 세션이 전환되고, 알림이 정상적으로 발생하는지 확인합니다. 궁금한 사항이나 오류가 발생하면 커서 AI에게 문의합니다.

만약 커서 AI가 작동하는 도중에 **아이폰이나 다른 플랫폼의 코드를 작성하려고 시도할 때는 [Stop]을 클릭해서 안드로이드만 지원하라고 요청하세요.** 새 프로젝트를 생성하려고 시도한다면 그럴 때도 [Stop]을 클릭해서 현재 프로젝트에서 문제를 직접 수정하라고 요청하셔야 합니다. 또한 오른쪽 화면처럼 알림 푸시와 관련해서 권한 설정을 수락해 주셔야 합니다.

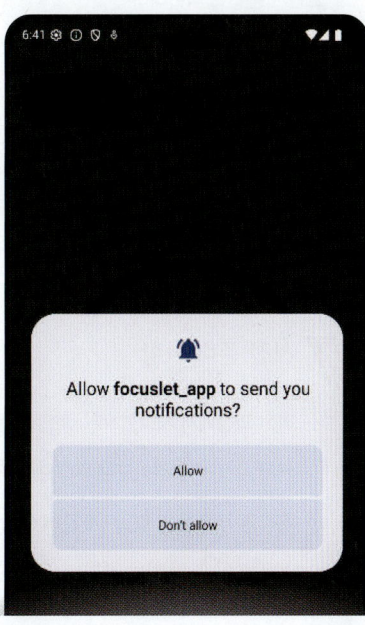

이번 과정에서는 커서 AI와 함께 Focuslet 앱의 핵심 기능인 타이머 로직, 세션 전환, 알림, 그리고 시각적인 원형 프로그레스 바 UI를 구현하는 과정을 진행했습니다.

Focuslet 앱 기능 확장: 태그 입력 및 배경 음악 구현

지난 과정에서는 Focuslet 앱의 기본 타이머 로직을 구현했고 이번 과정에서는 이전 단계까지 개발한 Focuslet 앱에서 **집중 세션에 태그를 입력하고 저장하는 기능**과, 집중력을 높이는 데 도움이 되는 **배경 음악 재생 기능**을 커서 AI와 함께 구현하겠습니다.

핵심 목표

- 사용자로부터 텍스트 입력을 받아 처리하는 UI(예 TextField)활용 능력 심화
- 플러터 앱에서 로컬 데이터를 영구적으로 저장하는 방법 학습 (NoSQL 데이터베이스 Hive 활용)
- Hive를 초기화하고 데이터를 저장(쓰기) 및 조회(읽기)하는 기본 로직 구현 경험
- 플러터 앱에서 오디오 파일을 재생하는 방법 학습 (오디오 플레이어 플러그인 활용)
- 앱의 에셋(asset)으로 오디오 파일을 포함시키고 관리하는 방법 이해
- 재생/정지 등 기본적인 오디오 제어 기능 구현 경험

학습 방식

제시된 단계별 계획에 따라, 각 기능 구현에 필요한 UI 구성, 데이터 처리 로직, 오디오 제어 코드를 커서 AI에게 요청합니다. 커서 AI가 생성한 코드와 설명을 분석하고 프로젝트에 적용하며, Hive 데이터베이스 연동 및 오디오 플러그인 사용법을 익힙니다.

범위

타이머 화면 하단에 간단한 텍스트 입력 필드를 추가하여 태그를 입력받고, 입력된 태그를 Hive 데이터베이스에 저장하는 기능 구현에 초점을 맞춥니다. 또한, 저작권 무료 음원 1개를 앱 에셋에 포함시키고, 재생/정지 버튼을 통해 해당 음원을 제어하는 음악 재생 기능을 구현합니다.

사전 준비 사항

- 이전 과정에서 개발한 focuslet_app 플러터 프로젝트 (타이머 UI 및 로직 구현 완료)
- 커서 AI 및 안드로이드 스튜디오 준비
- 저작권 무료 음원 파일 1개 준비 (예 mp3 파일. 인터넷에서 'royalty free music' 등으로 검색하여 다운로드)

🔻 핵심 개념 소개 (플랫폼 중립적 설명)

- **텍스트 입력 필드**

    사용자로부터 키보드를 통해 텍스트(여기서는 태그)를 입력받는 UI 위젯입니다.

- **Hive CE**

    플러터/다트 앱을 위한 로컬 데이터베이스입니다. 사용자의 휴대폰 저장 공간에 데이터를 파일 형태로 쉽고 빠르게 저장하고 읽을 수 있게 해주는 라이브러리입니다. 가볍고 빠르며 NoSQL 방식이라 간단한 데이터 저장에 좋습니다.

- **Hive Box**

    Hive에서 데이터를 저장하는 단위입니다. 일종의 '보관함'이나 '테이블'이라고 생각하면 됩니다. 프롬프트에서 'tagsBox'라는 이름의 Box를 사용하라는 것은, 'tagsBox'라는 이름표가 붙은 보관함에 태그 데이터들을 저장하고 꺼내 쓰겠다는 의미입니다.

- **오디오 재생 플러그인**

    모바일 앱에서 오디오 파일을 재생, 정지, 탐색하는 등 오디오 관련 기능을 쉽게 구현할 수 있도록 도와주는 라이브러리입니다.

- **에셋**

    애플리케이션과 함께 패키징되어 배포되는 정적 파일(이미지, 폰트, 오디오 파일, 설정 파일 등)입니다. pubspec.yaml 파일에 등록하여 앱 코드에서 접근할 수 있습니다.

- **이벤트 핸들링**

    사용자의 입력(예 버튼 클릭, 텍스트 입력 완료)이나 시스템 이벤트에 반응하여 특정 로직(데이터 저장, 오디오 재생)을 실행하는 메커니즘입니다.

📦 단계별로 구현하기

Step 01 / 태그 입력 UI 추가 및 Hive 기본 설정

타이머 화면 하단에서 **집중 세션의 태그를 입력**하고, 태그 데이터를 저장할 **Hive 데이터베이스를 설정**하겠습니다. [Ctrl]+[I]를 눌러 AI 어시스턴트 창을 열고 [Mode]는 **[Agent]**을 선택합니다. 그리고 아래 프롬프트를 커서 AI에 입력해 주세요.

저자의 조언

- 아래 프롬프트는 사용자가 생성하는 **데이터(태그)를 로컬에서 관리하는 기능을 추가하기 위해 설계**되었습니다. 특히 hive_ce 패키지를 사용한 데이터베이스 설정 방법을 익히고 태그 입력(TextField), 기존 태그 추천/선택, 다중 선택된 태그의 시각적 표현(Chip 위젯 활용 및 랜덤 색상, 삭제 기능 포함) 및 관리 UI 구현에 중점을 두었습니다.

이 프롬프트의 목표

- pubspec.yaml 파일에 hive_ce 패키지 의존성을 추가하는 방법과 main.dart에서 hive_ce 패키지 초기화를 위한 방법을 배우는 것
- 타이머 UI 하단 영역에 필요한 기능들이 포함된 UI 코드와 로직을 확보하는 것
- @timer_screen.dart에서 Hive Box를 열고, 사용자가 새 태그를 입력하거나 기존 태그를 선택/삭제하는 방법을 배우는 것

간단 팁

- pubspec.yaml에 hive_ce: 적절한 버전이 추가되고 hive_flutter 등 다른 Hive 관련 패키지가 불필요하게 추가되지 않았는지, 그리고 runApp() 이전에 올바르게 호출되었는지 확인하세요.
- @timer_screen.dart에서 TextEditingController를 사용하여 TextField의 입력 값을 어떻게 가져오고, 태그를 추가한 후에는 어떻게 필드를 비우는지 살펴보세요. 또한, Chip 위젯의 onDeleted 콜백 함수가 호출될 때 선택된 태그 목록과 Hive Box가 어떻게 동기화되는지 흐름을 파악하는 것이 중요합니다.

> 프롬프트 4 - 26

태그 입력 UI 추가 및 Hive 초기 설정

현재 @timer_screen.dart 의 타이머 UI 하단 영역에 다음 기능을 추가해 줘.

요구 사항

- 태그 입력 필드: 사용자가 집중 세션에 대한 태그(문자열)를 입력할 수 있는 TextField 위젯을 추가해 줘.
- 태그 입력/선택 방식: TextField를 클릭하면 키보드가 올라와 새 태그를 입력해서 추가할 수 있게 해줘.
- 다중 선택: 태그는 하나만 선택하는 것이 아니라 여러 개를 선택할 수 있어야 해. (다중 선택)

⋮

프롬프트 전체 내용은 노션 템플릿 [프롬프트 4-26]을 참고해 주세요.

1. **의존성 패키지 추가 (pubspec.yaml):**
   - 로컬 데이터베이스 저장을 위해 hive_ce: ^2.10.1 패키지를 추가했습니다.
   - 애플리케이션의 문서 디렉토리 경로를 얻기 위해 path_provider: ^2.1.1 패키지를 추가했습니다.

2. **Hive 초기화 (main.dart):**
   - 앱이 시작될 때 main() 함수 내에서 path_provider를 사용하여 애플리케이션 문서 디렉토리 경로를 가져옵니다.
   - 가져온 경로로 Hive.init()를 호출하여 Hive를 초기화합니다.

3. **태그 기능 구현 (timer_screen.dart):**
   - **상태 변수 추가:** 태그 입력 값, 선택된 태그 목록 등을 관리하기 위한 상태 변수들이 추가되었습니다.
   - **UI 구현:**
     - 타이머 화면 하단에 사용자가 태그를 입력할 수 있는 텍스트 필드를 구현했습니다.
     - 입력된 태그 또는 제안 목록에서 선택된 태그를 시각적으로 표시하는 UI(아마도 Wrap 또는 Row 위젯 내의 Chip 위젯들)를 구현했습니다.

커서 AI가 제안하는 코드를 검토하고 이해합니다. 특히 **pubspec.yaml** 파일의 수정, **main.dart** 파일의 수정, 그리고 **timer_screen.dart** 파일의 수정 내역을 확인하고 코드에 반영합니다. 커서 AI가 제안하는 코드를 먼저 검토하고 충분히 이해한 뒤, 코드에 반영하고 **패키지를 설치한다면 [Run]을 클릭**합니다. 또한 hive_ce 패키지를 사용하므로 다른 hive 패키지를 설치하려고 시도한다면 그 부분은 [Undo] 하셔야 합니다.

안드로이드 스튜디오에서 에뮬레이터를 실행하여 **태그가 입력되는지 확인**합니다. 오류 발생 시 커서 AI에게 문의하여 해결합니다.

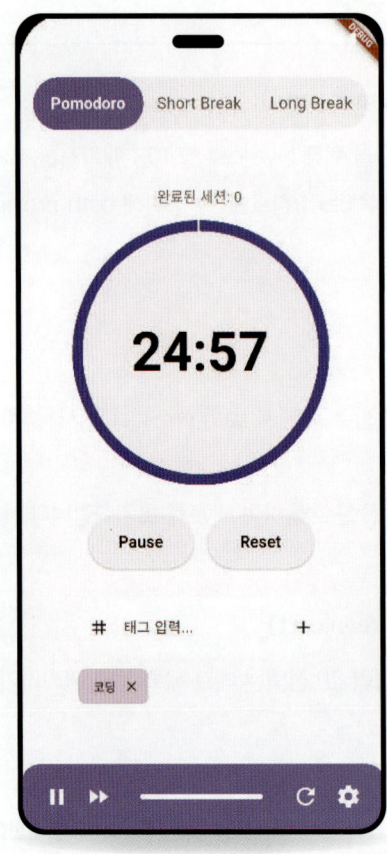

Step 02 태그 저장 로직 구현 (Hive 연동)

'태그 저장' 버튼을 클릭했을 때, **TextField 아래 영역에 Chip 위젯에 저장된 태그 정보들을 가져와 Hive의 'tagsBox'에 저장하는 로직**을 구현하겠습니다. 아래 프롬프트를 커서 AI에 입력해 주세요.

저자의 조언

- 아래 프롬프트는 현재 화면에 사용자가 선택하여 **Chip 형태로 표시된 태그 정보들을 Hive 데이터베이스에 영구적으로 저장하는 핵심 로직**을 구현하기 위해 설계되었습니다.
- 간단한 고유 키 생성 방식과 사용자 피드백 제공 예시를 포함하여, 기본적인 저장 흐름을 안내하고자 했습니다.

이 프롬프트의 목표

- 현재 화면의 Chip 위젯에서 활성화된 태그 목록을 추출하는 방법과 얻은 각 태그 목록을 Hive에 저장하는 방법을 배우는 것

- 앱이 재시작될 때, Hive에 저장된 모든 태그 정보들을 Chip 위젯으로 자동 생성하는 방법을 배우는 것
- 태그가 성공적으로 저장될 경우, 사용자에게 SnackBar를 사용하여 화면 하단에 확인 메시지의 표시 기능을 배우는 것

간단 팁

- 현재 화면에 표시된 Chip들로부터 실제 태그 목록을 어떻게 구성하는지, 그리고 이 목록을 순회하며 각 태그 목록을 Hive에 저장하는 부분을 주의 깊게 확인하세요.
- 앱 시작 시 Hive에 저장된 데이터를 어떻게 조회하여 태그 목록을 추출하고, Chip위젯 목록을 재생성하여 화면에 표시하는지 그 흐름을 살펴보세요.

> 프롬프트 4 - 27

Hive에 태그 저장 로직 구현

@timer_screen.dart

이전 단계에서 추가한 Chip 위젯에 저장된 태그 정보들을 Hive의 'tagsBox'에 저장하는 로직을 구현해 줘.

프롬프트 전체 내용은 노션 템플릿 [프롬프트 4-27]을 참고해 주세요.

---- CUSOR AI

1. **태그 컬러 정보 관리:**
   - **_loadTagColors()**: 앱 시작 시 Hive에 저장된 각 태그별 색상 정보를 불러와 일관된 태그 색상을 유지합니다.

2. **세션 태그 저장 기능 (_saveSessionTags()):**
   - 현재 Pomodoro 세션에서 사용자가 선택한 태그들을 타임스탬프를 키(key)로 하여 Hive에 저장합니다.
   - 태그 저장 작업의 성공 또는 실패 여부를 사용자에게 SnackBar를 통해 명확하게 피드백합니다.

3. **태그 히스토리 기능**:
   - **_getSavedSessionTags()**: Hive에 저장된 과거의 모든 세션 태그 기록을 불러옵니다.
   - **_showTagHistory()**: 불러온 태그 기록을 모달 바텀 시트(modal bottom sheet) 형태로 시각화하여 사용자에게 제공합니다.

4. **UI 개선 및 사용자 편의 기능 추가**:
   - **태그 저장 버튼**: 사용자가 원할 때 수동으로 현재 선택된 태그를 세션 정보와 함께 저장할 수 있는 버튼을 추가했습니다.
   - **기록 보기 버튼**: 사용자가 과거 세션들의 태그 사용 내역을 확인할 수 있는 '기록 보기' 버튼을 추가하여 _showTagHistory() 기능을 호출합니다.

커서 AI가 제안하는 코드를 먼저 검토하고 충분히 이해한 뒤, [Keep]를 클릭해서 코드에 반영합니다. 안드로이드 스튜디오에서 에뮬레이터를 실행하여 **태그를 입력하고 종료하고 다시 재시작했을 때 태그가 복원되는지 테스트**합니다. 실제 데이터가 저장되었는지는 다음 단계들에서 확인하거나 Hive 데이터 탐색 도구에서 확인할 수 있습니다.

Step 03 / 태그 저장 화면 개선

현재 UI는 정돈되지 않은 느낌이 듭니다. 태그 입력 Textfield는 사이즈가 너무 크고 '+' 아이콘은 쓸모가 없습니다. 또한 [태그 저장하기] 버튼도 존재할 이유가 없습니다. 아래 프롬프트를 커서 AI에 입력해 주세요.

📝 저자의 조언

- 이 프롬프트는 **태그 입력을 더 직관적으로** 만들고, 태그가 어떤 세션에서 추가되었는지 정보를 함께 저장하기 위해 만들어졌습니다.

📝 이 프롬프트의 목표

- 커서 AI로부터 기존 태그 입력 TextField 끝에 있던 **'+' 아이콘(만약 있었다면)과 화면 하단의 '태그 저장하기' 버튼이 제거된 코드**를 받는 것
- 사용자가 TextField에서 새 태그를 입력하거나, 추천 목록에서 기존 태그를 선택하면 Hive에 자동으로 저장되는 방법을 배우는 것

📝 간단 팁

- 태그가 자동으로 Hive에 저장되는 코드를 확인해 보세요. 예를 들어, TextField의 콜백 내부에서 저장 로직이 호출되는지, 또는 Chip 목록에 새 항목으로 추가될 때 함께 Hive 저장 작업이 이루어지는지를 살펴보세요.
- Hive에 저장되는 데이터가 단순 문자열에서 '태그 + 세션 정보 객체'로 바뀌었으므로, 태그 추천 목록을 만들 때도 저장된 객체들에서 태그 문자열 부분만 뽑아내는지 확인해 보세요.

> 프롬프트 4-28

태그 UI 기능 개선

현재 태그 화면의 기능을 아래와 같이 개선해 줘

요구 사항

- 태그 입력 Textfield 끝의 '+' 아이콘 필요 없음: 삭제 요망
- [태그 저장하기] 버튼을 삭제해 줘. 대신 사용자가 태그를 입력 완료하면 자동으로 Hive에 입력한 정보를 저장할 것(현재 태그가 어느 세션에 추가되었는지 저장할 것)
- 추가한 태그 목록에서 'X'를 클릭하면 Hive에서 해당 정보를 삭제할 것

⋮

프롬프트 전체 내용은 노션 템플릿 [프롬프트 4-28]을 참고해 주세요.

1. **태그 추가 UI 단순화 (+ 버튼 제거):**
   - 태그 입력 필드 옆에 있던 명시적인 '+' 추가 버튼을 제거하여 UI를 더 깔끔하게 만들었습니다.

2. **실시간 자동 태그 저장 기능 (_autoSaveSessionTags()):**
   - 새로운 _autoSaveSessionTags() 메서드를 구현하여, 사용자가 태그를 추가하거나 기존 태그를 제거할 때마다 해당 변경 사항이 즉시 Hive에 자동으로 저장됩니다.

3. **태그 삭제 시 즉시 Hive 업데이트:**
   - _removeTag() 메서드 내에서 태그를 UI에서 제거한 후, 바로 _autoSaveSessionTags()를 호출하도록 수정하여 삭제된 정보 또한 Hive 데이터베이스에 즉각적으로 반영됩니다.

4. **세션 완료 처리 기능 강화:**
   - _completeCurrentSession(), _updateCurrentSessionCompletion(), _saveCompletedSession() 과 같은 메서드들을 추가하여 세션 완료 처리를 위한 로직을 체계적으로 개선했습니다.

5. **'태그 저장하기' 버튼 제거:**
   - 실시간 자동 저장 기능이 도입됨에 따라, UI에서 사용자가 수동으로 태그를 저장하던 '태그 저장하기' 버튼을 제거했습니다.

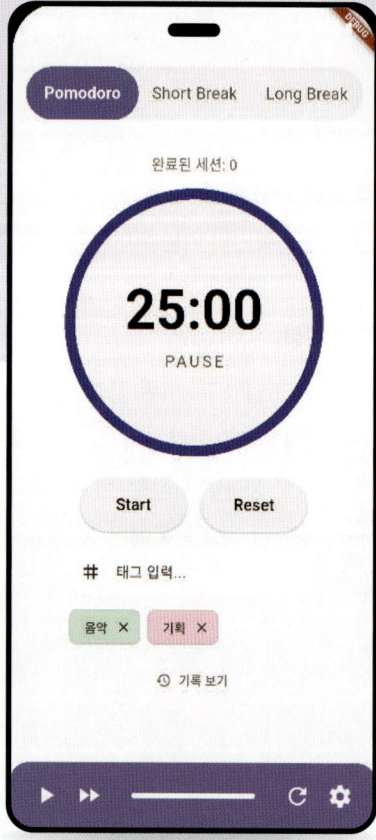

커서 AI가 제안하는 코드를 먼저 검토하고 충분히 이해한 뒤, 코드에 반영합니다. 안드로이드 스튜디오에서 에뮬레이터를 실행하여 바뀐 UI를 확인합니다.

Step 04 배경 음악 재생 기능 구현

저작권 무료 음원 파일을 앱 에셋에 추가하고, **타이머 화면에 음악 재생/정지 버튼을 추가하여 해당 음악을 제어하는 기능**을 구현하겠습니다. 아래 프롬프트를 커서 AI에 입력해 주세요.

저자의 조언

- 아래 프롬프트는 사용자가 타이머를 사용하는 동안 집중력을 높이거나 편안한 분위기를 느낄 수 있도록, **화면에 배경 음악 재생 기능을 추가하기 위해 설계**되었습니다.
- 핵심은 audioplayers라는 외부 플러그인의 설정 과정(패키지 의존성 추가, 오디오 에셋 파일 준비 및 pubspec.yaml 등록, 코드에서 AudioPlayer의 전체 생명주기를 다루는 것)입니다.

이 프롬프트의 목표

- audioplayers가 pubspec.yaml 파일에 추가되고, assets/audio/ 폴더에 위치한 음원 파일이 프로젝트의 에셋으로 등록되고 코드에서 접근하는 방법을 배우는 것
- @timer_screen.dart 파일 내에 AudioPlayer의 인스턴스가 멤버 변수로 생성되고, 화면 가장 하단 영역에 IconButton이 추가되는 방법을 배우는 것
- 사용자가 이 IconButton을 클릭했을 때, 재생 및 제어 로직을 구현하는 것
- 화면 위젯이 메모리에서 해제될 때 오디오 관련 시스템 리소스가 깨끗하게 정리되는 코드를 얻는 것

간단 팁

- pubspec.yaml 파일의 dependencies: 섹션에 audioplayers: 버전이 정확히 추가되었는지, 그리고 flutter: 섹션 하위의 assets: 항목에 - assets/audio/ 오디오 파일 경로가 올바르게 명시되었는지 확인하세요.

> **프롬프트 4 - 29**
>
> **배경 음악 반복 재생/일시정지 기능 구현**
> 타이머 화면에 배경 음악을 반복 재생하고 일시정지/재개하는 기능을 추가해 줘.
>
> ⋮
>
> 프롬프트 전체 내용은 노션 템플릿 [프롬프트 4-29]를 참고해 주세요.

모든 변경이 완료되었습니다. 이제 오디오 재생 기능이 추가된 타이머 화면이 준비되었습니다.

다음은 구현한 내용의 요약입니다:

1. audioplayers 패키지를 pubspec.yaml에 추가했습니다.
2. 오디오 파일을 저장할 assets/audio 디렉토리를 생성했습니다.
3. background_music.mp3를 위한 플레이스홀더 파일을 생성했습니다.

커서 AI가 제안하는 코드를 먼저 검토하고 충분히 이해한 뒤, 코드에 반영합니다. 스마트폰 디바이스를 연결하고 안드로이드 스튜디오에서 디버그를 실행합니다. 그리고 바뀐 UI를 확인합니다. **앱을 재시작한 후, 타이머 화면에 추가된 음악 재생 버튼을 눌러 배경 음악이 재생되고 정지되는지 확인**합니다. 음원 파일 경로가 정확한지, 에셋 등록이 제대로 되었는지 다시 한번 확인하고 집중에 어울리는 음악이 아니라면 커서 AI에게 음원을 교체해달라고 요청하세요. 문제가 발생하면 커서 AI에게 오류 메시지와 함께 질문하여 해결합니다.

이번 과정에서는 커서 AI와 함께 Focuslet 앱에 사용자가 입력한 태그를 로컬 데이터베이스 Hive에 저장하는 기능과 배경 음악을 재생하는 기능을 추가했습니다. 다음 과정에서는 Focuslet 앱의 회고 기능을 구현하겠습니다.

회고 기능 구현, 데이터 저장/조회, UI 마감, 버그 수정 및 QA

이번 과정에서는 지금까지 개발한 Focuslet 앱에 사용자가 **자신의 집중 세션 기록(태그 등)을 돌아볼 수 있는 '회고' 기능을 추가**하고, 앱의 전반적인 완성도를 높이기 위한 UI 개선, 버그 수정 및 최종 품질 점검QA 과정을 진행하겠습니다.

▼ 핵심 목표

- 이전에 저장된 데이터(예 Hive CE에 저장된 태그 목록 및 세션 정보)를 조회하고 화면에 표시하는 방법 학습
- 데이터를 목록 형태로 보여주는 UI(예 ListView) 구현 및 활용 능력 향상
- 앱의 전체적인 사용자 인터페이스UI 및 사용자 경험UX 을 개선하는 방법 모색 및 적용
- 개발 과정에서 발생할 수 있는 버그를 식별하고 수정하는 기본적인 디버깅 방법 경험

▼ 학습 방식

제시된 단계별 계획에 따라, 회고 화면 UI 구성, 데이터 조회 로직 구현, UI 개선 아이디어 요청, 버그 수정 지원 요청 등을 커서 AI에게 구체적인 프롬프트를 요청하며 진행하겠습니다. AI가 생성한 코드, 제안, 분석 결과를 바탕으로 앱의 완성도를 높여가며, 이 과정에서 데이터 처리, UI 디자인, 디버깅 및 QA에 대한 이해를 심화시킵니다.

▼ 범위

이번 과정에서는 별도의 '회고' 화면을 만들고, 이전에 Hive CE에 저장했던 태그 데이터 및 관련 세션 정보(저장했다면)를 조회하여 간단한 목록 형태로 표시하는 기능 구현에 초점을 맞춥니다. 또한, 커서 AI를 활용하여 기존 UI(타이머 화면, 회고 화면 등)의 개선점을 찾아 적용하고, 발견된 버그를 수정하겠습니다.

▼ 사전 준비 사항

- 이전 단계에서 개발한 focuslet_app 플러터 프로젝트 (타이머, 태그 저장/관리, 음악 재생 기능 구현 완료)
- 커서 AI 및 안드로이드 스튜디오 준비

▼ 핵심 개념 소개

- **회고**

  과거의 활동이나 데이터를 돌아보며 분석하고 배우는 과정입니다. 앱 개발 맥락에서는 사용자가 자신의 사용 기록(예 완료된 집중 세션, 사용된 태그, 세션 시간 등)을 확인하고 스스로의 패턴을 파악하도록 돕습니다.

- **데이터 조회**

  로컬 데이터베이스나 다른 저장소에 저장된 데이터를 읽어오는 과정입니다. Hive CE에서는 Box 객체의 메서드(예 values, get, toMap)를 사용하여 저장된 데이터를 다양한 형태로 가져올 수 있습니다.

- **목록 뷰**

  여러 개의 항목을 스크롤 가능한 목록 형태로 보여주는 UI 컴포넌트입니다. 동적인 데이터를 표시하는 데 매우 유용하며, ListView.builder는 많은 양의 데이터를 효율적으로 처리하는 데 사용됩니다.

- **UI/UX 개선**

  앱의 시각적인 디자인(User Interface)과 사용자가 앱을 사용하면서 느끼는 전반적인 경험(User Experience)을 더 보기 좋고, 사용하기 편리하며, 일관성 있게 다듬는 과정입니다. 레이아웃 조정, 색상/폰트 변경 등이 포함될 수 있습니다.

- **디버깅**

  프로그램 코드의 오류(버그)를 찾아내고 수정하는 과정입니다. 오류 메시지 분석, 코드 실행 추적(중단점 설정), 변수 값 확인, 로그 출력 등의 방법을 사용합니다.

- **품질 보증**

  개발된 소프트웨어가 요구사항을 만족하고 사용자에게 안정적이고 만족스러운 경험을 제공하는지 확인하는 체계적인 활동입니다. 기능 테스트, 사용성 테스트, 경계 값 테스트, 오류 시나리오 테스트 등을 포함합니다.

단계별로 구현하기

이전 단계에서 작업한 focuslet_app 프로젝트를 커서 AI에서 엽니다.

Step 01 회고 화면 생성 및 데이터 조회/표시

이전 과정에서 Hive CE에 저장했던 **태그 목록 또는 세션 기록을 조회하고 ListView를 사용하여 표시하는 기능을 구현**하겠습니다. Ctrl+I를 눌러 AI 어시스턴트 창을 열고 [Mode]는 **[Agent]**을 선택합니다. 그리고 아래 프롬프트를 커서 AI에 입력해 주세요.

📝 저자의 조언

- 아래 프롬프트는 사용자가 자신의 과거 집중 및 휴식 세션 기록을 체계적으로 확인하고 회고할 수 있도록, **전용 '회고 화면'을 만드는 것을 목표**로 합니다.
- 구현의 핵심은 FutureBuilder 위젯을 사용하여 Hive 데이터베이스에 저장된 세션 기록 들을 비동기적으로 가져오는 것입니다.

📝 이 프롬프트의 목표

- lib/views/ 폴더 아래에 retrospective_screen.dart 라는 StatefulWidget 파일을 만들고 이 화면의 AppBar에 '나의 집중 기록'이라는 제목이 표시되도록 하는 것
- 새로 생성된 RetrospectiveScreen에서 'sessionsBox'라는 이름의 Hive Box를 여는 코드와 FutureBuilder 위젯을 사용하여 이 Box에 저장된 세션 기록 들을 비동기적으로 불러오는 것
- 세션 기록 데이터가 로드되면, ListView.builder를 사용하여 목록 형태로 각 기록을 표시하는 것
- 기존 메인 타이머 화면에 '기록 보기' 기능을 하는 IconButton을 추가하고, 이 버튼을 클릭했을 때 Navigator.push 와 MaterialPageRoute 를 사용하여 사용자를 RetrospectiveScreen으로 안내하는 내비게이션 코드를 얻는 것

📝 간단 팁

- RetrospectiveScreen에서 FutureBuilder의 비동기 함수가 Hive Box에서 데이터를 어떻게 가져오는지 콜백 함수 내부에서 조건에 따라 어떻게 분기 처리하여 각 상황에 맞는 UI를 반환하는지 그 구조를 면밀히 살펴보는 것이 중요합니다.

" 프롬프트 4 - 30

회고 화면 생성 및 저장된 세션 기록 표시

새로운 화면인 RetrospectiveScreen을 만들고, 이전에 Hive에 저장했던 세션 기록들을 조회하여 화면에 목록 형태로 표시하는 기능을 구현해 줘.

⋮

프롬프트 전체 내용은 노션 템플릿 [프롬프트 4-30]을 참고해 주세요.

💡 이제 모든 필요한 변경사항이 적용되었습니다. 구현된 기능을 요약하면 다음과 같습니다:

1. **'RetrospectiveScreen' 위젯 생성:**
   - StatefulWidget으로 구현하여 데이터 로딩 상태 관리
   - Hive의 'sessionsBox'에서 세션 기록을 불러와 표시
   - FutureBuilder를 사용하여 비동기 데이터 로딩 처리
   - ListView.builder로 세션 기록을 카드 형태로 표시
   - 각 세션의 타임스탬프, 타입, 지속 시간, 태그 정보 표시

2. **'TimerScreen' 수정:**
   - AppBar에 회고 화면으로 이동하는 아이콘 버튼 추가

3. **'main.dart' 수정:**
   - 앱 시작 시 'sessionsBox' 초기화 코드 추가

커서 AI가 제안하는 코드를 검토하고 설명을 이해합니다. 새로운 화면 파일을 생성하고, 메인 화면에 내비게이션 로직을 추가한 후, 프로젝트에 적용합니다. 커서 AI가 제안하는 코드를 먼저 검토하고 충분히 이해한 뒤, 코드에 반영하고 패키지를 설치한다면 [Run]을 클릭합니다.

앱을 실행하여 메인 화면에서 **회고 화면으로 이동하고, 이전에 저장했던 데이터가 목록으로 잘 표시되는지(로딩 상태 포함), 데이터가 없을 때 메시지가 나오는지 확인**합니다. 오류가 발생하거나 UI가 어색하다면 커서 AI에게 구체적으로 수정 요청을 합니다(예 "세션 기록을 날짜별로 그룹핑해서 보여줘", "태그 Chip 색상을 좀 더 일관성 있게 해줘").

안드로이드 스튜디오에서 에뮬레이터를 실행하여 태그가 입력되는지 확인합니다. 오류 발생 시 커서 AI에게 문의하여 해결합니다.

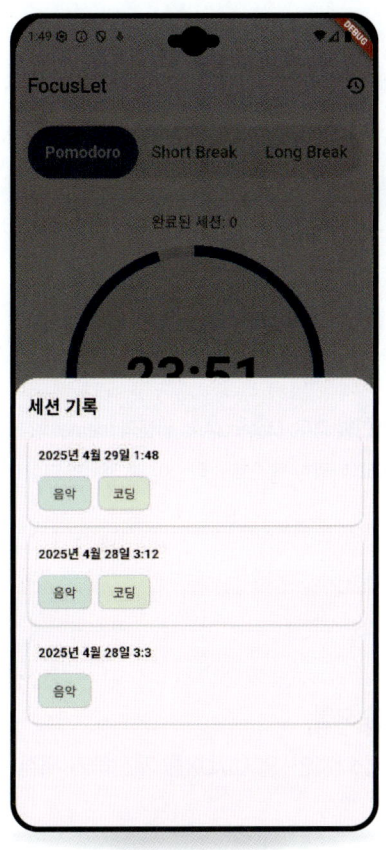

Step 02 UI 개선 및 다듬기

앱의 전반적인 디자인 완성도를 높이기 위해 **커서 AI에게 UI 개선 아이디어를 요청**하겠습니다. 타이머 화면, 회고 화면 등 주요 화면의 레이아웃, 색상, 폰트, 사용자 피드백 등을 검토하겠습니다. 개선하고 싶은 파일(**예** timer_screen.dart, retrospective_screen.dart)을 열어두거나 멘션하고 아래 프롬프트를 커서 AI에 입력해 주세요.

저자의 조언

- 아래 프롬프트는 현재 개발 중인 **플러터 앱의 전반적인 사용자 인터페이스**[UI]**와 사용자 경험**[UX]을 커서 AI의 도움을 받아 한 단계 끌어올리고, **앱의 전문성과 사용 편의성을 높이기 위해** 설계되었습니다.
- 핵심은 커서 AI에게 디자인 컨설턴트와 코드 개선 전문가의 역할을 동시에 부여하여 **레이아웃의 균형, 색상과 테마의 조화, 폰트의 가독성, 사용자 액션에 대한 피드백**, 그리고 여러 화면에 걸친 **디자인 요소의 일관성**이라는 다섯 가지 주요 영역에서 구체적인 개선안과 실제 적용 코드를 제안받는 것입니다.

📝 이 프롬프트의 목표

- 앱의 UI/UX를 분석시키고, 구체적인 개선 제안과 수정 코드를 제안받는 것
- 제안된 각 UI/UX 변경 사항이 사용자 경험을 어떻게 향상시키는지 설명을 듣고, 변경 전후의 시각적 경험에 대한 비교 설명을 들어서 개선 효과가 무엇인지 인지하는 것
- 모든 코드 변경 제안은 앱의 핵심 기능을 해치지 않는 범위 내에서 이루어져야 하며, 특히 MaterialApp의 theme 가이드에 대한 설명을 확보하는 것

📝 간단 팁

- 커서 AI가 ThemeData 수정을 제안할 경우, MaterialApp 위젯의 theme 속성의 내부를 자세히 살펴보세요. 특히 기본 색상 팔레트가 어떻게 생성되고, 다양한 텍스트 스타일이 앱 전체의 타이포그래피에 어떻게 일관성을 부여하는지 확인해 보세요.

> 프롬프트 4 - 31

앱 UI/UX 개선 제안 및 코드 적용 요청

현재 열려있는 화면(또는 전체 앱 디자인)의 UI/UX를 개선하기 위한 구체적인 제안을 해주고 코드에 적용해 줘.

⋮

프롬프트 전체 내용은 노션 템플릿 [프롬프트 4-31]을 참고해 주세요.

---------- CUSOR AI

💡 UI/UX 개선 사항을 요약하면 다음과 같습니다:

1. **테마 시스템 도입**
   - 'ThemeData'를 사용하여 앱 전체의 스타일을 중앙에서 관리
   - Material 3 디자인 시스템 적용

2. **시각적 계층 구조 개선**
   - 텍스트 크기와 굵기를 조정하여 정보의 중요도에 따른 계층 구조 형성
   - 색상 대비를 개선하여 가독성 향상

3. 인터랙션 개선
   - 탭 전환 시 애니메이션 효과 추가
   - 카드 디자인에 그림자 효과 추가하여 입체감 부여

4. 사용자 피드백 강화
   - 로딩 상태와 에러 상태에 대한 시각적 피드백 개선
   - 빈 상태(empty state)에 대한 친근한 UI 제공

5. 일관성 유지
   - 모든 화면에서 동일한 디자인 시스템 적용
   - 버튼, 카드, 텍스트 스타일의 일관성 유지

커서 AI가 제안하는 코드를 먼저 검토하고 충분히 이해한 뒤, 코드에 반영합니다.

안드로이드 스튜디오에서 에뮬레이터를 실행하여 제안된 **ThemeData 설정, 레이아웃 조정 코드, 피드백 강화 코드 등을 선택적으로 적용하고 앱을 테스트**합니다. 앱의 시각적인 변화와 사용성 개선 여부를 직접 평가합니다.

AI의 제안이 기대에 미치지 못하거나 다른 스타일을 원한다면, 더 구체적인 요구사항(예 "다크 모드를 지원하도록 테마를 수정해줘", "회고 화면의 리스트 항목을 좀 더 예쁘게 디자인해줘")을 담아 다시 질문합니다.

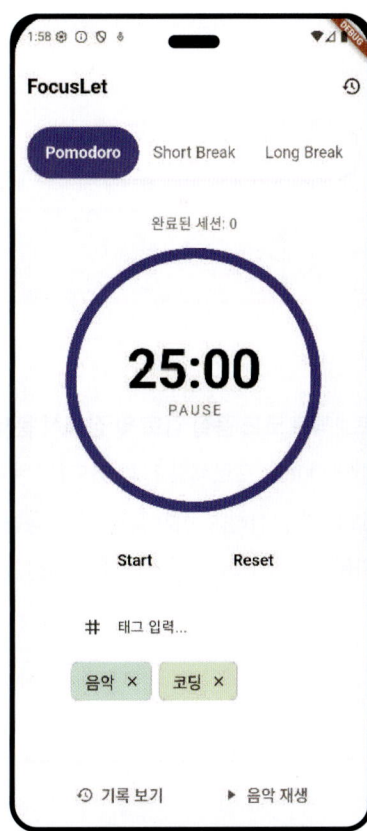

Step 03 버그 수정 및 최종 QA

개발된 앱의 **잠재적인 버그를 찾고 수정하며, 전반적인 품질을 점검하는 과정**을 진행하겠습니다. AI에게 코드 리뷰를 요청하거나, 직접 발견한 버그의 해결을 요청할 수 있습니다. 아래 프롬프트를 커서 AI에 입력해 주세요.

저자의 조언
- 이 프롬프트는 개발자가 스스로 발견하기 어려울 수 있는 코드 내의 잠재적인 문제점들이나 개선 방안을 AI에게 맡기는 것입니다. **애플리케이션의 전반적인 품질(안정성, 성능, 가독성, 유지보수성)을 향상시키기 위해 설계**되었습니다.

이 프롬프트의 목표
- 현재 플러터 프로젝트의 전체 소스코드 또는 사용자가 특별히 지정한 파일들의 정밀 분석을 맡기는 것
- 커서 AI가 지적한 각 문제점이나 개선 제안 사항이 소스코드의 어느 파일, 어느 부분에 위치하는지 정보를 받는 것
- 발견된 각 이슈의 중요도나 심각성에 대한 커서 AI의 평가를 참고하는 것

간단 팁
- 커서 AI가 특정 코드 영역에 대해 문제점을 지적한다면, 해당 문제를 어떻게 수정할 것인지 구체적으로 질문해 보세요.

프롬프트 4 - 32

프로젝트 코드 품질 검토 및 잠재적 문제 분석 요청

현재 Flutter 프로젝트 전체 코드(또는 특정 파일: '@timer_screen.dart', '@retrospective_screen.dart')를 분석하여, 잠재적인 버그, 성능 병목 현상, 메모리 누수 가능성, 상태 관리 오류, 그리고 코드 가독성 및 유지보수성 측면에서 개선할 점이 있는지 검토하고 알려줘.

⋮

프롬프트 전체 내용은 노션 템플릿 [프롬프트 4-32]를 참고해 주세요.

1. **상태 관리 및 메모리 누수 방지 (Critical):**
   - **문제점:** timer_screen.dart의 dispose() 메서드에서 Hive Box와 같은 리소스가 적절히 닫히지 않아 메모리 누수 가능성이 있습니다.
   - **개선 방안:** dispose() 메서드 내에 sessionsBox.close()를 추가하여 사용된 Hive Box를 명시적으로 닫아줍니다.

2. **비동기 처리 개선 (Performance Issue & User Experience):**
   - **문제점:** retrospective_screen.dart의 _openBox() 메서드에서 비동기 작업 중 오류 발생 시 사용자에게 적절한 피드백이 없고, 위젯이 mounted되지 않은 상태에서 setState를 호출할 위험이 있습니다.
   - **개선 방안:** try-catch 블록 내에서 mounted를 확인 후 setState를 호출하고, 오류 발생 시 ScaffoldMessenger를 통해 사용자에게 오류 메시지를 표시합니다.

커서 AI의 코드 분석 결과와 버그 수정 제안을 신중하게 검토하고 적용합니다. **특히 상태 관리, 비동기 처리, 리소스 관리**(dispose) **관련 코드는 더욱 주의 깊게 살펴봅니다.** 수정 후에는 반드시 해당 버그가 해결되었는지, 그리고 다른 기능이 정상적으로 동작하는지(회귀 테스트) 철저히 확인해야 합니다. 이 과정을 통해 앱의 안정성과 품질을 최종적으로 확보합니다.

"도출된 개선 사항을 반영해 줘"라고 간단하게 커서 AI에 입력해 보세요. 개선 사항을 확인하기 위해 안드로이드 스튜디오 에뮬레이터에서 테스트해 봅니다.

이번 과정에서는 커서 AI와 함께 Focuslet 앱 개발의 마지막 단계인 회고 기능 구현, UI/UX 개선, 버그 수정 및 최종 QA 과정을 진행했습니다.

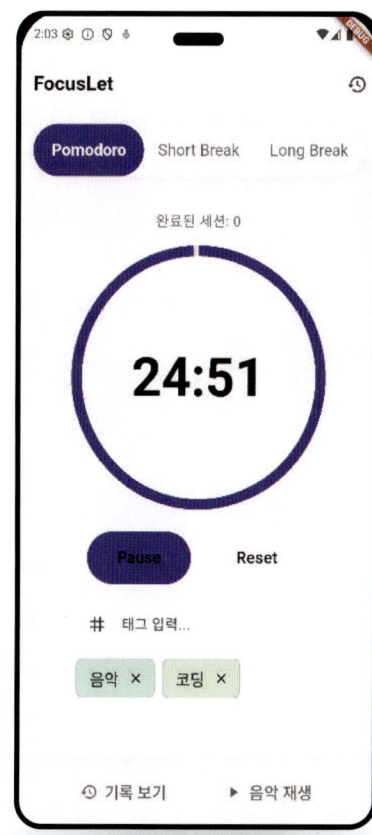

CHAPTER 09
앱 가치 더하기: 설정, 알림, 통계 기능 구현

01 설정 화면 구현

이번 과정에서는 사용자가 Focuslet 앱의 동작 방식을 조절할 수 있는 '설정' 화면을 만듭니다. 설정 화면에서는 **기본적인 항목의 설정(집중 시간, 휴식 시간)을 변경하고 저장하는 기능을 구현**하겠습니다.

핵심 목표

- 플러터에서 새로운 화면(Screen/Route)을 만들고 관리하는 방법 이해
- 화면 간 이동(Navigation) 구현 방법 복습 및 적용 (예 Navigator.push)
- 사용자로부터 숫자 입력을 받거나 값을 조절하는 UI 위젯(예 Slider, TextField) 사용법 학습
- 사용자가 변경한 설정 값을 로컬 데이터베이스 Hive CE 에 저장하고 불러오는 방법 복습 및 적용
- 상태 관리 기법을 활용하여 앱의 다른 부분(예 타이머 로직)에 저장된 설정 값을 반영하는 기초 다지기

🚩 학습 방식

설정 화면 UI 구성, 내비게이션 구현, 설정 값 처리 및 저장 로직 구현을 위해 커서 AI에게 프롬프트를 입력합니다. AI가 생성한 코드와 설명을 분석하고 프로젝트에 적용하며, 설정 기능 구현에 필요한 플러터 개념들을 복습하고 심화 학습합니다.

🚩 범위

이 과정에서는 별도의 '설정' 화면을 만들고, 메인 화면(타이머 화면)에서 설정 화면으로 이동하는 기능을 구현합니다. 설정 화면 내에서는 '집중 시간'과 '휴식 시간'의 시간을 조절할 수 있는 UI(예 슬라이더)를 추가하고, 변경된 값을 Hive CE 데이터베이스에 저장 및 로드하는 기능까지 구현하는 데 초점을 맞춥니다.

🚩 사전 준비 사항

- 이전 과정까지 개발한 'focuslet_app' 플러터 프로젝트 (타이머, 태그, 음악 기능, 회고 등 구현 완료)
- 커서 AI 및 안드로이드 스튜디오 준비
- Hive CE 설정 및 기본적인 사용 경험 (main.dart 초기화, Box 열기 등)

🚩 핵심 개념 소개 (플랫폼 중립적 설명)

- **내비게이션**

  앱 내에서 사용자가 여러 화면 사이를 이동하는 기능 또는 그 과정을 관리하는 시스템입니다. 플러터에서는 Navigator 위젯과 Route(화면 단위) 개념을 사용합니다. 화면을 띄우는 것을 'push', 닫는 것을 'pop'이라고 합니다.

- **설정 화면**

  사용자가 애플리케이션의 동작 방식이나 표시 내용을 변경할 수 있도록 관련 옵션들을 모아놓은 화면입니다.

- **입력 위젯**

  사용자로부터 특정 형태의 값(숫자, 텍스트 등)을 입력받거나 조절하기 위한 UI 컴포넌트입니다. Slider는 연속적인 값을 조절하는 데 사용되고, TextField는 텍스트나 숫자를 직접 입력받는 데 사용됩니다.

- **데이터 영속성**

  앱이 종료되거나 기기가 재시작되어도 데이터가 사라지지 않고 유지되는 성질입니다. 로컬 데이터베이스(Hive CE, SQLite), 파일 저장, 서버 연동 등 다양한 방법으로 구현합니다.

- **상태 관리**

  애플리케이션의 상태(데이터)를 관리하고, 상태 변경에 따라 UI가 일관성 있게 업데이트되도록 하는 설계입니다.

단계별로 구현하기

Step 01 설정 화면 생성 및 내비게이션 구현

먼저, 비어 있는 새로운 설정 화면 파일을 만들고, 메인 타이머 화면에서 이 설정 화면으로 이동할 수 있는 버튼과 내비게이션 로직을 추가하겠습니다. [Ctrl]+[I]를 눌러 AI 어시스턴트 창을 열고 [Mode]는 [Agent]를 선택합니다. 그리고 아래 프롬프트를 커서 AI에 입력해 주세요.

저자의 조언
- 아래 프롬프트는 애플리케이션에 새로운 '설정' 화면의 **가장 기본적인 뼈대를 만들고**, 사용자가 기존 메인 화면(예 타이머 화면)에서 이 새로운 설정 화면으로 **쉽게 접근할 수 있는 내비게이션 경로를 구축하기** 위해 설계되었습니다.

이 프롬프트의 목표
- lib/views/ 폴더 경로 아래에 **settings_screen.dart** 파일이 생성되고, 해당 파일 내에 설정 관련 코드를 받는 것

간단 팁
- timer_screen.dart에서 AppBar 위젯에 IconButton이 어떻게 추가되었는지, 그리고 해당 IconButton의 icon 속성에 Navigator.push(...) 로직이 들어가 있는지 확인하는 것이 중요합니다.

> **프롬프트 4-33**
>
> **설정 화면 파일 생성 및 내비게이션 추가**
> 새로운 설정 화면 파일을 만들고 메인 화면에서 이동할 수 있도록 구현해 줘.
>
> ⋮
>
> 프롬프트 전체 내용은 노션 템플릿 [프롬프트 4-33]을 참고해 주세요.

1. 'lib/views/settings_screen.dart' 파일을 생성하고 기본적인 설정 화면 구조를 구현했습니다.
2. 'timer_screen.dart' 파일의 AppBar에 설정 아이콘을 추가하고 'SettingsScreen'으로 이동하는 내비게이션을 구현했습니다.

🚀 이제 앱을 실행하면 타이머 화면의 AppBar에 설정 아이콘이 표시되고, 이를 탭하면 설정 화면으로 이동할 수 있습니다. 설정 화면은 현재 기본적인 구조만 갖추고 있으며, 필요에 따라 추가 기능을 구현할 수 있습니다.

커서 AI가 제안하는 코드를 검토하고 설명을 이해합니다. 새로운 settings_screen.dart 파일이 생성되었는지, 그리고 timer_screen.dart에 설정 버튼과 내비게이션 코드가 올바르게 추가되었는지 확인하고 프로젝트에 적용합니다.

커서 AI가 제안하는 코드를 먼저 검토하고 충분히 이해한 뒤, 코드에 반영합니다. 안드로이드 스튜디오에서 에뮬레이터를 실행하여 **메인 타이머 화면의 앱 바에 설정 아이콘이 나타나는지, 그리고 해당 아이콘을 클릭했을 때 비어 있는 '설정' 화면으로 이동하는지 확인**합니다. 오류가 발생하면 커서 AI에게 오류 메시지와 함께 문의하여 해결합니다.

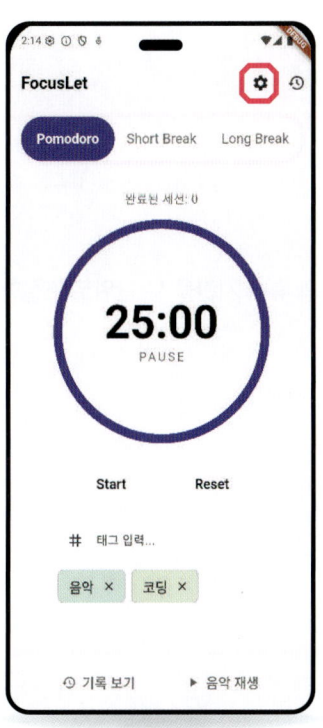
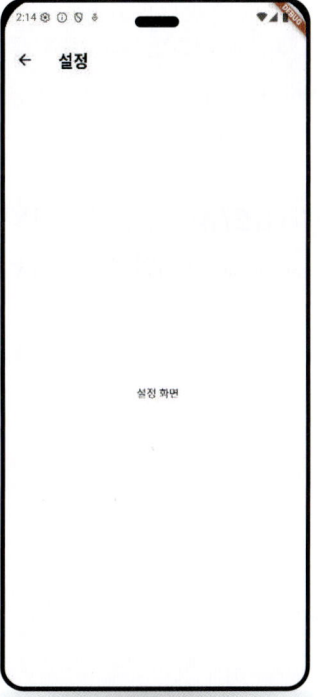

Step 02 설정 항목 UI 구현 (집중/휴식 시간 조절)

이제 설정 화면에 사용자가 집중 시간과 휴식 시간을 분 단위로 조절할 수 있는 UI 요소(예 슬라이더)를 추가하겠습니다. AI 어시스턴트 창에서 **@settings_screen.dart** 파일을 열어두고 아래 프롬프트를 커서 AI에 입력해 주세요.

저자의 조언
- 아래 프롬프트는 사용자가 자신의 작업 및 휴식 패턴에 맞춰 뽀모도로 타이머의 핵심 설정인 '집중 시간'과 '짧은/긴 휴식 시간'을 **직접 분 단위로 조절**할 수 있는 **슬라이더(Slider)를 추가하기 위해 설계**되었습니다.

이 프롬프트의 목표
- 슬라이더의 현재 설정 값을 관리하고 UI에 반영하는 방법을 배우는 것
- 각 설정 항목 그룹(라벨, 슬라이더, 값 표시 텍스트)들이 다양한 레이아웃 위젯을 사용하여 시각적으로 구분되고 사용자 친화적으로 정렬된 전체 UI 코드와, Slider 위젯의 주요 속성 사용법 및 UI 반영 로직에 대한 상세한 설명을 얻는 것

간단 팁
- SettingsScreenState 클래스 내에서 다양한 상태 변수들이 어떻게 초기화되는지, 그리고 각 Slider 위젯의 속성에 이 변수들이 바인딩되어 있는지 확인하는 것이 중요합니다.

> 프롬프트 4 - 34

설정 항목 UI 추가 (집중/휴식 시간 슬라이더)

현재 @settings_screen.dart 파일 내부에 집중 시간과 휴식 시간을 분 단위로 조절할 수 있는 UI를 추가해 줘.

⋮

프롬프트 전체 내용은 노션 템플릿 [프롬프트 4-34]를 참고해 주세요.

1. StatefulWidget으로 전환 및 상태 변수 추가:

설정값을 동적으로 변경하고 UI에 반영하기 위해 SettingsScreen을 StatefulWidget으로 변환했습니다. 다음 세 가지 상태 변수를 추가하여 각 시간 설정을 관리합니다:

- _focusDuration: 집중 시간 (기본값 25분)
- _shortBreakDuration: 짧은 휴식 시간 (기본값 5분)
- _longBreakDuration: 긴 휴식 시간 (기본값 15분)

2. 시간 설정 UI 구성:

각 시간 설정 항목(집중, 짧은 휴식, 긴 휴식)마다 다음 UI 요소들을 배치했습니다:

- 설정 항목의 제목을 나타내는 텍스트 (예 "집중 시간 설정")
- 사용자가 값을 조절할 수 있는 Slider 위젯

3. 슬라이더 기능 및 속성:

- 집중 시간 슬라이더: 5분부터 60분까지 5분 단위로 조절 가능합니다.
- 휴식 시간(짧은/긴) 슬라이더: 1분부터 30분까지 1분 단위로 조절 가능합니다.

4. 레이아웃 및 스타일:

- 앱 전체 테마와 일관된 스타일을 적용하여 통일성을 유지했습니다.

커서 AI가 제안하는 코드를 먼저 검토하고 충분히 이해한 뒤, 코드에 반영합니다. 안드로이드 스튜디오에서 에뮬레이터를 실행하여 SettingsScreen이 StatefulWidget으로 변경되었는지, 상태 변수가 선언되었는지, Slider 위젯과 관련 로직이 올바르게 구현되었는지 확인하고 프로젝트에 적용합니다.

설정 화면으로 이동한 후, **집중 시간과 휴식 시간 슬라이더가 나타나는지 확인**하고, **슬라이더를 움직였을 때 표시되는 숫자 값이 실시간으로 변경되는지 테스트**합니다. 변경된 시간이 메인 타이머에 반영되는지 테스트합니다. UI 레이아웃이 어색하거나 슬라이더 동작에 문제가 있다면 AI에게 수정 요청을 합니다.

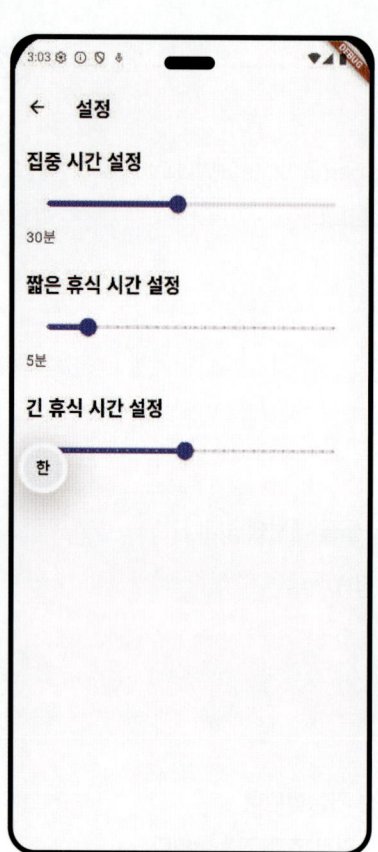

만약 설정에서 변경한 시간이 메인 타이머에 적용되지 않는다면 **"설정에서 저장한 3가지 시간이 메인 타이머에 각각 반영이 안돼. 반영해 줘"**와 같이 커서 AI에게 해당 문제를 수정해달라고 요청하세요. Pomodoro, Short Break, Long Break 등 3가지 시간을 변경한 경우, 메인 타이머에서 수정된 사항이 반영되는지 꼼꼼하게 테스트하고 문제가 있다면 커서 AI에게 수정을 요청하시기 바랍니다.

Step 03 설정 값 저장 및 로드 (Hive CE 연동)

사용자가 슬라이더로 조절한 집중 시간과 휴식 시간 값을 앱을 종료해도 유지되도록 Hive CE 데이터베이스에 저장하고, **설정 화면이 열릴 때 저장된 값을 불러와 슬라이더에 반영하는 로직**을 구현하겠습니다. AI 어시스턴트 창에서 **'@settings_screen.dart'** 파일을 열어두고 아래 프롬프트를 커서 AI에 입력해 주세요.

저자의 조언

- 아래 프롬프트는 사용자가 '설정' 화면(@settings_screen.dart)에서 조정한 집중 시간 및 각종 휴식 시간 값들을 앱을 종료했다가 다시 시작하더라도 그 값이 그대로 유지될 수 있도록 합니다. 설정 값을 Hive CE 데이터베이스에 저장하고, 필요할 때 다시 적용하는 기능을 구현하기 위해 설계되었습니다.

📝 이 프롬프트의 목표

- 앱이 시작될 때 사용자의 설정값을 저장하고 불러올 Hive Box에 비동기적으로 접근하는 방법을 배우는 것

📝 간단 팁

- main.dart의 main() 함수가 async 키워드로 선언되어 있는지, 그리고 runApp() 함수가 호출되기 이전에 hive_ce에 맞는 초기화 방식을 사용하는지, 그리고 Hive 데이터베이스와 필요한 Box들이 앱 실행 초기에 준비되는지 반드시 확인해야 합니다. Box가 열리기 전에 접근하면 오류가 발생합니다.

> **프롬프트 4 - 35**
>
> ### 설정 값 Hive 저장 및 로드 구현
>
> @settings_screen.dart
> 이전에 구현한 집중 시간과 휴식 시간 두 가지 설정 값을 Hive CE에 저장하고 불러오는 기능을 추가해 줘.
>
> ⋮
>
>
> 프롬프트 전체 내용은 노션 템플릿 [프롬프트 4-35]를 참고해 주세요.

CUSOR AI

1. **Hive Box 준비 (main.dart):**
앱 초기화 과정에서 'settingsBox'라는 이름의 Hive Box가 미리 열리도록 설정되어 있어, 설정값을 저장하고 불러올 준비가 되어 있습니다.

2. **설정값 키 상수 정의:**
SettingsScreen과 TimerScreen에서 일관되게 설정값에 접근하고 저장하기 위해, 각 설정 항목 (집중 시간, 짧은 휴식, 긴 휴식)에 대한 Hive 키(_focusDurationKey, _shortBreakDurationKey, _longBreakDurationKey)를 정적 상수(static const String)로 정의하여 사용했습니다.

3. **설정값 로드 (SettingsScreen의 initState):**
SettingsScreen이 초기화될 때, initState 내에서 Hive.box('settingsBox')를 통해 미리 열어둔 'settingsBox' 인스턴스에 접근합니다.

4. 실시간 설정값 저장 (SettingsScreen의 Slider onChanged):
사용자가 SettingsScreen의 각 시간 조절 Slider를 움직여 값을 변경할 때마다, onChanged 콜백 함수 내에서 해당 변경사항이 즉시 setState를 통해 UI에 반영됩니다.

5. TimerScreen과의 설정값 일관성 유지:
TimerScreen에서도 앱 시작 시 또는 필요시 동일한 Hive 키 상수를 사용하여 'settingsBox'에서 사용자가 설정한 시간 값들을 불러옵니다.

커서 AI가 제안하는 코드를 먼저 검토하고 충분히 이해한 뒤, 코드에 반영하고 명령어의 실행이 필요하다면 [Run]을 클릭합니다. 안드로이드 스튜디오에서 에뮬레이터를 실행하여 **main.dart에 Box 열기 코드가 추가되었는지(필요시), SettingsScreen의 initState에서 값을 불러오는 로직과 Slider의 onChanged에서 값을 저장하는 로직이 올바르게 구현되었는지 확인**하고 적용합니다.

앱을 실행하여 다음을 테스트합니다:

01 설정 화면으로 이동하여 슬라이더를 조절하여 집중 시간과 휴식 시간을 변경합니다.

02 앱을 완전히 종료합니다.

03 앱을 다시 시작하고 설정 화면으로 이동합니다.

04 이전에 변경했던 값으로 슬라이더가 초기화되어 있는지 확인합니다.

만약 값이 저장되지 않거나 잘못된 값으로 로드된다면, Hive Box 이름, 키 이름, 데이터 타입 등을 확인하고 커서 AI에게 수정을 요청하세요. 지금까지 Focuslet 앱에 설정 화면을 만들고, 집중 시간과 휴식 시간을 조절하여 Hive CE에 저장 및 로드하는 기능을 구현했습니다.

백그라운드 작동 기능 추가

이번 과정에서는 앱 화면을 내려도 Focuslet 앱의 타이머가 계속 작동하는 **'백그라운드 작동' 기능을 구현**하겠습니다. 이 실습을 통해서 다른 앱을 실행하거나 앱을 내려도 집중 세션을 방해받지 않고 계속 사용하게 되는 방법을 배웁니다. 백그라운드 처리의 기본 개념, 관련 플러그인 사용법, 그리고 플랫폼별 제약 사항 등 모바일 앱 개발의 심도 있는 주제를 경험할 예정입니다.

▼ 핵심 목표

- 플러터 앱이 백그라운드 상태에서도 코드를 실행할 수 있게 하는 방법 학습
- 백그라운드 작업을 위한 플러그인(예 flutter_foreground_task) 설치 및 기본 설정 방법 이해
- 안드로이드 백그라운드 실행 관련 설정(권한, Manifest/Info.plist 수정 등) 경험
- 앱의 생명주기 Lifecycle 변화에 따라 백그라운드 작업을 시작하고 중지하는 로직 구현 학습
- 백그라운드 작업 시 사용자에게 상태를 알리는 방법(예 Foreground Service 알림) 이해

▼ 학습 방식

백그라운드 기능 구현에 필요한 플러그인 설치, 설정, 백그라운드 작업 시작/중지 로직 등을 단계별로 나누어 커서 AI에게 작업을 요청하겠습니다. 커서 AI가 생성한 코드와 설명을 분석하고 프로젝트에 적용하며, 백그라운드 실행 메커니즘과 관련 플러그인 사용법을 익힙니다. 특히 플랫폼별 설정이나 제약 조건으로 인해 발생하는 문제들을 AI와 함께 해결하며 실전 경험을 쌓겠습니다.

▼ 범위

이 과정에서는 flutter_foreground_task 플러그인(또는 유사 기능을 제공하는 다른 플러그인)을 사용하여 앱이 백그라운드 상태일 때도 타이머 로직이 계속 실행되도록 하는 기본적인 백그라운드 작동 기능 구현에 초점을 맞추겠습니다. 안드로이드의 Foreground Service를 활용하여 시스템에 의해 앱 프로세스가 종료될 가능성을 낮추는 것을 목표로 합니다.

▼ 사전 준비 사항

- 이전 과정(9 - 1 설정 화면 구현 등)까지 개발한 'focuslet_app' 플러터 프로젝트
- 커서 AI 및 안드로이드 스튜디오 준비
- 백그라운드 실행 및 Foreground Service 개념에 대한 기본적인 이해 (또는 AI의 설명을 통해 학습할 준비)

핵심 개념 소개 (플랫폼 중립적 설명)

- **백그라운드 실행**

    사용자가 앱을 직접 사용하고 있지 않은 상태(다른 앱 사용 중, 홈 화면, 화면 꺼짐 등)에서도 앱의 코드가 계속 실행되는 것을 의미합니다. 타이머, 음악 재생, 위치 추적 등에 필요합니다.

- **앱 생명주기**

    앱이 실행되고 종료되기까지 거치는 여러 상태(예 활성 'resumed', 비활성 'inactive', 일시정지 'paused', 백그라운드 'detached')를 의미합니다. 플러터에서는 WidgetsBindingObserver를 사용하여 앱 상태 변화를 감지할 수 있습니다.

- **포그라운드 서비스**

    사용자가 인지할 수 있는 작업을 수행하는 서비스로, 일반 백그라운드 서비스보다 시스템에 의해 종료될 확률이 낮습니다. 상태 표시줄에 지속적인 알림을 표시해야 합니다.

- **백그라운드 작업 플러그인**

    플러터에서 각 플랫폼(안드로이드, iOS)의 백그라운드 실행 기능을 쉽게 사용할 수 있도록 도와주는 라이브러리입니다.

- **플랫폼별 설정 및 권한**

    백그라운드 작업, 특히 포그라운드 서비스는 운영 체제별로 요구하는 설정(예 AndroidManifest.xml 수정)과 사용자 권한(예 포그라운드 서비스 권한, 알림 권한)이 필요합니다.

단계별로 구현하기

Step 01 백그라운드 작업 플러그인 설치 및 기본 설정

먼저, 앱이 백그라운드에서도 타이머를 실행할 수 있도록 도와주는 **플러그인(여기서는 flutter_foreground_task 예시)을 설치**하고, 필요한 **플랫폼별 기본 설정을 진행**하겠습니다. `Ctrl`+`I`를 눌러 AI 어시스턴트 창을 열고 [Mode]는 [Agent]를 선택합니다. 그리고 아래 프롬프트를 커서 AI에 입력해 주세요.

📝 저자의 조언
- 아래 프롬프트는 사용자가 Focuslet 앱을 화면에서 내리거나 다른 앱을 사용하는 등 백그라운드 상태로 전환하더라도, **타이머가 중단 없이 계속 정확하게 동작할 수 있도록 하는 '백그라운드 실행' 기능을 구현하기 위해 설계**되었습니다.

📝 이 프롬프트의 목표
- pubspec.yaml 파일의 dependencies: 섹션에 flutter_foreground_task: 옵션이 추가되는 것

📝 간단 팁
- AndroidManifest.xml 파일을 수정할 때는 매우 신중해야 합니다. <uses-permission ... /> 태그는 일반적으로 <manifest> 태그의 바로 하위 레벨에, 그리고 <service ... /> 태그는 <application> 태그의 하위 레벨에 위치합니다. 서비스 태그의 android:name 속성 값 등이 정확한지, 그리고 추가적으로 필요한 android:foregroundServiceType (만약 있다면) 등의 속성이 올바르게 명시되었는지 꼼꼼히 확인하는 것이 중요합니다.

> " 프롬프트 4 - 36
>
> **백그라운드 작업 플러그인 설치 및 기본 설정**
>
> Focuslet 앱이 백그라운드에서도 타이머를 계속 실행할 수 있도록 'flutter_foreground_task' 플러그인을 설치하고 필요한 기본 설정을 해줘.
>
> ⋮
>
> 프롬프트 전체 내용은 노션 템플릿 [프롬프트 4-36]을 참고해 주세요.

🛠 설치 및 설정 요약

1. **패키지 추가 완료:**
   - 'pubspec.yaml' 파일에 'flutter_foreground_task: ^6.1.4' 패키지를 추가하였습니다.

2. **안드로이드 설정 완료:**
   - 'AndroidManifest.xml' 파일에 필요한 권한을 추가했습니다:
   - 포그라운드 서비스 등록을 위한 '<service>' 태그를 추가했습니다.

3. **플러그인 초기화 코드 추가:**
   - 'main.dart' 파일에 플러그인 초기화 코드를 추가했습니다.

4. **백그라운드 서비스 구현:**
   - 'lib/services/foreground_task_service.dart' 파일을 생성하여 백그라운드 타이머 로직을 구현했습니다.

5. **타이머 화면 연동:**
   - 'TimerScreen' 클래스에 백그라운드 서비스 연동 코드를 추가했습니다.

커서 AI가 제안하는 코드를 먼저 검토하고 충분히 이해한 뒤, 코드에 반영합니다. **특히 pubspec.yaml 수정, AndroidManifest.xml 수정은 네이티브 설정 파일이므로 주의 깊게 확인**해야 합니다.

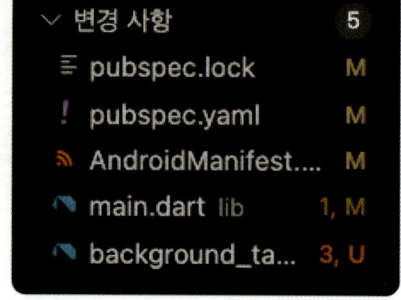

안드로이드 스튜디오 에뮬레이터 앱을 실행하여 앱이 정상적으로 빌드되고 실행되는지 확인합니다. 이 단계에서는 아직 백그라운드 기능이 눈에 띄게 동작하지 않을 수 있습니다. 빌드 오류가 발생하면 오류 메시지를 커서 AI에게 제공하여 해결을 요청합니다.

Step 02 / 타이머 시작/중지 시 백그라운드 작업 연동

타이머가 시작될 때 백그라운드 작업을 시작하고, 타이머가 중지되거나 완료될 때 백그라운드 작업을 중지하는 로직을 구현하겠습니다. AI 어시스턴트 창에서 @timer_screen.dart 파일을 열어두고 다음 프롬프트를 커서 AI에 입력해 주세요.

저자의 조언

- 아래 프롬프트는 flutter_foreground_task 플러그인을 **실제 타이머 기능의 핵심 로직(시작, 일시정지, 중지, 완료)과 연동시키기 위해 설계**되었습니다.

이 프롬프트의 목표

- 사용자가 앱을 백그라운드로 전환하거나 화면을 잠그더라도 타이머가 중단 없이 계속 동작하고, 사용자에게 현재 상태를 알리게 하는 것
- 타이머 로직이 구현된 @timer_screen.dart 파일 내에서, 타이머가 시작되면 카운트다운이 시작되는 함수 내부의 적절한 위치에 포그라운드 메서드를 호출하는 방법을 배우는 것

간단 팁

- 타이머의 상태를 관리하는 핵심 변수의 값이 변경되는 지점에서 커서 AI가 생성한 코드를 살펴보세요.

> **프롬프트 4 - 37**
>
> **타이머와 백그라운드 작업 연동**
>
> @timer_screen.dart
>
> 이전에 구현된 타이머 시작/중지 로직과 'flutter_foreground_task' 플러그인을 연동하여, 타이머가 작동 중일 때만 백그라운드 작업(포그라운드 서비스)이 실행되도록 구현해 줘.
>
> ⋮
>
> 프롬프트 전체 내용은 노션 템플릿 [프롬프트 4-37]을 참고해 주세요.

커서 AI가 제안하는 코드를 검토하고 설명을 이해합니다. 타이머 시작/중지 로직에 startService() 와 stopService() 호출이 올바르게 추가되었는지, 알림 내용이 적절히 설정되었는지, 그리고 필요한 경우 백그라운드 핸들러가 정의되고 등록되었는지 확인하고 적용합니다.

안드로이드 스튜디오 에뮬레이터 앱을 실행하여 앱이 정상적으로 빌드되고 실행되는지 확인합니다. 이 단계에서는 아직 백그라운드 기능이 눈에 띄게 동작하지 않을 수 있습니다. 빌드 오류가 발생하면 오류 메시지를 커서 AI에게 제공하여 해결을 요청합니다.

안드로이드 스튜디오 에뮬레이터 앱을 실행하여 다음을 테스트하겠습니다:

01 타이머를 시작합니다. 안드로이드의 경우 상태 표시줄에 포그라운드 서비스 알림이 나타나는지 확인합니다.

02 앱을 백그라운드로 보냅니다(홈 버튼 클릭 등).

03 잠시 후 다시 앱으로 돌아왔을 때 타이머가 백그라운드 상태에서도 계속 진행되었는지 확인합니다(정확한 시간 측정은 어려울 수 있으나, 시간이 흘러갔는지 확인).

04 타이머를 일시정지하거나 중지했을 때 포그라운드 서비스 알림이 사라지는지 확인합니다.

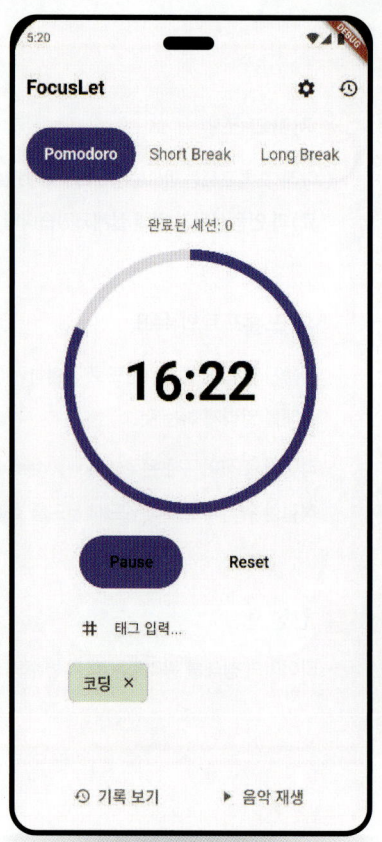

지금까지 커서 AI와 함께 Focuslet 앱이 백그라운드 상태에서도 타이머를 계속 실행할 수 있도록 'flutter_foreground_task' 플러그인을 활용하여 백그라운드 작동 기능을 구현했습니다.

03 간단 통계 기능 구현

이번 과정에서는 Focuslet 앱 사용 패턴을 분석하는 방법을 알아보겠습니다. 집중과 휴식 세션에서 완료된 데이터를 기반으로 간단한 **통계를 분석하고 보여주는 '통계' 화면을 구현**하겠습니다. 이전에 저장한 데이터를 조회하여 의미 있는 정보로 표시하는 방법을 배우며, 데이터 처리 및 시각화의 기초를 경험합니다.

🚩 핵심 목표

- 로컬 데이터베이스$^{Hive\ CE}$에 저장된 데이터를 조회하고 필터링하는 방법 학습
- 조회된 데이터를 기반으로 간단한 통계치(예 총 완료 세션 수, 총 집중 시간)를 계산하는 로직 구현 경험
- 계산된 통계 정보를 사용자에게 명확하게 보여주는 UI 구성 방법 학습
- 플러터에서 상태 관리 기법을 활용하여 데이터를 로드하고 UI에 반영하는 과정 복습

🚩 학습 방식

통계 화면 UI 구성, 데이터 조회 및 처리 로직, 통계 계산을 단계별로 나누어 커서 AI와 함께 구현합니다. 커서 AI가 생성한 코드와 설명을 분석하고 프로젝트에 적용해 보는 시간을 갖습니다. 또한 데이터 처리 및 간단한 시각화 방법도 익히겠습니다.

🚩 범위

이 과정에서는 별도의 '통계' 화면을 만들고, 이전에 Hive CE에 저장했던 세션 완료 기록을 기반으로 '총 완료된 집중 세션 수'와 '총 누적 집중 시간(분)'이라는 두 가지 기본적인 통계치를 계산하는 데 초점을 맞추겠습니다.

🚩 사전 준비 사항

- 이전 과정까지 개발한 'focuslet_app' 플러터 프로젝트 (특히, 세션 타입이나 시간 등의 세션 완료 시 관련 정보를 Hive CE에 저장하는 로직)
- 커서 AI 및 안드로이드 스튜디오 준비
- Hive CE 설정 및 데이터 저장/로드 경험

🚩 핵심 개념 소개

- **통계**

    수집된 데이터를 요약, 분석하여 의미 있는 정보나 경향성을 파악하는 과정 또는 그 결과입니다. 앱 사용 통계는 사용자의 행동 패턴을 이해하는 데 도움을 줍니다.

- **데이터 집계**

    여러 데이터 항목을 모아서 요약된 값(합계, 평균, 개수 등)을 계산하는 과정입니다. 여기서는 완료된 세션 기록들을 집계하여 총 세션 수와 총 시간을 계산합니다.

- **데이터 처리**

    원시 데이터를 가져와 필요한 형태로 변환하거나 계산하는 과정입니다. Hive에서 가져온 데이터를 통계 계산에 적합한 형태로 만드는 작업입니다.

- **UI 시각화**

  계산된 통계 데이터를 사용자가 쉽게 이해할 수 있도록 텍스트, 숫자, 간단한 그래픽 등으로 화면에 표시하는 것입니다.

단계별로 구현하기

Step 01 통계 화면 생성 및 내비게이션 구현

먼저, 통계 정보를 보여줄 **새로운 화면 파일**을 만들고, **메인 타이머 화면에서 통계 화면으로 이동하는 버튼과 내비게이션 로직을 추가**하겠습니다. `Ctrl`+`I`를 눌러 AI 어시스턴트 창을 열고 [Mode]는 [Agent]를 선택합니다. 그리고 아래 프롬프트를 커서 AI에 입력해 주세요.

📝 저자의 조언
- 아래 프롬프트는 사용자의 앱 사용 데이터(예 총 집중 시간, 완료된 세션 수, 자주 사용된 태그 등)를 기반으로 의미 있는 통계 정보 화면을 만듭니다. **통계 화면의 기본적인 UI를 만들고, 사용자가 기존의 다른 주요 화면(예 회고 화면 또는 메인 타이머 화면)에서 통계 화면으로 이동하는 내비게이션을 위해 설계**되었습니다.

📝 이 프롬프트의 목표
- lib/views/ 폴더 경로 아래에 **statistics_screen.dart** 파일이 생성되고, 해당 파일 내에 'StatisticsScreen'이라는 StatefulWidget 클래스의 생성, State 클래스 구조와 '통계'라는 한글 제목을 가진 AppBar, 그리고 화면 본문에는 데이터가 로딩 중임을 나타내는 코드를 얻는 것

📝 간단 팁
- 통계 관련 클래스가 StatefulWidget을 상속하고 있는지 확인하세요.

> **프롬프트 4 - 38**
>
> **통계 화면 파일 생성 및 내비게이션 추가**
> 간단한 사용 통계를 보여줄 새로운 화면 파일을 만들고 다른 화면에서 이동할 수 있도록 구현해 줘.

:

> 프롬프트 전체 내용은 노션 템플릿 [프롬프트 4-38]을 참고해 주세요.

---- CUSOR AI

💡 이제 메인 타이머 화면의 우측 상단 앱 바에 통계 아이콘 버튼이 나타나며, 이 버튼을 누르면 생성된 StatisticsScreen으로 이동하게 됩니다.

커서 AI가 제안하는 코드를 먼저 검토하고 충분히 이해한 뒤, 코드에 반영합니다. 새로운 statistics_screen.dart 파일이 생성되었는지, 그리고 내비게이션 버튼과 로직이 기존 화면에 올바르게 추가되었는지 확인하고 프로젝트에 적용합니다.

안드로이드 스튜디오 에뮬레이터 앱을 실행하여 **내비게이션 버튼이 해당 화면에 나타나는지, 그리고 버튼을 클릭했을 때 비어 있거나 로딩 중 표시가 있는 '통계' 화면으로 이동하는지 확인**합니다. 오류가 발생하면 커서 AI에게 오류 메시지를 전달하여 문제를 해결합니다.

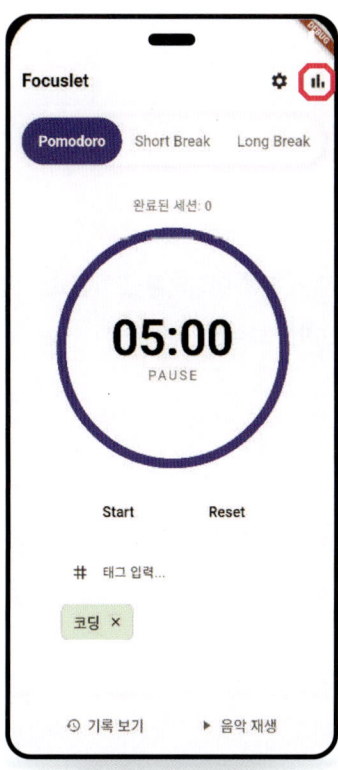

Step 02 데이터 조회 및 통계 계산 로직 구현

통계 화면이 로드될 때 Hive CE에서 필요한 데이터(완료된 세션 기록)를 조회하고, 이를 바탕으로 **간단한 통계치(총 완료 집중 세션 수, 총 집중 시간)를 계산하는 로직**을 구현하겠습니다. AI 어시스턴트 창에서 @statistics_screen.dart 파일을 열어두고 다음 프롬프트를 커서 AI에 입력해 주세요.

저자의 조언
- 아래 프롬프트는 **통계 화면에 실제 기능을 추가하기 위해 설계**되었습니다. 목표는 사용자의 과거 활동 기록이 저장된 Hive 데이터베이스에서 데이터를 조회하고, 이를 바탕으로 사용 통계치(여기서는 '총 완료된 집중 세션 수'와 '총 누적된 집중 시간(분)')를 계산하여 화면에 표시하는 로직을 구현하는 것입니다..

이 프롬프트의 목표
- @statistics_screen.dart 파일 내 initState 메서드 안에 비동기 데이터 로딩 및 처리 로직이 구현된 코드를 얻는 것

간단 팁
- 비동기 데이터 로딩 및 계산 로직을 모두 수행하는 것보다는, 별도의 async 함수로 이 함수를 호출하는 것이 코드의 가독성과 구조를 더 좋게 만드는 방법입니다.

> **프롬프트 4 - 39**
>
> **Hive 데이터 조회 및 통계 계산 로직 구현**
>
> @statistics_screen.dart
> 'StatisticsScreen'이 로드될 때 Hive Box에서 완료된 세션 기록 데이터를 조회하고, 이를 바탕으로 '총 완료 집중 세션 수'와 '총 누적 집중 시간(분)'을 계산하는 로직을 구현해 줘.
>
> ⋮
>
> 프롬프트 전체 내용은 노션 템플릿 [프롬프트 4-39]를 참고해 주세요.

> 💡 이제 StatisticsScreen이 로드될 때 Hive에서 데이터를 조회하고, 완료된 집중 세션 수와 누적 시간을 계산하여 화면에 표시합니다. 로딩 중에는 CircularProgressIndicator가 표시되고, 데이터 로딩 및 계산이 완료되면 계산된 통계 정보가 Text 위젯으로 나타납니다.

커서 AI가 제안하는 코드를 먼저 검토하고 충분히 이해한 뒤, 코드에 반영합니다. 특히 Hive Box 이름과 저장된 데이터의 구조(키 이름)는 이전 단계에서 구현한 방식과 일치해야 하므로 주의 깊게 확인하고, 필요하다면 프롬프트를 수정하여 다시 요청해야 합니다. initState에서의 비동기 데이터 로딩, 통계 계산 로직, 상태 변수 업데이트 및 setState 호출 흐름을 확인하고 프로젝트에 적용합니다.

안드로이드 스튜디오 에뮬레이터 앱을 실행하여 **통계 화면으로 이동했을 때, 잠시 로딩 표시가 보인 후 (데이터가 있다면) 오류 없이 화면이 표시되는지 확인**합니다. 데이터 조회나 계산 로직에 오류가 있다면 커서 AI에게 관련 코드와 오류 메시지를 제공하여 지원을 요청합니다.

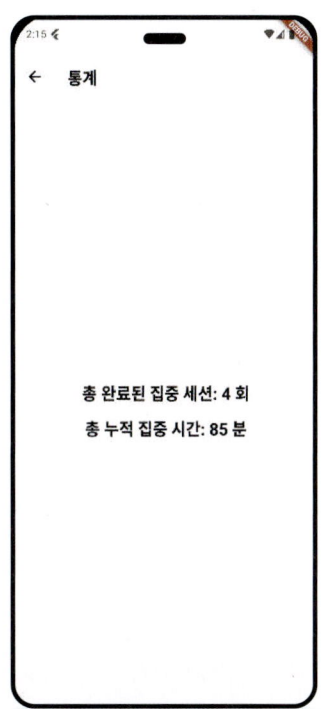

Step 03 / 계산된 통계 정보 UI 표시

이전 단계에서 계산한 통계 값(총 완료 집중 세션 수, 총 집중 시간)을 통계 화면에 명확하게 표시하는 UI를 구현하겠습니다. AI 어시스턴트 창에서 @statistics_screen.dart 파일을 열어두고 다음 프롬프트를 커서 AI에 입력해 주세요.

📝 **저자의 조언**

- 아래 프롬프트는 상태 변수에 저장해 둔 '총 완료 집중 세션 수'와 '총 누적 집중 시간(분)'이라는 통계 값들을, **통계 화면(@statistics_screen.dart)의 사용자 인터페이스(UI)에 표시하기 위해 설계**되었습니다.

이 프롬프트의 목표

- @statistics_screen.dart의 _StatisticsScreenState 클래스 내 build 메서드가 적용된 코드를 얻는 것.

간단 팁

- build 메서드 내에서 로딩 상태에 따른 렌더링 구조가 잘 잡혀 있는지 확인하는 것이 첫 번째입니다. 이렇게 하면 데이터가 준비되지 않은 상태에서 UI를 그리려고 시도하여 발생할 수 있는 오류를 방지하고 사용자에게 현재 상태를 명확히 알려줄 수 있습니다.

> 프롬프트 4 - 40

@statistics_screen.dart

계산된 통계 정보 UI 표시

이전에 계산하여 상태 변수에 저장된 통계 값을 'StatisticsScreen'의 UI에 표시해 줘.

⋮

프롬프트 전체 내용은 노션 템플릿 [프롬프트 4-40]을 참고해 주세요.

---- CURSOR AI

1. 'fl_chart' 패키지를 'pubspec.yaml'에 추가하고 'flutter pub get' 명령을 실행하여 패키지를 설치했습니다.
2. 통계 화면에 다음 기능을 추가했습니다:
   - 분 단위 시간을 "X 시간 Y 분" 형식으로 변환하는 '_formatDuration' 함수
   - 통계 정보(완료 세션 수, 집중 시간, 휴식 시간)를 카드 형태로 표시하는 '_buildStatisticsCards' 함수
   - 집중 시간과 휴식 시간의 비율을 파이 차트로 시각화하는 '_buildPieChart' 함수
   - 파이 차트 범례 항목을 생성하는 '_buildLegendItem' 함수
   - 로딩 상태를 표시하고 완료 후 스크롤 가능한 통계 화면을 보여주는 'build' 메서드

커서 AI가 제안하는 코드를 먼저 검토하고 충분히 이해한 뒤, 코드에 반영합니다. build 메서드에서 로딩 상태에 따른 분기 처리, 각 통계 항목 UI 구성(라벨, 값 표시, 포맷팅), 레이아웃 위젯 사용 등을 확인합니다.

안드로이드 스튜디오 에뮬레이터 앱을 실행하여 통계 화면으로 이동합니다. **로딩 표시 후 계산된 통계 값(총 세션 수, 총 집중 시간)이 정확하고 보기 좋게 표시되는지 확인**합니다. 만약 데이터가 없는데 0으로 표시되지 않거나, 시간 포맷팅이 어색하다면 관련 로직을 확인하고 커서 AI에게 수정 요청을 합니다. 지금까지 커서 AI와 함께 Focuslet 앱에 저장된 데이터를 활용하여 간단한 통계 정보를 계산하고 사용자에게 보여주는 기능을 구현했습니다.

품질 높이기: 테스트, 디버깅, 리팩토링 (AI 코드 개선 지원)

 **기본 디버깅 도구 활용법 (중단점, 로그 출력)**

이번 과정에서는 Focuslet 앱 개발 중 예기치 않은 문제가 발생했을 때, 원인을 찾고 해결하는 데 필수적인 기본적인 디버깅 도구 사용법을 익히겠습니다. 개발 환경 IDE에서 제공하는 **중단점** Breakpoint **기능과 간단한 로그 출력** Print Logging **을 활용**하여 코드의 동작을 단계별로 추적하고 변수의 값을 확인하는 방법을 배우겠습니다.

> **🢒 핵심 목표**
> - 개발 환경(IDE : 안드로이드 스튜디오)에서 중단점을 설정하고 해제하는 방법 이해
> - 디버그 모드로 앱을 실행하고, 중단점에서 코드 실행을 일시 중지시키는 방법 학습
> - 실행이 중지된 상태에서 변수의 현재 값을 확인하는 방법(변수 검사) 학습
> - 단계별 코드 실행(Step Over, Step Into 등)의 기본 개념 이해
> - print() 문을 사용하여 코드 실행 흐름이나 변수 값을 콘솔에 출력하는 로그 디버깅 방법 학습
> - 커서 AI에게 디버깅 도구 사용법이나 특정 버그 상황에 대한 도움을 요청하는 방법 연습

학습 방식

Focuslet 앱의 기존 코드를 대상으로, 개발 환경에서 제공하는 디버깅 도구를 직접 사용해 보겠습니다. 각 단계별 지침에 따라 중단점을 설정하고 실행 흐름을 제어하며, print() 문을 삽입하여 로그를 확인합니다.

범위

이 과정에서는 안드로이드 스튜디오와 같은 일반적인 플러터 개발 환경에서 제공하는 기본적인 디버깅 기능인 중단점 설정/해제, 변수 검사, 단계별 실행, 그리고 print() 함수를 이용한 로그 출력 방법에 초점을 맞춥니다.

사전 준비 사항

- 이전 과정까지 개발한 'focuslet_app' 플러터 프로젝트
- 커서 AI 및 안드로이드 스튜디오 준비
- 플러터 개발 환경 및 에뮬레이터/기기 실행 환경 설정 완료

핵심 개념 소개 (플랫폼 중립적 설명)

- **디버깅**

    소프트웨어 코드에 존재하는 오류(버그)를 식별하고 찾아내어 수정하는 체계적인 과정을 의미합니다. 개발 과정의 필수적인 부분입니다.

- **중단점**

    코드 편집기에서 특정 코드 라인 옆에 설정하는 표시입니다. 디버그 모드로 앱을 실행하면, 코드 실행이 해당 라인에 도달했을 때 일시적으로 멈춥니다. 중단점을 이용하면 개발자는 프로그램 상태를 특정 시점에서 파악할 수 있습니다.

- **단계별 실행**

    중단점에서 실행이 멈췄을 때, 코드를 한 줄씩 또는 함수 단위로 실행시키는 기능입니다.
    Step Over: 현재 줄을 실행하고 다음 줄로 이동합니다. 만약 현재 줄이 함수 호출이라면, 함수 내부로 진입하지 않고 함수 실행 후 다음 줄로 이동합니다.
    Step Into: 현재 줄을 실행합니다. 만약 현재 줄이 함수 호출이라면, 해당 함수 내부로 이동하여 실행을 계속합니다.
    Step Out: 현재 실행 중인 함수의 나머지 부분을 모두 실행하고, 해당 함수를 호출했던 코드의 다음 줄로 이동합니다.

- **변수 검사**

    중단점에서 실행이 멈췄을 때, 현재 범위 내에 있는 변수들의 이름과 저장된 값을 확인하는 기능입니다. IDE의 디버그 패널(Variables 뷰 등)에서 확인할 수 있습니다.

• 로그 출력

중단점을 사용하지 않고 코드 중간중간에 print() 함수나 로깅 라이브러리를 사용하여 특정 변수의 값이나 코드 실행 여부를 콘솔(Debug Console, Run 탭 등)에 텍스트로 출력하는 간단한 디버깅 방법입니다. 코드 실행 흐름을 추적하는 데 유용합니다.

단계별로 구현하기

Step 01 중단점 활용하여 변수 값 확인하기

디버깅에서 중단점은 타이머 로직과 같이 특정 변수의 값을 확인하고 싶을 때 주로 사용합니다. **타이머의 남은 시간을 확인하는 예시**로 중단점 사용법을 익혀보겠습니다.

먼저, 안드로이드 스튜디오에서 @timer_screen.dart 파일을 엽니다. 타이머가 1초마다 실행되는 로직(예 _tick() 함수 또는 Timer.periodic 콜백 내부)을 찾습니다. 해당 함수 내부에서 남은 시간(_remainingSeconds)을 업데이트하는 코드 라인 좌측의 여백을 클릭하여 ❶**빨간 점(중단점)**을 설정합니다.

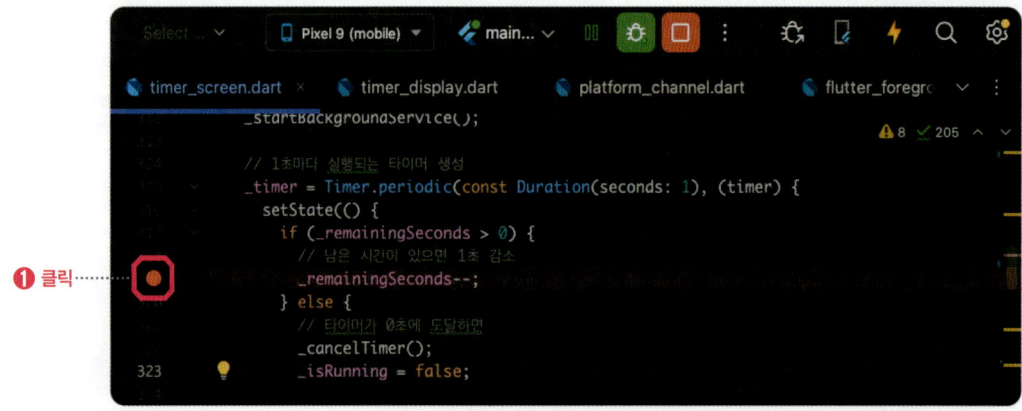

이제, 안드로이드 스튜디오에서 벌레 모양 ❷ **[Debug]** 아이콘을 클릭하여 앱을 실행합니다. 앱이 실행되고 타이머를 시작하면, 코드 실행이 설정한 중단점에 도달했을 때 멈추고 **해당 라인이 하이라이트**됩니다.

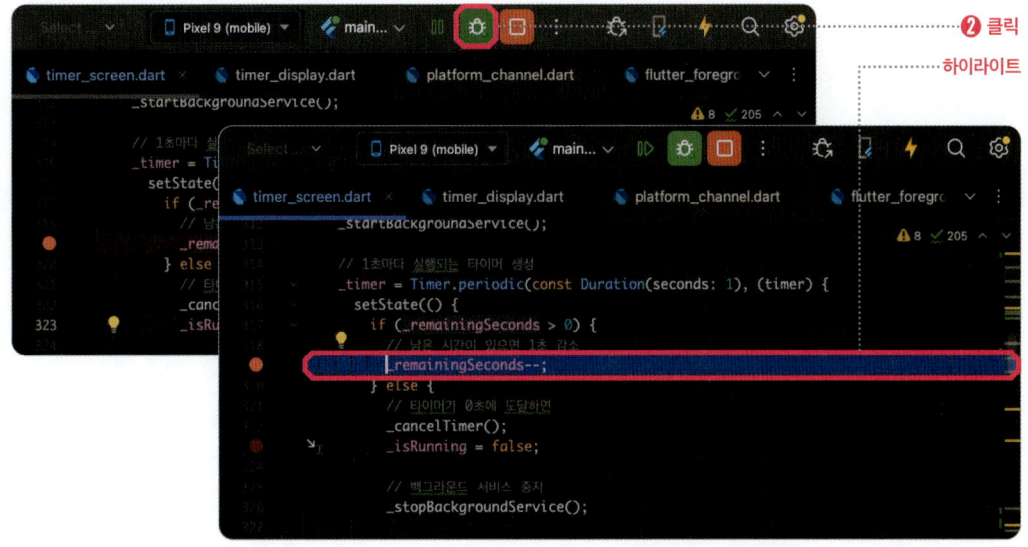

❷ 클릭
하이라이트

이때, IDE 하단의 디버그 패널 Threads & Variables 뷰을 살펴보세요. 입력 창에 ❸ _remainingSeconds 값을 입력하면 현재 어떤 값이 저장되어 있는지 확인할 수 있습니다. ❹ [Step Over] 버튼을 눌러 코드를 한 줄씩 실행시키면서 _remainingSeconds 값이 어떻게 변하는지 관찰해 보세요.

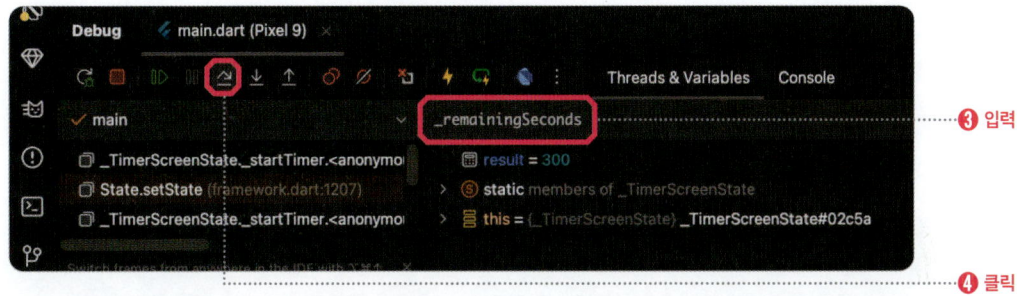

❸ 입력
❹ 클릭

디버깅이 끝나면 [Resume 'main.dart'] 버튼(재생 버튼 모양)을 눌러 코드 실행을 계속하거나, [Stop] 버튼을 눌러 디버그 세션을 종료할 수 있습니다. 설정했던 중단점은 다시 클릭하여 제거할 수 있습니다. 만약 IDE에서 중단점 설정이나 변수 확인 방법을 잘 모르겠다면, 아래 프롬프트를 **커서 AI**에 입력해 주세요.

> 프롬프트 4 - 41

IDE 디버깅 기본 기능 설명 요청

내가 사용하는 개발 환경(@안드로이드 스튜디오 또는 커서 AI)에서 플러터 앱 디버깅 시 다음 방법을 알려줘:

1. 코드 라인에 중단점(Breakpoint)을 설정하고 해제하는 방법
2. 앱을 디버그 모드로 실행하는 방법

3. 중단점에서 실행이 멈췄을 때, 특정 변수(예 '_remainingSeconds')의 현재 값을 확인하는 방법 (변수 검사 창 사용법)
4. Step Over, Step Into 기능을 사용하여 코드를 한 줄씩 실행하는 방법

⋮

프롬프트 전체 내용은 노션 템플릿 [프롬프트 4-41]을 참고해 주세요.

--- CUSOR AI

📚 안드로이드 스튜디오에서 플러터 앱 디버깅 기본 기능 설명

1. 중단점(Breakpoint) 설정 및 해제 방법

- **설정 방법:**
  - 코드 편집기에서 중단점을 설정하려는 라인 번호 왼쪽 여백을 클릭합니다.
  - 빨간색 원이 나타나면 중단점이 설정된 것입니다.
  - 또는 원하는 코드 라인에 커서를 놓고 'Cmd + F8'(Mac) 또는 'Ctrl + F8'(Windows) 단축키를 사용합니다.

>  플러터 앱 디버깅에 관련된 커서 AI의 답변은 전체 내용을 모두 수록하였으니, 천천히 읽고 도움될 만한 것이 있는지 살펴보세요.

- **해제 방법:**
  - 설정된 빨간색 중단점을 다시 클릭하여 제거합니다.
  - 또는 중단점이 설정된 라인에 커서를 놓고 'Cmd + F8'(Mac) 또는 'Ctrl + F8'(Windows)를 다시 누릅니다.
  - 모든 중단점을 한 번에 보거나 관리하려면 하단의 'Debug' 툴 창을 열고 'Breakpoints' 탭을 클릭합니다.

2. 앱을 디버그 모드로 실행하는 방법

- **방법 1: 디버그 아이콘 사용**
  - 안드로이드 스튜디오 상단 툴바에서 초록색 벌레(디버그) 아이콘을 클릭합니다.
  - 이 아이콘은 초록색 화살표(실행) 아이콘 옆에 있습니다.

- **방법 2: 메뉴 사용**
  - 상단 메뉴에서 'Run > Debug 'main.dart''를 선택합니다.

- **방법 3: 단축키 사용**
  - 'Ctrl + D'(Windows) 또는 'Cmd + D'(Mac) 단축키를 사용합니다.

3. **중단점에서 변수 값 확인하는 방법**

   - **변수 검사 창 사용법:**
     - 앱이 중단점에서 멈추면, 하단에 'Debugger' 탭이 자동으로 열립니다.
     - 'Variables' 섹션에서 현재 스코프의 모든 변수와 그 값을 볼 수 있습니다.

   - **'_remainingSeconds'와 같은 특정 변수를 찾으려면:**
     - 'Variables' 섹션에서 'this' 객체를 확장합니다 (클래스 멤버 변수인 경우).
     - 변수 목록에서 '_remainingSeconds'를 찾아 현재 값을 확인합니다.

   - **다른 방법:**
     - 디버깅 중에 변수 위에 마우스를 올리면 팝업으로 현재 값을 볼 수 있습니다.
     - 'Evaluate Expression' 기능을 사용할 수 있습니다. 'Alt + F8'(Windows/Mac) 단축키를 누르고 확인하려는 변수 이름을 입력합니다.

4. **Step Over, Step Into 기능 사용하기**

   디버깅 중에 코드를 한 줄씩 실행하는 방법입니다:

   - **Step Over(다음 줄로 이동):**
     - 디버그 콘솔 상단의 '다음 줄로 넘어가기' 아이콘(화살표가 라인 위를 건너뛰는 모양)을 클릭합니다.
     - 또는 'F8'(Windows) 또는 'F8'(Mac) 단축키를 사용합니다.
     - 이 기능은 현재 라인의 코드를 실행하고 함수 호출이 있더라도 그 내부로 들어가지 않고 다음 줄로 이동합니다.

   - **Step Into(함수 내부로 이동):**
     - 디버그 콘솔 상단의 '함수 내부로 들어가기' 아이콘(화살표가 아래로 내려가는 모양)을 클릭합니다.
     - 또는 'F7'(Windows) 또는 'F7'(Mac) 단축키를 사용합니다.
     - 이 기능은 현재 라인에 함수 호출이 있다면 그 함수 내부로 들어가 코드를 한 줄씩 실행합니다.

   - **추가 명령어:**
     - Step Out(함수에서 빠져나오기): 'Shift + F8'(Windows/Mac) - 현재 함수 실행을 완료하고 호출 지점으로 돌아갑니다.
     - Resume Program(계속 실행): 'F9'(Windows/Mac) - 다음 중단점까지 계속 실행합니다.
     - Stop(중지): 'Ctrl + F2'(Windows) 또는 'Cmd + F2'(Mac) - 디버깅을 중지합니다.

💡 디버깅 중에 안드로이드 스튜디오 하단에 있는 디버그 툴바에서 이러한 모든 옵션을 시각적으로 확인하고 사용할 수 있습니다.

커서 AI의 설명을 참고하여 자신의 개발 환경에서 중단점 설정, 디버그 실행, 변수 확인, 단계별 실행 기능을 직접 사용해 보세요.

Step 02 로그 출력 print 으로 실행 흐름 추적하기

특정 함수의 호출 여부나 값의 변화를 간단하게 확인하고 싶을 때 print() 함수를 사용하는 것이 편리할 수 있습니다. 예를 들어, 설정 화면에서 슬라이더 값이 변경될 때마다 Hive에 잘 저장되는지 확인해 보겠습니다.

안드로이드 스튜디오에서 @settings_screen.dart 파일을 엽니다. **집중 시간 슬라이더의 onChanged 콜백 함수** 내부를 찾습니다. setState 호출 후 Hive에 값을 저장하는 코드 바로 다음에 **아래와 같은 print() 함수를 추가**합니다.

> **프롬프트 4 - 42**
> ```
> // ... 기존 onChanged 코드 ...
> setState(() {
>   _focusDuration = value;
> });
>
> // Hive에 저장
> await _settingsBox.put(_focusDurationKey, value);
>
> // print 문 추가: 저장된 값 확인
> debugPrint('집중 시간 실시간 저장: $value분');
> // ... 이후 코드 ...
> ```

휴식 시간 슬라이더의 onChanged 콜백에도 유사하게 debugPrint() **문을 추가**하여 저장되는 값을 출력하도록 합니다.

이제 앱을 일반 실행 Run 또는 디버그 Debug 모드로 실행합니다. 설정 화면으로 이동하여 슬라이더를 움직여 보세요. **IDE 하단의 [Console] 탭에 debugPrint() 문으로 출력한 로그 메시지가 나타나는 것을 확인**할 수 있습니다. 슬라이더를 움직일 때마다 해당 값이 콘솔에 찍히는지 확인하여 저장 로직이 정상적으로 호출되는지 파악할 수 있습니다.

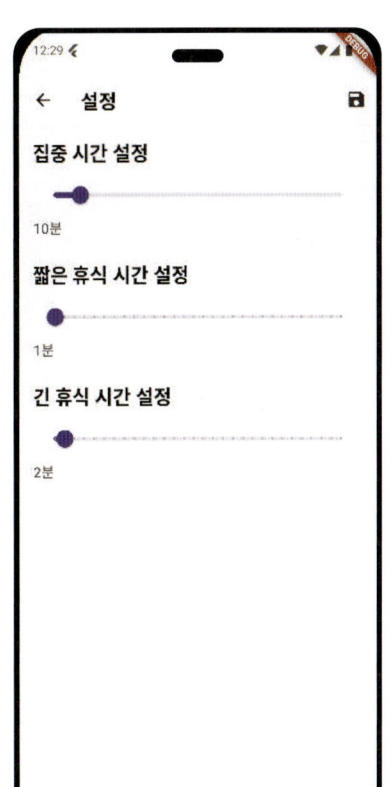
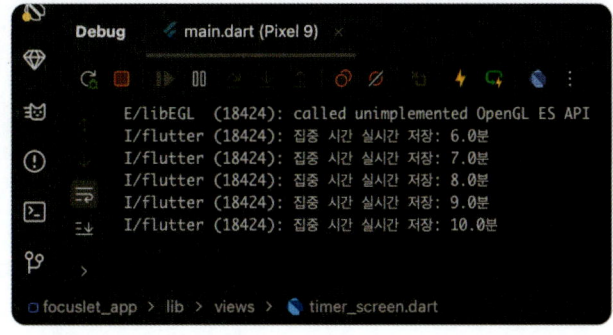

> debugPrint()는 간단하지만, 너무 많이 사용하면 콘솔 출력이 지저분해지고 실제 배포 버전 앱에 남겨두면 성능에 영향을 줄 수 있으므로, 디버깅 완료 후에는 제거하거나 주석 처리하는 것이 좋습니다.

Step 03 커서 AI에게 디버깅 도움 요청하기

코드를 직접 분석하기 어렵거나 오류의 원인을 찾기 힘들 때는 커서 AI에게 도움을 요청하세요. 문제 상황, 관련 코드, 오류 메시지 등을 구체적으로 전달하면 AI가 원인을 분석하고 해결책까지 제시해 줍니다.

예를 들어, 타이머가 예상과 다르게 동작하는 경우 아래와 같이 질문해 보세요.

프롬프트 4 - 43

타이머 로직 버그 디버깅 요청

Focuslet 앱의 타이머가 0초가 되어도 멈추지 않고 음수 값으로 계속 카운트다운되는 문제가 발생했어. @timer_screen.dart 파일의 타이머 관련 로직(특히 `_tick` 함수나 `Timer.periodic` 콜백 부분)을 검토하고, 이 문제의 원인이 무엇인지, 어떻게 수정해야 하는지 알려줘.

작업 지침

- 문제의 원인이 될 수 있는 코드 부분을 지적해 줘. (예: 0초 도달 시 타이머를 취소하는 로직 부재 또는 오류)
- 문제를 해결하기 위한 수정된 코드 예시를 제안해 줘.
- 코드 수정 시 고려해야 할 점(예: 상태 업데이트 누락 등)이 있다면 함께 설명해 줘.

커서 AI가 제안하는 원인 분석과 해결 코드를 검토하고, 실제 프로젝트 코드에 적용하여 문제가 해결되는지 테스트해 보세요. AI의 제안이 항상 완벽하지는 않으므로, 제안된 코드를 이해하고 자신의 코드 맥락에 맞게 수정하는 게 중요합니다.

 수동 테스트 및 버그 찾기

앞에서 기본적인 디버그 기능을 살펴보았으니, 이제는 지금까지 개발한 Focuslet 앱이 사용자의 기대대로 잘 작동하는지 직접 테스트하고 숨어있는 오류(버그)를 찾아내는 **수동 테스트** 방법을 커서 AI와 함께 배우겠습니다. **테스트 과정을 통해서 앱의 완성도를 높이고, 발견된 버그를 수정하는 과정**을 경험하며 품질 관리의 기초를 다지겠습니다.

핵심 목표

- 수동 테스트의 개념과 중요성 이해
- 기능 테스트, 사용성 테스트, 엣지 케이스 테스트 등 기본적인 테스트 유형 학습
- 앱의 주요 기능들을 체계적으로 테스트하는 방법 연습
- 사용자 관점에서 앱의 불편함이나 개선점을 찾는 방법 학습
- 예상치 못한 상황(엣지 케이스)을 고려하여 테스트하는 방법 경험
- 발견된 버그를 명확하게 기록하고, 커서 AI에게 버그 수정 지원을 요청하는 방법 연습

🚩 학습 방식

Focuslet 앱의 각 기능을 직접 사용해 보며 테스트 시나리오를 수행하겠습니다. 단계별 지침에 따라 기능의 정상 동작 여부, 사용 편의성, 예외 상황 등을 점검합니다. 테스트 중 발견된 문제점이나 개선 아이디어, 잠재적 버그 목록 생성 등에 대해 커서 AI에게 도움을 요청하며 체계적인 테스트 방법을 익히겠습니다.

🚩 범위

이 과정에서는 개발된 Focuslet 앱의 주요 기능(타이머, 태그, 음악, 설정, 회고, 통계 등)을 대상으로 기본적인 수동 테스트(기능, 사용성, 간단한 엣지 케이스)를 수행하는 방법에 초점을 맞춥니다.

🚩 사전 준비 사항

- 이전 과정까지 개발 및 디버깅이 완료된 'focuslet_app' 플러터 프로젝트
- 커서 AI 및 안드로이드 스튜디오 준비
- 테스트를 수행할 에뮬레이터 또는 실제 기기 준비

🚩 핵심 개념 소개 (플랫폼 중립적 설명)

- **수동 테스트**

  개발자나 테스터가 자동화된 도구 없이 직접 앱을 사용해 보면서 기능이 예상대로 동작하는지, 오류는 없는지 등을 확인하는 테스트 방법입니다. 사용자 경험을 직접 느낄 수 있다는 장점이 있습니다.

- **테스트 케이스**

  특정 기능이나 시나리오를 검증하기 위한 일련의 단계, 입력 값, 예상 결과 등을 정의한 문서 또는 항목입니다. 체계적인 테스트를 위해 필요합니다.

- **기능 테스트**

  앱의 각 기능이 요구사항 명세대로 정확하게 동작하는지 확인하는 테스트입니다. (예 타이머 시작/정지 버튼이 제대로 작동하는가?)

- **사용성 테스트**

  사용자가 앱을 얼마나 쉽고 편리하게 사용할 수 있는지 평가하는 테스트입니다. 직관성, 편의성, 디자인 만족도 등을 확인합니다. (예 설정 변경 과정이 복잡하지 않은가?)

- **엣지 케이스 테스트**

  일반적인 사용 시나리오에서 벗어난, 드물지만 발생 가능한 극한의 상황이나 예외적인 조건을 테스트하는 것입니다. (예 집중 시간을 최솟값/최댓값으로 설정하고 타이머 실행, 네트워크 연결 없이 특정 기능 시도 등)

- **버그**

  소프트웨어가 예상과 다르게 동작하는 오류 또는 결함입니다. 버그는 기능 오작동, 앱 비정상 종료^{Crash}, UI 깨짐, 성능 저하 등 다양한 형태로 나타날 수 있습니다.

- **버그 리포트**

  발견된 버그를 개발자가 이해하고 수정할 수 있도록 상세하게 기록한 문서입니다. 보통 버그 재현 단계, 실제 결과, 예상 결과, 발생 환경(기기, OS 버전 등) 정보를 포함합니다.

단계별로 구현하기

Step 01 기능 테스트 수행 및 체크리스트 활용

Focuslet 앱의 핵심 기능들이 요구사항대로 정확히 동작하는지 확인하겠습니다. 커서 AI의 도움을 받아 테스트 **체크리스트를 만들고, 각 항목을 직접 수행하며 결과를 기록해 보세요.** 먼저, 커서 AI에게 테스트 체크리스트를 생성해달라고 요청하겠습니다.

> **프롬프트 4 - 44**
>
> **Focuslet 앱 기능 테스트 체크리스트 생성 요청**
>
> 지금까지 개발한 Focuslet 앱의 주요 기능들에 대한 기본적인 기능 테스트 체크리스트를 만들어 줘. 각 항목은 구체적인 테스트 단계와 예상 결과를 포함해야 해.
>
> **작업 지침**
> - 각 기능별로 테스트할 세부 항목을 명확히 구분해 줘.
> - 각 테스트 항목에 대해 '테스트 단계'와 '예상 결과'를 구체적으로 명시해 줘.
> - 체크리스트는 마크다운 테이블 형식이나 목록 형식으로 보기 좋게 정리해 줘.
>
> ⋮
>
> 프롬프트 전체 내용은 노션 템플릿 [프롬프트 4-44]를 참고해 주세요.

> 🏆 **Focuslet 앱 기능 테스트 체크리스트**

1. 타이머 기능 테스트

- 타이머 시작
    - 메인 화면에서 시작 버튼 클릭 : 타이머가 설정된 시간부터 카운트다운 시작
    - 시작 버튼이 일시정지 버튼으로 변경
- 타이머 일시정지
    - 실행 중인 타이머에서 일시정지 버튼 클릭 : 타이머 카운트다운 중지
    - 일시정지 버튼이 재개 버튼으로 변경

⋮

(중략)

2. 태그 기능 테스트

- 새 태그 입력 및 추가
    - 메인 화면에서 태그 입력 필드 선택
    - 새 태그명 입력 후 추가 버튼 클릭 : 새 태그가 생성되어 목록에 추가됨

⋮

(중략)

커서 AI가 생성해 준 방대한 테스트 체크리스트를 바탕으로, 안드로이드 스튜디오 에뮬레이터 앱을 실행하여 각 항목을 순서대로 직접 테스트합니다.

- **테스트 수행**: 체 크리스트의 '테스트 단계'를 따라 앱을 조작해봅니다.
- **결과 확인**: 실제 앱의 동작 결 과가 체크리스트의 '예상 결과'와 일치하는지 확인합니다.
- **결과 기록**: 각 항목별로 테스트 결과를 기록합니다. (성공/실패/특이사항)

만약 예상 결과와 다르게 동작하는 경우(버그 발견), 해당 항목을 표시하고 어떤 문제가 있는지 간략히 메모합니다.

Step 02 / 사용성 관점에서 앱 평가하기

이번에는 개발자가 아닌 실제 **사용자 입장에서 Focuslet 앱을 사용해보며 불편하거나 개선이 필요한 점은 없는지 평가**하는 시간을 갖겠습니다.

앱을 처음 사용하는 사람이라고 가정하고 다음 질문들을 생각하며 앱을 자유롭게 사용해 보세요.

01 각 화면의 기능과 목적을 쉽게 이해할 수 있는가?

02 버튼이나 아이콘의 의미가 명확한가?

03 화면 간 이동이나 기능 조작이 자연스럽고 편리한가?

04 글자 크기나 색상, 레이아웃 등이 보기 편안한가?

05 오류 발생 시 사용자에게 적절한 안내나 피드백을 제공하는가?

06 전체적인 디자인이 앱의 목적(집중력 향상)과 잘 어울리는가?

사용 중 불편하거나 개선하고 싶은 점이 있다면 자유롭게 기록합니다. 어떤 부분이 왜 불편한지, 어떻게 개선하면 좋을지 구체적으로 생각해 보세요. 만약 객관적인 사용성 개선 아이디어를 얻고 싶다면, 커서 AI에게 도움을 요청하면 됩니다.

> **프롬프트 4-45**
>
> **Focuslet 앱 사용성 개선 제안 요청**
> 현재 Focuslet 앱(@timer_screen.dart, @settings_screen.dart 등 주요 화면 코드 참고)의 사용자 경험(UX)을 개선하기 위한 구체적인 제안을 해줘. 특히 다음 관점에서 검토해 줘:
>
> - 직관성: 사용자가 기능을 쉽게 찾고 사용할 수 있는가? 더 명확한 레이블이나 아이콘이 필요한 부분은 없는가?
> - 편의성: 불편하거나 조작이 반복적으로 이루어지지 않는가? 더 빠른 작업 흐름을 위한 개선 방안은 없는가? (예 자주 쓰는 설정 빠른 접근)
> - 피드백: 사용자의 액션(버튼 클릭, 저장 등)에 대한 시각적/청각적 피드백이 충분하고 명확한가?
> - 시각적 디자인: 현재 UI 디자인(색상, 폰트, 레이아웃)이 사용자의 집중을 돕는 데 효과적인가? 개선할 부분은 없는가?

작업 지침

- 개선이 필요한 부분과 그 이유를 구체적으로 설명해 줘.
- 가능하다면 개선 아이디어를 적용한 간단한 UI 코드 예시나 설명을 덧붙여 줘.

CURSOR AI

1. 직관성 개선

- 타이머 화면 버튼 명확화:
  - **문제점**: 아이콘만으로는 버튼 기능 파악이 어려울 수 있습니다.
  - **제안**: ElevatedButton.icon 등을 활용하여 아이콘과 함께 '시작', '일시정지' 등의 텍스트 레이블을 표시하거나, 툴팁을 추가하여 버튼의 기능을 명확히 합니다.

- 설정 화면 슬라이더 명확화:
  - **문제점**: 슬라이더만으로는 사용자가 원하는 정확한 시간 값을 설정하기 어려울 수 있습니다.
  - **제안**: 각 시간 조절 슬라이더 옆에 TextField를 추가하여 사용자가 직접 숫자를 입력해 시간을 설정할 수 있도록 하고, 슬라이더와 입력 필드 간 값을 동기화합니다.

2. 편의성 개선

- 빠른 설정 액세스:
  - **문제점**: 간단한 설정을 변경하기 위해서도 별도의 설정 화면으로 이동해야 하는 번거로움이 있습니다.
  - **제안**: 타이머 화면 내에 ExpansionTile 등을 사용하여 '빠른 설정' 섹션을 만들고, 자주 변경하는 항목(예: 집중 시간)을 DropdownButton 등으로 바로 조절할 수 있게 합니다.

⋮

(중략)

커서 AI의 제안과 스스로 발견한 개선점들을 종합하여 앱의 사용성을 높이기 위한 수정 작업을 커서 AI에게 요청해 보세요.

Step 03 엣지 케이스 및 오류 유발 테스트

엣지 케이스, 즉 일반적인 사용 흐름에서 벗어난 특수한 경우나 오류를 일부러 유발하는 상황을 테스트하여 **앱의 안정성을 점검**하겠습니다.

다음과 같은 엣지 케이스들을 시도해 보세요.

- **경계 값 테스트**: 설정 화면에서 집중/휴식 시간을 가능한 최솟값과 최댓값으로 설정하고 타이머를 실행시켜 보세요. 정상적으로 동작하나요?
- **비정상 입력**: 태그 입력 필드에 매우 긴 텍스트, 특수 문자, 이모지 등을 입력해 보세요. 앱이 멈추거나 UI가 깨지지는 않나요?
- **빠른 반복 조작**: 타이머 시작/정지 버튼, 음악 재생 버튼 등을 매우 빠르게 반복해서 눌러보세요. 앱이 오작동하거나 멈추지는 않나요?
- **앱 생명주기**: 타이머가 작동 중일 때 앱을 백그라운드로 보냈다가 바로 다시 켜거나, 다른 앱을 사용하다가 돌아와 보세요. 타이머 상태, 음악 상태 등이 올바르게 유지되나요? 화면 회전 시 상태는 유지되나요?
- **네트워크/권한 (해당 시)**: 만약 네트워크 기능이나 특정 권한(알림, 저장소 등)이 필요하다면, 네트워크 연결을 끊거나 관련 권한을 비활성화한 상태에서 해당 기능을 사용해 보세요. 적절한 오류 처리나 안내 메시지가 나오나요?

이 외에도 앱의 기능을 망가뜨릴 수 있을 만한 다양한 시도를 해보세요. 예상치 못한 오류가 발생하면 해당 상황을 기록합니다. 어떤 엣지 케이스를 더 테스트해야 할지 아이디어가 필요하다면 커서 AI에게 물어보세요.

> **프롬프트 4 - 46**
>
> **Focuslet 앱 엣지 케이스 테스트 시나리오 제안 요청**
>
> Focuslet 앱(@timer_screen.dart, @settings_screen.dart 등 주요 기능 코드 참고)에서 발생할 수 있는 잠재적인 엣지 케이스나 오류 유발 시나리오들을 제안해줘. 일반적인 기능 테스트에서 놓치기 쉬운 부분들을 위주로 알려주면 좋겠어.
>
> **작업 지침**
> - 앱의 각 기능(타이머, 태그, 음악, 설정, 알림, 백그라운드 등)별로 테스트해볼 만한 엣지 케이스를 구체적으로 제안해 줘.

- 어떤 종류의 문제를 발견할 수 있는지 간략히 언급해 줘. (예 UI 깨짐, 앱 충돌, 데이터 불일치 등)

커서 AI가 제안하는 엣지 케이스 시나리오들을 참고하여 추가적인 테스트를 수행합니다.

Step 04 버그 기록 및 AI 활용 수정

기능 테스트, 사용성 테스트, 엣지 케이스 테스트 과정에서 **발견한 모든 문제점(버그)들을 기록하고, 커서 AI의 도움을 받아 수정**하는 단계입니다. 발견된 각 버그에 대해 다음 정보를 포함하여 기록하는 것이 좋습니다.

- **버그 요약**: 어떤 문제인지 한 문장으로 설명 (예 휴식 타이머 완료 후 알림이 오지 않음)
- **재현 단계**: 버그를 다시 발생시킬 수 있는 구체적인 순서
- **실제 결과**: 버그가 발생했을 때 앱이 어떻게 동작했는지 설명
- **예상 결과**: 원래대로라면 앱이 어떻게 동작해야 하는지 설명
- **(선택 사항) 스크린샷 또는 동영상**: 문제 상황을 시각적으로 보여주는 자료
- **(선택 사항) 발생 환경**: 테스트한 기기 모델, OS 버전 등

기록된 버그 정보를 바탕으로, 이전 10-1 과정에서 배운 디버깅 도구(중단점, 로그)를 활용하여 여러분 스스로 원인을 분석해 보고 직접 수정해 보세요. 만약 원인을 찾기 어렵거나 수정 방법을 잘 모르겠다면, 기록한 버그 정보를 바탕으로 커서 AI에게 도움을 요청합니다.

> 프롬프트 4 - 47
>
> **Focuslet 앱 버그 수정 요청**
>
> Focuslet 앱 테스트 중 다음 버그를 발견했어. 원인을 분석하고 해결 방법을 알려줘.
>
> - **버그 요약**: 휴식 타이머가 완료되어도 다음 집중 세션으로 넘어가지 않고 타이머가 멈춰있어.
> - **재현 단계**:
>   1. 집중 타이머를 시작하고 완료시킨다.

2. 휴식 타이머가 자동으로 시작된다.
3. 휴식 타이머가 0초가 되어도 화면의 타이머 숫자는 00:00으로 멈춰있고, 집중 세션으로 전환되지 않는다.
   - … 실제 결과: 휴식 타이머가 0초에서 멈춤
   - … 예상 결과: 휴식 타이머가 0초가 되면 자동으로 다음 집중 세션 타이머가 시작되어야 함
   - … 관련 코드 예상: @timer_screen.dart 파일의 세션 전환 로직 또는 타이머 완료 처리 부분

작업 지침

- 이 버그의 가장 가능성 높은 원인을 코드 수준에서 설명해 줘.
- 버그를 해결하기 위한 수정된 코드 예시를 제안해 줘.
- 코드 수정 시 다른 부분에 영향을 줄 수 있는지 알려줘.

커서 AI가 제안하는 해결책을 검토하고 코드에 적용한 후, 반드시 해당 버그가 수정되었는지 다시 테스트(확인 테스트)해야 합니다. 또한, 수정 때문에 다른 기능에 문제가 생기지 않았는지(회귀 테스트)도 간략하게 확인하는 것이 좋습니다.

이번 과정에서는 커서 AI와 함께 Focuslet 앱의 품질을 높이기 위한 수동 테스트 방법을 배우고 실습했습니다. 기능 테스트, 사용성 테스트, 엣지 케이스 테스트를 통해 앱의 문제점을 체계적으로 발견하고, 발견된 버그를 명확히 기록하여 AI의 도움을 받아 수정하는 과정을 경험했습니다.

 코드 가독성 높이기 : 리팩토링의 중요성

이번 과정에서는 Focuslet 앱 개발을 진행하면서 작성했던 코드를 되돌아보고, 더 읽기 쉽고 관리하기 편하게 개선하는 **리팩토링**^{Refactoring} 과정을 체험하겠습니다. 코드의 구조는 바꾸더라도 기능은 그대로 유지하면서, 코드의 품질을 높이는 리팩토링 기법들을 실습하고 AI의 도움을 받는 방법을 익히겠습니다.

🚩 핵심 목표

- 리팩토링의 정의와 필요성(가독성, 유지보수성 향상) 이해
- 코드 스멜 Code Smell : 코드 품질 저하를 나타내는 징후(예 긴 함수, 중복 코드) 식별 방법 학습
- 기본적인 리팩토링 기법(함수/위젯 추출, 변수/함수 이름 변경, 조건문 단순화 등) 개념 이해
- 커서 AI를 활용하여 리팩토링 대상 코드를 식별하고 개선하는 방법 경험
- 리팩토링 후 기능이 왜 동일하게 유지되어야 하는지 그 기능의 중요성 인지

🚩 학습 방식

Focuslet 앱의 기존 코드 중 개선이 필요한 부분을 찾아 커서 AI에게 리팩토링을 요청하고, AI가 제안하는 변경 사항과 그 이유를 분석하며 학습하겠습니다. 리팩토링 기법들을 실전에서 적용해 보거나 AI의 도움을 받겠습니다. 그리고, 리팩토링 전후의 코드를 비교하며 코드의 가독성이 얼마나 좋아졌는지 구조가 개선되었는지 효과를 확인해 보세요.

🚩 범위

이 과정에서는 코드의 기능 변경 없이 구조를 개선하는 기본적인 리팩토링 기법(함수/메서드 추출, 위젯 추출, 변수/함수 이름 변경)에 초점을 맞춥니다.

🚩 사전 준비 사항

- 이전 과정까지 개발 및 테스트가 완료된 'focuslet_app' 플러터 프로젝트
- 커서 AI 및 안드로이드 스튜디오 준비
- 리팩토링의 기본 개념에 대한 간략한 이해

🚩 핵심 개념 소개 (플랫폼 중립적 설명)

- **리팩토링**

    소프트웨어의 겉보기 동작(기능)은 바꾸지 않으면서, 내부 구조를 개선하여 가독성을 높이고 유지보수를 용이하게 만드는 과정입니다. 코드를 더 깨끗하고 이해하기 쉽게 만드는 활동입니다.

- **코드 스멜**

    코드에서 뭔가 잘못되었을 때 나타내는 특정 징후나 패턴입니다. 당장은 버그가 아니더라도, 코드는 언제든 문제를 일으킬 수 있습니다. (예 아주 긴 함수, 중복된 코드 조각, 의미를 알기 어려운 변수 이름 등)

- **가독성**

  다른 사람(또는 미래의 나 자신)이 코드를 얼마나 쉽게 읽고 이해할 수 있는지를 나타내는 척도입니다. 가독성이 좋은 코드는 버그가 잘 일어나지 않고 수정하기도 쉽습니다.

- **유지보수성**

  소프트웨어를 변경(기능 추가, 버그 수정, 환경 변화 대응 등)하기 얼마나 쉬운지를 나타냅니다. 리팩토링은 유지보수성을 높이는 중요한 활동입니다.

- **함수/메서드 추출**

  긴 함수나 메서드 내부의 특정 로직 덩어리를 별도의 함수/메서드로 분리하는 리팩토링 기법입니다. 코드의 재사용성을 높이고 각 함수의 역할을 명확하게 만듭니다.

- **위젯 추출**

  플러터에서 복잡한 build 메서드 내부의 특정 UI 구성 부분을 별도의 재사용 가능한 위젯 클래스로 분리하는 기법입니다. 코드 구조를 단순화하고 UI 컴포넌트의 재사용성을 높입니다.

- **이름 변경**

  변수, 함수, 클래스 등의 이름을 더 명확하고 의미 있는 이름으로 변경하는 간단하지만 효과적인 리팩토링입니다. 코드의 의도를 파악하는 데 큰 도움이 됩니다.

단계별로 구현하기

Step 01 코드 스멜 찾기

먼저, 우리 코드에서 개선할 부분이 있는지, 즉 '코드 스멜'이 있는지 커서 AI의 도움을 받아 보겠습니다. 코드가 길어진다면 그만큼 복잡도도 증가하게 됩니다. 그 부분을 집중적으로 검토합니다. AI의 어시스턴트 창에서 코드 스멜을 검토하고 싶은 파일(예 @timer_screen.dart)을 열어두고 아래 프롬프트를 커서 AI에 입력해 주세요.

> **프롬프트 4 - 48**
>
> **코드 스멜 분석 및 리팩토링 제안 요청**
>
> 현재 열려있는 @timer_screen.dart 파일의 코드를 분석하여, 가독성이나 유지보수성 측면에서 개선해야 할 부분(코드 스멜)이 있는지 찾아줘. 예를 들어, 너무 긴 함수/메서드, 중복된 코드, 이해하기 어려운 변수/함수 이름 등이 있는지 검토해 줘.

작업 지침

- 개선이 필요한 코드 스멜의 종류와 해당 코드 위치를 구체적으로 지적해 줘.
- 왜 해당 부분이 코드 스멜이라고 판단하는지 간단한 이유를 설명해 줘.
- 각 코드 스멜에 대해 어떤 리팩토링 기법(예 함수 추출, 이름 변경)을 적용하면 좋을지 제안해 줘.
- 당장 리팩토링 코드를 작성할 필요는 없고, 분석 결과와 개선 방향 제안에 집중해 줘.

timer_screen.dart 파일의 코드 스멜 분석과 리팩토링 제안입니다:

1. 너무 큰 클래스 (God Class)

- **문제점**: _TimerScreenState 클래스가 1200줄 이상으로 매우 방대합니다.
- **이유**: 한 클래스가 너무 많은 책임을 가지고 있으며, 이는 유지보수와 테스트를 어렵게 만듭니다.
- **리팩토링 제안**:
    - ⇢ 책임에 따라 여러 클래스로 분리 (추출 클래스 패턴)
    - ⇢ 타이머 로직을 담당하는 'TimerManager' 클래스
    - ⇢ 태그 관리 로직을 담당하는 'TagManager' 클래스
    - ⇢ 오디오 재생 관련 로직을 담당하는 'AudioManager' 클래스
    - ⇢ 백그라운드 서비스 관련 로직을 담당하는 'BackgroundServiceManager' 클래스

2. 긴 메서드 (Long Method)

- **문제점**: 여러 메서드가 30줄 이상으로 너무 깁니다.
- **이유**: 하나의 메서드가 여러 가지 작업을 수행하고 있어서 가독성과 유지보수성이 떨어집니다.
- **리팩토링 제안**:
    - ⇢ 'build' 메서드 (약 140줄) - 위젯 부분별로 분리
    - ⇢ '_startBackgroundService' 메서드 (약 40줄) - 작업별로 분리
    - ⇢ '_autoSaveSessionTags' 메서드 (약 30줄) - 더 작은 단위로 분리

⋮

(중략)

커서 AI가 제시하는 분석 결과를 검토합니다. AI가 지적한 부분이 정말로 개선해야 하는지, 제안된 리팩토링 방향이 적절한지 스스로 판단해 봅니다. **AI의 분석은 유용하지만, 최종 결정은 코드의 전체 맥락을 고려하여 여러분이 직접 내려야 합니다.** 만약 리팩토링을 진행한다면 AI의 답변을 기초로 커서 AI에 요청해 보세요.

로직을 분리하게 되면 필연적으로 에러가 일어날 확률이 높습니다. 그럴 때는 오류 메시지를 커서 AI에 보내주세요.

> 프롬프트 4 - 49

조언대로 너무 큰 클래스를 4개의 클래스로 나눠줘, 다만 다른 코드에 영향을 미치는 부분을 면밀히 검토해서 문제 없게 아래 분리 작업을 한 단계씩 수행해 줘.

문제점: _TimerScreenState 클래스가 1200줄 이상으로 매우 방대합니다.

이유: 한 클래스가 너무 많은 책임을 가지고 있으며, 이는 유지보수와 테스트를 어렵게 만듭니다.

리팩토링 제안:

- 책임에 따라 여러 클래스로 분리 (추출 클래스 패턴)
- 타이머 로직을 담당하는 'TimerManager' 클래스
- 태그 관리 로직을 담당하는 'TagManager' 클래스
- 오디오 재생 관련 로직을 담당하는 'AudioManager' 클래스
- 백그라운드 서비스 관련 로직을 담당하는 'BackgroundServiceManager' 클래스

앞에서 커서 AI가 분석한 코드 스멜과 리팩토링 제안 내용을 복사하여 붙여넣은 것입니다.

♻ **리팩토링 결과 및 기대 효과**:

- **유지보수성 및 가독성 대폭 향상**: 1200줄이 넘던 거대한 TimerScreenState 클래스가 각자의 명확한 책임을 가진 여러 개의 작은 클래스들로 분리되어, 코드 이해와 수정이 훨씬 용이해졌습니다.
- **단일 책임 원칙(SRP) 준수**: 각 관리자 클래스는 하나의 특정 기능 영역에만 집중하므로 코드의 응집도는 높아지고 결합도는 낮아졌습니다.
- **재사용성 증대**: 분리된 관리자 클래스들은 필요한 경우 프로젝트의 다른 부분에서도 재사용될 가능성이 높아졌습니다.
- **테스트 용이성 향상**: 각 로직이 분리되어 단위 테스트 작성이 더 수월해졌을 것으로 예상됩니다.

Step 02 함수/위젯 추출 리팩토링

AI가 제안했거나 스스로 개선이 필요하다고 생각하는 부분 중, **긴 함수나 복잡한 UI 로직을 별도의 함수 또는 위젯으로 추출하는 리팩토링 작업**을 커서 AI의 도움을 받아 진행합니다. 예를 들어 TimerScreen의 build 메서드가 너무 길다면 일부를 위젯으로 추출할 수 있습니다.

AI 어시스턴트 창에서 리팩토링을 적용할 파일 (예 @timer_screen.dart)을 열어두고, 추출하고 싶은 코드 블록을 선택합니다. 그리고 아래 프롬프트를 커서 AI에 입력해 주세요.

> **프롬프트 4-50**
>
> **위젯 추출 리팩토링 요청**
> @timer_screen.dart 파일의 'build' 메서드 내부에서, 타이머 시간과 프로그레스 링을 표시하는 부분의 코드가 너무 길고 복잡해 보여. 이 부분을 별도의 'StatelessWidget' (예 'TimerDisplayWidget')으로 추출하는 리팩토링을 적용해 줘.
>
> ⋮
>
> 프롬프트 전체 내용은 노션 템플릿 [프롬프트 4-50]을 참고해 주세요.

1. 기존 위젯 확인
timer_screen.dart 파일을 분석한 결과, 타이머의 시각적 표시를 담당하는 TimerDisplay 위젯이 이미 별도의 파일(lib/widgets/timer_display.dart)로 분리되어 사용되고 있음을 확인했습니다.

2. 리팩토링 목표 달성 확인
타이머 디스플레이 로직을 별도 위젯으로 분리하여 timer_screen.dart의 복잡도를 줄이고자 했던 리팩토링 목표를 달성하였습니다.

3. TimerDisplay 위젯 업데이트
기존에 존재하던 TimerDisplay 위젯의 내부 구현을 업데이트하여 다음과 같은 시각적 특징을 강화했습니다:

- 원형 프로그레스 바를 통해 타이머 진행 상태를 더욱 명확하게 시각화합니다.
- 남은 시간을 화면 중앙에 큰 글씨로 표시하여 가독성을 높였습니다.
- 완료된 뽀모도로 세션 수를 시각적으로 표시합니다.

커서 AI가 제안하는 **리팩토링 코드를 검토**합니다. 새로운 위젯이 잘 분리되었는지, 필요한 데이터가 생성자를 통해 올바르게 전달되는지, 기존 코드가 간결하게 변경되었는지 확인합니다. 코드를 적용한 후에는 **반드시 기능 테스트를 다시 수행하여 리팩토링 때문에 기존 기능에 문제가 발생하지 않았는지 확인**해야 합니다.

안드로이드 스튜디오 에뮬레이터 앱을 실행하여 리팩토링된 화면이 이전과 동일하게 보이고 타이머 기능 등이 정상적으로 동작하는지 꼼꼼히 확인합니다. 문제가 발생하면 리팩토링 과정을 되돌리거나 커서 AI에게 수정 요청을 합니다.

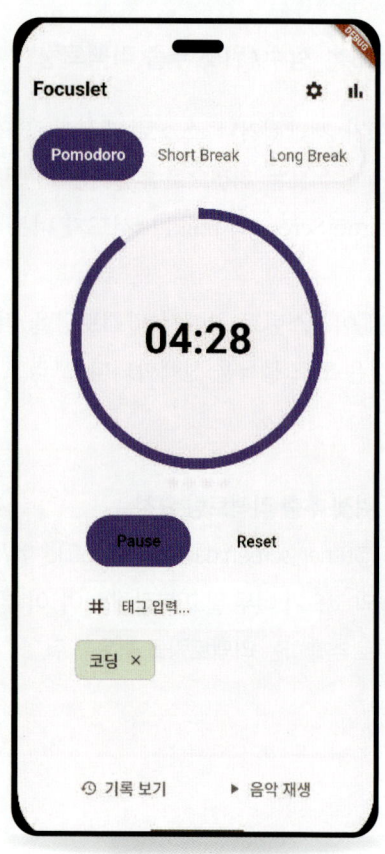

Step 03 이름 변경 및 명확성 개선

코드에서 사용된 변수, 함수, 클래스 등의 이름이 그 역할을 제대로 반영하지 못한다면 가독성이 떨어집니다. 커서 AI에게 **더 나은 이름이나 코드 설명을 위한 주석 개선**을 제안받아 적용해 보겠습니다. AI 어시스턴트 창에서 개선하고 싶은 코드가 있는 파일(예 @timer_screen.dart)을 열어두고 아래 프롬프트를 커서 AI에 입력해 주세요.

> 66 프롬프트 4 - 51
>
> **코드 명확성 개선 요청 (이름 변경 및 주석)**
> @timer_screen.dart 파일에서 사용된 변수나 함수 이름 중에 역할이 불분명하거나 더 좋은 이름이 있을 만한 것들을 찾아 제안해 줘. 예를 들어, '_updateUI()' 같은 함수 이름이 너무 일반적이라면 더 구체적인 이름으로 바꾸는 것을 제안해 줘. 또한, 코드 로직 중에서 이해하기 어려운 부분이 있다면 해당 부분에 명확한 설명을 담은 주석을 추가하거나 기존 주석을 개선하는 것을 제안해 줘.
>
> ⋮
>
> 프롬프트 전체 내용은 노션 템플릿 [프롬프트 4-51]을 참고해 주세요.

1. 변수 이름 개선 제안

- **목표**: 변수의 역할과 범위를 이름만으로도 명확히 파악할 수 있도록 개선합니다.
- **예시**:
  - _isRunning → _isTimerRunning (타이머 실행 상태임을 명시)
  - _remainingSeconds → _timerRemainingSeconds (타이머의 남은 시간임을 명시)

2. 함수 이름 개선 제안

- **목표**: 함수의 실제 동작이나 관련된 주요 컨텍스트를 이름에 명확하게 반영합니다.
- **예시**:
  - _loadSettings() → _loadTimerSettings() (타이머 관련 설정을 로드함을 명시)
  - _showTagHistory() → _navigateToTagHistoryScreen() (단순히 보여주는 것을 넘어 화면 전환 동작임을 명시)

커서 AI가 제안한 변경된 이름과 주석 개선 사항들을 검토합니다. 제안된 이름이 코드의 의도를 더 잘 나타내는지, 주석이 로직 이해에 도움이 되는지 판단하여 적용합니다. 이름 변경은 연관된 모든 코드를 한 번에 수정해야 하므로, **커서 AI의 Rename 기능이나 IDE의 리팩토링 도구를 사용하는 것이 안전하고 편리**합니다. 직접 수정하지 말고 메뉴를 활용하세요.

변경 사항을 적용한 후에는 코드를 다시 읽어보며 가독성이 향상되었는지 확인하고, 기능 테스트를 통해 오류가 없는지 점검합니다. 이번 과정에서는 커서 AI와 함께 코드의 가독성과 유지보수성을 높이는 리팩토링의 기본 개념과 중요성을 배우고, 함수/위젯 추출 및 이름 변경과 같은 간단한 리팩토링 기법을 실습했습니다.

 **AI 코드 리뷰 및 개선 제안 요청**

이번 과정에서는 작성한 Focuslet 앱 코드를 커서 AI에게 보여주고, 마치 **숙련된 개발자에게 코드 리뷰를 받는 것처럼 개선할 점이나 잠재적인 문제점에 대한 피드백을 요청**하겠습니다.

핵심 목표

- 커서 AI에게 코드 리뷰를 요청하는 방법 학습
- AI가 제시하는 코드 개선 제안(가독성, 성능, 잠재적 버그 등)의 의미 이해
- 플러터 및 다트 Dart 언어의 모범 사례 Best Practices 에 기반한 피드백 요청 및 이해
- AI의 제안을 비판적으로 검토하고 자신의 코드에 적용하는 방법 연습
- 코드 리뷰 과정을 통해 자신의 코딩 스타일을 되돌아보고 개선하는 기회 마련

학습 방식

Focuslet 앱의 특정 코드 파일이나 전체 프로젝트를 대상으로 커서 AI에게 코드 리뷰를 요청하는 프롬프트를 입력합니다. AI가 제시하는 피드백(문제점 지적, 개선 코드 제안 등)을 분석하고, 그 내용을 바탕으로 실제 코드를 수정하거나 추가 질문을 통해 이해도를 높이는 방식으로 학습을 진행합니다.

범위

이 과정에서는 커서 AI를 활용하여 코드의 가독성, 간단한 성능 문제, 잠재적 오류 가능성, 플러터/다트 모범 사례 준수 여부 등 기본적인 코드 품질 측면에 대한 리뷰를 요청하고 피드백을 받는 방법에 초점을 맞춥니다.

사전 준비 사항

- 이전 과정까지 개발 및 테스트, 리팩토링이 어느 정도 진행된 'focuslet_app' 플러터 프로젝트
- 커서 AI 및 안드로이드 스튜디오 준비
- 코드 리뷰 및 개선 제안에 대한 열린 마음

핵심 개념 소개 (플랫폼 중립적 설명)

- 코드 리뷰

다른 개발자(또는 AI)가 작성된 코드를 검토하여 오류를 찾고, 품질을 개선하며, 지식을 공유하는 과정입니다. 코드의 일관성을 유지하고 버그를 사전에 발견하는 데 매우 중요합니다.

- **코드 품질**

    코드가 얼마나 잘 작성되었는지를 나타내는 척도입니다. 가독성, 유지보수성, 효율성, 안정성 등 다양한 측면을 포함합니다. 좋은 품질의 코드는 이해하기 쉽고, 수정하기 쉬우며, 오류 발생 가능성도 낮습니다.

- **모범 사례**

    특정 프로그래밍 언어, 프레임워크 또는 개발 커뮤니티에서 일반적으로 권장되는 코딩 스타일, 설계 원칙, 개발 방법 등을 의미합니다. 모범 사례를 따르면 코드의 품질과 협업 효율성을 높일 수 있습니다.

- **정적 분석**

    코드를 실행하지 않고 코드 자체의 구조, 문법, 잠재적 오류 등을 분석하는 기법입니다. 린터Linter나 코드 분석 도구(AI 포함)가 정적 분석을 수행하여 코드 스멜이나 잠재적 문제를 찾아낼 수 있습니다.

- **AI 코드 리뷰어**

    인공지능 모델이 코드 리뷰어 역할을 수행하여 코드의 품질, 잠재적 문제점, 개선 방안 등에 대한 피드백을 제공하는 것입니다. 빠르고 객관적인 피드백을 얻을 수 있다는 장점이 있습니다.

단계별로 구현하기

Step 01 전체 코드 또는 특정 파일에 대한 일반적인 리뷰 요청하기

먼저, 프로젝트의 특정 코드에 대해 커서 AI에게 어떤 피드백을 받을 수 있는지 **전반적인 코드 품질 검토를 요청**해 보겠습니다. AI 어시스턴트 창에서 리뷰를 받고 싶은 파일(예 @timer_screen.dart)을 열어두거나, 프로젝트 전체를 대상으로 아래 프롬프트를 커서 AI에 입력해 주세요.

> **프롬프트 4 - 52**
>
> **[코드 품질 및 개선점 검토 요청]**
>
> 현재 열려있는 @timer_screen.dart 파일의 플러터 코드를 검토하고, 코드 품질(가독성, 유지보수성), 잠재적인 버그 가능성, 성능 문제, 그리고 플러터/다트 모범 사례(best practices) 관점에서 개선할 점이 있다면 알려줘.
>
> ⋮
>
> 프롬프트 전체 내용은 노션 템플릿 [프롬프트 4-52]를 참고해 주세요.

1. **사용하지 않는 import 정리:**
   - **문제점:** dart:async와 dart:math import가 코드 내에서 직접 사용되지 않고 있습니다.
   - **개선안:** 불필요한 import 문을 제거하여 코드의 혼란을 줄입니다.

2. **비동기 에러 처리 현대화:**
   - **문제점:** saveSessionTags 메서드 내 에러 처리가 구식 .then().catchError() 패턴을 사용하고 있습니다.
   - **개선안:** async-await와 try-catch 블록을 사용하는 현대적인 비동기 에러 처리 방식으로 변경하여 가독성과 안정성을 높입니다.

3. **하드코딩된 문자열 상수화:**
   - **문제점:** 'Pause', 'Start', 'Reset'과 같은 UI 텍스트들이 코드 내에 직접 하드코딩되어 있습니다.
   - **개선안:** 이러한 문자열들을 클래스 상단 등에 static const String으로 정의하여 중앙에서 관리하고, 향후 국제화(i18n) 작업을 용이하게 합니다.

⋮

(중략)

커서 AI가 제시하는 리뷰 결과를 주의 깊게 읽어봅니다. AI는 변수 이름의 명확성, 함수의 길이, 중복 코드, 비동기 처리 방식의 적절성, 상태 관리 방식, 위젯 구성의 효율성 등 다양한 측면에서 피드백을 줄 수 있습니다. AI의 제안 중 즉시 이해되고 타당하다고 생각되는 부분은 바로 적용해 보세요. 만약 제안 내용을 이해할 수 없다면, 구체적으로 설명해 달라고 추가적으로 요청해 보세요. 혹은 제안한 내용을 코드에 반영해 달라고 요청할 수도 있습니다.

Step 02 특정 관심사에 초점을 맞춘 리뷰 요청하기

전반적인 리뷰 외에도, 성능 최적화, 특정 기능의 안정성, 코드 구조 개선 등 **구체적인 목표를 가지고 커서 AI에게 리뷰를 요청**할 수 있습니다. 예를 들어, 통계 계산 로직의 효율성을 검토하고 싶다면 다음과 같이 요청할 수 있습니다. AI 어시스턴트 창에서 관련 파일(**예** @statistics_screen.dart)을 열어두고 아래 프롬프트를 커서 AI에 입력해 주세요.

> **프롬프트 4-53**
>
> **통계 계산 로직 성능 검토 요청**
>
> @statistics_screen.dart 파일의 통계 계산 로직(예 '_calculateStatistics' 함수 내부)이 효율적으로 작성되었는지 검토해 줘. 만약 데이터 양이 많아질 경우 성능 문제가 발생할 가능성이 있는지, 더 효율적인 계산 방법이나 코드 구조가 있다면 제안해 줘.
>
> ⋮
>
> 프롬프트 전체 내용은 노션 템플릿 [프롬프트 4-53]을 참고해 주세요.

CUSOR AI

⚠️ **현재 로직의 주요 잠재적 성능 문제점**

1. **전체 데이터 일괄 로드**: 모든 세션 기록(_sessionBox.values)을 한 번에 메모리로 불러와 처리하므로, 데이터 양이 증가함에 따라 메모리 사용량이 급증하고 앱 성능이 저하될 수 있습니다.
2. **비효율적 데이터 변환**: 전체 데이터를 Map으로 변환하고, 필요한 필드만 선택하는 과정 없이 모든 필드를 처리하여 불필요한 메모리 할당과 연산 오버헤드가 발생합니다.

✅ **성능 개선을 위한 주요 제안 및 특징**

1. **데이터베이스 단 처리 최적화 (레코드 단위 순차 처리):**
   - **핵심 아이디어**: Hive Box의 모든 데이터를 한 번에 로드하는 대신, Box의 keys를 순회하며 각 레코드를 개별적으로 가져와 처리합니다. 필요한 필드만 추출하고 즉시 통계 계산에 반영하여 메모리 사용량을 최소화합니다.
   - **장점**: 초기 메모리 로드 부담 대폭 감소, 불필요한 전체 데이터 변환 과정 생략.
   - **단점**: 개별 레코드 접근으로 인한 I/O 오버헤드 발생 가능성, 코드 복잡도 소폭 증가.
   - **구현 예시**: _loadStatisticsData 함수에서 _sessionBox.keys를 순회하며 _sessionBox.get(key)로 각 항목을 처리하고, 통계 변수들을 누적한 후 setState를 한 번만 호출. (제시된 코드에서는 'tagsBox'를 사용하고 있습니다.)

   ⋮
   (중략)

💡 **종합 권장사항**

1. **1순위 (즉시 적용)**: 데이터베이스 단 처리 최적화 (제안 1)를 우선 적용하여 불필요한 전체 데이터 로드 및 변환, 과도한 로깅을 제거합니다.

2. **2순위 (데이터 증가 시 고려)**: 앱 사용 기간이 길어져 데이터가 누적됨에 따라, 캐싱 메커니즘 (제안 2)을 추가하여 자주 접근하는 통계(특히 일별)의 로딩 속도를 향상시킵니다.
3. **3순위 (매우 방대한 데이터 처리 필요시)**: 데이터가 극도로 방대해져 위의 방법으로도 성능 유지가 어려울 경우, 페이징 처리 (제안 3)를 구현하여 메모리 사용량을 안정화합니다.

커서 AI가 특정 관심사에 맞춰 제공하는 피드백과 제안을 검토합니다. 성능 개선 제안의 경우, 실제 성능 향상 효과가 있을지, 코드 복잡도는 증가하지 않는지 등을 고려하여 적용 여부를 결정합니다. 모범 사례에 대한 질문은 자신의 코드 작성 방식을 점검하고 더 나은 방법을 배우는 좋은 기회가 됩니다.

Step 03 / AI 제안 적용 및 최종 확인

AI로부터 받은 코드 리뷰 피드백과 개선 제안 중 적용하기로 결정한 사항들을 실제 코드에 반영합니다. 이때, AI가 제안한 코드를 맹목적으로 복사하여 붙여넣기보다는, **제안의 의도를 이해하고 자신의 코드 맥락에 맞게 신중하게 적용하는 것이 중요**합니다.

- **코드 수정**: AI가 제안한 코드를 참고하여 직접 수정하거나, 커서 AI의 코드 생성/수정 기능을 활용하여 적용합니다.
- **이해 확인**: 수정된 코드가 왜 더 좋은지, 어떤 문제를 해결하는지 스스로 설명할 수 있도록 이해합니다.
- **기능 테스트**: ☆ 매우 중요! 코드를 수정한 후에는 반드시 관련 기능이 이전과 동일하게 (또는 개선되어) 정상적으로 동작하는지 철저히 테스트를 진행해야 합니다. 리팩토링이나 개선 작업 때문에 새로운 버그가 발생할 확률이 올라갑니다. 잘 작동하던 코드에서 문제가 나타나는 경우가 흔히 일어나므로 꼼꼼한 테스트를 진행해 주세요. 안드로이드 스튜디오 에뮬레이터 앱을 실행하여 수정된 기능과 관련된 모든 시나리오를 다시 테스트합니다.
- **추가 개선**: AI의 피드백을 바탕으로 추가적인 개선 아이디어가 떠오른다면 직접 시도해 볼 수 있습니다.

만약 AI의 제안을 적용하며 예상치 못한 문제가 발생하면, 구체적인 상황을 AI에게 보여주고 도움을 요청하면 됩니다. 이번 과정에서는 커서 AI를 활용하여 작성된 코드에 대한 리뷰를 요청하고 개선 제안을 받는 방법을 배웠습니다.

Chapter 10 폼질 놀이기: 테스트, 디버깅, 리팩토링 (AI 코드 개선 지원)

세상에 내 앱 선보이기
앱 스토어 출시

Chapter 11   출시 준비 완료하기: 에셋 제작하기

Chapter 12   세상에 내보내기: 앱 빌드 및 스토어 출시 과정

PART 5

드디어 여러분의 손에서 탄생한 앱을 세상에 선보일 시간입니다. 멋진 앱이라도 사용자에게 닿지 못하면 의미가 없죠. 이 파트에서는 개발의 여정을 마무리하는 단계, 앱 스토어 출시 과정을 안내합니다. 사용자의 눈길을 사로잡을 앱 아이콘과 스크린샷을 준비하고, 최종 사용자에게 배포할 '릴리스 빌드'를 생성하며, 복잡해 보이는 구글 플레이 스토어 등록 절차를 하나씩 밟아나갑니다.

출시 준비 완료하기: 에셋 제작하기

 **필수 에셋 준비: 앱 아이콘, 스크린샷**

이번 과정에서는 사용자가 앱 스토어나 기기 홈 화면에서 Focuslet 앱을 처음 마주했을 때 보게 될 앱의 얼굴, 즉 **앱 아이콘**과 앱의 주요 기능 및 매력을 보여주는 **스크린샷**을 준비해 보겠습니다.

> ▼ **핵심 목표**
> - 앱 아이콘의 중요성과 좋은 앱 아이콘의 조건 이해
> - 다양한 플랫폼(안드로이드) 및 해상도에 맞는 앱 아이콘을 생성하는 방법 학습 (온라인 도구 또는 AI 활용)
> - 플러터 프로젝트에 앱 아이콘을 적용하는 방법 학습 (예 'flutter_launcher_icons' 패키지 활용)
> - 앱 스토어 등록 및 홍보에 필요한 스크린샷 준비

🔻 학습 방식

앱 아이콘 디자인은 캔바와 같은 온라인 이미지 도구나 챗GPT 소라와 같은 이미지 생성 AI를 활용하면 됩니다. 생성된 아이콘은 커서 AI에게 질문하며 플러터 프로젝트에 적용하세요. 또한, 앱의 주요 화면 스크린샷을 캡처하고 필요한 경우 간단한 편집을 거쳐 준비합니다.

🔻 범위

이 과정에서는 Focuslet 앱을 위한 기본적인 앱 아이콘 1개를 디자인 및 생성하고, 이 아이콘을 플러터 프로젝트에 적용하는 방법을 다룹니다. 그리고 앱의 핵심 기능을 보여주는 주요 화면 스크린샷 3~5장을 준비하겠습니다.

🔻 사전 준비 사항

- 이전 과정까지 진행된 'focuslet_app' 플러터 프로젝트
- 커서 AI 및 안드로이드 스튜디오 준비
- 앱 아이콘 생성을 위한 온라인 이미지 도구 또는 이미지 생성 AI 사용 준비
- 스크린샷 캡처를 위한 에뮬레이터 또는 실제 기기 준비

🔻 핵심 개념 소개

- **앱 아이콘 / 런처 아이콘**

    사용자의 기기 홈 화면, 앱 서랍, 앱 스토어 등에서 앱을 시각적으로 식별하는 이미지입니다. 앱의 첫인상을 결정하는 중요한 요소입니다. 플랫폼(안드로이드, iOS)마다 요구하는 아이콘 크기와 형식이 다릅니다.

- **적응형 아이콘**

    안드로이드 8.0 이상에서 도입된 아이콘 형식으로, 기기 제조사가 설정한 마스크(원형, 사각형, 둥근 사각형 등)에 맞춰 아이콘 모양이 자동으로 조절됩니다.

- **스크린샷**

    앱 스토어에 앱을 등록하거나 홍보 자료로 사용할 때, 앱의 실제 화면을 담은 이미지입니다. 사용자가 앱의 기능과 디자인을 미리 파악할 수 있습니다. 다양한 기기 크기(스마트폰, 태블릿)에 맞는 스크린샷을 준비해 주세요.

- **에셋 관리**

    앱 아이콘, 이미지, 폰트 등 앱에서 사용하는 외부 파일(에셋)을 프로젝트에 포함시키고 관리합니다. 플러터에서는 주로 pubspec.yaml 파일에 에셋을 등록합니다.

- **플러터 런처 아이콘 패키지**

    고해상도 아이콘 이미지 하나만 준비하면, 안드로이드와 iOS 플랫폼에서 요구하는 다양한 크기의 앱 아이콘 파일들을 자동으로 프로젝트에 적용해 주는 패키지입니다.

단계별로 구현하기

Step 01 앱 아이콘 디자인 구상 및 생성

Focuslet 앱의 특징(집중, 시간 관리, 단순함 등)을 잘 나타내는 **앱 아이콘 디자인을 구상하고 실제 이미지 파일을 생성**하겠습니다. 어떻게 앱 아이콘을 디자인할지 챗GPT에게 도움을 요청하겠습니다. 새로운 대화를 시작하고 모델은 [GPT-5]를 선택합니다. 아래 프롬프트를 **챗GPT**에 입력해주세요.

> 프롬프트 5 - 1

Focuslet 앱 아이콘 디자인 아이디어 요청

'Focuslet'이라는 이름의 뽀모도로 타이머 앱을 위한 앱 아이콘 디자인 아이디어를 몇 가지 제안해 줘. 앱의 핵심 기능은 집중 시간 관리와 단순함이야. 다음 키워드를 고려해서 아이디어를 구체적으로 설명해주면 좋겠어:

- 시계 또는 모래시계
- 뇌 또는 집중하는 모습
- 미니멀리즘 디자인
- 앱의 메인 컬러 (만약 정했다면 명시, 예 파란색 계열)

⋮

프롬프트 전체 내용은 노션 템플릿 [프롬프트 5-1]을 참고해 주세요.

 Chat GPT

🖼️ **뽀모도로 타이머 앱 'Focuslet'의 아이콘 디자인 컨셉 5가지**

모든 컨셉은 집중, 시간, 미니멀리즘을 핵심으로 하며 파란색을 주로 사용합니다.

1. **뇌 + 시계 조합:** 뇌 윤곽선 안에 시계 아이콘을 넣어 집중력과 시간의 조화를 표현합니다.
2. **모래시계 + 점멸하는 포커스 포인트:** 모래시계 중앙에 반짝이는 점을 넣어 집중되는 시간의 흐름을 시각화합니다.
3. **시계 속 작은 뇌 심볼:** 시계 안에 작은 뇌 아이콘을 배치하여 집중 시간 관리의 의미를 전달합니다.

4. **포커스 프레임 속 시계**: 사진 초점 박스 같은 틀 안에 시계를 넣어 '집중 대상'으로서의 시간을 표현합니다.
5. **25분 분할 원형 시계**: 25분 영역이 강조된 시계로 뽀모도로 기법(25분 집중)을 직접적으로 나타냅니다.

🧩 공통 고려사항

아이콘은 단순하고 명확해야 하며, 색상 조화와 앱스토어/플레이스토어에 최적화된 모양(원형/정사각형)을 고려해야 합니다.

챗GPT가 제안하는 아이디어나 스스로 구상한 디자인을 바탕으로 실제 앱 아이콘 이미지 파일을 생성합니다. 아래 프롬프트를 **챗GPT**에 입력해 주세요.

> **프롬프트 5 - 2**
>
> 아래 컨셉트로 1024 x 1024 px 이미지를 생성해 줘.
> **25분을 상징하는 분할 원형 시계 (뽀모도로 오마주)**
> - 컨셉: 원형 시계 아이콘에서 25분 영역만 파란색으로 강조된 그래픽
> - 느낌: 뽀모도로를 직접적으로 상징하면서도 모던하고 세련됨
> - 장점: 앱 기능(25분 집중)을 직관적으로 전달함
> - 주의할 점: 아이콘 크기 축소 시 분할 표현이 흐려질 수 있어 대비 강조 필요

챗GPT가 만들어준 이미지를 icon.png 파일로 저장해 주세요. 나중에 스토어에서 앱을 등록할 때 사용합니다.

Step 02 앱 아이콘 적용 (flutter_launcher_icons 활용)

준비된 아이콘 이미지 파일을 플러터 프로젝트에 적용하여 안드로이드 앱 아이콘을 자동으로 생성하겠습니다. 이를 위해 flutter_launcher_icons 패키지를 사용합니다.

커서 AI를 실행하고 AI 어시스턴트 창에서 프로젝트 루트의 @pubspec.yaml 파일을 엽니다. 그리고 챗GPT에서 생성한 아이콘 이미지를 [/assets/icon] 폴더를 만들어 넣어줍니다. 그리고 아래 프롬프트를 커서 AI에 입력해 주세요.

> **프롬프트 5-3**
>
> **flutter_launcher_icons 패키지로 앱 아이콘 적용 방법**
>
> 'flutter_launcher_icons' 패키지를 사용하여 첨부한 [assets/icon/icon.png] 앱 아이콘 이미지 파일을 Focuslet 앱에 적용하는 방법을 알려주고 필요한 설정을 해줘.
>
> ⋮
>
> 프롬프트 전체 내용은 노션 템플릿 [프롬프트 5-3]을 참고해 주세요.

CUSOR AI

✅ **완료된 작업**

1. pubspec.yaml 파일에 flutter_launcher_icons 의존성을 추가했습니다.
2. 같은 파일에 아이콘 경로 (assets/icon/icon.png), 안드로이드 플랫폼 활성화, iOS 비활성화, 적응형 아이콘 배경색("#FFFFFF") 및 전경 이미지를 설정했습니다.
3. flutter pub run flutter_launcher_icons 명령으로 아이콘을 생성했습니다.

📗 **주요 참고 사항**

1. **iOS 아이콘**: 현재 비활성화 상태이며, 필요시 ios: true로 변경하고 관련 설정을 마친 후 다시 명령을 실행하면 됩니다.

2. **안드로이드 적응형 아이콘**: 배경색과 전경 이미지를 설정하여 안드로이드 8.0 이상 버전에 대응했습니다.
3. **알파 채널**: iOS 아이콘 생성 시 알파 채널이 문제 될 경우 remove_alpha_ios: true 옵션을 사용할 수 있다는 점을 인지하고 계십니다.

💡 이제 안드로이드 기기에서 Focuslet 앱을 실행하면 새 아이콘이 잘 보일 것입니다!

커서 AI가 pubspec.yaml 파일을 수정하고, 라이브러리를 설치합니다. 터미널(IDE 내장 터미널 또는 별도 터미널)을 열고 프로젝트 루트 디렉토리로 이동한 후, 다음 명령어를 실행합니다(커서 AI가 자동으로 수행하지 않을 경우에 직접 실행해 주세요).

</> 터미널
```
flutter pub get
flutter pub run flutter_launcher_icons:main
```

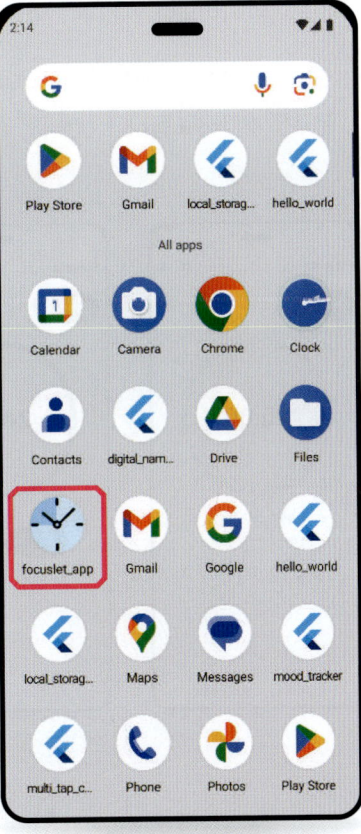

명령어 실행이 성공적으로 완료되면, 안드로이드(android/app/src/main/res) 프로젝트 내부에 다양한 크기의 앱 아이콘 파일들이 자동으로 생성됩니다.

안드로이드 스튜디오 에뮬레이터 앱을 실행하여 **기기 홈 화면이나 앱 서랍에서 Focuslet 앱의 아이콘이 변경되었는지 확인**합니다. 변경 사항이 즉시 반영되지 않으면 앱을 완전히 제거 후 다시 설치해 보세요. 그리고 아이콘의 비율이 정상적이지 않다면 커서 AI에게 수정해 달라고 요청하세요.

Step 03 / 주요 화면 스크린샷 캡처 및 준비

앱 스토어에 등록하거나 앱을 소개할 때 사용할 스크린샷을 준비하겠습니다. **앱의 핵심 기능과 매력적인 UI를 잘 보여주는 화면들을 선택하여 캡처**합니다.

- **캡처 대상 선정**: Focuslet 앱의 어떤 화면을 보여주는 것이 사용자에게 가장 매력적일지 생각해 봅니다. 일반적으로 다음과 같은 화면들을 사용합니다.
  - 메인 타이머 화면 (집중/휴식 상태)
  - 태그 입력 및 표시 화면
  - 설정 화면
  - 회고 또는 통계 화면
  - (선택 사항) 알림 수신 모습

- **캡처 실행**: 안드로이드 스튜디오 에뮬레이터나 실제 기기를 사용하여 선정된 화면들을 캡처합니다.
  - 에뮬레이터: 보통 에뮬레이터 툴바의 카메라 아이콘 Take screenshot 버튼을 활용합니다.
  - 실제 기기: 기기별 스크린샷 단축키(예 전원 버튼 + 볼륨 다운 버튼)를 사용합니다.

- **해상도 및 개수**: 구글 플레이 스토어에서 요구하는 스크린샷의 해상도와 최소/최대 개수가 다릅니다. 스토어의 가이드라인을 미리 확인해 주세요.

- **간단 편집 (선택 사항)**: 캡처한 스크린샷의 상태 표시줄 등 불필요한 부분을 제거하거나, 간단한 설명 문구를 추가해도 됩니다. (캔바와 같은 이미지 편집 도구 사용)

 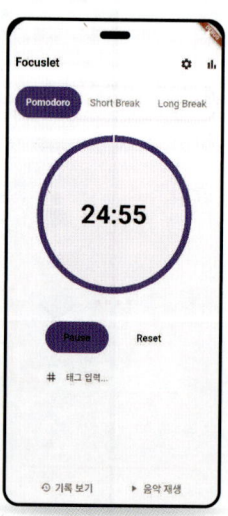  

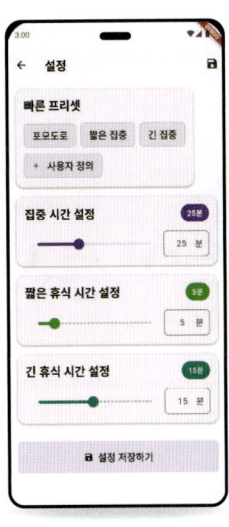 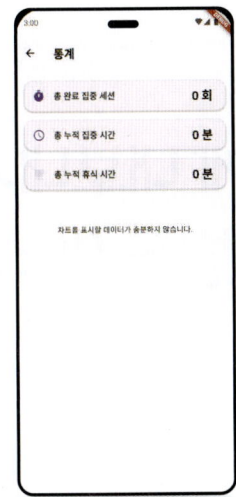 

추천받거나 직접 선정한 화면들의 스크린샷을 캡처하여 별도의 폴더에 저장해 둡니다. 이 스크린샷들은 추후 앱 스토어 등록 과정에서 사용됩니다. 이번 과정에서는 커서 AI와 함께 앱 배포에 필수적인 에셋인 앱 아이콘과 스크린샷을 준비하는 방법을 배웠습니다.

CHAPTER 12

세상에 내보내기: 앱 빌드 및 스토어 출시 과정

 릴리스 빌드 개념 이해

이번 과정에서는 우리가 개발하고 **테스트한 앱(디버그 빌드)**과 실제 사용자들에게 전달될 **프로덕트 버전의 앱(릴리스 빌드)**이 어떻게 다른지, 그리고 왜 다른 방식으로 앱을 만들어야 하는지 커서 AI와 함께 알아보겠습니다.

> ▼ **핵심 목표**
> - 디버그 빌드 Debug Build 와 릴리스 빌드 Release Build 의 차이점 이해
> - 릴리스 빌드의 주요 목적(성능 최적화, 보안 강화, 배포 준비) 이해
> - 릴리스 빌드의 주요 특징(최적화된 코드, 디버깅 정보 제거, 앱 서명 등) 학습
> - 왜 앱 스토어에 출시하기 위해 릴리스 빌드가 필요한지 이해

🚩 학습 방식

릴리스 빌드와 디버그 빌드의 차이점을 챗GPT에게 질문하고 설명을 듣는 방식으로 진행하겠습니다. AI가 설명하는 내용을 바탕으로 릴리스 빌드의 개념을 이해하고, 궁금한 점은 추가 질문해 주세요.

🚩 범위

이 과정에서는 플러터 앱 개발에서 '릴리스 빌드'가 무엇인지 이해하는 데 초점을 맞춥니다.

🚩 사전 준비 사항

- 이전 과정까지 개발 및 테스트가 완료된 'focuslet_app' 플러터 프로젝트
- 커서 AI 및 안드로이드 스튜디오 준비

🚩 핵심 개념 소개 (플랫폼 중립적 설명)

- **빌드**

  소스 코드를 사용자가 설치하고 실행할 수 있는 앱 파일(예 안드로이드의 APK/AAB)로 변환하는 과정입니다.

- **디버그 빌드**

  개발 및 테스트 과정에서 사용되는 빌드입니다. 코드 오류를 쉽게 찾고 수정할 수 있도록 다양한 디버깅 기능(핫 리로드, 중단점, 상세 로그 등)이 포함되어 있습니다. 코드 최적화는 거의 이루어지지 않아 실행 속도가 느리고 앱 크기가 커질 수 있습니다.

- **릴리스 빌드**

  실제 사용자에게 배포하기 위한 최종 버전의 앱을 만드는 빌드 방식입니다. 앱의 성능을 최대한 끌어올리기 위해 코드가 최적화되고, 디버깅 관련 정보는 제거됩니다. 대신 앱 크기가 작아지고 실행 속도가 빨라집니다. 앱 스토어에 등록하려면 반드시 릴리스 빌드를 사용해야 합니다.

- **코드 최적화**

  앱의 실행 속도를 높이고 리소스 사용량(메모리, 배터리 등)을 줄이기 위해 컴파일러가 코드를 더 효율적인 형태로 변환하는 과정입니다. 릴리스 빌드 시 자동으로 수행됩니다.

- **앱 서명**

  앱 개발자를 식별하고 앱이 위변조되지 않았음을 보증하기 위한 디지털 서명 과정입니다. 안드로이드와 iOS 모두 릴리스 빌드에 반드시 서명이 필요하며, 앱 스토어 등록 및 업데이트에 필수입니다.

- **트리 쉐이킹**

  릴리스 빌드 과정에서 실제로 사용되지 않는 코드(함수, 클래스 등)를 최종 앱 파일에서 제거하여 앱 크기를 줄이는 최적화 기법 중 하나입니다.

🔷 단계별로 구현하기

Step 01 디버그 빌드 vs 릴리스 빌드 : 무엇이 다를까?

우리가 지금까지 앱을 개발하고 에뮬레이터에서 테스트를 진행했을 때는 주로 '디버그 빌드'를 사용했습니다. 이제 실제 사용자에게 앱을 전달하기 위해 '릴리스 빌드'를 만들어야 하는데, 이 둘의 근본적인 차이점을 챗GPT에게 물어보겠습니다. 새로운 대화창을 열고 아래 프롬프트를 **챗GPT**에 입력해 주세요.

> 💬 **프롬프트 5-4**
>
> **디버그 빌드와 릴리스 빌드의 차이점 설명 요청**
>
> 플러터 앱 개발에서 '디버그 빌드(Debug Build)'와 '릴리스 빌드(Release Build)'의 주요 차이점을 설명해 줘. 특히 다음 측면에서 비교해 주면 좋겠어:
>
> - 주된 목적 (개발/테스트 vs 배포)
> - 성능 (실행 속도, 최적화 여부)
> - 앱 크기
> - 디버깅 기능 포함 여부 (핫 리로드, 중단점 등)
> - 앱 스토어 등록 가능 여부
>
> ⋮
>
> 프롬프트 전체 내용은 노션 템플릿 [프롬프트 5-4]를 참고해 주세요.

📒 디버그 빌드와 릴리스 빌드의 차이점

항목	디버그 빌드	릴리스 빌드
주된 목적	개발 중 기능 구현, 테스트, 실시간 코드 수정, 에러 추적 등 디버깅 과정에 사용됩니다.	실제 사용자에게 배포하기 위한 버전으로, 앱 스토어 등록 및 서비스 운영을 목적으로 합니다.
성능 (실행 속도, 최적화 여부)	디버깅 도구 및 핫 리로드 기능으로 인해 실행 속도가 느리고, 코드 최적화가 적용되지 않습니다.	코드가 최적화되어 실행 속도가 빠르며, 디버깅 관련 요소가 제거되어 성능이 향상됩니다.
앱 크기	디버깅 심볼, 개발 도구 등을 포함하여 앱의 크기가 큽니다.	불필요한 코드와 디버깅 정보가 제거되어 앱의 크기가 작습니다.
디버깅 기능 포함 여부	핫 리로드, 중단점 설정, 디버그 콘솔 로그 등 모든 디버깅 기능을 사용할 수 있어 개발에 유용합니다.	디버깅 기능이 없거나 최소화되어(핫 리로드 불가, 로그 최소화), 안정성과 보안에 중점을 둡니다.
앱 스토어 등록 가능 여부	서명되지 않았고 최적화되지 않아 앱 스토어에 등록할 수 없습니다.	적절한 서명 후 구글 플레이 스토어나 애플 앱스토어에 제출하여 등록할 수 있습니다.

챗GPT가 설명하는 내용을 읽고, 개발 과정에서 사용하던 디버그 빌드와 최종 사용자에게 전달될 릴리스 빌드가 왜 다른지 이해하세요. 특히 차이점인 성능, 앱 크기, 디버깅 기능 유무를 인지합니다.

Step 02 릴리스 빌드가 필요한 이유

왜 굳이 시간과 노력을 들여 릴리스 빌드를 따로 만들어야 할까요? 디버그 빌드 그대로 배포하면 안 될까요? 릴리스 빌드의 중요성에 대해 챗GPT에게 다시 물어보겠습니다. 아래 프롬프트를 **챗GPT**에 입력해 주세요.

프롬프트 5-5

릴리스 빌드의 필요성 설명 요청

앱을 사용자에게 배포할 때 왜 반드시 '릴리스 빌드'를 사용해야 하는지 그 이유를 설명해 줘. 디버그 빌드를 그대로 배포하면 어떤 문제가 발생할 수 있는지 알려주면 좋겠어.

︙

프롬프트 전체 내용은 노션 템플릿 [프롬프트 5-5]를 참고해 주세요.

 Chat GPT

📝 사용자에게 앱을 배포할 때 디버그 빌드 대신 릴리스 빌드를 사용해야 하는 이유와 디버그 빌드 배포 시 발생 가능한 문제점에 대한 설명입니다.

✅ **핵심 내용**

앱을 사용자에게 배포 시 릴리스 빌드 사용은 필수입니다. 만약 디버그 빌드를 그대로 배포하면 다음과 같은 심각한 문제들이 발생할 수 있습니다.

1. **성능 문제:**
   - 디버그 빌드는 최적화되지 않아 실행 속도가 느리고 반응이 느립니다.
   - 디버깅 관련 코드로 인해 CPU, 메모리 사용량이 높고 배터리 소모가 빠릅니다. (예) 화면 전환 딜레이, 빠른 배터리 소모)

2. **보안 문제:**
   - 로그, 변수 상태 등 디버깅 정보와 내부 테스트용 URL, 더미 데이터 같은 개발용 설정이 노출되어 해킹 및 리버스 엔지니어링의 위험이 커집니다. (결과: 악의적 사용자의 앱 구조 분석 및 취약점 공격 가능성)

3. **앱 스토어 정책 위반:**
   - 구글 플레이 스토어와 애플 앱스토어는 서명된 릴리스 빌드만 허용합니다.
   - 디버그 빌드는 정식 서명이 없어 등록이 거절됩니다. (예) "debuggable=true" 사유로 거절)

4. **사용자 불편**:
   - 디버깅 정보로 인해 앱 용량이 커져 다운로드/설치 시간이 길어집니다.
   - 불필요한 백그라운드 프로세스로 인해 기기 발열 및 배터리 소모가 심화될 수 있습니다.
   - 앱이 간헐적으로 느려지거나 예기치 않게 종료되는 등 불안정한 사용자 경험을 초래할 수 있습니다.

💡 결론적으로, 릴리스 빌드는 앱의 성능 최적화, 보안 강화, 스토어 등록 요건 충족, 그리고 사용자 경험 향상을 위해 반드시 필요합니다. 디버그 빌드는 오직 개발 중 내부 테스트용으로만 사용해야 하며, 실제 배포에는 절대 적합하지 않습니다.

챗GPT의 설명을 읽고, 릴리스 빌드가 단순히 앱 스토어 등록을 위한 요구 사항일 뿐만 아니라, 사용자에게 더 나은 성능의 앱을 제공하고, 개발자의 코드를 보호하는 데 필수적인 과정이라는 사실을 이해합니다.

Step 03 / 릴리스 빌드의 주요 특징 요약

지금까지 알아본 내용을 바탕으로 **릴리스 빌드의 핵심**들을 다시 한번 정리해 보겠습니다. 앞으로 릴리스 빌드를 만드는 과정에서 중요한 지침이 될 겁니다. 아래 프롬프트를 **챗GPT**에 입력해 주세요.

> 프롬프트 5-6
>
> **릴리스 빌드의 주요 특징 요약 요청**
> 플러터 앱의 '릴리스 빌드'가 가지는 주요 특징들을 간략하게 요약 정리해 줘.
>
> ⋮
>
> 프롬프트 전체 내용은 노션 템플릿 [프롬프트 5-6]을 참고해 주세요.

> 🏆 **릴리스 빌드의 주요 특징**
>
> 1. **코드 최적화**
>   - ⇢ 실행 속도가 빨라지고, 앱 용량이 줄어듭니다. 사용자를 위한 퍼포먼스 중심 빌드입니다.
>
> 2. **디버깅 정보 제거**
>   - ⇢ 개발용 로그, 중단점, 디버그 심볼 등이 제외되어 보안성과 안정성이 향상됩니다.
>
> 3. **앱 서명 필수**
>   - ⇢ 앱스토어 등록을 위해 개발자 인증서로 앱에 디지털 서명을 해야 합니다.
>
> 4. **트리 쉐이킹(Tree Shaking)**
>   - ⇢ 사용되지 않는 코드(불필요한 패키지, 함수 등)를 자동으로 제거하여 앱 크기를 최적화합니다.
>
> 5. **AOT (Ahead-of-Time) 컴파일**
>   - ⇢ 앱 실행 전에 코드를 기계어로 미리 컴파일하여 실행 속도가 빨라지고 런타임 오류 가능성이 줄어듭니다.

챗GPT가 요약한 릴리스 빌드의 특징들을 확인하며, 각 항목이 앱의 최종 품질과 배포 과정에 어떤 영향을 미치는지 다시 한번 이해합니다. 특히 **플러터의 AOT 컴파일 방식이 릴리스 모드 성능 향상에 기여한다는 점을 이해**합니다.

이번 과정에서는 커서 AI와 함께 플러터 앱 배포의 첫 단계인 '릴리스 빌드'의 개념과 중요성에 대해 배웠습니다. 다음 과정에서는 안드로이드 릴리즈 빌드 방법과 앱 서명 방법에 대해 살펴보겠습니다.

안드로이드 릴리스 빌드(.aab) 및 앱 서명

이번 과정에서는 이전 단계에서 개념을 이해한 **릴리스 빌드로 앱을 실제로 생성하는 방법**을 배우겠습니다. 특히, 구글 플레이 스토어에 앱을 게시하기 위한 표준 형식인 **안드로이드 앱 번들(.aab) 파일**을 만들고, 이 앱이 신뢰할 수 있는 개발자로부터 왔음을 증명하는 **앱 서명** 과정을 진행하겠습니다.

🚩 핵심 목표

- 안드로이드 앱 서명의 개념과 필요성 이해
- 앱 서명에 사용될 키 저장소 파일^{Keystore}을 생성하는 방법 학습
- 플러터 프로젝트에 앱 서명 정보를 안전하게 설정 하는 방법 학습
- 플러터 명령어를 사용하여 서명된 안드로이드 앱 번들(.aab) 파일을 생성하는 방법 학습
- 커서 AI에게 키 저장소 생성, 서명 설정, 빌드 명령어 등에 대해 질문하고 기술 지원을 받는 능력 배양

🚩 학습 방식

앱 서명 키^{Keystore} 생성, 프로젝트 내 서명 정보 설정, 그리고 최종 릴리스 빌드(.aab) 생성까지의 과정을 단계별로 진행하겠습니다. 각 단계에서 필요한 명령어 실행 방법이나 설정 파일 수정 방법은 커서 AI에게 구체적인 프롬프트를 입력하여 설명을 듣고 따라합니다. 오류가 발생하거나 이해가 어려운 부분은 커서 AI에게 추가로 질문하여 해결해 나가겠습니다.

🚩 범위

이 과정에서는 안드로이드 앱 배포를 위한 키 저장소^{Keystore} 생성, 플러터 프로젝트(build.gradle, key.properties)에 서명 정보 설정, 그리고 flutter build appbundle 명령어를 사용하여 최종 서명된 .aab 파일을 생성하는 과정까지 다룹니다.

🚩 사전 준비 사항

- 이전 과정까지 개발 및 테스트가 완료된 'focuslet_app' 플러터 프로젝트
- 커서 AI 및 안드로이드 스튜디오 준비
- 자바 개발 키트^{JDK} 설치 완료 (키 저장소 생성을 위한 keytool 명령어 사용에 필요함, 안드로이드 스튜디오 설치 시 보통 함께 설치됩니다.)

🚩 핵심 개념 소개 (플랫폼 중립적 설명)

- **안드로이드 앱 번들**

   구글 플레이 스토어에 앱을 게시하기 위한 공식 배포 형식입니다. 사용자의 기기 환경에 최적화된 APK 파일을 구글 플레이가 자동으로 생성하여 제공하므로, 앱 다운로드 크기를 줄일 수 있습니다.

- **앱 서명**

   앱 개발자의 신원을 확인하고 앱이 배포된 후 수정되지 않았음을 보장하는 디지털 서명 과정입니다. 구글 플

레이 스토어는 서명되지 않은 앱을 허용하지 않습니다. 앱 업데이트 시에도 동일한 서명 키가 사용되어야 합니다.

- **키 저장소**

    앱 서명에 사용되는 개인 키(Private Key)와 공개 키 인증서(Public Key Certificate)를 안전하게 보관하는 암호화된 파일입니다. 확장자는 보통 *.jks 또는 *.keystore 입니다. 이 파일과 비밀 번호는 절대 분실하거나 외부에 노출해서는 안 됩니다. 분실 시 앱 업데이트가 불가능해집니다.

- **키 도구**

    JDK(자바 개발 키트)에 포함된 명령줄 도구로, 키 저장소(Keystore)를 생성하고 관리하는 데 사용됩니다.

- **키 별칭**

    하나의 키 저장소 파일 안에 여러 개의 키/인증서 쌍을 저장할 수 있는데, 이때 각 쌍을 구별하기 위해 사용하는 고유한 이름입니다.

- **키 저장소/키 비밀번호**

    키 저장소 파일 자체를 보호하는 비밀번호와, 키 저장소 내의 특정 키(별칭으로 식별)를 보호하는 비밀번호입니다. 보안을 위해 서로 다른 비밀번호를 사용하는 것이 좋습니다.

 단계별로 구현하기

Step 01 앱 서명 키(Keystore) 생성하기

구글 플레이 스토어에 앱을 출시하려면 먼저 개발자를 식별하는 고유한 서명 키가 필요합니다. 이 키는 **키 저장소(Keystore)**라는 파일에 안전하게 보관됩니다. **JDK에 포함된 keytool 명령어를 사용하여 키 저장소 파일을 생성**하겠습니다. 명령어 옵션이 다소 복잡할 수 있으니 커서 AI의 도움을 받겠습니다.

터미널을 열고, 키 저장소 파일을 저장할 폴더를 만듭니다(예 프로젝트 폴더 외부의 안전한 곳). 그리고 아래 프롬프트를 **커서 AI**에 입력해 주세요.

프롬프트 5-7

안드로이드 앱 서명 키 저장소(Keystore) 생성 명령어 요청

플러터 앱 'Focuslet'을 위한 안드로이드 앱 서명 키 저장소(.jks 파일)를 생성하는 'keytool' 명령어 예시를 알려줘. 다음 요구 사항을 포함해야 해:

- 생성될 파일 이름: 'focuslet_keystore.jks'
- 키 별칭(alias): 'focuslet_key'
- 키 알고리즘: 'RSA'
- 키 크기: '2048'
- 유효 기간: '10000'일 (약 27년)

⋮

프롬프트 전체 내용은 노션 템플릿 [프롬프트 5-7]을 참고해 주세요.

CUSOR AI

🛠 안드로이드 앱 서명을 위한 키 저장소 생성 명령어

```
keytool -genkeypair -v -keystore focuslet_keystore.jks -alias focuslet_key -keyalg RSA -keysize 2048 -validity 10000
```

📝 명령어 옵션 설명:

- `-keystore`: 생성할 키 저장소 파일 이름 지정
- `-alias`: 키의 별칭(이름) 지정
- `-keyalg`: 사용할 암호화 알고리즘 지정
- `-keysize`: 키의 크기 지정(비트 단위)
- `-validity`: 키의 유효 기간(일 단위)
- `-v`: 상세 출력 모드 활성화

⚠ 주의 사항

- 키 저장소 파일(.jks)과 비밀번호는 절대 유실하면 안 됩니다. 분실 시 앱 업데이트가 불가능합니다.

> - 안전한 장소에 백업하고, 비밀번호는 별도로 안전하게 보관하세요.
> - 키 저장소 파일은 버전 관리 시스템(Git 등)에 포함하지 마세요.
> - Play 스토어 출시 후에는 같은 키로 계속 서명해야 합니다.

생성한 키 저장소 폴더로 이동합니다(cd Keystore). 커서 AI가 제안하는 keytool 명령어를 터미널에 입력하고 실행합니다. 명령어 실행 과정에서 키 저장소 비밀번호와 키 비밀번호를 설정하세요. 추가적으로 이름, 조직 등의 정보를 입력합니다. **여기서 설정하는 비밀번호는 절대 잊어버리면 안 되며, 안전한 곳에 별도로 기록해 두어야 합니다.**

```
keytool -genkeypair -v -keystore focuslet_keystore.jks -alias focuslet_key
-keyalg RSA -keysize 2048 -validity 10000
```

명령 실행이 완료되면 지정한 이름(예 focuslet_keystore.jks)으로 키 저장소 파일이 생성됩니다. 이 파일은 프로젝트 외부에 안전하게 백업해 두는 것이 좋습니다.

Step 02 앱 서명 정보 설정하기

생성한 키 저장소 정보를 플러터 프로젝트에 설정하여, 릴리스 빌드 시 자동으로 앱 서명이 이루어지도록 하겠습니다. **보안을 위해 비밀번호와 같은 민감한 정보는 별도의 파일에 저장하고 버전 관리(Git 등)에서 제외하는 것이 좋습니다.** 아래 프롬프트를 커서 AI에 입력해 주세요.

> **프롬프트 5-8**
>
> **플러터 안드로이드 앱 서명 정보 설정 방법**
>
> 이전에 생성한 키 저장소('focuslet_keystore.jks') 정보를 사용하여 플러터 프로젝트에서 안드로이드 앱 서명을 설정하는 방법을 알려줘. 비밀번호는 안전하게 관리해야 하니 'key.properties' 파일을 사용하는 방식으로 안내해 줘
>
> :
>
> 프롬프트 전체 내용은 노션 템플릿 [프롬프트 5-8]을 참고해 주세요.

---- CUSOR AI

🛠 플러터 안드로이드 앱 서명 정보 설정 방법

1. 'key.properties' 파일 생성

'android' 폴더 아래에 'key.properties' 파일을 생성하고 다음과 같이 내용을 입력하세요:

```properties
storePassword=키_저장소_비밀번호
keyPassword=키_비밀번호
keyAlias=focuslet_key
storeFile=/Users/mirakim/AndroidStudioProjects/Keystore/focuslet_keystore.jks
```

📝 **참고**: 'storeFile'에는 키 저장소 파일의 전체 경로를 입력하거나, 'android' 폴더 기준 상대 경로(예 '../focuslet_keystore.jks')를 사용할 수 있습니다.

2. '.gitignore' 설정

프로젝트 루트의 '.gitignore' 파일에 다음 줄을 추가하세요:

```
/android/key.properties
```

3. 'build.gradle' 설정
'android/app/build.gradle' 파일을 다음과 같이 수정하세요:

```
Read file: android/app/build.gradle
```

💡 이제 릴리스 빌드를 생성할 때마다 설정한 키를 사용하여 앱에 서명됩니다. 이 서명은 Google Play 스토어 업로드와 앱 업데이트에 필수적이므로 키 파일과 비밀번호를 안전하게 보관하세요.

커서 AI가 안내하는 대로 **android/key.properties** 파일을 직접 생성하고 실제 키 저장소 경로와 비밀번호를 입력합니다. 이 파일은 민감 정보를 담고 있으므로 **Git 등 버전 관리 시스템에 포함되지 않도록 .gitignore 파일에 반드시 추가**해야 합니다. 설정 적용 후 오류가 없는지 확인합니다. 경로 문제나 문법 오류가 발생하면 AI에게 관련 코드와 오류 메시지를 보여주고 도움을 요청합니다.

Step 03 / 안드로이드 릴리스 빌드(.aab) 생성하기

이제 모든 설정이 완료되었으므로, 플러터 명령어를 사용하여 **서명된 안드로이드 앱 번들(.aab) 파일을 생성**하겠습니다. 터미널에서 플러터 프로젝트 루트 디렉터리로 이동한 후, 아래 프롬프트를 커서 AI에 입력해 주세요.

> **프롬프트 5-9**
>
> **플러터 안드로이드 앱 번들(.aab) 생성 명령어**
> 설정된 서명 정보를 사용하여 안드로이드 앱 번들(.aab) 릴리스 빌드를 생성하는 플러터 명령어를 알려줘.
>
> ⋮
>
> 프롬프트 전체 내용은 노션 템플릿 [프롬프트 5-9]를 참고해 주세요.

🛠 플러터 안드로이드 앱 번들(.aab) 생성 명령어

1. 앱 번들 빌드 명령어

```
flutter build appbundle
```

2. 생성된 앱 번들 파일 위치

빌드가 성공적으로 완료되면 다음 경로에 .aab 파일이 생성됩니다:

```
build/app/outputs/bundle/release/app-release.aab
```

⛔ 빌드 오류 발생 시 확인 사항

1. 서명 설정 문제:
- 'key.properties' 파일이 'android' 폴더에 정확히 위치하는지 확인
- 파일 내 비밀번호와 경로 정보가 올바른지 확인
- 키 파일 경로가 유효한지 확인 (절대 경로 또는 상대 경로)

2. 경로 문제:
- 키 저장소 파일('focuslet_keystore.jks')이 지정된 경로에 실제로 존재하는지 확인
- 파일 이름이나 경로에 공백이나 특수문자가 있는 경우 적절히 처리되었는지 확인

3. gradle 설정 문제:
- 'android/app/build.gradle' 파일의 서명 설정 코드가 올바른지 확인
- Proguard 규칙으로 인한 문제가 발생할 경우 'proguard-rules.pro' 파일 확인

4. 앱 권한 및 구성 문제:
- 'AndroidManifest.xml'에서 필요한 권한이 모두 설정되어 있는지 확인

🔔 빌드 과정에서 오류 메시지가 표시되면 해당 메시지를 확인하여 구체적인 문제를 파악하고 해결할 수 있습니다.

커서 AI가 알려준 명령어를 터미널에 입력하고 실행합니다.

> **터미널**
> flutter build appbundle

만약 빌드 중 오류가 발생한다면, 오류 메시지를 주의 깊게 읽어보고 Step 2에서 설정한 서명 정보(경로, 비밀번호, 별칭 등)가 정확한지, build.gradle 파일 수정에 오타는 없는지 등을 확인합니다. 해결이 어렵다면 오류 메시지와 관련 설정 코드를 커서 AI에게 제공하여 도움을 요청합니다. 저는 아래처럼 에러가 나서 커서 AI에게 해결을 요청했습니다.

> **프롬프트 5-10**
>
> 아래의 오류를 수정해 줘.
>
> ERROR: Missing classes detected while running R8. Please add the missing classes or apply additional keep rules that are generated in /Users/mirakim/AndroidStudioProjects/focuslet_app/build/app/outputs/mapping/release/missing_rules.txt.
>
> ⋮
>
> 프롬프트 전체 내용은 노션 템플릿 [프롬프트 5-10]을 참고해 주세요.

빌드 과정은 다소 시간이 소요됩니다. 빌드가 성공적으로 완료되면, 터미널에 *.aab 파일의 경로가 출력됩니다. 보통 **build/app/outputs/bundle/release/app-release.aab** 위치에 생성됩니다. **app-release.aab 파일이 바로 구글 플레이 스토어에 업로드할 최종 안드로이드 릴리스 빌드 파일입니다.** 이 파일을 잘 보관해 두세요.

```
문제  61  출력  터미널  ...              zsh

Running Gradle task 'bundleRelease'...
warning: [options] target value 8 is obsolete and will be removed
 in a future release
Running Gradle task 'bundleRelease'...
warning: [options] To suppress warnings about obsolete options, u
se -Xlint:-options.
Running Gradle task 'bundleRelease'...
3 warnings
Running Gradle task 'bundleRelease'...
    60.7s
✓ Built build/app/outputs/bundle/release/app-release.aab (26.6MB)
mirakim@MIui-MacBookAir focuslet_app %
```

이번 과정에서는 커서 AI와 함께 안드로이드 앱 출시를 위한 필수 단계인 앱 서명 키 생성, 프로젝트 서명 정보 설정, 그리고 최종 릴리스 빌드 파일(.aab) 생성 방법을 배웠습니다.

 **구글 플레이 스토어 등록 절차**

이번 과정에서는 이전 단계에서 생성한 안드로이드 릴리스 빌드(app-release.aab) 파일을 가지고, **실제 구글 플레이 스토어에 Focuslet 앱을 등록하기 위해 필요한 정보들을 준비**합니다. 스토어에 앱을 등록하는 데 필요한 모든 텍스트 정보(앱 이름, 설명, 키워드)를 작성하겠습니다.

▽ 핵심 목표

- 구글 플레이 콘솔 Google Play Console의 역할과 앱 등록에 필요한 주요 정보 항목 이해
- 앱 스토어 등록 정보(제목, 간단한 설명, 전체 설명) 작성의 중요성 인지
- 앱의 검색 가능성을 높이는 키워드를 선정하고, 설명에 자연스럽게 통합하는 방법 배우기
- 구글 플레이 스토어 검색 노출에 영향을 미치는 요소(제목, 설명 내 키워드 등) 이해

▽ 학습 방식

구글 플레이 콘솔에 앱을 등록할 때 필요한 정보 항목들을 파악하고, Focuslet 앱의 특징을 바탕으로 각 항목에 대한 초안을 작성하겠습니다. AI가 생성한 내용을 비판적으로 검토하고, 앱의 실제 가치를 더 잘 전달하도록 직접 수정하고 다듬는 과정을 통해 최종 등록 정보를 완성합니다.

▽ 범위

이 과정에서는 구글 플레이 콘솔에 앱을 등록할 때 필요한 주요 텍스트 정보(앱 이름, 간단한 설명, 전체 설명)와 검색 관련 요소(설명 내 키워드 통합)를 준비하는 데 초점을 맞춥니다. 스토어 등록 정보의 텍스트 콘텐츠 준비가 우리의 목표입니다.

▽ 사전 준비 사항

- 이전 과정에서 생성한 서명된 안드로이드 릴리스 빌드 파일 (app-release.aab)
- 이전 과정에서 준비한 앱 아이콘 및 스크린샷

- Focuslet 앱의 핵심 기능, 장점, 목표 사용자에 대한 명확한 이해
- 챗GPT 등 AI 도구 준비

핵심 개념 소개 (플랫폼 중립적 설명)

- **구글 플레이 콘솔**

    안드로이드로 개발된 앱을 구글 플레이 스토어에 게시, 관리, 분석할 수 있는 웹 기반 플랫폼입니다. 앱 등록, 업데이트, 사용자 통계 확인, 수익 관리 등의 기능을 제공합니다.

- **앱 이름**

    구글 플레이 스토어에 표시될 앱의 공식 명칭입니다. (최대 30자 권장) 'Focuslet'과 같이 브랜드 이름만 사용하거나, 'Focuslet: 뽀모도로 타이머'처럼 부가 설명을 추가할 수도 있습니다.

- **간단한 설명**

    앱 목록이나 검색 결과 등에서 앱 이름과 함께 간략하게 표시되는 문구입니다. 사용자의 시선을 사로잡고 앱의 핵심 가치를 빠르게 전달하는 이름이 좋습니다. (최대 80자)

- **전체 설명**

    앱 상세 페이지에 표시되는 자세한 설명입니다. 앱의 모든 기능, 사용법, 장점, 새로운 기능 등을 사용자에게 어필해서 다운로드를 유도해야 합니다. (최대 4000자) 가독성을 위해 단락 나누기, 글머리 기호 등을 활용하는 것이 좋습니다.

- **키워드**

    구글 플레이 스토어는 별도의 키워드 입력 필드가 없는 대신, 앱 이름, 간단한 설명, 전체 설명에 포함된 단어들을 분석하여 검색 결과에 앱을 노출시킵니다. 따라서 설명 내에 자연스럽게 관련 키워드를 포함시키는 것이 중요합니다.

- **그래픽 에셋**

    앱 아이콘, 스크린샷, 피처 그래픽 Feature Graphic 등 앱 스토어 페이지를 시각적으로 꾸미는 이미지 파일들입니다. 이전 과정에서 준비한 아이콘과 스크린샷이 여기에 해당됩니다.

단계별로 구현하기

Step 01 앱 제목 구상 및 선정

스토어에 등록할 제목은 'Focuslet'이라는 이름처럼 앱의 핵심 기능을 나타내는 키워드를 더해주는 것이 좋습니다. 새로운 대화창을 열고 아래 프롬프트를 **챗GPT**에 입력해 주세요.

❝ 프롬프트 5 - 11

Focuslet 앱 스토어 제목 아이디어 요청

'Focuslet' 앱을 앱 스토어에 등록하려고 해. 핵심 기능은 '뽀모도로 타이머', '집중력 향상', '시간 관리'야. 이 특징들을 잘 나타내면서 사용자의 눈길을 끌 수 있는 앱 스토어 제목(부제 포함 가능) 아이디어 5가지를 제안해 줘.

Chat GPT

1. **Focuslet: 뽀모도로 집중 타이머**
   - 부제: 작업 몰입과 시간 관리를 한 번에

2. **Focuslet - 집중력 향상 타이머**
   - 부제: 뽀모도로 방식으로 더 많은 성취를

3. **Focuslet: 시간 관리 & 생산성 앱**
   - 부제: 집중 루틴으로 목표 달성하기

4. **Focuslet - 뽀모도로 집중 습관**
   - 부제: 작업에 몰입하는 최고의 타이머

5. **Focuslet: 포커스 & 타임 매니지먼트**
   - 부제: 시간을 디자인하는 뽀모도로 도구

챗GPT가 제안해 준 앱 스토어 제목 중에서 마음에 드는 것을 골라둡니다.

Step 02 / 앱 설명 작성 (간단한 설명 / 전체 설명)

사용자의 다운로드를 유도할 매력적인 설명 문구를 작성합니다. 아래 프롬프트를 **챗GPT**에 입력해 주세요.

❝ 프롬프트 5 - 12

Focuslet 앱 구글 플레이 스토어 등록 정보 초안 작성

Focuslet 앱(선정된 앱 제목: "Focuslet: 뽀모도로 집중 타이머", 핵심 기능: 뽀모도로 타이머, 태그 기록, 통계, 설정, 배경 음악, 백그라운드 작동, 타겟: 집중력 향상이 필요한 학생/직장인/개발자)의

구글 플레이 스토어 등록을 위한 다음 텍스트 정보 초안을 작성해 줘:

- 앱 이름: (선정된 제목 또는 더 나은 제안)
- 간단한 설명: (최대 80자, 핵심 가치 강조)
- 전체 설명: (최대 4000자, 주요 기능, 장점, 사용법, 특징 상세히 설명, 가독성 고려)

⋮

프롬프트 전체 내용은 노션 템플릿 [프롬프트 5-12]을 참고해 주세요.

Chat GPT

📝 아래는 Focuslet 앱의 구글 플레이 스토어 등록용 텍스트 정보 초안입니다. 요청하신 사항과 글자 수 제한, SEO 키워드 활용, 가독성을 고려하여 작성했습니다.

📌 앱 이름

Focuslet: 뽀모도로 집중 타이머
(※ 직관적이며 주요 키워드인 "뽀모도로", "집중 타이머"를 포함해 검색 및 인지 효과를 극대화한 제목입니다.)

📌 간단한 설명

집중력 향상부터 통계까지, 시간 관리를 위한 똑똑한 뽀모도로 타이머
(글자 수: 47자, 핵심 가치 + 주요 키워드 포함)

📌 전체 설명

몰입의 시작, Focuslet
Focuslet은 집중력 향상과 시간 관리를 돕는 뽀모도로 타이머 앱입니다. 공부, 업무, 코딩 등 모든 몰입 작업에 최적화된 기능을 제공하여, 당신의 하루를 더욱 생산적으로 만들어 줍니다.

🌟 주요 기능

1. 뽀모도로 타이머
25분 집중 + 5분 휴식 기반의 뽀모도로 기법을 지원합니다. 집중 루틴을 형성하고, 일정한 사이클로 작업과 휴식을 반복함으로써 효율을 극대화할 수 있어요.
⋯▶ 타이머 시간은 자유롭게 설정 가능하며, 반복 횟수도 조정할 수 있습니다.

2. 태그 기록 기능

집중한 시간에 활동 태그를 추가하여 "무엇에 얼마나 집중했는지"를 기록할 수 있습니다.

→ 예 #공부 #회의 #코딩

이 기능을 통해 시간 사용의 가시화가 가능해지고, 더 나은 자기관리를 실현할 수 있어요.

3. 통계 시각화

일간, 주간, 월간 단위로 활동별 집중 시간과 패턴을 시각화하여 보여줍니다.

→ 어떤 활동에 몰입했는지 명확하게 파악하고, 지속적인 루틴 개선이 가능합니다.

4. 배경 음악 & 알림음

집중에 도움이 되는 잔잔한 배경음악과 세련된 알림음을 제공합니다.

→ 나만의 집중 환경을 구축해 보세요.

5. 백그라운드 작동 지원

앱을 꺼도 타이머는 계속 작동합니다.

→ 다른 앱을 사용하더라도 집중 흐름은 끊기지 않아요.

6. 커스터마이징 가능한 설정

타이머 시간, 반복 횟수, 진동 여부 등 다양한 환경 설정을 제공해 나만의 집중 도구로 구성할 수 있습니다.

✅ Focuslet의 장점

- ✔ 깔끔한 UI로 작업 방해 없이 사용할 수 있어요.
- ✔ 간편한 조작법으로 초보자도 쉽게 활용할 수 있어요.
- ✔ 앱 용량이 가볍고 빠른 실행 속도로 부담 없이 사용 가능해요.
- ✔ 공부 타이머, 업무 집중 도구, 자기계발 루틴용 등 다양한 목적에 최적화되어 있어요.

🔍 추천 키워드 (자동 최적화용 포함)

뽀모도로, 집중, 생산성, 타이머, 시간 관리, 공부, 업무, 집중력 향상, 몰입, 루틴, 공부 타이머, 집중 앱, 직장인 타이머

🚀 지금 시작하세요!

단 25분의 몰입으로 더 나은 하루를 만들어보세요.

Focuslet과 함께 여러분의 집중 루틴을 설계해 보세요.

챗GPT가 생성한 앱 이름, 간단한 설명, 전체 설명 초안을 주의 깊게 검토합니다.

키워드 통합
설명 내에 앱과 관련된 중요 키워드들이 자연스럽게 포함되었는지 확인합니다. 너무 인위적이거나 반복적인 단어 사용에 주의합니다.

내용 정확성 및 매력도
실제 앱 기능과 일치하는지, 사용자의 흥미를 끌 만한 표현이 사용되었는지 확인합니다.

가독성
전체 설명이 너무 길거나 지루하지 않은지, 단락 나누기나 글머리 기호 등을 사용하여 읽기 편하게 구성되었는지 확인합니다.

문법 및 오탈자
문법 오류나 오타는 없는지 꼼꼼하게 교정합니다.

챗GPT가 생성한 초안은 시작점으로 활용하고, 최종 내용은 앱의 개성과 장점을 가장 잘 나타낼 수 있게 여러분이 직접 다듬어 보세요.

Step 03 / 최종 검토 및 준비 완료

작성된 앱 이름, 간단한 설명, 전체 설명을 최종적으로 검토하고, 이전에 준비한 앱 아이콘, 스크린샷과 함께 구글 플레이 콘솔 등록에 사용할 수 있도록 준비합니다.

최종 점검
모든 텍스트 정보에 오타나 어색한 표현은 없는지 다시 한번 확인합니다. 글자 수 제한을 준수했는지 확인합니다.

에셋 확인
준비된 앱 아이콘과 스크린샷 파일들이 구글 플레이에서 요구하는 형식과 크기에 맞는지 확인합니다. (필요시 구글 플레이 콘솔 가이드라인 참고)

정보 취합
작성된 텍스트 정보(메모장이나 문서 파일에 저장)와 그래픽 에셋 파일들을 구글 플레이 콘솔 등록 시 쉽게 접근할 수 있도록 한 폴더에 정리해 둡니다.

이제 구글 플레이 스토어에 Focuslet 앱을 등록하기 위한 모든 사전 정보 준비가 완료되었습니다. 이번 과정에서는 커서 AI와 함께 구글 플레이 스토어 등록에 필요한 핵심 텍스트 정보(앱 이름, 간단한 설명, 전체 설명)를 작성하고 키워드를 통합하는 방법을 배웠습니다.

04 인앱 광고 포함하여 앱 최종 빌드 및 제출하기

이번 과정에서는 사용자들에게 앱을 무료로 사용하게 만드는 대신 광고를 보도록 하여 수익을 창출하는 **인앱 광고** 기능을 앱에 탑재하겠습니다. **구글 애드몹**^{AdMob} **광고를 앱에 추가하여 구글 플레이 스토어에 제출하는 과정**을 진행하겠습니다.

🚩 핵심 목표

- 구글 플레이 개발자 계정을 생성하고, 등록 비용($25) 결제하기
- 구글 애드몹^AdMob에 가입하고 앱을 등록하여 광고 단위 ID를 발급받는 방법 학습
- 플러터 google_mobile_ads 패키지를 사용하여 앱에 배너 광고를 구현하는 방법 학습
- 광고 포함에 따른 개인정보처리방침 업데이트 및 데이터 안전 설문 작성 방법 학습
- 모든 기능이 포함된 릴리스 빌드(.aab)를 생성하고 구글 플레이 콘솔을 통해 최종 제출하는 방법 이해

🚩 학습 방식

수익 모델을 구현하는 방법부터 스토어 출시까지의 과정을 단계별로 진행합니다. 커서 AI의 도움을 받아 플러터 프로젝트에 애드몹 SDK를 연동하고 광고 코드를 입력합니다. 이후, 광고 포함 버전을 플레이 스토어에 제출하기 위한 정책 사항들을 확인하고, 플레이 콘솔에 접속해서 최종 제출까지 완료합니다.

🚩 범위

이 과정에서는 ❶구글 계정으로 플레이 콘솔에 접속하여 개발자 계정을 만들고 결제하는 단계, ❷애드몹에 가입하여 광고를 설정하고 앱에 연동하는 단계, ❸광고가 포함된 최종 앱을 빌드하고, ❹플레이 콘솔에 모든 정보를 입력하여 제출하는 과정을 다룹니다.

🚩 사전 준비 사항

- **구글 계정**: 개발자 계정으로 사용할 구글^Gmail 계정
- **해외 결제 가능 신용/체크카드**: 개발자 등록 수수료($25) 결제에 필요합니다.
- **신원 증명 서류**: 개발자 본인의 인증을 위해 관리비 고지서, 은행 명세서 등 주소와 이름이 작성된 자료가 필요합니다(이 과정에서 많은 사람들이 리젝을 경험합니다).
- **Focuslet 앱 프로젝트**: 이전 과정까지 개발이 완료된 플러터 프로젝트
- **개인정보처리방침 URL**: 앱의 데이터 정책을 설명하는 웹페이지 주소 (블로그, 노션 페이지, Github Pages 등 활용 가능)

🚩 핵심 개념 소개 (플랫폼 중립적 설명)

- **구글 플레이 콘솔**

    개발자가 앱을 플레이 스토어에 게시, 관리, 분석하는 웹 기반의 필수 플랫폼입니다.

- **개발자 계정**

  플레이 스토어에 앱을 출시할 수 있는 권한을 가진 계정으로, 최초 1회 등록 수수료($25)와 본인 인증 절차가 필요합니다.

- **Google AdMob**

  개발자가 자신의 앱에 광고를 게재하여 수익을 창출할 수 있도록 돕는 구글의 모바일 광고 플랫폼입니다.

- **데이터 안전**

  앱이 어떤 사용자 데이터를 왜, 어떻게 수집하고 공유하는지 플레이 스토어에 투명하게 공개하는 절차입니다. 광고 포함 시 반드시 정확하게 작성해야 합니다.

단계별로 구현하기

Step 01 첫 관문: 구글 플레이 개발자 계정 생성하기

앱을 출시하려면 먼저 구글에 개발자 정보를 등록해야 합니다. https://play.google.com/console 사이트에 개발자 계정으로 로그인하고, [개인 > 시작하기]를 클릭하면 개발자 계정을 만들기 위해 필요한 항목들이 단계별로 제시됩니다. 화면에서 안내하는 사항에 따라 차분하게 항목을 입력하고 마지막에 결제를 진행하면 됩니다. **결제 프로필을 입력할 때는 여러분의 실명과 집 주소를 정확하게 입력해야 합니다. 나중에 신원 증명 시에 활용되므로 틀리게 입력하면 절대 안 됩니다.**

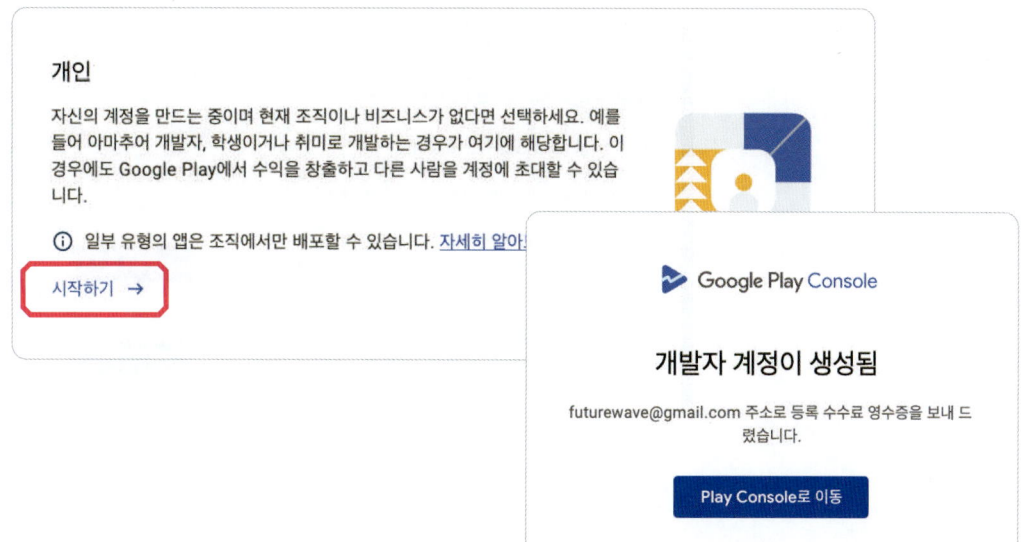

본인 인증을 진행하려면 반드시 아래의 서류 중에서 한 가지가 필요합니다.

- 90일 이내에 발행된 전기, 수도 또는 공공요금 청구서
- 90일 이내에 발행된 신용카드 명세서
- 90일 이내에 발행된 은행 명세서
- 90일 이내에 발행된 임대 계약서

이 서류에는 개발자 계정의 실명과 집 주소가 정확히 일치해야 합니다. 만약 앞의 서류로 인증에 실패했다면 **주민등록등본**을 이용하면 됩니다. 이때 **주민등록번호 뒷자리가 나오지 않도록 발급하는 게 중요**합니다(전자정부 사이트에서 [선택] 옵션으로 가능합니다).

인증 정보 제출이 완료되면 '확인 절차가 진행 중'이라는 메시지가 표시됩니다. 구글에서 제출된 정보를 검토하며, 이 과정은 **보통 2~3일에서 최대 일주일**까지 소요될 수 있습니다. 검토가 완료되면 가입 시 사용한 이메일로 알림이 오며, 이후 플레이 콘솔의 모든 기능을 정상적으로 사용할 수 있습니다.

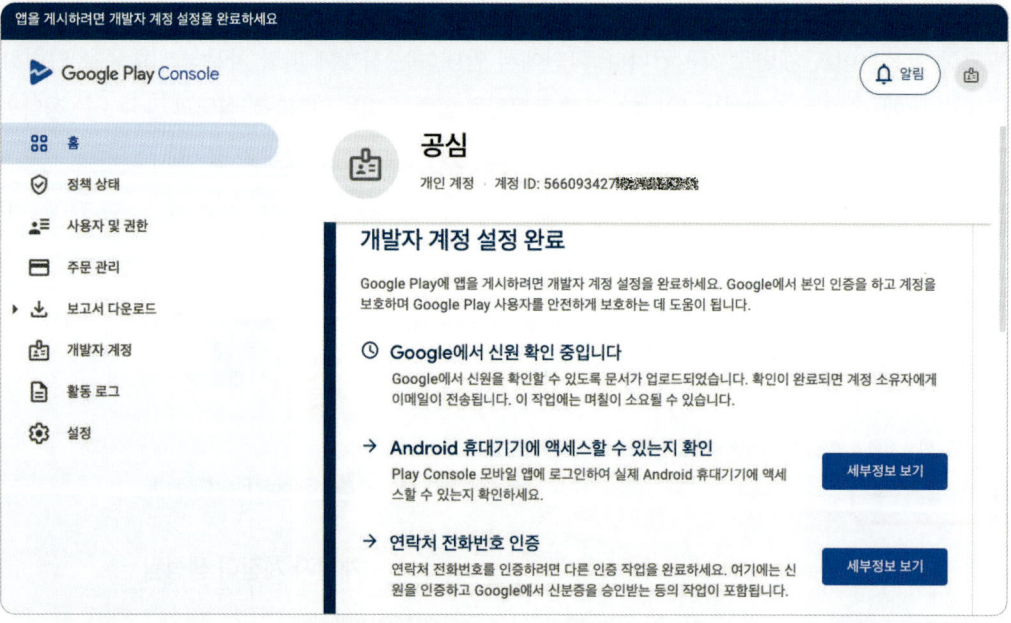

Step 02 / 수익 모델 구현: Google AdMob 설정

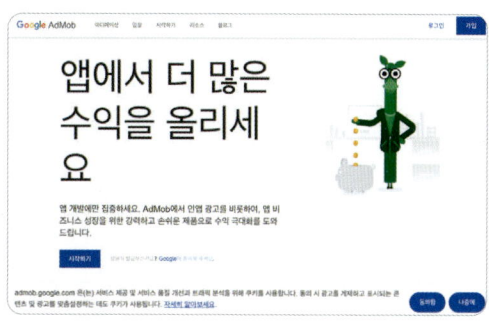

개발자 계정이 활성화되기를 기다리는 동안, 앱에 추가할 광고를 미리 설정할 수 있습니다. **Google AdMob**에 접속하여 **개발자 계정과 동일한 구글 계정으로 로그인**을 진행합니다. 안내에 따라 결제 프로필, 고객 정보 등을 입력해 주세요.

수익 창출을 위한 앱을 애드몹에 추가해야 합니다. 계속해서 플랫폼(Android)과 앱 이름을 설정하고 **[광고 단위 만들기]**에서 광고 단위를 설정합니다. [광고 단위 추가]를 클릭하고 광고 형식으로 ❶**[배너]**를 선택합니다. ❷**광고 단위 이름**을 입력(예 focuslet_main_banner)하고, [AdMob이 아닌 다른 미디에이션 플랫폼에서 실시간 입찰에 이 광고 단위를 사용하고 있습니다] 항목은 ❸**체크하지 않습니다.**

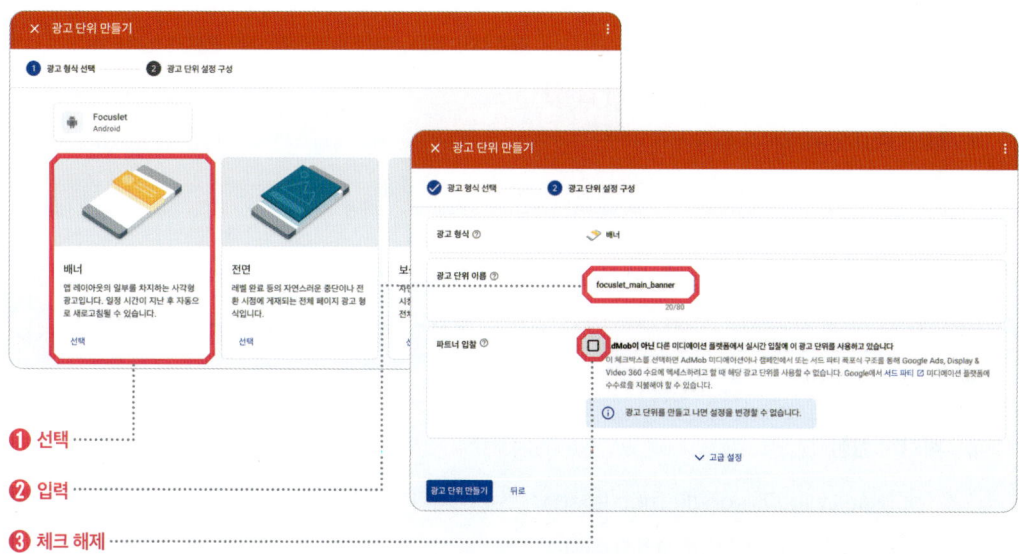

❶ 선택
❷ 입력
❸ 체크 해제

마지막으로 [광고 단위 만들기]를 클릭하고 최종적으로 생성된 **앱 ID**와 **광고 단위 ID**를 복사하여 안전한 곳에 메모해 둡니다.

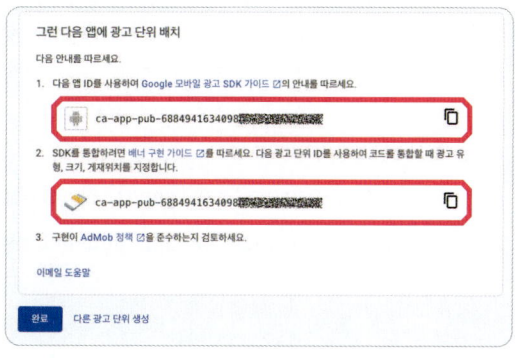

현재 플레이 콘솔에 개발자 등록을 마쳤고 신원 인증 절차가 끝나야 나머지 과정을 완전히 마칠 수 있습니다. 신원 인증 관련 이메일이 도착할 때까지 기다려 주세요. **참고로 여러분의 이메일에 접속해서 인증을 마무리해 주어야 AdMob의 상단 메시지가 사라집니다.**

Step 03 / 플러터 프로젝트에 광고 SDK 연동하기

커서 AI를 사용하여 플러터 프로젝트에 광고 기능을 추가하겠습니다. 아래 프롬프트를 **커서 AI**에 입력해 주세요.

> **프롬프트 5 - 13**
>
> @timer_screen.dart
> 플러터 앱에 구글 애드몹 배너 광고를 추가하고 싶어. google_mobile_ads 패키지를 추가해 주고, 안드로이드에 필요한 설정(AndroidManifest.xml 수정 포함) 작업을 진행해 줘. 그리고 stateful 위젯에서 google_mobile_ads를 사용하여 화면 하단에 배너 광고를 로드하고 표시하는 전체 코드를 작성해 줘.
>
> - 애드몹 앱 ID: **[애드몹 앱 ID 여기에 입력]**
> - 애드 광고 단위 ID: **[애드 광고 단위 ID 여기에 입력]**

CUSOR AI

> ✅ **구현 완료 요약: 완료된 작업들**
>
> **1. 패키지 설정**
> - pubspec.yaml에 google_mobile_ads: ^5.1.0 패키지 추가
> - flutter pub get 실행하여 패키지 설치
>
> **2. Android 설정**
> - android/app/src/main/AndroidManifest.xml에 애드몹 앱 ID 추가:
>
> ```
> <meta-data
>     android:name="com.google.android.gms.ads.APPLICATION_ID"
>     android:value="ca-app-pub-6884941634098***~*********"/>
> ```

> 3. 애드몹 관리자 서비스 생성
>   - lib/services/admob_manager.dart 생성
>   - 싱글톤 패턴으로 애드몹 관리
>   - 배너 광고 로드, 해제 기능 구현
>   - 테스트 광고 ID와 실제 광고 ID 구분 (현재는 테스트 모드)
>
> ⋮
>
> (중략)
>
> 🔧 **릴리스 전 설정 변경사항:**
>
> 릴리스 전에 lib/services/admob_manager.dart 에서 다음 설정을 변경해야 합니다:
>
> ```
> // 디버그 모드에서는 테스트 광고 ID 사용
> const bool isDebugMode = false; // 릴리스 시 false로 변경
> ```
>
> 💡 이제 앱을 실행하면 화면 하단에 구글 애드몹 배너 광고가 표시됩니다. 테스트 모드에서는 "Test Ad" 배너가 표시되며, 실제 광고 ID로 변경하면 실제 광고가 표시됩니다.

Step 04 / 배너 광고 위젯 구현 및 최종 빌드

개인정보처리방침 업데이트를 위해 아래 프롬프트를 **커서 AI**에 입력해 주세요.

> 💬 **프롬프트 5 - 14**
>
> 개인정보처리방침을 업데이트하기 위해 "광고 게재를 위해 Google AdMob을 사용하며, 이 과정에서 개인화된 광고를 위해 일부 데이터(예 기기 식별자)가 수집될 수 있습니다" 문구를 추가해 줘.

터미널에서 **flutter build appbundle** 명령어를 실행하여 광고가 포함된 최종 **app-release.aab** 파일을 생성합니다. 안드로이드 릴리스 빌드를 생성하는 방법에 대한 자세한 내용은 **[12-2]** 챕터를 참조합니다.

Step 05 구글 플레이 콘솔에 최종 앱 제출하기

개발자 계정 승인이 완료되었다면, 이제 앱을 제출할 차례입니다. 구글 플레이 콘솔에 로그인하여 대시보드에서 [앱 만들기]를 클릭하고 절차에 따라 항목을 설정해 주세요. **[앱 설정 완료]에서 [할 일 보기]를 펼친 후 관련 내용들을 순서대로 진행**합니다.

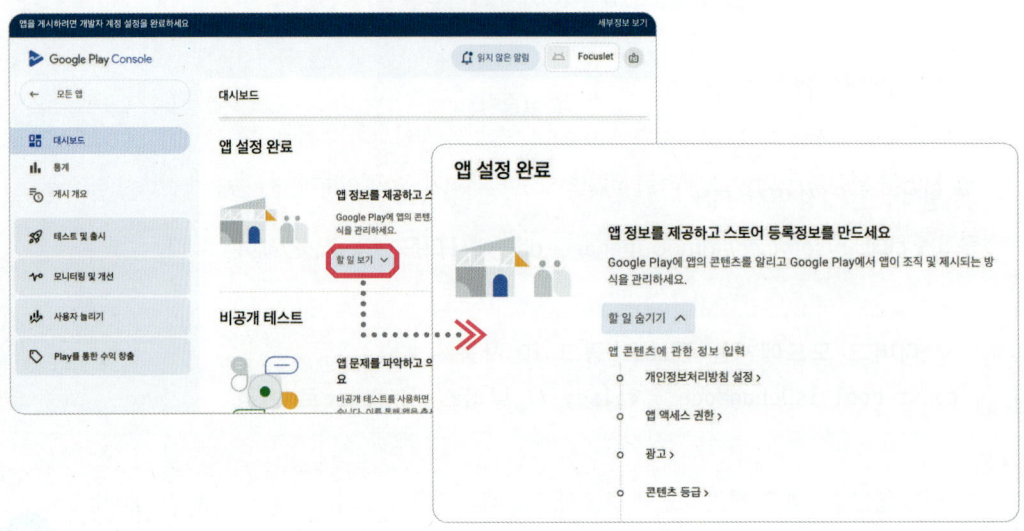

특히 [개인정보처리방침]은 아래 프롬프트로 제공하는 샘플을 참조해서 **구글 독스나 노션에 내용을 입력**하고 외부에 공유하세요. 그리고 URL을 입력하면 됩니다.

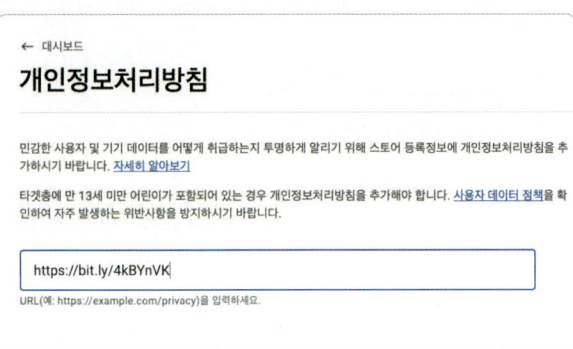

> 프롬프트 5 - 15

개인정보처리방침

[내 앱 이름] 개인정보처리방침

본 개인정보처리방침은 [내 앱 이름] (이하 '앱')에 적용됩니다.

시행일자: 2025년 7월 8일

1. **개인정보 수집 및 이용 목적**

본 앱은 사용자의 편의 기능 제공 및 맞춤형 광고 송출을 위해 다음과 같은 정보를 처리합니다.

> **가.** 앱 내부 저장 정보 (외부 수집 X)
>
> 본 앱은 사용자의 편의를 위해 다음 정보를 사용자의 기기 내부에만 저장합니다. 이 정보는 외부 서버로 전송되거나 수집되지 않습니다.
>
> - 태그 정보: 사용자가 입력한 작업 분류 태그
> - 타이머 사용 기록 및 통계: 집중 시간, 휴식 시간 등 통계 기능에 사용되는 데이터
>
> ⋮
>
> 프롬프트 전체 내용은 노션 템플릿 [프롬프트 5-15]를 참고해 주세요.

스토어 등록 정보를 입력할 때는 **이전 과정에서 준비한 설명 자료와 그래픽 에셋(아이콘, 스크린샷 등)을 모두 업로드**합니다.

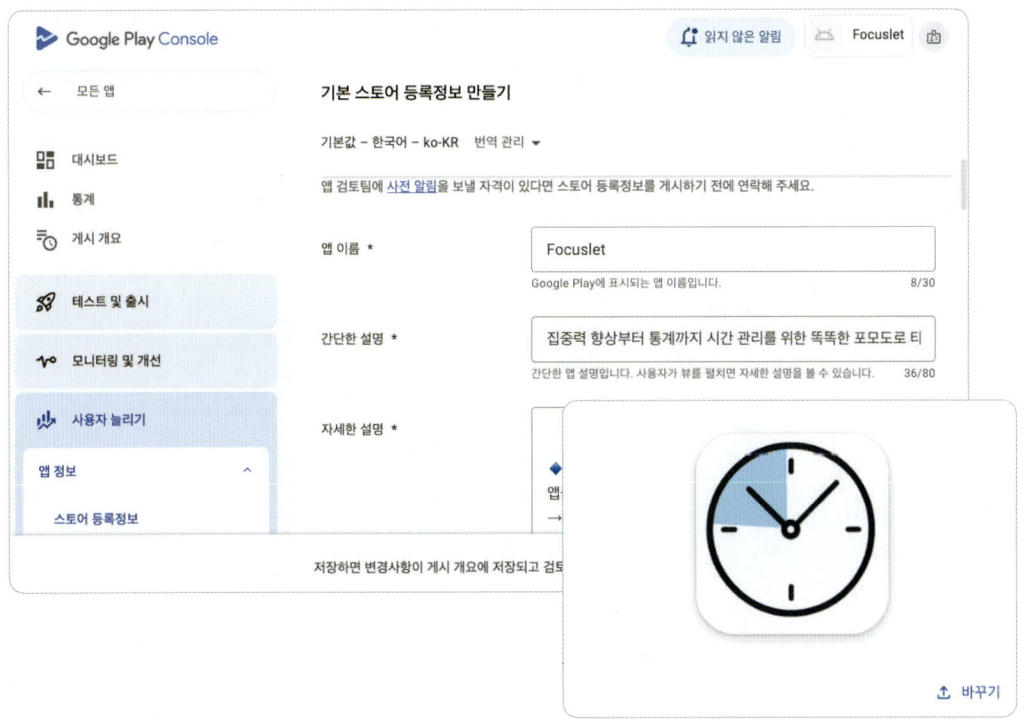

내부 테스트는 아주 중요한 단계입니다. [할 일 보기]를 확장하여 각 항목을 단계별로 입력해야 하는데, 반드시 **12명 이상의 테스터**를 모집해야 합니다. 그리고 **2주 동안 테스터가 앱을 삭제하지 않고 테스트를 진행해야 내부 테스트 과정이 끝나고 실제 앱을 프로덕션으로 출시**하게 됩니다. 내부 테스트 시작은 총 12명의 테스터가 모두 앱을 설치한 이후부터입니다. 이 사실을 명심하시고 테스터들이 중간에 앱을 삭제하지 않도록 신경쓰셔야 합니다.

내부 테스트를 진행하며 **릴리스 빌드로 생성된 [.aab] 파일을 업로드**합니다. 그리고 출시명, 출시 노트를 입력합니다. 만약 경고 메시지가 표시되면 커서 AI에게 경고 메시지를 전달하고 수정해 달라고 요청하세요.

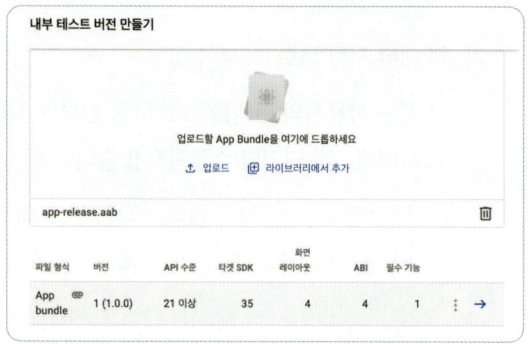

만약 테스터 모집이 어렵다면 카카오톡 오픈채팅방, 개발자 커뮤니티, 레딧과 같은 사이트에서 품앗이 요청하는 방법이 있고 크몽에서 유료 서비스를 이용하는 방법도 있습니다. 물론 가족, 친구, 지인을 활용하는게 가장 유리하겠죠. 참고로 **테스터가 자신의 계정으로 여러 대의 디바이스에 앱을 설치하고 테스트를 진행하다 적발되면 계정이 영구 정지될 수도 있으니 유의**해야 합니다.

릴리스 앱을 업로드하면 구글의 검토가 진행되고 검토가 끝나면 설치 링크가 생성됩니다. **테스터들에게 링크를 제공해서 설치 진행을 요청**하세요. 그리고 다시 강조하지만 테스터로 등록된 계정(이메일 주소)만 테스트 횟수에 반영되니 유의하기 바랍니다. 테스트에 참여한 사람들의 정보는 대시보드에서 가능하니 12명의 사람이 테스트에 참여중인지 꼭 확인하세요.

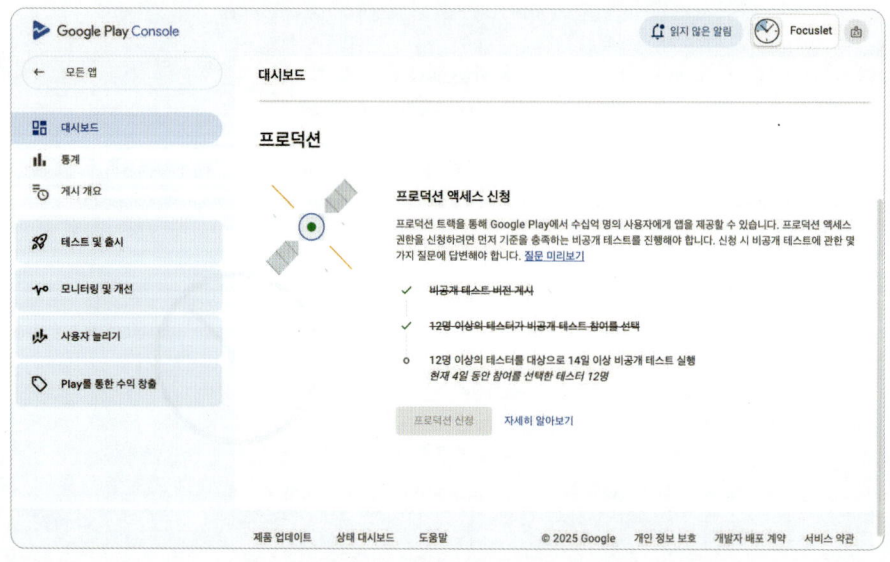

지금까지 앱 출시에 필요한 정보를 모두 입력했다면 이제 광고가 포함된 Focuslet 앱이 구글의 검토 절차를 거치게 되며, **2주 테스트가 이상 없이 끝나면 플레이 스토어에 정식으로 출시**됩니다. 만약 입력 도중에 어떤 내용을 입력해야 할지 잘 모르겠다면, 챗GPT나 제미나이에게 어떻게 입력할지 요청해 보세요. 구글의 제미나이가 충실하게 안내할 확률이 높습니다.

2주간의 비공개 테스트가 종료되고 아래처럼 플레이 스토어에 앱이 출시되었습니다.

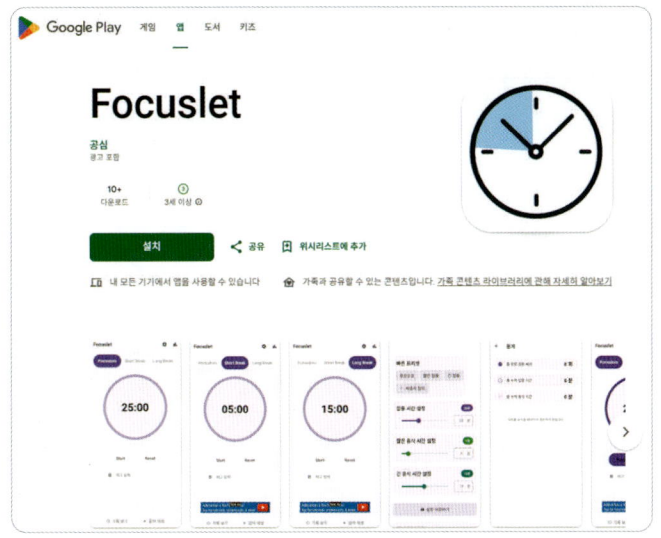

05 세상과 소통하기: 내 앱 홍보 시작하기

앱이 성공적으로 플레이 스토어에 출시되었습니다. 하지만 아무리 좋은 앱이라도 사용자가 존재를 모르면 아무 소용이 없습니다. 이제 개발자로서 시도할 수 있는 **간단하고 효과적인 앱 홍보 및 마케팅 방법**을 알아보겠습니다.

핵심 목표

- 초기 앱 마케팅의 중요성 이해
- 비용을 거의 들이지 않고 실행할 수 있는 기본적인 앱 홍보 방법 학습
- 사용자 피드백을 수집하고 앱을 개선해 나가는 선순환 구조의 중요성 인지

학습 방식

챗GPT에게 '혼자서 개발한 생산성 앱을 위한 저비용 마케팅 아이디어'를 질문하고, 제안된 아이디어들을 바탕으로 Focuslet 앱에 적용할 수 있는 실행 계획을 구체적으로 세워 보겠습니다.

🚩 범위

이 과정에서는 개인 개발자나 소규모 팀이 즉시 실행할 수 있는 무료 또는 저비용 온라인 마케팅 전략에 초점을 맞춥니다. 거창한 광고 캠페인이 아닌, 커뮤니티 활용, 소셜 미디어, 앱 스토어 최적화(ASO) 등 기본적인 활동을 다룹니다.

🚩 사전 준비 사항

- 구글 플레이 스토어에 출시된 Focuslet 앱
- 앱을 소개할 수 있는 소셜 미디어 계정(선택 사항)
- 사용자와 소통하려는 적극적인 마음

🚩 핵심 개념 소개 (플랫폼 중립적 설명)

- **앱 스토어 최적화(ASO)**

  앱 스토어 내에서 앱의 노출 순위를 높이고 다운로드 전환율을 개선하기 위한 모든 활동을 의미합니다. 제목, 설명, 키워드, 아이콘, 스크린샷 등이 주요 요소입니다.

- **콘텐츠 마케팅**

  유용하거나 재미있는 콘텐츠(블로그 글, 영상, 카드뉴스 등)를 만들어 잠재 고객에게 브랜드를 알리는 마케팅 방식입니다.

- **커뮤니티 참여**

  앱의 타겟 사용자가 모여있는 온라인 커뮤니티(Reddit, 페이스북 그룹, 네이버 카페 등)에서 활동하며 자연스럽게 앱을 알리는 방법입니다.

- **사용자 리뷰 관리**

  스토어에 달리는 사용자 리뷰에 응답하고 피드백을 수용하여 앱의 신뢰도를 높이고 사용자와의 관계를 구축하는 활동입니다.

📦 단계별로 구현하기

Step 01 앱 스토어 최적화(ASO)는 계속되어야 한다

ASO는 일회성 작업이 아닙니다. 앱 출시 후에도 지속적인 관리가 필요합니다.

- **키워드 분석**: 플레이 콘솔의 [분석] 메뉴를 통해 사용자들이 어떤 검색어로 내 앱을 찾아 들어오는지 확인하세요. 이를 바탕으로 스토어 설명에 더 효과적인 키워드를 추가하거나 수정할 수 있습니다.
- **스크린샷 업데이트**: 앱에 새로운 기능이 추가되면 해당 기능을 잘 보여주는 스크린샷으로 교체하여 항상 최신 상태를 유지하세요.

Step 02 가장 쉬운 시작: 주변에 알리기 Word-of-Mouth

가장 강력하면서도 비용이 들지 않는 방법은 입소문입니다.

- 가족, 친구, 동료에게 앱 출시 소식을 알리고 다운로드를 부탁하세요.
- 솔직한 피드백과 함께 플레이 스토어에 리뷰를 남겨 달라고 요청하세요. 초반에 쌓인 긍정적인 리뷰는 새로운 사용자의 다운로드 결정에 큰 영향을 미칩니다.

Step 03 타겟 사용자가 있는 곳으로: 커뮤니티 참여

Focuslet의 타겟 사용자인 학생, 개발자, 직장인들이 모인 곳에 앱을 알려 보세요.

- **Reddit**: /r/productivity, /r/getstudying, /r/androidapps 와 같은 서브레딧에 "제가 공부 효율을 높이기 위해 직접 만든 뽀모도로 타이머 앱인데, 한번 써보시고 피드백 주실 수 있나요?" 등과 같이 진솔한 글을 작성하세요.
- **네이버 카페/블로그**: '공부법', '자기계발', '생산성' 관련 카페나 블로그에 가입하여 적극적으로 활동하며, 자연스럽게 앱을 소개하는 기회를 찾아보세요.
- **주의할 점**: 무작정 링크만 올리는 스팸성 홍보는 반감을 살 수 있습니다. 커뮤니티의 일원으로서 먼저 기여하고 소통하는 자세가 중요합니다.

Step 04 앱의 매력을 시각적으로: 소셜 미디어 및 콘텐츠 활용

- **개발 일지 작성**: 블로그나 스레드에 'Focuslet 앱 개발기'와 같은 콘텐츠를 연재하며 개발 과정에서 겪었던 어려움, 배운 점, 앱의 철학 등을 공유해 보세요. 잠재 사용자와의 유대감을 형성하는 데 도움이 됩니다.

- **활용 팁**^{Tip} **공유**: "뽀모도로 타이머 200% 활용법", "Focuslet으로 집중 루틴 만들기" 등 사용자가 앱을 더 잘 쓸 수 있는 팁을 카드뉴스나 짧은 영상으로 만들어 공유하세요.

Step 05 / 사용자의 목소리에 귀 기울이기 : 리뷰 관리 및 소통

- 플레이 스토어에 달리는 모든 리뷰에 응답하는 것을 목표로 하세요. 긍정적인 리뷰에는 감사를, 부정적인 리뷰에는 사과와 함께 개선 계획을 알려주세요.

- 사용자들이 제안한 기능이나 아이디어를 다음 업데이트에 반영하고, 출시 노트에 "OO님의 아이디어를 반영하여 새로운 기능을 추가했습니다!"라고 언급하면 사용자에게 큰 감동을 줄 수 있습니다.

이러한 작은 노력들이 모여 앱의 초기 사용자를 확보하고, 긍정적인 평판을 쌓아 더 많은 사람에게 알려지는 기반이 될 것입니다. 마케팅 역시 개발과 마찬가지로, 꾸준히 시도하고 데이터를 보며 개선해 나가는 과정입니다.

Chapter 12 세상에 내보내기: 앱 빌드 및 스토어 출시 과정

Appendices

부 록 A   AI 개발 도구 활용 꿀팁

부 록 B   인디 개발자로서의 다음 단계

부록

Focuslet 앱 개발 여정을 성공적으로 완주하셨습니다. 하지만 개발자로서의 성장은 이제부터 시작입니다. 이 부록은 책의 마지막 장을 넘은 여러분이 더 멀리 나아갈 수 있도록 돕습니다. AI 개발 도구를 더욱 효과적으로 활용하는 구체적인 꿀팁부터, 공식 문서, 온라인 강의, 개발자 커뮤니티 등 꾸준한 학습을 위한 다양한 자료들을 소개합니다.

AI 개발 도구 활용 꿀팁

AI 기반 개발 도구는 생산성을 크게 향상시킬 수 있지만, 그 잠재력을 최대한 발휘하려면 몇 가지 요령이 필요합니다. 커서 AI, 클로드 코드 등과 같은 **AI 개발 도구를 더 효과적으로 사용하는 데 도움이 될 꿀팁**들을 소개합니다.

 프로젝트 준비 및 설정

명확한 목표 설정 및 AI에게 이해시키기

프로젝트를 시작하기 전에 무엇을 만들고, 왜 만드는지 명확히 정의하세요. 목표를 AI에게 상세하게 전달해야 AI가 맥락을 이해할 수 있습니다. 그리고 맥락을 이해해야 우리에게 적절한 도움도 줄 수 있습니다.

> **예시**
> "온라인 학습 플랫폼을 위한 사용자 인증 기능을 개발 중이야. OAuth 2.0을 사용하고, 주요 기능은 회원가입, 로그인, 비밀번호 찾기 기능이 필요해."

꼼꼼한 설계 문서 작성

본격적인 개발에 앞서 설계 문서(요구사항 명세서, 아키텍처 다이어그램, 디자인 시스템, 와이어프레임 등)를 작성하세요. 작성이 잘 된 문서는 AI가 프로젝트의 요구사항을 이해하는 데 큰 도움이 됩니다.

프로젝트 규칙 설정 (커서 AI 예시)

커서 AI는 프로젝트별 규칙을 설정할 수 있습니다. AI 어시스턴트 창에서 [/Generate Cursor Rules] (또는 유사한 명령어)를 실행하여 현재 프로젝트의 기술 스택(예 Flutter & Dart, React & TypeScript)과 코딩 스타일에 맞는 규칙을 설정하세요.

> 예시
>
> # General
> - Always use null safety.
> - Write unit tests for all new business logic.
> - Document all public APIs.
>
> # Flutter & Dart
> - Follow effective_dart linter rules.
> - Use BLoC pattern for state management.
> - Prefer const constructors where possible.

요구사항 관리

프롬프트 창에 바로 요구사항을 작성하기보다, 챗GPT나 코딩에 능한 클로드와 함께 프로젝트 내용을 공유하며 PRD와 같은 요구사항 명세서나 기타 프로젝트 산출물을 작성하세요. 생성된 산출물은 커서 AI에서 *.mdc 파일로 저장합니다. 해당 파일을 멘션하고 요청하면, AI가 전체적인 맥락을 파악하고 일관성 있는 코드를 생성해 줍니다.

AI와의 효과적인 소통(프롬프트 엔지니어링)

구체적이고 상세한 프롬프트 작성

"버튼 만들어줘"와 같은 짧고 모호한 프롬프트는 시간 낭비입니다. AI가 명확히 이해하고 실행할 수 있도록 최대한 자세하고 구체적으로 작성하세요(Who, What, When, Where, Why, How 육하원칙 활용).

> **예시**
>
> ✗ "로그인 기능 추가해 줘."
>
> ○ "사용자 이메일과 비밀번호를 입력받는 로그인 폼을 만들어 줘. 입력값 유효성 검사를 포함하고, 로그인 성공 시 /home으로 리다이렉트, 실패 시 에러 메시지를 폼 하단에 표시해 줘. 스타일은 기존 UI 테마를 따라줘."

맥락 Context 제공

AI가 현재 작업 중인 파일이나 관련된 코드 스니펫을 알 수 있도록 정보를 제공하세요. 커서 AI의 @파일, @심볼 기능이나, 코드 블록을 직접 프롬프트에 포함하는 것이 좋습니다.

> **예시**
>
> ✗ "이 함수를 리팩토링해줘"
>
> ○ "현재 열려있는 auth_controller.dart 파일의 loginUser 함수를 다음 요구사항에 맞게 리팩토링해줘: …."

AI에게 역할 부여 및 작업 규칙 명시

AI에게 특정 역할을 부여하거나 따라야 할 규칙을 미리 명시해 주면 더욱 일관되고 원하는 결과물을 얻을 수 있습니다.

> **예시**
>
> "95% 이상 확신이 들기 전까지 절대 코드부터 작성하지 말 것. 모호하면 반드시 사용자에게 질문할 것"
>
> "중요한 기능을 추가할 때는 프로젝트의 전체 코드베이스를 면밀하게 분석하고 진행할 것"
>
> "특정 파일을 삭제할 때는 반드시 사용자에게 허락을 구할 것"
>
> "비슷한 역할을 수행하는 코드를 중복으로 만들지 말 것 (DRY 원칙 준수)"
>
> "모든 함수와 클래스에는 명확한 DartDoc 주석을 추가할 것"
>
> "에러 처리는 try-catch 블록을 사용하고, 사용자에게 친화적인 메시지를 반환할 것"

단계별 요청 및 반복적 개선

복잡한 작업은 한 번에 요청하기보다 작은 단위로 나누어서 요청하고, AI가 생성한 결과를 검토하며 반복적으로 개선해 나가세요.

> **예시**
>
> ✗ "전체 쇼핑몰 앱 만들어 줘"
>
> ○ "상품 목록 표시 UI부터 만들어줘. 그 다음 장바구니 기능을 추가하자."

03 코드 작성 및 관리

작은 단위의 코드 유지 및 모듈화

AI는 일반적으로 작고 응집력 있는 코드 단위를 더 잘 이해하고 처리합니다. 코드가 길어지거나 복잡해지면 AI에게 다음과 같이 요청하세요.

> **예시**
>
> "이 부분을 독립적인 모듈(함수, 클래스, 파일)로 리팩토링해 줘"

AI 생성 코드 검토 및 테스트

AI가 생성한 코드는 반드시 직접 테스트하고 검증해야 합니다. AI는 언제나 실수를 할 수 있으며, 중복된 코드를 생성할 수 있습니다. 특히 보안 로직이나 중요한 비즈니스 로직은 더욱 세심한 검토가 필요합니다. 테스트 커버리지를 높이고 싶다면 AI에게 다음과 같이 요청하세요.

> **예시**
>
> "이 함수에 대한 단위 테스트 코드를 작성해 줘"

잦은 커밋과 푸시

작은 기능이라도 테스트에 성공하면 즉시 Git에 커밋하고 푸시하는 습관을 들이세요. 문제가 발생했을 때 언제든지 이전 상태로 롤백할 수 있습니다. AI와 작업 시 예상치 못한 변경이 발생할 수 있으므로 더욱 중요합니다. Git 커밋 시에 메시지를 어떻게 작성해야 할지 잘 모르겠다면 코드의 맥락을 잘 유지하고 있는 커서 AI에게 메시지 내용을 작성해 달라고 요청하세요.

> **예시**
>
> "현재 변경 사항에 대한 커밋 메시지를 작성해 줘"

 코드 스타일 및 컨벤션 일관성 유지

프로젝트의 코딩 스타일 가이드라인(예 ESLint, Prettier, Dart Linter)을 AI에게 알려주고 일관성을 유지하도록 요청하세요.

> **예시**
>
> "이 코드를 Google Java Style Guide 에 맞게 수정해 줘"

04 AI 기능 활용 극대화

도구 호출 횟수 관리 (에이전트 모드)

커서 AI의 에이전트 모드(자동으로 여러 단계를 수행하는 기능)는 도구 호출(파일 읽기, 검색, 명령어 실행 등)에 제한이 있습니다. 이 책을 집필하는 현재는 25회이지만, 정책에 따라 변동되었을 수도 있습니다. 따라서 AI 어시스턴트 창에서 작업 대상 파일을 구체적으로 명시하여 불필요한 파일 검색이나 읽기 호출을 줄여야 합니다.

> **예시**
>
> ✗ "프로젝트 전체에서 'UserService'를 찾아 수정해 줘"
>
> ○ "src/services/user_service.js 파일의 getUserProfile 함수를 수정해 줘."

특정 명령어 및 기능 적극 활용

사용 중인 AI 도구의 특정 명령어(예 /edit, /generate, /debug, /test)와 기능을 적극적으로 탐색하고 활용하세요. 코드베이스 전체에 대한 질문, 특정 버그 수정, 문서 생성 등 다양한 작업을 효율적으로 처리할 수 있습니다.

AI의 강점과 약점 파악

반복적인 작업, 상용구 코드 boilerplate 생성, 초안 작성 등은 AI가 잘하는 분야입니다. 반면, 복잡한 아키텍처 설계, 창의적인 문제 해결, 깊은 도메인 지식이 필요한 작업은 아직 인간의 역할이 중요합니다.

코드베이스 채팅 기능 활용

커서 AI는 '코드베이스와 대화하기' 기능을 제공합니다. 자연어로 질문하여 코드베이스를 빠르게 이해할 수 있습니다.

> 예시
> "이 프로젝트에서 사용자 인증은 어떻게 처리되고 있어?"
> "특정 API의 사용 예시를 보여줘"

 ## 지속적인 학습 및 개선

 실험하고 배우기

다양한 프롬프트 방식과 AI 도구의 기능을 실험해 보면서 자신만의 노하우를 쌓으세요. 어떤 프롬프트가 더 좋은 결과를 내는지, 어떤 기능이 특정 작업에 유용한지 경험을 통해 배우는 것이 중요합니다.

 커뮤니티 및 문서 참고

사용 중인 AI 도구의 공식 문서, 사용자 커뮤니티(포럼, 디스코드 등)를 통해 새로운 팁이나 사용 사례를 배우세요. 다른 사용자들이 공유하는 프롬프트 예시나 워크플로우는 매우 유용할 수 있습니다.

 피드백 제공 (가능하다면)

AI 도구가 피드백 기능을 제공한다면 AI의 답변이 유용했는지, 혹은 잘못되었는지 피드백을 제공하세요. AI 모델 개선에 도움이 될 수 있습니다.

지금까지 소개한 몇 가지 팁들이 커서 AI를 더욱 효과적으로 사용하는 데 도움이 되기를 바랍니다. AI는 강력한 조력자이지만 결국 개발의 주체는 사용자 자신임을 기억하고, 비판적인 시각으로 AI의 결과물을 검토하며 활용하는 것이 중요합니다.

인디 개발자로서의 다음 단계

01 책 너머의 세상: 지속적인 플러터 학습 자료 및 커뮤니티 소개

이 책을 통해 Focuslet 앱을 만들며 플러터와 앱 개발의 기초를 다졌습니다. 하지만 개발자로서의 성장은 여기서 멈추지 않습니다. 기술은 끊임없이 변화하고 발전하며, 꾸준한 학습과 동료 개발자들과의 교류는 인디 개발자로서 성공적인 여정을 이어가는 데 필수적입니다. 여기서는 여러분의 지속적인 성장을 도울 **학습 자료와 커뮤니티를 소개**하고, **커서 AI를 학습 파트너로 활용하는 방법**을 안내합니다.

> **핵심 목표**
> - 플러터 공식 문서의 중요성을 이해하고 효과적으로 활용하는 방법 학습
> - 다양한 온라인 학습 플랫폼과 자료(강의, 튜토리얼, 블로그 등)를 탐색하고 자신에게 맞는 자료를 찾는 능력 배양
> - 개발자 커뮤니티의 가치를 이해하고 참여하여 지식을 공유하고 문제를 해결하는 경험의 중요성 인지
> - 오픈 소스 프로젝트 참여가 학습과 성장에 어떻게 기여하는지 이해
> - 커서 AI를 지속적인 학습과 문제 해결을 위한 파트너로 활용하는 전략 수립

🔻 학습 방식

여기에서 소개하는 다양한 학습 자료와 커뮤니티를 직접 탐색하고 경험해보는 것이 중요합니다. 각 자료의 특징을 파악하고, 자신에게 맞는 학습 방법을 찾아 꾸준히 실천하세요. 궁금한 점이나 특정 기술에 대한 깊이 있는 정보가 필요할 때는 커서 AI에게 질문하여 필요한 정보를 얻거나 학습 방향을 설정하는 데 도움을 받아 보세요. 커뮤니티 활동을 통해 다른 개발자들과 교류하며 함께 성장하는 경험을 추구합니다.

🔻 범위

플러터 개발자로서 지속적인 학습을 위해 활용할 수 있는 대표적인 공식 문서, 온라인 학습 플랫폼, 개발자 커뮤니티, 오픈 소스 참여의 개념을 소개합니다. 특정 온라인 강의나 커뮤니티를 상세히 비교 분석하거나, 고급 플러터 기술 자체를 깊이 있게 다루지는 않습니다. 학습 자원을 찾고 활용하는 방법과 커뮤니티 참여의 중요성을 강조하는 데 초점을 맞춥니다.

🔻 사전 준비 사항

- 이 책의 본문 내용을 통해 플러터 및 앱 개발의 기본적인 경험 습득
- 지속적인 학습과 성장에 대한 의지
- 인터넷 접속 환경 및 정보 검색 능력
- 커서 AI 사용 경험

🔻 핵심 개념 소개 (플랫폼 중립적 설명)

- **공식 문서** Official Documentation

    특정 기술(프로그래밍 언어, 프레임워크 등)을 만든 곳에서 직접 제공하는 가장 정확하고 신뢰할 수 있는 기술 설명서입니다. API 레퍼런스, 튜토리얼, 개념 설명 등을 포함합니다.

- **온라인 학습 플랫폼** Online Learning Platforms

    유데미 Udemy, 노마드 코더 Nomad Coders, 인프런 Inflearn, 유튜브 YouTube 등 인터넷을 통해 프로그래밍 강의나 튜토리얼을 제공하는 서비스입니다. 다양한 수준과 주제의 학습 콘텐츠를 접할 수 있습니다.

- **개발자 커뮤니티** Developer Communities

    개발자들이 모여 질문하고 답변하며 지식과 경험을 공유하는 온라인 또는 오프라인 공간입니다. Stack Overflow, Reddit, Discord 채널, 페이스북 그룹, 지역별 밋업 등이 있습니다. 문제 해결, 최신 정보 습득, 네트워킹 등에 큰 도움이 됩니다.

- **오픈 소스** Open Source

    소스 코드가 공개되어 누구나 자유롭게 사용, 수정, 배포할 수 있는 소프트웨어 또는 프로젝트입니다. 오픈 소스 프로젝트에 참여(기여)하는 것은 실제 개발 경험을 쌓고 다른 개발자들과 협업하며 배우는 좋은 방법입니다.

• **AI 학습 파트너** AI Learning Partner

커서 AI와 같은 인공지능 도구를 단순히 코드 생성뿐만 아니라, 새로운 개념 학습, 문서 요약, 예제 코드 요청, 오류 분석 등 지속적인 학습 과정의 보조 도구로 활용하는 것을 의미합니다.

지속적인 학습을 위한 길잡이

Step 01 플러터 공식 문서: 가장 믿음직한 나침반

플러터 개발에 있어 가장 기본적이고 중요한 자료는 바로 공식 문서입니다. 플러터와 다트Dart 언어의 모든 기능, 위젯 사용법, API 레퍼런스, 주요 개념 설명 등이 상세하게 담겨 있습니다.

@ 플러터 공식 문서

https://flutter.dev/docs

@ 다트 공식 문서

https://dart.dev/guides

공식 문서는 내용이 방대하여 처음에는 다소 어렵게 느껴질 수 있습니다. 특정 위젯의 사용법이 궁금하거나, 특정 개념(예 상태 관리, 비동기 프로그래밍)에 대해 깊이 알고 싶을 때 찾아보는 방식으로 시작하는 것이 좋습니다.

커서 AI에게 공식 문서 내용을 요약하거나 특정 부분에 대한 설명을 요청할 수도 있습니다.

> **프롬프트 6-1**
>
> **플러터 공식 문서 내용 요약 요청**
> 플러터 공식 문서에서 'State Management'(상태 관리) 개요 부분의 핵심 내용을 요약해서 설명해 줘. 초보자가 이해하기 쉽게 간단한 예시를 포함해 주면 좋겠어.

Step 02 온라인 학습 플랫폼: 넓고 다양한 배움의 바다

다양한 온라인 플랫폼에서 제공하는 플러터 강의나 튜토리얼을 통해 체계적으로 학습하거나 특정 기술을 빠르게 익힐 수 있습니다.

유료 플랫폼
Udemy, Nomad Coders, Inflearn 등에서는 검증된 강사들의 체계적인 유료 강의를 수강할 수 있습니다.

무료 플랫폼

YouTube에는 수많은 플러터 개발 채널들이 튜토리얼, 팁, 최신 정보 등을 공유합니다. 플러터 공식 채널, Fireship, The Net Ninja 등이 유명합니다.

기술 블로그 및 아티클

Medium, dev.to 등의 플랫폼이나 개인 개발 블로그에서 특정 문제 해결 방법이나 깊이 있는 기술 아티클을 찾아볼 수 있습니다.

어떤 강의나 자료가 좋을지 모를 때는 커서 AI에게 추천을 요청해 보세요.

> **프롬프트 6-2**
>
> **플러터 온라인 학습 자료 추천 요청**
> 플러터의 '애니메이션(Animation)' 기능에 대해 배울 수 있는 좋은 온라인 강의나 튜토리얼을 추천해 줘. 초급에서 중급 수준의 자료면 좋겠어.

Step 03 / 개발자 커뮤니티 : 함께 걷는 동료들

개발 중 막히는 부분이 있거나 다른 개발자들의 경험이 궁금할 때 커뮤니티는 큰 힘이 됩니다.

질문/답변

Stack Overflow는 전 세계 개발자들이 가장 많이 이용하는 질의응답 사이트입니다. 플러터 관련 질문도 활발하게 이루어집니다.

토론/정보 공유

Reddit의 r/FlutterDev, 다양한 Discord 서버, 페이스북 그룹 등에서 다른 개발자들과 자유롭게 토론하고 최신 정보를 얻을 수 있습니다.

국내 커뮤니티

Flutter KOREA(페이스북 그룹), GDG Korea 등 국내 개발자 커뮤니티에서도 활발한 교류가 이루어집니다.

오프라인 밋업/컨퍼런스

지역별 개발자 모임(밋업)이나 컨퍼런스에 참여하여 직접 네트워킹하고 발표를 들으며 배우는 것도 좋은 경험입니다.

커뮤니티를 찾는 데도 커서 AI의 도움을 받을 수 있습니다.

> **프롬프트 6-3**
>
> **플러터 개발자 커뮤니티 검색 요청**
> 플러터 개발자들이 활동하는 온라인 커뮤니티(예 Discord 서버, Reddit 서브레딧)나 국내 오프라인 밋업 정보를 알려줘.

Step 04 / 오픈 소스 프로젝트 : 실제 코드로 배우는 경험

다른 개발자들이 만든 플러터 오픈 소스 프로젝트의 코드를 읽어보거나, 간단한 버그 수정, 문서 번역 등으로 직접 기여하는 것은 실력 향상에 매우 효과적인 방법입니다.

GitHub 탐색

GitHub에서 'flutter' 키워드로 검색하여 다양한 오픈 소스 프로젝트를 찾아볼 수 있습니다. 관심 있는 분야의 앱이나 라이브러리 코드를 살펴보세요.

기여 시작

프로젝트의 이슈 목록을 살펴보고 'good first issue'와 같이 초보자가 기여하기 좋은 작업을 찾아 도전해 볼 수 있습니다.

어떤 오픈 소스 프로젝트부터 시작해야 할지 막막하다면 커서 AI에게 조언을 구할 수 있습니다.

> **프롬프트 6-4**
>
> **플러터 오픈 소스 프로젝트 기여 방법 조언 요청**
>
> 플러터 초보 개발자가 기여할 만한 오픈 소스 프로젝트를 찾거나, 오픈 소스 기여를 시작하는 방법에 대해 조언해 줘.

Step 05 / 커서 AI : 나의 꾸준한 학습 파트너

이 책 전반에 걸쳐 경험했듯이, 커서 AI는 단순한 코드 생성을 넘어 여러분의 지속적인 학습 여정에 훌륭한 파트너가 될 수 있습니다.

개념 학습

모르는 용어나 기술 개념에 대해 질문하고 설명을 요청하세요.

문서 검색 및 요약

방대한 공식 문서나 기술 아티클의 핵심 내용을 빠르게 파악하도록 도와줍니다.

예제 코드 요청

특정 기능 구현에 대한 예제 코드를 요청하여 학습에 활용하세요.

오류 분석 및 디버깅

막히는 문제에 대한 해결책을 찾거나 오류 메시지를 분석하는 데 도움을 받으세요.

코드 리뷰

작성한 코드에 대한 피드백을 받고 개선 방향을 모색하세요.

끊임없이 질문하고 AI와 대화하며 지식의 폭을 넓혀나가시길 바랍니다.

 **다음 학습 로드맵 제안**
(고급 상태 관리, 네트워킹, Supabase 등)

Focuslet 앱 개발을 통해 플러터의 기본기를 다졌다면, 이제 더 복잡하고 실제적인 기능을 갖춘 앱 개발에 도전할 차례입니다. 이번 부록에서는 **플러터 실력을 한 단계 끌어올리기 위해 학습하면 좋을 주제들을 로드맵 형태로 제안**하고, 각 주제를 커서 AI와 함께 어떻게 학습해 나갈 수 있는지 안내하겠습니다.

🚩 핵심 목표

- 플러터 앱 개발의 다음 단계 학습 로드맵 이해
- 고급 상태 관리 State Management 솔루션(Provider, Riverpod, BLoC 등)의 필요성 및 기본 개념 학습
- 네트워킹 Networking 및 서버 API 통신 방법(HTTP 요청, JSON 파싱) 학습
- 백엔드 서비스 연동의 필요성을 이해하고 Supabase와 같은 BaaS Backend-as-a-Service 활용법 학습
- 커서 AI를 활용하여 고급 주제에 대한 개념을 학습하고 예제 코드를 요청하며 실습하는 능력 배양

🚩 학습 방식

여기서 제안하는 로드맵의 각 주제에 대해, 먼저 커서 AI에게 핵심 개념 설명을 요청하여 기본적인 이해를 쌓겠습니다. 이후, 관련 플러터 패키지 사용법이나 간단한 예제 코드 구현을 AI에게 요청하고, 생성된 코드와 설명을 분석하며 직접 실습하는 방식으로 학습을 진행합니다. 각 주제별로 작은 목표를 설정하고 AI와 함께 꾸준히 탐구해 나가는 것이 중요합니다.

🚩 범위

이 과정에서는 플러터 중급 개발자로 나아가기 위해 학습하면 좋을 주요 기술 분야(고급 상태 관리, 네트워킹, Superbase 연동)를 소개하고 각 주제별 학습 방향을 제시하는 데 초점을 맞춥니다. 각 기술을 깊이 있게 마스터하는 과정 전체를 다루지는 않으며, 커서 AI를 활용한 학습 시작 방법을 안내하는 것을 목표로 합니다.

🚩 사전 준비 사항

- 이 책의 본문 내용을 통해 플러터 및 다트 Dart 기본 문법, 위젯 사용법, 기본적인 상태 관리 setState, 데이터 저장 Hive CE 등에 대한 경험 습득

- 더 복잡한 앱 기능을 구현하고자 하는 학습 의지
- 커서 AI 사용 경험

핵심 개념 소개 (플랫폼 중립적 설명)

- **고급 상태 관리**

  앱의 규모가 커지고 복잡해지면 setState 만으로는 앱 전체의 상태를 관리하기 어렵습니다. 이럴 때는 Provider, Riverpod, BLoC/Cubit과 같은 고급 상태 관리 기법을 써야 코드의 구조를 개선하고 유지보수를 쉽게 할 수 있습니다.

- **네트워킹 Networking / API 통신**

  앱 외부의 서버와 데이터를 주고받는 기술입니다. 주로 HTTP 프로토콜을 사용하여 서버의 API Application Programming Interface 를 호출하고, JSON JavaScript Object Notation 형식의 데이터를 받아와 앱 화면에 표시하거나 사용자 입력을 서버로 전송하는 데 사용됩니다.

- **JSON JavaScript Object Notation**

  데이터를 교환하기 위해 사용되는 가볍고 읽기 쉬운 텍스트 기반 형식입니다. 키-값 쌍으로 이루어져 있으며, 서버와 클라이언트앱 간 데이터 통신에 널리 사용됩니다. 플러터에서는 JSON 데이터를 다트 객체로 변환파싱하여 사용합니다.

- **Supabase**

  Supabase는 Google Firebase와 유사한 오픈소스 백엔드 서비스 플랫폼BaaS입니다. 사용자 인증, 데이터베이스, 실시간 구독, 스토리지, 엣지 함수 등 다양한 백엔드 기능을 제공하여 서버 개발 없이도 웹 및 모바일 애플리케이션을 빠르게 구축할 수 있도록 돕습니다. PostgreSQL 을 기반으로 하며, 개발자 친화적인 도구와 인터페이스를 제공하는 것이 특징입니다.

다음 학습 로드맵

Step 01 고급 상태 관리 마스터하기

Focuslet 앱에서는 간단한 상태 관리를 위해 'setState'를 사용했습니다. 하지만 앱 기능이 더 많아지고 화면 간 데이터 공유가 필요해지면 'setState' 만으로는 코드가 복잡해지고 관리하기 어려워집니다. 이때 **고급 상태 관리 솔루션**이 필요합니다. 플러터 커뮤니티에서 많이 사용되는 상태 관리 라이브러리로는 **Provider, Riverpod, Bloc/Cubit** 등이 있습니다. 각 라이브러리는 특징과 장단점이 다르므로, 어떤 것을 선택할지는 프로젝트의 규모와 복잡성, 개인적인 선호도에 따라 달라질 수 있습니다.

먼저 각 상태 관리 솔루션의 기본 개념과 차이점을 커서 AI에게 물어보겠습니다.

> **프롬프트 6-5**
>
> **플러터 고급 상태 관리 솔루션 비교 설명 요청**
>
> 플러터에서 많이 사용되는 상태 관리 라이브러리인 Provider, Riverpod, Bloc/Cubit의 기본적인 개념과 각각의 주요 특징, 장단점을 비교 설명해 줘. 어떤 상황에 어떤 라이브러리를 사용하는 것이 좋을지 간단한 가이드라인도 제시해 주면 좋겠어.

AI의 설명을 바탕으로 각 라이브러리의 특징을 이해했다면, 그중 하나를 선택하여 좀 더 깊이 학습해 볼 수 있습니다. 예를 들어 Riverpod에 대해 더 알아보고 싶다면 다음과 같이 요청할 수 있습니다.

> **프롬프트 6-6**
>
> **Riverpod 기본 사용법 예제 요청**
>
> 플러터 상태 관리 라이브러리 중 Riverpod를 사용하여 간단한 카운터 앱 예제를 작성해 줘. Provider를 생성하고 UI 위젯에서 해당 상태를 읽고 업데이트하는 기본적인 방법을 보여주는 코드를 원해. 주요 코드에 대한 설명 주석을 포함해 줘.

커서 AI가 제공하는 예제 코드를 분석하고 직접 실행해 보며 선택한 상태 관리 라이브러리의 기본 사용법을 익힙니다. 공식 문서나 관련 튜토리얼을 함께 참고하며 학습 효과를 높일 수 있습니다.

Step 02 서버와 통신하기: 네트워킹 및 API 활용

대부분의 앱은 외부 서버와 통신하여 데이터를 가져오거나 저장해야 합니다. 예를 들어 날씨 앱은 날씨 정보를 제공하는 서버 API를 호출하고, 소셜 미디어 앱은 게시물 데이터를 서버에서 받아옵니다. 플러터에서는 **'http' 또는 'dio'와 같은 패키지를 사용하여 HTTP 통신을 구현**할 수 있습니다.

서버로부터 데이터를 받아와 화면에 표시하는 기본적인 과정을 커서 AI에게 물어보겠습니다.

> **프롬프트 6-7**
>
> **플러터 http 패키지 사용 예제 요청**
> 플러터의 'http' 패키지를 사용하여 특정 URL(예: 공개 JSON API 주소 - https://jsonplaceholder.typicode.com/posts/1)에서 JSON 데이터를 가져와서 파싱하고, 그 결과를 화면의 'Text' 위젯에 표시하는 간단한 예제 코드를 작성해 줘. 비동기 처리(async/await)와 기본적인 오류 처리(try-catch)를 포함해 줘.

AI가 제공하는 코드를 통해 HTTP GET 요청을 보내고, 응답받은 JSON 데이터를 다트 객체로 변환(JSON 파싱)하여 UI에 표시하는 흐름을 이해합니다. FutureBuilder나 이전에 배운 상태 관리 기법과 결합하여 로딩 상태 및 오류 상태를 처리하는 방법도 함께 학습하는 것이 좋습니다. dio 패키지는 http 패키지보다 더 많은 기능(인터셉터, FormData 처리 등)을 제공하므로, 필요에 따라 dio 사용법도 학습해 볼 수 있습니다.

Step 03 백엔드 직접 만들지 않기 : Supabase 활용

앱에 사용자 로그인 기능, 데이터 저장/공유 기능, 푸시 알림 등이 필요하다면 직접 서버(백엔드)를 개발해야 할까요? **Supabase와 같은 BaaS**$^{Backend-as-a-Service}$**를 사용**하면 서버 개발 없이도 이러한 기능들을 쉽게 구현할 수 있습니다.

Supabase가 제공하는 주요 기능과 플러터 앱에 Supabase를 연동하는 방법에 대해 커서 AI에게 물어보겠습니다. Supabase의 다양한 서비스 중 가장 먼저 접하게 될 가능성이 높은 사용자 인증^{Authentication} 기능 구현에 대해 좀 더 자세히 알아볼 수 있습니다.

> **프롬프트 6-8**
>
> **Supabase Authentication 플러터 연동 예제 요청**
> 플러터 앱에 Supabase Authentication을 사용하여 이메일/비밀번호 기반의 간단한 회원가입 및 로그인 기능을 구현하는 예제 코드를 보여줘. 회원가입/로그인 버튼과 입력 필드가 있는 간단한 UI를 포함해 줘. 주요 로직에 대한 설명 주석을 부탁해.

커서 AI가 제공하는 설명과 예제 코드를 통해 Supabase 연동의 기초를 다집니다. Supabase는 매우 강력하고 방대한 기능을 제공하므로, 필요한 기능을 중심으로 공식 문서와 튜토리얼을 참고하여 꾸준히 학습해 나가는 것이 중요합니다.

지금까지 부록에서 제안한 학습 로드맵(고급 상태 관리, 네트워킹, Supabase)은 플러터 개발자로서 성장하기 위한 중요한 이정표가 될 것입니다.

인디 개발자로서의 다음 단계

Focuslet 앱, 드디어 해내셨습니다.

완독을 축하드립니다. 커서 AI와 함께 첫 앱을 만들면서 개발의 맛도 보시고, AI와 손발 맞추는 경험도 하셨을 겁니다. 하지만 진짜 재미는 이제부터죠. AI 기술은 눈 깜짝할 새 변하고 있으니, 커서 AI 같은 친구를 어떻게 써야 계속 레벨업할 수 있을지, 그 팁을 좀 드릴까 합니다.

AI, 나의 학습 메이트~

커서 AI, 코드만 뚝딱 만들어주는 게 아니란 건 이제 아시죠? 궁금한 거 물어보면 답해주고, 새 기술도 알려주는 똑똑한 학습 친구입니다. 새 플러터 버전이 나왔나요? "뭐가 달라졌어?" 바로 물어보세요. 코드만 받아 적지 말고 "이건 왜 이렇게 돌아가지? 개념을 설명해 줘" 하고 파고들면 실력이 쑥쑥 늘 겁니다.

AI, 제대로 부려먹는 스킬!

AI에게 제대로 된 답을 얻으려면, 말을 잘 거는 게 중요해요. 뭘 원하는지, 어떤 상황인지 구체적으로 알려주세요. 코드를 고쳐달라고 할 땐, 어떤 코드인지도 같이 언급하세요. 그리고 AI가 준 코드가 무조건 정답은 아니니, "이게 최선일까?" 를 한번 더 생각해봐야 합니다. AI는 똑똑한 비서지, 사장님은 아니니까요.

AI랑 같이, 나도 업그레이드!

AI 기술은 앞으로도 쭉쭉 발전할 겁니다. 새로운 AI 도구나 기술 소식이 들리면 관심을 가져보세요. 커서 AI에게 "요즘 개발자들은 어떤 도구를 많이 써?" 하고 물어보는 것도 좋고, 사용하는 AI 도구에 새로운 기능이 생기면 바로 써먹어 보는 것도 좋습니다. 기술 하나에 얽매이기보다, 문제를 풀고 배우는 능력, 그리고 AI를 잘 써먹는 센스가 더 중요하답니다.

Focuslet 앱 완성, 정말 멋진 출발이네요.

앞으로 여러분의 개발 여정에는 더 신나는 일들이 많을 겁니다. 변화무쌍한 세상이지만, AI를 내 편으로 만든다면 두려울 게 없을 겁니다.

> 이 책에서 얻은 경험을 발판 삼아,
> AI와 함께 쭉쭉 성장하는 개발자가 되시기 바랍니다.

인덱스

...
- .mdc 파일 · 077
- [Agent] 모드 · · · · · · · · · · · · · · · · · · · 062
- [Ask] 모드 · 062
- [Background] 모드 · · · · · · · · · · · · · 062
- [Files & Folders] · · · · · · · · · · · · · · · · 064
- [MAX Mode] 모드 · · · · · · · · · · · · · · 063
- [Project Rules] · · · · · · · · · · · · · · · · · · 067
- [Restore checkpoint] · · · · · · · · · · · · 065

A
- AI 어시스턴트 Chat 인터페이스 · · · 062
- AI 채팅 패널 · 062
- AndroidManifest.xml · · · · · · · · · · · 255
- AnimatedSwitcher · · · · · · · · · · · · · · 146
- AnimationController · · · · · · · · · · · · 146
- AOT (Ahead-of-Time) 컴파일 · · · 312
- API 통신 · 359
- async / await · · · · · · · · · · · · · · · · · · 121
- AudioPlayer · · · · · · · · · · · · · · · · · · · 233

C
- Center · 056
- Chip · 228
- Clone repo · 058
- Codebase-wide · · · · · · · · · · · · · · · · 057
- ColorScheme · · · · · · · · · · · · · · · · · · 135
- Column · 056
- Container · 093
- crossAxisAlignment · · · · · · · · · · · · 099
- crossAxisCount · · · · · · · · · · · · · · · · 152

D
- Dart · 019
- debugPrint · 272

E
- EdgeInsets · 071
- ElevatedButton · · · · · · · · · · · · · · · · 074
- Expanded · 056

F
- flutter create · · · · · · · · · · · · · · · · · · 059
- flutter_foreground_task · · · · · · · · · 253
- flutter_launcher_icons · · · · · · · · · · 302
- flutter_local_notifications · · · · · · · 222
- FutureBuilder · · · · · · · · · · · · · · · · · · 237

H
- Hive Box · 225
- Hive CE · 225
- HTTP 상태 코드 · · · · · · · · · · · · · · · · 075

J
- JSON · 359

L
- lib 폴더 · 044
- List · 075
- ListView.separated · · · · · · · · · · · · · 109

M
- mainAxisAlignment · · · · · · · · · · · · 099
- Material Design 3 · · · · · · · · · · · · · · 134
- MaterialPageRoute · · · · · · · 110, 237

- MVP ……………………………… 168
- MVVM …………………………… 212

N
- Navigator.pop ………………………… 112
- Navigator.push ………………………… 112
- New Flutter Project ………………… 035

O
- onTap …………………………………… 109

P
- Padding ………………………………… 056
- Padding 위젯 ………………………… 071
- Placeholder …………………………… 160
- POST_NOTIFICATIONS …………… 222
- pubspec.yaml 파일 ………………… 044

R
- Reddit ………………………………… 339
- RetrospectiveScreen ………………… 237
- Row …………………………………… 056
- Rules …………………………………… 077

S
- Scaffold 위젯 ………………………… 070
- Scope ………………………………… 077
- setState() 메소드 …………………… 101
- shared_preferences ………………… 120
- SingleChildScrollView …… 093, 137
- SingleTickerProviderStateMixin 160
- SizedBox ……………………………… 093

- Slider …………………………………… 248
- SnackBar ……………………………… 229
- Stack …………………………………… 056
- StatefulWidget ……………………… 047
- StatelessWidget ……………………… 047
- Supabase ……………………………… 359

T
- TextEditingController ……………… 226

U
- UI 시각화 ……………………………… 259
- useMaterial3 ………………………… 135

ㄱ
- 가독성 ………………………………… 284
- 객체지향 프로그래밍 ………………… 019
- 고급 상태 관리 ……………………… 359
- 구글 애드몹 …………………………… 329
- 구글 플레이 콘솔 …………………… 322
- 규칙 설정 ……………………………… 078
- 그리드 레이아웃 ……………………… 149
- 기능 테스트 …………………………… 275
- 기본 UI 위젯 ………………………… 093
- 기술스택 ……………………………… 177
- 깃허브 ………………………………… 087

ㄴ
- 난수 …………………………………… 141
- 내비게이션 …………………………… 107
- 네트워킹 ……………………………… 359

인덱스

ㄷ
- 다트 언어 플러그인 ················· 032
- 단계별 실행 ······························ 267
- 데이터 전달 ······························ 107
- 데이터 집계 ······························ 259
- 동기 Synchronous ···················· 120
- 디버그 ······································· 039
- 디버그 빌드 ······························ 307
- 디버깅 ································ 236, 267
- 디자인 시스템 ·························· 184

ㄹ
- 라우팅 ······································ 107
- 로그 ·· 268
- 로컬 키-값 저장소 ··················· 120
- 룰 설정 ···································· 066
- 리팩토링 ·································· 283
- 리포지토리 ······························ 088
- 릴리스 빌드 ······················ 307, 318

ㅁ
- 문자열 조작 ···························· 150

ㅂ
- 바이브 코딩 ······················ 016, 072
- 백그라운드 ······························ 253
- 버그 ·· 276
- 변수 검사 ································ 267
- 비동기 Asynchronous ············· 120
- 뽀모도로 기법 ························· 170

ㅅ
- 사용성 테스트 ·························· 275
- 사용자 흐름 ······························ 192
- 산술 로직 ································· 150
- 상태 ·· 101
- 상태 관리 ································· 029
- 상태 변수 ································· 104
- 상태 표시줄 ······························ 063
- 선언형 UI ································· 093
- 수동 테스트 ······························ 274
- 스테이징 ·································· 091

ㅇ
- 안드로이드 스튜디오 ·············· 029
- 안드로이드 앱 번들 ················ 313
- 애니메이션 ······························ 142
- 앱 생명주기 ····························· 254
- 앱 서명 ······························ 307, 313
- 에뮬레이터 ······························ 038
- 에셋 ·· 142
- 에셋 관리 ································ 299
- 엣지 케이스 테스트 ················ 275
- 역할 부여 ································ 073
- 열거형 ····································· 129
- 오디오 재생 플러그인 ············ 225
- 오픈 소스 ································ 353
- 온라인 학습 플랫폼 ················ 353
- 와이어프레임 ·························· 188
- 요금제 ····································· 053
- 울트라 플랜 ····························· 054
- 위젯 ································· 019, 034
- 유효성 검사 ····························· 115

- 인라인 액션 ·················· 061
- 입력 컨트롤러 ··············· 114

ㅈ
- 적응형 아이콘 ··············· 299
- 정적 분석 ····················· 291
- 조건부 렌더링 ··············· 141
- 중단점 ························· 267

ㅋ
- 커밋 ···························· 090
- 커서 AI ························ 049
- 커스텀 페인팅 ··············· 157
- 코드 생성 요청 ·············· 068
- 코드 스멜 ····················· 283
- 콘텐츠 마케팅 ··············· 338
- 키 별칭 ························ 313
- 키 비밀번호 ·················· 313
- 키 저장소 ····················· 313
- 키워드 분석 ·················· 339

ㅌ
- 타입 안전성 ·················· 132
- 태그 ···························· 195
- 테마 ···························· 134
- 테스트 케이스 ··············· 275
- 통계 ···························· 259
- 툴 콜 ··························· 209
- 트리 쉐이킹 ·················· 307

ㅍ
- 편집기 ························· 060

- 포그라운드 서비스 ········· 254
- 폼 ······························· 114
- 푸시 ···························· 090
- 품질 보증 ····················· 236
- 프로 플랜 ····················· 054
- 프로덕션 기획서 ············ 200
- 프로젝트 규칙(.mdc) ······ 077
- 프롬프트 엔지니어링 ······ 073
- 플러터 ························· 018
- 플러터 SDK ·················· 026
- 플러터 런처 아이콘 패키지 ··· 299
- 플러터 프로젝트의 구조 ··· 085
- 헬퍼 메서드 ·················· 104

ㅎ
- 환경 변수 ····················· 026
- 회고 ···························· 236